희미한 옛 혁명의 그림자

희미한 옛 혁명의 그림자

ⓒ임영태 2016

초판 1쇄 발행일 2016년 10월 4일

지 은 이 임영태

출판책임 박성규
편   집 유예림·현미나·구소연
디 자 인 김지연·이수빈
마 케 팅 나다연·이광호
경영지원 김은주·박소희
제   작 송세언
관   리 구법모·엄철용

펴 낸 곳 도서출판 들녘
펴 낸 이 이정원
등록일자 1987년 12월 12일
등록번호 10-156
주   소 경기도 파주시 회동길 198
전   화 마케팅 031-955-7374 편집 031-955-7381
팩시밀리 031-955-7393
홈페이지 www.ddd21.co.kr

I S B N 979-11-5925-191-7 (03940)

「이 도서의 국립중앙도서관 출판예정도서목록(CIP)은 서지정보유통지원시스템 홈페이지(http://seoji.nl.go.kr)와 국가자료공동목록시스템(http://www.nl.go.kr/kolisnet)에서 이용하실 수 있습니다. (CIP제어번호: CIP2016022444)」

희미한 옛 혁명의 그림자

태양이 비껴간 나라 멕시코·쿠바를 가다

임영태 지음

들녘

희미한 옛 혁명의 그림자를 좇아서

멕시코와 쿠바로의 여행은 술자리 농담으로 시작되었다. 2015년 2월 어느 날, 우연히 찾아간 술자리에서 "쿠바 여행을 갈 생각 없느냐?"는 이야기를 들었다. 멕시코와 쿠바 여행을 가는데 세 사람은 결정이 되었고, 한 사람 정도가 더 필요하다는 것이다. 그때 나는 그냥 지나가는 이야기로 흘려들었다.

요즘은 한국 사람들도 쿠바 여행을 많이 간다고 하지만, 그건 나와는 다른 세계의 이야기였다. 여러 날 먼 여행을 떠날 형편이 아니었다. 집에 돌아와 역시 지나가는 말투로 아내에게 그런 제안이 있었다고 전했다. 당연히 부정적인 반응을 예상하면서. 그런데 뜻밖에 아내는 흔쾌히 "갔다 오라"고 말한다. 고민이 시작되는 순간이었다.

이런 기회가 아니면 평생 가보지 못하리라는 생각, 그러나 지금의 사정으로 해외여행은 호사라는 생각이 번갈아 머리를 오갔다. 그러기를 여러 날, 내 마음은 한쪽으로 기울기 시작했다.

'어차피 인생은 짧은 순간. 넓은 시각으로 세상을 바라보고, 좀 더 유연하고 편안한 마음으로 살자.'

나는 나 스스로에게 기회를 주기로 했고, 그렇게 해서 나는 멕시코-쿠바 여행에 합류하게 되었다.

2015년 6월의 20여 일간 멕시코와 쿠바 일대를 여행했다. 일행은 모두 네 명이었다. 70대 초반의 신인령 이화여대 명예교수, 60대 초반의 김지영 내과의원 원장, 50대 후반의 인터넷 신문 〈통일뉴스〉 이계환 대표, 그리고 50대 후반의 출판기획자인 나.

각자의 개인적인 내력이 있겠지만, 이번 여행의 공통된 주요 계기는 미국과 쿠바의 수교였다. 2014년 12월 양국은 오랜 적대관계를 청산하고 국교수립을 위한 공식 협상을 시작했으며, 2015년 7월 대사관을 개설하고 국교를 정상화했다. 이는 어떤 언론인의 말처럼 '작은 나라 쿠바의 위대한 승리'라고 표현할 수 있는 역사적인 사건이다. 쿠바는 세계 최강국 미국의 봉쇄와 압박을 견디고 살아남았을 뿐만 아니라, 마침내 자신들의 압박외교가 실패했음을 오바마 미국 대통령의 입으로 공식 선언하게 만들었다. 미국이 쿠바와 국교수립을 하게 된 것은 고립되는 것은 쿠바가 아니라 미국이라는 현실 때문이었다. 더불어 미국의 봉쇄정책이 더 이상 유효하지 않은 상황에서 국교정상화가 미국 자본의 쿠바 진출에 유리할 것이라는 점 등 여러 복합적인 요인도 작용했다.

다소 시간은 걸리겠지만 국교가 수립되면 미국의 금수조치가 풀릴 것이고 미국 자본도 본격적으로 쿠바에 들어갈 것이다. 그렇게 되면 쿠바도 빠르게 변화할 것이고, 옛 모습은 사진 속에만 남게 될지도 모른다. 자본주의 경제방식이 작동되면 쿠바 사람들의 사고와 생활방식도 바뀔 것이다. 이미 중국과 베트남에서 우리는 그런 변화를 지켜보았다. '변화하기 전 쿠바의 모습을 보고 싶다'는 것, 지금 이미 희미해졌고 앞으로는 영원히 사라져버릴지도 모를 옛 혁명의 그림자를 한 자락이라도 밟아보고 싶다는 생각, 이것이 여행의 가장 중요한 동기였다.

쿠바를 찾고자 한 또 다른 이유도 있다. 우리는 세계 유일의 분단국가에 살고 있고, 상대방인 북한을 자유로이 방문할 수 없는 처지에 있다. 이제 북한은 미국과 수교(협상조차도)하지 못하고 있는 유일한 국가이면서 미국의 금수조치와 봉쇄조치를 받고 있는 사실상 세계 유일의 국가로 남게 된다. 언젠가 쿠바, 이란의 뒤를 이어 북한에 대한 미국의 봉쇄조치가 풀릴 수도 있겠으나 그게 언제일지 지금으로서는 전망하기 힘들다. 북한은 못 가지만 쿠바는 갈 수 있다. 북한과는 또 다른 사회주의─어쩌면 마지막 흔적이 될지도 모르는─ 쿠바의 모습을 보는 것도 의미 있는 일이 아닐까 싶었다.

쿠바 못지않게 멕시코에 대한 관심도 컸다. 말로만 듣고 책으로만 본 아스텍, 톨텍, 마야 등 멕시코 고대문명 유적을 눈으로 직접 확인하고 싶었다. 러시아혁명과 더불어 20세기 최대의 사회혁명으로 평가되는 '멕시코혁명'의 후예들이 살고 있는 모습도 보고 싶었다. 멕시코혁명 역사를 들여다보며 나는 멕시코 사람들에게 강한 끌림과 매력을 느낀 바 있다. 한편, 찬란한 고대문명과 멕시코혁명을 창조한 그들이 오늘날 저렇게 망가진 이유도 알고 싶었다. 며칠간의 주마간산식 여행으로 과연 그 실마리라도 발견할 수 있을지는 의문이지만, 어쨌든 시도는 해보리라 작정했다.

이번 여행은 내게 새로운 사건이었다. 내 평생 가장 긴 여행이었고, 국가 공권력에 의해 강제적으로 격리된 때를 제외하고는 집을 떠나 지냈던 가장 긴 시간이기도 했다.

여행을 위한 전체 준비 모임은 두 번 있었다. 한 번은 상견례를 위해서였고, 또 한 번은 여행계획과 준비물 등을 점검하기 위해서였다. 그 외에도 개별적인 접촉은 다양하게 있었다. 비행기 티켓과 숙박 예약은 김지영 원장님이 책임졌다. 여행 일정과 계획은 '젊은' 내가 맡았지만 준비는 허술하기 짝이 없었다. 여행 경험이 부족한 나의 일정표는 마치 뼈대만 있고 살은 없는 격으로 엉성했다. "악마는 디테일에 있다"

고 하지 않았던가. 특히 여행은 꼼꼼한 세부사항(디테일)의 준비가 중요한데, 나의 엉성한 계획으로 결국 여행 도중 일정은 수시로 변경됐고, 현지 사정에 따라 즉자적으로 대처해야 했다. 그 바람에 여정 전반을 이끌어야 했던 원장님의 고생이 특히 자심했다. 그의 빛나는 기지와 순발력이 없었다면 우리들의 여행은 중도반단의 결과로 끝났을지도 모른다.

우리는 치밀하고 꼼꼼한 여행 계획의 부재, 부족한 여행지 지식, 예약 숙박시설 확인 미흡 등과 함께 의사소통 능력의 한계(스페인어), 가이드 부재, 여행자의 연령대와 체력 등 여러 요인으로 인해 여행 도중 몇 번의 고비를 겪어야 했다. 다행히 행운이 따라주어 고비를 이겨내고 여행을 무사히 마쳤지만, 지금 생각해보면 참으로 난감했던 적도 한두 번이 아니었다. 그것은 달리 말하면 해프닝과 재미있는 에피소드도 적지 않았다는 이야기이기도 하다.

시간과 돈을 들여 먼 여행을 하고 왔으면 남기는 게 있어야 하지 않느냐는 주위의 눈총도 있고, 평소 인풋(소비)이 있으면 아웃풋(생산)이 있어야 한다고 믿는 소신 때문에 〈통일뉴스〉에 여행기를 연재하게 되었다. 그 연재 글을 손보아 이렇게 책으로 펴내게 되었다.

글은 내가 썼지만 이야기의 많은 부분은 여행을 함께한 우리 일행의 공동 경험이라고 말할 수 있다. 행위의 주체가 때로는 정확히 구분되지 않는 경우도 있다. 분명 우리 일행 중 누군가가 행위 주체이지만 굳이 그 구분이 필요하지 않기 때문에 드러내지 않은 경우일 것이다. 하지만 이 글은 순전히 나의 개인적인 시각과 생각으로 누벼졌다는 점을 분명히 밝힌다. 다른 분들은 전혀 다르게 보았거나 달리 느꼈을 수 있고, 어떤 문제에 대한 생각과 판단도 다를 수 있다.

여행기간 동안 나는 메모도 열심히 하고, 사진도 많이 찍었다. 그런데 막상 글을 쓰려고 하니, 당시의 느낌을 생생하게 표현하고 전달할 능력이 부족하다는 것을 새삼 절감하게 된다. 메모를 봐도 기억으로 되살아나지 않는 부분도 많았다. 그래서 관련 자료와 다른 사람들의 여행 경험을 참고하기도 했다. 사진 또한 솜씨가 서툴다 보니 제대로 찍힌 것도 별로 없고, 꼭 찍었어야 하는데 빼먹은 것도 많다. 그래도 어쨌거나 우리는 그리 길지 않은 여행기간 동안 많이도 발품을 팔았고 눈과 가슴을 많이도 혹사시켰다. 눈앞에 스치는 것을 놓치지 않기 위해 무던히도 애를 썼다. 그렇게 우리가 보고 느낀 것을 소박하면서도 생동감 있게 보여주자는 생각으로 나는 이 글을 썼다.

나는 세계사 관련 책을 여러 권 썼다. 그 가운데는 멕시코와 쿠바혁명에 관한 글도 있고, 부족한 지식을 메우기 위한 공부 덕분에 여행 도중 두 나라의 역사와 문화를 이해하는 데 약간은 도움을 얻을 수 있었다. 여행기라는 타이틀이 붙었으면서도 곳곳에 멕시코와 쿠바의 역사와 문화 이야기가 많이 포함돼 있는 것은 나의 그런 이력과 관심이 반영된 때문이다. 멕시코와 쿠바를 포함한 라틴아메리카 지역을 여행하려는 사람들이 이곳의 역사와 문화에 대해 약간의 사전 지식과 교양을 갖고 떠난다면 조금 더 흥미롭고 유익한 여행을 할 수 있을 것이라고 생각했다. 유의미성에 대한 판단은 독자들의 몫이지만 작은 도움이라도 되었으면 하는 것이 나의 바람이다.

이제 이 책이 나오기까지 도움을 주신 분들께 고맙다는 인사를 드려야 할 것 같다.

먼저, 즐거움과 걱정을 함께 나누며 여정을 함께한 세 분께 고맙다. 그다지 좋지 않은 건강 상태에도 끈기와 저력을 보이며 우리에게 힘이 되어주신 신인령 교수님. 교수님은 여행 내내 절제와 용기의 미덕으로 우리의 모범이 되어주셨다. 또한 여행 준비 단계에서부터 여정 내내 일행을 이끄느라 고생하신 김지영 원장님. 원장님의 헌신과 노력이 없었다면 이 여행은 무사히 끝나지 못했을 것이다. 그리고 원장님을 도와 여정이 평온하고 조화롭게 이뤄지도록 힘쓴 이계환 대표님. 선배이자 친구였던 이 대표님 덕분에 나는 여행을 너무 편안하게 할 수 있었고, 그의 격려와 고무로 〈통일뉴스〉의 여행기 연재도 잘 마무리할 수 있었다.

이 책에 사용된 사진들은 일부를 제외하고는 우리 일행이 함께 찍은 것이며, 특히 이계환 대표가 찍은 것이 많다는 사실도 함께 밝혀둔다. 우리 일행은 평균연령이 좀 많은 편이고 경험이나 경력도 각기 달랐지만, 활기가 넘쳤고 융합도 잘 되었다. 모든 점에서 미숙한 나도 세 분 덕택에 즐겁고 의미 있는 여행을 할 수 있었고, 여행기도 출간하게 되었다.

다음으로, 책이 나오기까지 고생한 도서출판 들녘 여러분께 고맙다. 어려운 출판 상황에도 불구하고 흔쾌히 출판을 맡아준 이정원 대표와 책의 기획과 원고 교열, 편집에 이르기까지 모든 면을 세심히 챙기며 책을 잘 만들어준 박성규 주간, 그리고 책의 교정과 편집, 제작을 위해 수고한 출판사의 다른 분들께 감사한다.

마지막으로 아내에게 고맙다는 말을 전하고 싶다. 올해는 우리의 결혼 25주년이 되는 해다. 아내와 함께 기념여행을 떠나는 것이 나의 작은 소망 중 하나다. 그동안의 결혼 생활에 대한 사랑과 감사의 말을 전하고 싶다.

2016년 1월 임영태 씀

글로벌시대에도 국경은 있다

인생은 여행과 닮은 꼴

2015년 6월 9일 오후 3시 30분, 부천 송내에서 이 대표와 함께 공항버스를 탔다. 5시 공항에 도착, 교수님과 만났다. 원장님은 사흘 전미리 출국한 상태다. 전자티켓을 제시하고 짐을 부쳤다. 짐은 갈아타는 비행기에 자동으로 옮겨질 수 있도록 처리하겠지만, 다시 확인하라는 대한항공 직원의 당부가 있었다.

우리는 로스앤젤레스까지는 대한항공을, LA에서 멕시코시티까지는 유나이티드 항공을 이용할 예정이다. 유나이티드 항공 티켓은 LA에서 샌프란시스코를 거쳐 멕시코시티로 가게 돼 있는데, 샌프란시스코에서 다른 비행기로 갈아타야 했다. LA에 도착한 뒤 공항 밖으로 나왔다가 다시 출국 절차를 밟아야 하는 것이다. 그때 샌프란시스코에서 환승하는 비행기에 자동으로 짐이 연결되는지 확인하라는 것이다.

1시간에 걸쳐 꼼꼼한 출국수속을 끝내고 오후 6시경 10번 게이트 앞에 도착했다. 8시 비행기여서 아직 시간 여유가 충분했다. 와이파이가 되는 공간, 모두들 출국 인사에 분주하다. 사람들은 저마다 스마트폰을 쥐고 거기에 눈을 박은 채 꼼짝 않고 있다. 7시 30분 탑승 절차가 시작되었다. 8시 정각 비행기가 이륙하고, KAL 580편으로 우리는 하늘로 날아올랐다.

비행기가 지면에서 바퀴를 걷어 올리는 순간, 뭐라 꼬집어 말할 수는 없지만 아쉬움이 남았다. 해결하지 못한 무언가를 남겨놓은 듯한 느낌이라고나 할까? 그러나 이제는 돌아갈 수도 내릴 수도 없다. 불쑥 "여행은 인생과 같다"는 말이 떠오른다. 버리고 떠나야 할 순간이 되면 떠나야 하는 것, 이것이 인생과 여행의 공통점이 아닐까? 때가 되면 홀연히, 미련도 없이 떠나야 한다. 모든 것을 그대로 두고. 우리는 언제든지 훌훌 털고 떠날 수 있는 마음의 준비를 해야 한다. 여행이 그렇고 인생도 그렇다.

국내 항공사의 친절한 서비스

비행을 시작하고 1시간쯤 경과한 뒤 기내식이 나왔다. 나는 비빔밥을 골랐고, 그 선택은 맛으로 보답받았다. 그러나 이 맛을 한동안 못 볼 것이란 생각은 못 했다. 여행을 많이 해보지 못한 나는 여행에서 먹는 것이 갖는 중요함에 대해 전혀 인지하지 못하고 있었다. 그러나 조만간 나도 그 사실을 깨닫게 된다.

식사 후 잠을 청했으나 정신은 멀뚱멀뚱하다. 나는 기내 스크린에 뜬 〈호빗: 다섯 군대 전투〉에 눈길을 주면서 속으로 시간 셈을 했다. LA까지는 10시간 이상의 비행시간이 필요하다. 인천공항에서 LA로 가는 시간은 약간의 편차가 있지만 10시간 15분 정도이고, LA에서 인천공항으로 올 때는 2시간 10분쯤 더 걸려서 12시간 30분 정도라고 한다. LA가 편서풍 지역이라 갈 때는 순풍을, 올 때는 역풍을 받아서 그렇단다. 지루하고 힘든 시간이다. '하늘 감옥'에 갇힌 신세 같다는 생각이 들자 가슴이 답답해졌다. 미아가 된 기분이었다. 하지만 어쩌라, 참아야지.

날짜 변경선을 넘는 바람에 하루를 벌었다. 물리적 시간은 흐르고 있으므로 번 것은 아니지만 6월 9일 밤에 출발해 10시간 넘게 비행했음에도 여전히 6월 9일이니까. 서울과 LA의 시차는 16시간이다. 서울이 16시간 빠르다. 도착 3시간 정도를 남겨두고 다시 기내식이 나왔다. 오무라이스는 먹을 만했다. 이 대표는 죽을 먹었는데 아주 좋았다고 칭찬했다. 나도 죽을 먹을 걸 그랬나?

대한항공이나 아시아나의 기내식은 다른 항공사의 그것과 비교하면 상당히 좋은 편이다. 서비스도 훌륭하다. 하지만 그 이면에는 승무원들의 고된 노동이라는 그림자가 숨어 있을 것이다.

엄존하는 국가 경계선을 확인하다

우리 세 사람은 각각 떨어져 앉아야 했다. 공항에 늦게 온 게 아니었는데도 따로따로 떨어진 좌석밖에 안 남아 있었다. 그런데 교수님 좌석이 문제였다. 일반석 제일 앞쪽이었는데 어린아이를 데리고 탄 부부가 옆 좌석에 앉았던 것이다. 아이가 계속 울어대는 바람에 교수님은 눈을 붙일 수가 없었다. 좌석 앞에 놓인 유모차 때문에 발조차 제대로 움직이지 못했다. 내가 좌석을 바꾸자고 말씀드렸으나 교수님은 간곡하게 사양했다. 내내 걱정의 끈을 놓지 못했는데, 그나마 다행히 비행종료 4시간가량 남겨두고서 승무원의 배려로 항공사 직원이 자리를 바꿔주어 마지막에는 좀 편히 갈 수 있었다.

미국 현지 시각 6월 9일 오후 3시 10분경 LA 공항에 도착했다. 우리는 비행기를 갈아타기 위해 입국절차를 밟은 뒤 다시 출국심사를 받아야 했다. 세계가 지구촌으로 하나가 되어가고 있다고들 하지만 여전히 국경은 엄존한다. 까다로운 출입국 절차가 그걸 실감케 해주었다. "국경을 자유로이 넘나드는 것은 자본밖에 없다"는 이야기도 있다. 세계는 결코 하나가 아니다. 숱한 경계선과 구분, 차별이 존재한다. 멕시코와 미국 국경에 세워진 장벽은 그걸 단적으로 보여준다.

2001년 9·11테러 사건 이후 항공기 탑승 절차와 출입국심사 과정이 훨씬 까다로워졌다. 특히 미국으로 향하는 모든 비행기 탑승객들은 심각한 짐 수색과 몸 뒤짐을 당해야 한다. 승객들은 잠재적인 테러 용의자나 마약 혐의자 취급을 받는다.

나는 여기저기로 던져지는 짐짝 같은 느낌을 받는다. 기분은 꿀꿀하지만 별 수 없다. 여행의 즐거움을 기대한다면 이쯤은 기꺼이 감수해야 한다.

그래도 불쾌감은 진드기처럼 쉬 떨쳐지지 않는다. '이런 취급을 당하면서도 굳이 여행을 해야 하나? 내 돈까지 써 가면서, 이렇게 힘들게?' 그런 생각은 쉼 없이 이어지는 수속절차로 휘발되었다. 짐을 찾아 출국장을 나간 다음, 탑승수속을 밟기 위해 다시 이동해야 했다. 우리가 탈 유나이티드 항공사는 게이트 7번(G7)에 있다. 그런데 도무지 G7이 어디에 있는지 알 수가 없다. 세 사람 모두 비슷한 처지다. 교수님은 해외여행 경험이 우리보다는 많지만 대부분 실무적인 처리를 손수 해보지 않았던 탓에 우리와 큰 차이가 없었다.

우리는 짧은 영어로 물어물어 G7을 찾아갔다. 가방을 등에 메고 손으로는 캐리어를 끌면서 걸어서 이동한다. 다른 이동 수단이 있다는 것은 나중에 알았다. 무거운 짐을 끌고 낑낑대며 한참

LA공항. 우리는 이곳에서 멕시코시티로 가는 비행기를 갈아탔다.

15

을 헤매는 동안 공항 시설이 낡았다는 데 생각이 미쳤다. 인천공항과 비교하면 확실히 그랬다. 아, 그래서 인천공항이 10년 연속 세계 1위를 했구나!

유나이티드 항공사 앞에서 각각 좌석권을 두 장씩 받았다. LA에서 샌프란시스코까지, 샌프란시스코에서 다시 멕시코시티까지 가는 비행기 좌석권이다. 샌프란시스코에서는 짐을 다시 찾을 필요가 없었다. 직원이 비행기만 갈아타면 자동으로 짐은 옮겨진다고 확인해주었다.

내 머릿속 미국 문화의 잔상들

비행기는 저녁 8시 52분 출발이었다. 오후 3시 10분쯤에 LA공항에 도착했으니 시간 여유는 충분했다. 경험 부족 탓에 2시간 이상 시간을 허비하지 않았더라면 훨씬 느긋한 시간을 누렸을 것이다. 면세점을 간단히 둘러본 다음 탑승 게이트 앞에 자리를 잡았다. 허기를 햄버거와 음료수로 간단히 채웠다. 맛이 있든 없든 여행 중 배고픔은 문제가 되므로 틈나는 대로 먹어두어야 한다.

저녁 8시 50분, 비행기는 정시에 이륙했다. 창밖으로 LA 시가지를 보려 했으나 어둠이 허락하지 않는다. 저녁 9시 50분경 샌프란시스코 공항에 도착, 비행기를 갈아타기 위해 국제선 대합실로 이동했다. G92로 이동하는 길은 한참 길었다. 샌프란시스코 국제선 건물은 LA공항보다 훨씬 깨끗하다는 느낌이 들었다. 어쩌면 밤에 봤기 때문인지도 모르겠다.

비행기 출발시간은 밤 11시 14분이다. 시간도 있고 하니 뭘 좀 먹어둘까? 사실 약간 출출하기도 했다. 그러나 마땅히 먹을 만한 게 없다. 서둘러 오느라고 식사할 만한 곳도 지나쳐 왔다. 다시 돌아가자니 귀찮았다. 비행기를 타면 마실 거라도 주겠지? 그런데 탑승하고 보니 정말 물밖에는 아무것도 주지 않았다.

비행기는 정시에 이륙했다. 창가에 앉은 나는 샌프란시스코 밤 풍경을 보려고 안간힘을 썼다. 강인지 바다인지 알 수 없는 암흑의 기다란 줄기를 따라 야경이 펼쳐졌다. 저 멀리 다리를 비춰주고 있는 가로등 불빛도 보인다. '혹시 금문교는 아닐까?' 하고 생각해본다.

갑자기 1950년대 유행했던 대중가요 〈샌프란시스코〉와 〈아리조나 카우보이〉가 떠올랐다. 아버지 세대의 노래지만, 어릴 적 숱하게 들었고 따라 불렀던 대중가요다. 정확한 가사를 기억할 순 없으나 노래 속의 미국은 드넓은 대지 위에 낭만과 로맨스가 펼쳐지는 꿈속의 나라였다. 해방과 한국전쟁을 거치며 아름다운 나라 미국美國이 어린 나에게 그렇게 각인되었던 것 같다. 뜬금없는 생각이다. 나는 쓴 웃음을 지으며 창밖으로 시선을 돌렸다. 온전한 감상에 집중하자. 그러다 보니 비로소 여행의 설렘 같은 게 슬그머니 고개를 치켜든다.

1

멕시코와 첫 대면을 하다

여행, 첫 위기를 만나다

현지 시간 6월 10일 5시 30분, 멕시코 공항에 도착했다. 피곤의 무게가 어깨를 짓누른다. 비행시간만 17시간 이상이다. 갈아타고 대기하고 출발하고, 그러고 보면 꼬박 27시간 이상을 기내와 공항 대기실에서 보냈다. 50대의 우리도 힘든데 70대의 교수님은 오죽하랴! 결국 탈이 났다.

샌프란시스코에서 멕시코시티로 오는 비행기에서 나는 따로 떨어져 앉았고, 이 대표와 교수님은 함께 앉았다. 도착 직전 시차 조절에 부담을 느낀 교수님은 잠을 청하기 위해 수면제를 드셨는데 그게 문제의 화근이었던 모양이다. 비행기에서 내려 입국 수속을 밟을 무렵에는 거의 비몽사몽 상태였다. 초조했다. 입국 수속은 다행히 까다롭지 않았지만, 입국장을 빠져나온 뒤에도 교수님은 여전히 정신을 못 차리신다. 불안감이 밀려왔다. 계속 이런 상태면 어떡하지? 시작도 해보기 전에 접어야 하는 것은 아닐까? 여행에서 닥친 1차 위기였다.

공항대합실에서 원장님을 기다렸다. 미리 멕시코시티에 자리를 잡고 계시던 원장님이 공항으로 우리를 마중 나오기로 했던 것. 그런데 아무리 기다려도 원장님은 나타나지 않고 교수님도 나아질 기미가 전혀 보이질 않는다. 초조감이 극에 달할 즈음, 가까스로 원장님과 문자 연락이 되었다. 지금 지하철을 타고 비행장으로 오고 있는 중이란다.

멕시코시티의 치안 상황은 밤이면 택시를 탈 수 없을 정도로 나쁘다고 한다. 택시를 잘못 탔다가는 어디로 가는지도 모르는 상황에 처할 수 있다. 그래서 전철을 탄 것인데, 사람이 너무 많은 데다가 갈아타야 했으므로 시간이 더 걸릴 수밖에 없었다. 마침내 7시 30분경 원장님이 도착했다.

멕시코와 첫 대면하다

공항 안내소에 물어 택시를 탔다. 택시는 구도심 중심가를 향해 달렸다. 창밖으로 마주치는 승용차 중에는 닛산, 도요다, 혼다, 마쯔다 등 일본제가 많다. 특히 닛산이 많았는데, 유럽 자동차 메이커는 그다지 눈에 띄지 않았다. 중국과 대비되는 장면이다. 나중에 이유를 알았다. 이 글을 쓰면서 자료를 찾아보니 2015년 1~4월 멕시코 전체 자동차 판매의 4분의 1을 닛산이 점하고 있었다.

한국산은 가끔씩 기아차가 보일 따름이었다. 멕시코시티에서는 현대보다는 기아를 더 많이 만났다. 그도 그럴 것이 기아자동차가 현지 공장과 부품공장을 대규모로 짓고 있기 때문이었다.

1994년 북미자유무역협정[NAFTA]과 함께 멕시코의 자동차산업이 급성장하면서 현재 멕시코는 자동차 생산대국으로 성장했다. 2014년 320만 대를 생산하여, 세계 7위를 기록하고 있으며, 2020년에는 세계 4위가 될 것으로 전망되고 있다. 현재 멕시코는 세계 5위의 자동차부품 제조국이고, 미국의 제1위 공급국이다.

미국과 중남미 등의 시장을 생각할 때 멕시코의 자동차산업 전망은 매우 밝은 편이며, 현재 세계 5대 생산국인 한국을 위협할 가장 강력한 경쟁국이다. 하지만 멕시코 국적 자동차메이커의 경쟁능력이 어느 정도인지는 잘 모르겠다. 우리나라의 현대-기아와 같은 세계적인 자동차 메이커는 없는 것으로 알고 있다. 앞으로 멕시코의 자동차산업이 미국, 유럽, 일본의 세계적인 메이커의 조립 차원을 넘어 독자적인 브랜드로 살아남을 수 있을지도 판단하기가 쉽지 않다.

처음 만난 멕시코시티는 그다지 낯설지 않은 느낌이었다. 고등학교 시절 대구에 있는 친구 집에 놀러 갔을 때 미군부대 앞을 지나면서 받았던 느낌이랄까? 용산 미군부대와 인천 부평의 미군부대 옆을 지나면서도 비슷한 느낌을 가졌었다. 공항에서 구시가지로 가는 동안의 도로변 풍경이 그러했다.

중간중간 보이는 야자나무 외에 다른 열대나무는 별로 눈에 띄지 않았다. 현대식 고층 건물도 없고, 단층의 바라크 같은 건물들만 쭉 이어졌다. 밝지 않은 단색이라 활기가 없어 보였다. 지금 생각하면 우리들의 기분 상태가 반영된 탓이었는지도 모르겠다. 택시가 시내로 들어서자 출근시간의 정체가 시작되었다. 차선이 그어지지 않은 곳들도 차들은 용케 이리저리 빠져 나가고 있었다.

원장님이 묵었던 숙소. 우리가 묵게 될 숙소는 이곳에서 15분 거리에 위치했는데. 훨씬 깔끔했다.

한 시간쯤 후 원장님이 묵고 있는 숙소 앞에 도착했다. 멕시코시티 구시가 중심에 위치한 약간 낡은 가정집 2층이다. 우리는 과일(망고)과 빵, 물로 허기를 간단히 채웠다. 달큰한 망고 맛이 비로소 우리가 멕시코에 와 있음을 느끼게 해준다. 우리는 집 가까운 곳에 위치한 소깔로광장 주변을 돌아보았다. 소깔로광장은 구도심의 중심지이며 출발점이 되는 곳이다. 광장 주변에는 대성당과 대통령궁, 시청사, 행정부처, 국립궁전, 템플로마요르 등 볼거리들이 즐비했다. 하지만 지금은 관광할 시간이 아니니 휙 돌아보는 것으로 끝내야 했다.

새 숙소에 자리를 잡다

9시 30분, 집으로 돌아와보니 교수님은 정신없이 주무시고 계신다. 그사이 우리는 함께 묵게 될 새 숙소로 짐을 옮겨놓기로 했다. 원장님이 예약해둔 새 숙소는 도보로 15분 정도의 거리에 있었다. 등에 가방을 메고 손에 짐을 들고 캐리어 네 개를 끌면서 이사를 했다.

그런데 새 숙소에 가보니까 문이 잠겨 있다. 벨을 누르자 한 여성이 나왔다. 하지만 의사소통이 되지 않는다. 우리는 스페인어를 못 하고 그녀는 영어가 안 됐다. 관리인이 아닐까 했는데 그것도 아닌 모양이다. 그녀는 알아들을 수 없는 소리

소깔로광장 주변 골목길.

를 몇 마디 하고는 문을 닫고 들어가버린다. 아마도 주인의 연락이 있어야 들여보내줄 수 있다는 의미일 것이다. 어쩔 수 없이 바깥에서 기다려야 했다. 주인과 통화를 시도했으나 되지 않고, 숙소를 소개해준 홍 목사님과 가까스로 연락이 됐으나 주인이 전화를 받지 않는다고 하신다.

길거리에 짐을 부린 채 문밖에서 하염없이 시간을 보냈다. 교수님은 어떻게 계시는지 걱정이다. 이 대표와 나는 그 자리에 남고 원장님은 교수님을 모시러 갔다. 옆집에서 중국계 멕시코인들이 나와 우리를 힐끔힐끔 쳐다보며 자기들끼리 떠들어대면서 담배를 피운다. 불쑥 흡연 욕구가 치솟았다. 담배를 끊은 지 10년이 넘었는데도 끽연은 여전히 유혹의 손길을 내밀고 있다. 지나가는 사람들도 힐끗힐끗 우리를 쳐다본다. 마치 우리가 거리의 구경거리가 된 기분이다. 아무렴 어떠랴. 그보다는 한시라도 빨리 방에 들어가 쉬고 싶다는 생각이 간절하다.

그렇게 한참을 길거리에서 전전긍긍하고 있는데, 젊은 멕시칸 친구가 헐레벌떡 달려온다. 주인의 연락을 받은 관리인인 모양이다. 그가 뭐라고 말하지만 알아들을 수가 없다. 손짓, 몸짓과 짧은 영어로 가까스로 의사가 통했다. "이 집에 묵을 사람들이냐?" "그렇다." 그가 문을 열고 앞장서자 우리는 짐을 들고 따라 들어갔다. 1층을 지나 2층을 올라 3층이다. 아, 겨우 3층일 뿐인데 왜 이렇게 계단 오르기가 힘들지? 오랜 비행 때문에 피곤해서 그런가? 그때 이곳이 멕시코시티란 사실이 새삼 뇌리를 스쳤다. 멕시코시티는 2천 미터가 넘는 고지에 위치해 있으며, 그래서 높은 곳을 조금만 올라가도 숨이 차다는 이야기를 어디선가 읽은 기억이 떠오른다.

3층 숙소에 들어선 순간, 우리는 잠시 어리둥절해졌다. 우리가 잘못 찾아온 것은 아닐까? 시설이 예상했던 것보다 훨씬 좋다. 원장님이 묵고 있던 곳과 비교해 너무 차이가 났던 것이다. 그곳에 비하면 거의 5성급호텔이란 생각이 들 정도다. 방이 두 개, 거실과 주방 그리고 화장실. 깨끗할뿐더러 정리도 깔끔하게 돼 있다. 이 대표와 나는 잠시 망설이다가, 에라 모르겠다는 심정으로 짐을 풀기 시작했다.

잠시 후 다시 둘러보니 평범한 집이다. 벽은 벽돌과 블록으로 쌓았고, 위 천장도 철제 빔 위에 공사장 목재를 놓은 다음, 시멘트 슬래브를 쳤다. 잘 지은 것도, 돈이 들어간 집도 아니다. 그래도 깨끗하긴 했다. 천장이 높아서 시원한 느낌이 들고 나름의 분위기도 있었다. 특히 베란다가 양쪽에 있어 거리를 한눈에 살펴볼 수 있는 게 마음에 들었다. 짐을 풀고 있는 사이 원장님과 교수님이 도착했다. 예약 내용을 확인하고 주의사항을 전달한 다음 젊은 멕시칸 친구는 떠났다.

시간은 어느덧 11시를 넘어서 있었다. 짐을 정리하는 동안 잊고 있던 시장기가 확 되살아났다. 당장 식사거리를 준비해야 하는데 멕시코 음식이 입에 맞을지 걱정이다. 교수님이 가져온 누룽지를 끓여 먹는 게 좋겠다고 의견을 모았다. 그래도 반찬은 있어야 한다. 이 대표와 나는 밖으로 나왔다. 장을 보기 위해서는 환전을 해야 했다. 아침에 경황이 없어 공항에서 환전을 못 했던 것이다. 다행히 숙소 주변에 은행이 있었다. 환율은 1달러당 14.83페소. 환전 뒤 우리는 반찬거리를 사기 위해 거리를 헤매고 다녔다.

하지만 아무리 찾아도 야채는커녕 과일도 구경하지 못했다. 결국 달랑 맥주와 물만 사 들고 돌아왔다. 단맛 나는 멕시코식 맥주였지만 일단 그걸로라도 요기를 해야 했다. 다행스럽게도 교수님 상태가 호전되었다. 아침에 오자마자 푹 주무신 게 효과가 있었던 모양이다. 새벽 공항에 도착했을 때만 해도 이 여행, 여기서 끝나는 게 아닌가 걱정했는데 여간 다행한 일이 아니다.

우리가 묵었던 숙소 정면 쪽 테라스에서 바라본 주변 경관. 숙소는 사거리 코너에 위치했는데 어느 방향으로 보는가에 따라 거리 모습이 달라진다. 이쪽에서 바라보면 건물과 거리 모습이 그럴듯해 보인다.

멕시코시티 거리 풍경(왼쪽). 멕시코시티의 헌책방 거리(오른쪽).

멕시코시티 구경에 나서다

오후, 길거리 탐방에 나섰다. 장도 볼 겸 전통시장을 구경할 생각이었다. 옷 가게, 패션 몰, 술과 음료, 빵가게, 전자상가, 서점, 음식점 등이 있었다. 그러나 정작 우리가 찾는 쌀과 야채, 과일을 파는 가게는 아무리 눈을 씻고 찾아도 보이지 않는다.

목이 말랐다. 생과일을 갈아 주스를 파는 노점에서 흰색 과일주스를 시켰다. 벽에 붙어 있는 메뉴를 보고 대충 찍었다. 이름도 모르는 주스였는데, 한입 들이키고는 와, 맛있다! 시원하다! 하는 감탄성이 절로 새어나왔다. 양도 엄청나고 값도 싸다. 당시는 이 과일의 정체도 모른 채 마셨는데, 나중에 인터넷을 한참 뒤진 뒤에 얼추 비슷한 것을 찾아내기는 했다. 히까마Jicama라고 하는 우리의 무처럼 생긴 채소다. 연하고 수분이 많아 과일이나 간식처럼 먹는다고 한다. 그때 먹은 과일주스가 이것이었는지는 확실하지가 않다. 마나 야콘 비슷한 맛이었는데, 아무리 자료를 찾아보아도 딱히 이거다 싶은 과일은 달리 뜨지 않았다.

　무작정 걷다 보니 헌책방 거리로 들어섰다. 지금은 고인이 된 라틴아메리카 최고 전문가 이성형 선생이 쓴 책에서 이 책방 거리 이야기를 읽은 기억이 났다. 그는 이곳에서 라틴아메리카와 관련된 귀중한 서적을 싼값에 여러 권 구할 수 있었다고 한다. 하지만 스페인어에 까막눈인 우리에게는 아무 쓸모가 없다. 진흙 속에서 진주를 찾아내려고 해도 그런 눈이 있어야지. 새삼 언어의 중요성을 느낀다.

소깔로 광장 주변의 주요 건물들. ① 금은방 거리 ② 성당 ③ 국립 궁전 ④ 예술 궁전 앞에서 본 라틴아메리카 타워. 멕시코는 지리적으로는 북미에 속하지만 문화적으로는 라틴권에 속한다. 라틴이라는 말에서 멕시코의 정체성을 읽을 수 있다.

아침에 갔던 소깔로광장 주변도 다시 걸으며 찬찬히 구경했다. 국영 전당포와 금은방 거리, 라티노 아메리카나 타워, 대성당, 국립궁전 등이 광장 둘레로 포진해 있다. 우리는 성당 안으로 들어갔다. 성당 여기저기에 기도하는 사람, 구경하는 사람, 해설하는 사람들이 보인다. 거리 곳곳에서 멀쩡하게 생긴 젊은 남녀가 군복 비슷한 연황색 제복을 입은 채 모자를 벗어 관광객에게 돈을 달라고 한다.

국립궁전에는 디에고 리베라^{Diego Rivera(1886~1957)}의 거대한 벽화가 있다고 알려져 있다. 여행 가이드 책에는 무료 입장이 가능하다고 돼 있었지만, 막상 그 근처에서 경비하는 사람에게 물으니 들어갈 수 없단다. 왜 못 들어가지? 머릿속에는 물음표가 가득했지만, 일단은 그의 말대로 입장을 포기했다. 그런데 나중에 인터넷으로 확인해보니 모든 여행자들이 이곳을 관람했단다. 억울했다. 그러나 어쩌랴, 이미 지나가버린 시간인 걸.

예술궁전에서 만난 디에고 리베라와 프리다 칼로

한참을 헤맨 끝에 중앙우체국 건너편의 예술궁전을 찾았다. 1904년에 이탈리아 건축가 아다모 보아리^{Adamo Boari(1863~1928)}가 건설하기 시작했으나 혁명으로 중단되었다가 1934년 멕시코 건축가 페데리코 마리스칼^{Federico Mariscal(1881~1971)}에 의해 완성된, 멕시코 예술과 문화의 중심지로 이름난 곳이다.

건물 1층에는 오페라와 발레, 폴크로레^{Folklore(멕시코의 전통신화·민속)} 공연이 열리는 극장이 있고, 3층에는 국립건축학박물관이 있다. 그러나 많은 사람들이 이곳을 찾는 진짜 이유는 2, 3층 회랑에 있는 벽화를 보기 위함이다. 우리 역시 그런 목적으로 찾았다.

예술궁전 전경(오른쪽)과 조각상(가운데). 예술궁전 2, 3층 회랑에는 디에고 리베라와 여러 화가들의 벽화가 전시되어 있다.

디에고 리베라와 다비드 알파로 시케이로스David Alfaro Siqeuiros(1896~1974), 루피노 타마요Rufino Tarnayo(1899~1991), 호르헤 곤잘레스 카마레나Jorge González Camarena(1908~1980) 등 현대 멕시코를 대표하는 화가들의 벽화가 그곳 회랑에 전시되어 있다. 이 가운데 가장 유명한 그림은 디에고 리베라의 〈인간, 우주의 지배자El Hombre, Controlador del Universo〉라는 작품이다. 이 그림은 원래 뉴욕의 록펠러센터에 걸릴 예정이었으나 그림 속에 레닌과 트로츠키, 마르크스 등 공산주의자들이 들어 있다는 이유로 수정을 요구받자 리베라는 이를 거부하고 멕시코에 가져와 예술궁전에 걸게 되었다.

디에고 리베라의 〈인간, 우주의 지배자〉(왼쪽). 이 그림 속에 레닌(오른쪽 위), 트로츠키와 마르크스(오른쪽 아래)가 들어 있다는 이유로 록펠러재단은 수정을 요구했다.

다비드 알파로 시케이로스의 그림. 사슬에 묶인 프로메테우스를 연상시킨다. 강렬한 색감과 금방이라도 튀어나올 것 같은 역동성이 자유를 향한 인간의 투쟁의지를 느끼게 해준다(위). 예술궁전에 걸린 여러 그림들은 멕시코혁명을 넘어서 러시아혁명의 강한 영향력을 느끼게 만든다.

디에고의 그림보다 더욱 강렬한 색감과 느낌을 전하는 작품들도 있었다. 혁명예술, 전위예술의 범주에 드는 작품들이다. 이런 그림에서는 멕시코혁명의 사회적 성격을 넘어 러시아혁명의 계급적 성격이 강하게 드러났다. 그럼에도 이른바 현실사회주의 국가들의 선전예술보다는 훨씬 더 예술적 성취도가 있어 보였다. 약간 생경한 느낌이 없지 않았지만, 그때 받은 강렬한 인상은 아직도 나의 뇌리에 생생히 남아 있다. 그런 그림을 수많은 사람들이 드나드는 곳에 버젓이 전시하고 있는 멕시코가 한국보다는 이념적으로 훨씬 자유로운 나라라고 생각되었다.

예술궁전의 입장료는 1인당 43페소, 그리고 카메라 촬영비로 30페소를 따로 받았다. 그리 큰 돈은 아니지만 그래도 비용 절감을 생각해 한 사람만 돈을 내고 찍기로 했다. 다른 사람들은 핸드폰으로 눈치껏 찍었는데, 그것을 본 안내원들은 적당히 눈감아주기도 하고 가끔은 제지도 했다.

예술궁전 1층에서는 특별전이 열리고 있었다. 근대 인물 사진전인데, 멕시코식 '옛날 옛적에'라고나 할까? 기념품점에서 프리다 칼로Frida

Kahlo de Rivera(1907~1954) 초상이 들어 있는 작은 기념품을 하나 샀다. 기념품점도 그렇지만 멕시코 어디를 가나 프리다 칼로와 관련된 상품이 가장 많이 보인다. 멕시코에서는 프리다 칼로, 쿠바에서는 체 게바라, 미국에서는 마릴린 먼로가 가장 대중적인 인기 인물이었다.

그런데 프리다 칼로를 보면서 나는 이런 생각이 들었다. '멕시코는 마초의 나라인가? 아니면 여성성의 나라인가?' 그림으로만 평가한다면 프리다 칼로는 분명 남편 디에고 리베라와 비교하기 힘들 것이다. 하지만 한 인간의 삶의 여정, 열정이라는 측면으로 본다면 리베라에 뒤지지 않을 것이다. 오늘날 그녀는 디에고 리베라와 함께 500페소 멕시코 화폐의 앞뒷면 주인공이 되어 있을 뿐만 아니라 모든 문화상품에 얼굴을 내밀고 있다. 옷, 장식품, 기념품 등등 없는 곳이 없다. 그녀는 멕시코 대중들에게 가장 친숙한 인물이다.

멕시코, 쿠바, 미국에서 가장 대중적인 인물들. 프리다 칼로(멕시코), 체 게바라(쿠바), 마릴린 먼로(미국)는 세 나라 각각의 특성을 비춰주는 상징적 인물이다.

반면, 멕시코혁명에서 민중 세력을 대표하는 판초 비야Pancho Villa(1878~1923)나 에밀리아노 사파타Emiliano Zapata(1879~1919)는 어디에 있는지 잘 보이지 않는다. 그들은 역사적인 인물이기는 하지만 대중적인 인물은 아닌 것이다. 그러면 그 혁명가들은 어디로 갔을까? '혁명의 나라' 멕시코에서 그들이 대변한 민중의 삶은 왜 이렇게 망가졌을까? 내가 멕

프리다 칼로(왼쪽. 출전: posta.com.mx)와 디에고 리베라(오른쪽. 출전: 위키백과). 이들은 500페소 멕시코 화폐의 두 주인공들이 되었다.

시코 여행 내내 가졌던 화두였다.

시내를 걷는 동안 길거리 곳곳에 중무장한 경찰들이 무리지어 있었다. 서울 거리에서 늘상 마주치던 낯익은 풍경이다. 처음에는 마약조직과 범죄와의 전쟁을 치르고 있어 그러려니 했다. 멕시코의 마약범죄조직이 치안을 심각하게 위협하고 있다는 이야기를 들었기 때문이다. 한국에 돌아오고 얼마 뒤 멕시코 최고의 마약왕 구스만이 감옥을 탈출했다는 보도가 나왔다. 그는 상상을 초월하는 방법으로 1년 동안 굴을 뚫어 교도소를 탈출했다. 영화 〈쇼생크 탈출〉의 실제 상황판인 셈이다.[1] 그러나 멕시코시티 곳곳의 삼엄한 경비, 경찰의 중무장 원인은 다른 데 있었다.

멕시코시티 시내 곳곳에 진을 친 중무장 경찰들. 그들은 무엇 때문에 저렇게 삼엄하게 지키고 있는 것일까?

여행 첫날의 마무리

예술궁전 관람 뒤에도 우리는 멕시코시티 구시가지 이곳저곳을 누비고 다녔다. 체력이 고갈되어갈 무렵 숙소에서 그다지 멀지 않은 곳에서 적당한 식당을 발견했다. 멕시코식 양식 전문 레스토랑이었는데, 음식은 풍성하고 맛도 좋았을뿐더러 가격도 비싸지 않았다. 참치스테이크, 소고기스테이크 등을 시켰다. 소고기는 육질이 아주 부드러운 반면, 참치는 의외로 질기다. 이곳 사람들이 즐겨 먹는 참치 부위는 이런가 싶었다.

돌아오는 길에 하이네켄 캔맥주를 몇 개 샀다. 숙소 옥상은 술을 마시며 환담하기에 그만이었다. 그날 저녁 우리는 별을 지붕 삼아 옥상 담화를 나누었다. 신 교수님이 먼저 이야기보따리를 풀었다. 대학생 때 이야기, 민주화운동과 노동운동 이야기, 그리고 대학교 재직 시절 이야기 등. 뒤이어 다른 분들의 보따리도 풀렸다. 나이 차이도, 경험의 차이도, 그 밖의 어떤 차이도 개입하지 못하는 격의 없는 자리. 이야기는 한국 사회에서 출발해 멕시코로 옮겨갔다. 디에고 리베라와 프리다 칼로, 멕시코혁명, 멕시코인의 삶과 빈부격차, 멕시코의 자연과 지리. 그리고 멕시코의 밤하늘, 별, 바람, 저 멀리 보이는 비행기의 불빛에 이르기까지 이야기는 꼬리를 물며 더 높게 떠올라 밤늦도록 이어졌다.

겨우 하루, 아니 아직 1박도 안 했는데 벌써 여러 날이 지난 느낌이다. 막 첫걸음을 뗐을 뿐인데 한참을 걸은 기분이

여행 첫날 멕시코시티의 한 식당에서 먹은 저녁 식사.

---

1) 그런데 기상천외한 방법으로 감옥을 탈옥한 구스만이 2016년 1월 초 전기 영화를 만들겠다고 미국 영화배우 숀펜과 대중문화지 〈롤링스톤〉을 인터뷰했다가 잡혀서 또 한 번 세상을 놀라게 했다.

우리가 묵었던 숙소 옥상에 차린 조촐한 술상(왼쪽). 멕시코시티에서의 사흘 동안 우리는 밤마다 옥상에서 맥주를 마시며 하루를 마감했다(오른쪽).

랄까?

구시가 지역은 밤 7시만 되면 사람들의 모습을 찾아보기 힘들다. 가로등 불빛이 간간이 오가는 차량을 비치고 있을 따름이다. 이따금 거리를 지나는 젊은이들이 눈에 띄긴 하지만 그게 전부다. 숙소 가까이의 라틴 뮤직바에서 흘러나오는 음악이 아니었다면 거의 적막강산이었을 것이다. 아마도 젊은이들은 그곳에서 춤과 음악으로 청춘을 만끽하고 있을 것이다. 검은 하늘에서는 공항으로 내려앉는 비행기의 붉은 등이 점멸하고 별들은 깜박깜박 졸고 있다. 총총하다고는 할 수 없으나 서울보다는 훨씬 많고 밝은 별들이었다. 달은 어디에 숨었는지 보이지 않았지만, 멕시코 밤하늘의 운치는 고즈넉하고 그런 만큼 충분히 외로웠다.

와이파이 기둥은 떴다 가라앉았다 애를 태운다. 11시 30분, 잠자리에 들기 전 하루를 간략히 메모한다. 기억은 시간의 속도로 희미해질 것이다. 메모는 기억을 되살려주겠지만, 메모 속 기억이 나중에 떠오르는 기억과 다를 수도 있다. 인간의 기억이란 생각의 변화와 함께 달라지는 것이니까.

2

테오티우아칸 유적지 관람기

아침 식사는 한국식으로

6월 11일 새벽 3시, 잠이 깼다. 베란다로 나가 밖을 내다본다. 새벽 공기가 허파를 가득 채운다. 멕시코의 밤과 아침은 낮과 사뭇 다르다. 땅거미가 지면 매연을 품은 낮의 강렬한 햇볕이 물러나고 서늘한 공기가 투명한 안개처럼 밀려온다. 멕시코시티에 있는 동안 늘 그랬다. 아마도 이곳이 고원지대이기 때문이리라. 불현듯 이곳에서 살아도 좋겠다는 생각이 든다.

새벽 텅 빈 거리를 순찰차가 지나간다. 행인은 없다. 나는 아무 생각 없이 바깥 풍경에 시선을 붙들어 매고 있었다. 새벽 4시, 숙소 앞이 덜컹거린다. 청소차가 내는 소음이다. 역시, 어디서나 가장 먼저 아침을 여는 것은 청소부다.

4시 30분, 침대에 누웠다가 깜박 잠이 들었다. 6시, 아침 식사 준비를 한다. 교수님이 한국에서 챙겨 온 누룽지를 끓였다. 고추장과 통조림김치, 그리고 어제 저녁 식당에서 먹다 남아 싸 온 음식이 반찬으로 놓였다.

9시, 우버택시[2]를 타고 메트로(지하철) 3호선 종점역으로 이동했다. 교수님이 아는 지인의 소개로 연결된 홍 목사님과 만나기로 한 장소로 가기 위해서였다. 홍 목사님은 멕시코시티의 한 신학대학에서 학생들을 가르치고 있는데 우리는 오늘 그의 안내로 테오티우아칸[Teotihuacan]의 유적지를 관람하기로 한 것이다. 50대 후반의 그는 17세에 부모님을 따라 파라구아이로 이민을 가 그곳에서 대학을 졸업하고, 아르헨티나에서 해방신학으로 박사학위를 받았다. 그는 40년 이상 중남미에서 생활했고 쿠바에서도 7년간이나 교수 생활을 한 경험이 있어, 라틴아메리카의 현지 사정을 누구보다 잘 알고 현지 생활과 문화에도 익숙했다.

택시기사가 우리를 긴장시키다

약속 시간은 10시였지만 우리는 10시 30분이 넘어서야 가까스로 약속 장소에 도착했다. 택시기사의 실수 때문이었다. 멕시코는 치안

---

2) 우버(Uber)는 미국 캘리포니아주 샌프란시스코를 기반으로 한 운송 네트워크 회사. 실질적인 우버서비스를 시작한 것은 2010년. 여기서는 고용되거나 공유된 차량의 운전기사와 승객을 모바일 앱을 통해 중계하는 서비스를 제공한다. 차량 예약은 인터넷 메시지나 모바일 앱을 통해 진행되며, 모바일 앱에서는 예약된 차량의 위치가 승객에게 실시간으로 제공된다. 2014년 6월 현재 전 세계 100개 이상의 도시에서 서비스 중이다.
최초에는 링컨 타운 카, 캐딜락 에스칼라데스, BMW 7시리즈, 메르세데스-벤츠 S550 세단 등을 차량으로 제공했다. 2012년부터는 우버X를 출시하여 더 넓은 시장에 대응할 수 있도록 저렴한 모델의 차량을 포함시켰다. 2012년, 우버는 택시가 아닌 차량을 통한 공유 운송의 기능을 추가한다는 계획을 발표했다. 2014년 기준 우버의 기업가치는 18조 원이 넘어서 에어비앤비(Airbnb)와 샤오미를 제쳤다.
2014년 6월 현재, 우버는 여러 나라에서 불법 택시 운영이라는 이유로 고발을 당했다. 서울시도 2015년 1월 2일부터 서울 시내에서 우버택시 영업을 신고하면 최고 100만 원의 포상금을 지급한다고 밝혔다. 서울시는 우버가 ▲여객자동차운수사업법상 '유상운송 금지' 조항을 위반하고 있는 점 ▲운전기사 신분이 불확실해 이용자 안전을 담보할 수 없다는 점 ▲교통사고 시 보험 보장이 불확실하다는 점 등을 들어 영업행위를 차단해야 한다고 주장했다.(위키백과 '우버' 항 참고)
인터넷이 발달한 한국의 경우, 우버택시를 허용하게 되면 기존 택시업계에 심각한 타격을 줄 것으로 예상된다. 우리보다 인터넷이 훨씬 덜 발달한 멕시코시티에서도 우버택시는 잘 운용되고 있는 듯 보였다. 치안이 불안한 멕시코시티에서 우버택시는 기존 택시보다 훨씬 안전하고 믿을 수 있어서 해외 관광객들이 애용하고 있다.

이 나빠 대낮에도 아무 택시나 타면 안 된다는 이야기를 많이 들었고 그래서 안전하다고 알려진 우버택시를 탔던 것인데, 기사가 길을 잘못 들어 헤매는 바람에 그렇게 됐다.

멕시코시티 아침 출근길의 택시들. 우리는 일반택시보다 안전성이 높은 우버택시를 탔다. 차종은 폭스바겐이었는데 새 차는 아니었다.

숙소 앞에 도착한 택시기사에게 목적지를 알려주자 그는 자신 있게 출발했다. 택시는 대로를 한 30분간 신나게 달렸다. 그러더니 어느 순간 좌회전, 우회전, 유턴을 반복하다가 좁은 이면도로로 방향을 틀었다. 빈민가라고 말하기는 그렇지만 낡은 집들이 즐비한 동네의 이면도로였다. 골목길은 죽 이어졌고, 담벼락마다 낙서로 도배돼 있다. 아마도 음담이나 욕설, 또는 똥개, 얼레리 꼴레리 따위의 그렇고 그런 이야기들일 것이다. 집들은 허름하고 낡았다. 사람들은 별로 보이지 않았다. 저 멀리 보이는 산동네는 거의 꼭대기까지 집들이 자리를 잡고 있었다.

동네를 지나자 공장지대가 나타났다. 80년대 구로공단이나 부평공단, 주안공단 주변 주택가를 지나는 느낌이었다. 택시가 고가도로 아래를 지나 산동네 쪽으로 방향을 잡았다. 직감상으론 고가도로를 타야 맞을 것 같은데 산동네로 들어선 것이다. 포장도 안 된 길이었다. 택시가 출렁일 때마다 의구심이 덩달아 솟구쳤다. 이거 뭐지? 이 산동네를 가로질러 가려는 것인가? 그런 생각이 들었을 때 택시가 멈췄다. 순간 차 안에 긴장감이 돌았다. '혹시 이거?'

그때 택시기사가 스마트폰으로 지도 검색을 했다. 그러더니 우리에게 목적지를 다시 묻는다. '왜 목적지가 안 나오지? 왜 이런 길로 접어들었지?' 이런 얼굴 표정이다. '우리가 어찌 아나, 이 사람아!' 우리는 잘 통하지 않는 언어로 의사소통을 시도한다. 스페인어와 영어, 몸짓과 손짓이 오고갔다. 목적지를 친절하게 그러면서도 간절한 마음으

우리를 태운 택시는 포장도
안 된 도로를 따라 산동네
빈민가로 향했다. 그러다가
목적지를 재차 확인한 뒤
다시 방향을 되돌렸다.

로 기사에게 전했다. "메트로 3호선 종점 버스터미널이라고? 아, 오케
이." 기사가 알아들었다는 시늉을 한다.

택시가 다시 출발한다. 그는 아까 왔던 길로 되돌아 나왔다. 기사가
명백히 길을 잘못 들어선 것이다. '실수일까? 아니면 요금을 올리기
위한 농간질인가?' 의구심이 들었지만 항의는 하지 않았다. 기사도 내
내 침묵이다. 하다못해 미안하다는 제스처라도 취할 만하건만 도통 그
런 기색이 없다. 우리는 여행 중 택시를 여러 번 탔지만 이 기사처럼
말이 없던 사람은 보지 못했다. 얼굴 멀쩡한 젊은이치고는 뜻밖의 과
묵함이다. 농간을 부릴 위인은 아닌 듯싶었지만 사람 마음을 어찌 알
겠는가? 얼굴만 보고 속마음을 알아본다는 것이 얼마나 허망한 생각
인지는 살아온 경험이 가르쳐준 바다.

시외버스를 타고 테오티우아칸으로

그렇게 한참을 헤맨 끝에 우리는 '메트로 3호선 종점' 버스터미널에 도착했다. 하지만 우리의 헤맴은 여기서 끝나지 않았다. 지하철이라고 해서 우리나라 지하철을 생각하면 안 된다. 지하철인지 지하창고인지 도무지 구분이 안 갔다. 주위가 몹시 지저분하고 안내 표지판도 전혀 없다. 6번 출구에서 만나기로 했는데, 6번인지 7번인지 1번인지 종잡을 수가 없다. 밖에서는 알아볼 표시가 하나도 없었던 것이다. 경험자인 원장님 말씀으로는 안에 들어가야 출구 번호를 알 수 있단다. 급한 마음에 도로를 이리저리 무단횡단한 끝에 겨우 목사님과 만날 수 있었다.

우리는 반가운 나머지 저도 모르게 탄성을 질렀다. 혹시 못 만날까 봐 걱정했던 마음이 고스란히 드러난 것이다. 목사님에게는 동행이 있었다. 영국에서 박사과정을 밟고 있는 문화인류학도로, 박사논문 자료 수집 차 온두라스에 거주 중인 후배였다. 그는 한국인치고는 덩치가 매우 큰 거구였다. 하지만 그도 온두라스에서는 대낮에도 혼자 다니기 힘들 만큼 치안이 험악하다면서 멕시코는 거기에 비하면 천국이라고 이야기한다. 중남미 치안이 아무리 엉망이라지만 막상 그의 말을 듣고 보니 기가 막힌다. 날이 저물면 열악한 치안 상황 때문에 젊은 남자 둘이 짝을 이뤄도 외출을 삼갔던 멕시코시티인데, 그런 곳이 천국으로 비유될 정도라니.

우리가 늦은 이유를 듣자 홍 목사님이 한마디 하신다. 우버택시의 경우 서비스가 나쁘다고 항의하면 택시비를 돌려받을 수 있고, 그러면 택시기사는 택시비를 한 푼도 못 받는다는 것이다. 하지만 그리 하기엔 우리들 마음이 너무 여리다. 기사가 일부러 그런 것은 아닐 거라고, 애써 선의의 해석을 했다. 아니, 오히려 그 덕분에 멕시코시티 빈민가 구경도 잘 했노라며 한바탕 웃어젖혔다.

테오티우아칸으로 향하는 버스를 탔다. 버스터미널이라고 해서 우리나라의 시외터미널을 연상하면 안 된다. 그냥 버스정류장 수준이다. 터미널 건물이 따로 있는 것도 아니고, 시외버스가 서면 알아서 타야 하는 곳이었다. 우리가 참조한 여행서에는 '메트로 5호선 종점'에서 유적지로 가는 버스가 있다고 설명돼 있었다. 하지만 이곳 3호선 종점은 5호선 종점과 큰 차이가 있었다. 버스는 80년대에 도시 근교로 나갈 때 탔던 낡은 시외버스 수준이었다. 그래도 버스에 오르는 순간, 안도감과 함께 기분이 좋아졌다.

버스는 멕시코시티 외곽도로를 따라 한동안 달렸다. 시원한 바람과 함께 외곽의 대단위 주거지와 산업단지들이 나타났다. 빈민가 산동네도 보였다. 중심지에서 멀어질수록 풍경도 조금씩 달라졌다. 블록으로 짓다 만 집들이 방치된 채로 있었고, 이어 시골 마을과 자연 풍경이 눈에 들어왔다. 꾸불꾸불 시골길을 달리다가 다시 자동차 전용도로를 탔다.

전용도로를 나와 다시 시골길로 접어들자 지형이 달라졌다. 저 멀리 넓은 평야와 구릉지대가 펼쳐졌다. 아마도 유적지가 가까워진 모양이다. 그런 길을 한 20분쯤 달렸을까? 마침내 테오티우아칸 입구 주차

3번 메트로 종점에 있는 버스터미널 부근. 여행객들이 인터넷에 올린 5번 메트로 종점의 그것과는 영 딴판으로, 보통 버스정류장 수준이었다(왼쪽). 외곽도로를 타고 가면서 만난 멕시코시티 산동네 모습(오른쪽).

38

장에 도착했다. 멕시코시티에서 북북동쪽 방향으로 40킬로미터 정도 떨어져 있는 이곳까지 오는 데 걸린 시간은 대략 1시간 30분 정도였다. 물론 승용차였다면 훨씬 시간을 줄일 수 있었을 것이다.

넓은 대지에 붉은색 작은 자갈돌이 깔려 있는 주차장은 지나치게 인공적이지 않은, 비교적 자연스런 느낌을 풍겼다. 유적지 입구에서 받는 입장료는 1인당 59페소.[3] 내국인 학생과 교사, 교수 등 교육 관련 기관 종사자는 무료다. 학원생과 선생도 무료라고 한다. 모두 '멕시코 혁명'의 흔적들이다. 홍 목사님은 교수 신분증을 제시하고 무료로 입장했다.

이 거대한 축조물을 어떻게 만들었을까?

유적지 초입의 비포장 자갈길을 잠시 걷다 보면 기념품 판매점이 나오고, 그곳을 지나면 바로 유적지가 시작된다. 유적지는 태양의 피라미드와 달의 피라미드, 왕궁 터, 수많은 제단 등이 '죽은 자(死者)의 거리'[4]를 중심으로 배치되어 있다. 피라미드의 규모는 엄청났지만, 압도당한다는 느낌까지는 들지 않았다. 그래도 이 거대한 피라미드[5] 건축물을 만든 사람들에 대한 경이감은 어쩔 수가 없다.

그들은 도르레도 철기구나 장비도 없었을 텐데 어떻게 만들었을까? 기간은 얼마나 걸렸을까? 누가, 왜 만들었을까? 이렇게 거대한 문명을 창조한 사람들인데, 왜 한순간 몰락하고 말았을까? 그것은 여전히

---

3) 1페소는 대략 한국 돈 78~80원 정도. 입장료가 4,800원가량이니까 싼 편이다.
4) 전쟁 등으로 잡은 포로나 제단에 바칠 인신제물을 달의 피라미드까지 끌고 갔다고 해서 이런 이름이 붙었다.
5) 이곳에 있는 태양의 피라미드는 이집트의 피라미드를 포함하여 세계에서 3번째로 큰 피라미드라고 한다.

테오티우아칸의 유적들. 유적지의 규모나 유적의 크기는 우리나라 고대 유적과는 비교가 안 된다.

수수께끼로 남아 있다. 더욱 안타까운 점은 테오티우아칸 도시를 발굴하고 새롭게 건설한 아스텍 문명도 순식간에 무너졌다는 사실이다.

정교함과 예술성에서는 많이 부족하다는 생각이 들었고 문양이나 재규어, 뱀 등의 형상은 소박하기 이를 데 없다. 하지만 유적의 규모나 크기는 우리 고대사의 유적과는 비교가 되지 않을 만큼 웅장해서 그들의 건축술과 수학적 능력이 상당했음을 짐작해볼 수 있다. 유적지 안내 팻말은 스페인어 외에도 영어가 병기돼 있어 기본적인 내용을 이해하는 데 도움이 되지만 지역이 넓고 동선이 길어서 꼼꼼히 읽을 시간이 없었다. 더욱이 내리쬐는 땡볕 아래서 장시간 관람하기란 애초에 엄두가 나지 않는 일이었다.

전성기 중남미에서 가장 큰 고대 도시

뱀(왼쪽)과 퓨마(오른쪽) 형상. 제의적 상징을 담고 있는 이들 조각상에는 고대인의 소박함이 묻어 있다.

테오티우아칸^{Teotihuacan}은 '신들이 탄생한 곳'이라는 뜻을 지닌 멕시코

의 고대 도시다. 기원전 200년경부터 주민들이 거주하기 시작했고, 기원후 100년경 피라미드와 같은 큰 유적들이 구축되기 시작했으나 700년경에는 도시가 파괴되어 그 기능을 상실했다고 알려진다. 하지만 이 유적지에 대해서는 아직도 많은 내용이 수수께끼로 남아 있다. 누가, 언제 이 도시와 건축물을 지었으며, 왜 순식간에 파괴되었는지 아직도 정확한 이유를 알지 못하고 있다.

테오티우아칸이 제국의 수도였는지는 논란으로 남아 있지만 메소아메리카 전역에 걸쳐서 영향을 미쳤다는 점은 여러 문헌을 통해 확인되고 있다. 테오티우아칸에 어떤 종족이 거주했었는지도 논쟁거리인데 지금까지의 연구 결과로는 나와족, 또는 또또낙족이 가장 유력한 후보로 꼽히고 있다. 테오티우아칸의 거주민들이 다양한 종족으로 구성되었을 수도 있다는 주장을 펴는 학자들도 있다.

이 유적지는 남·북(실제로는 북북동)으로 길게 난 '죽은 자의 거리'를 축으로 발달된 고대 도시의 흔적들이다. 이 죽은 자의 거리는 길이가 약 2.5킬로미터에 이르고 폭이 약 40~90미터에 이르는 큰 도로다. 도시는 이 도로를 중심으로 대칭적으로 발달되었다. 이 도시는 기원 원년부터 5세기경까지 번영을 구가했으며, 최전성기 때는 인구가 10만 명에 이르러 당시 세계 제일의 도시 가운데 하나였을 것으로 여겨지고 있다. 테오티우아칸은 이런 많은 인구를 수용하기 위해 아파트 형식의 주거지로 몇 개 층을 지닌 주택을 지었다.

700년경 도시가 기능을 상실한 후 1300년경 아스텍인들에 의해 발견되기까지 이곳은 폐허로 남아 있었다. 멕시코 북쪽 지역에서 내려온 아스텍인들은 이 도시를 다시 번성시켰으며, 스페인에 점령당하기 전약 200여 년 동안 번창을 유지했다. 그러나 테노치티틀란Tenochtitlan[6]이

6) 아스텍 왕국의 수도로 지금의 멕시코시티에 위치했다. 스페인 정복자들은 테노치티틀란을 파괴한 뒤 그 위에 멕시코시티를 세웠다.

라는 거대한 도시를 세웠던 아스텍인들도 스페인 침략자들에게 속수무책으로 당하면서 이곳도 파멸되고 말았다.

이 도시에는 커다란 피라미드가 존재한다. 죽은 자의 거리 북쪽 끝에 달의 피라미드가 있고 그 앞에 광장이 펼쳐져 있다. 광장 둘레로 소규모 피라미드들과 왕궁터가 있다. 도로의 중간 부분 오른쪽에 이 도시에서 제일 큰 구축물인 태양의 피라미드가 위치하는데, 규모는 태양의 피라미드가 제일 크지만 이 도시의 중심은 달의 피라미드다.

태양의 피라미드는 가장 아랫면의 길이가 각각 225미터와 220미터, 높이는 65미터에 이르러 세계에서 3번째로 큰 규모의 피라미드라고 한다. 달의 피라미드는 각각의 면이 130미터, 156미터이고 높이는 43미터다. 달의 피라미드에서 사람을 제물로 바치는 인신공양 제사를 지냈고, 사람 제물이 금지된 이후에는 동물을 제물로 바쳤다.

19세기 후반부터 유적지 발굴을 통해 이 피라미드에 대한 조사가 이루어졌으며, 1962년 멕시코 정부에 의해 복원사업이 진행되었다. 이곳은 1987년에 유네스코 세계문화유산으로 지정되었다. 멕시코시티 동북쪽으로 약 40킬로미터 거리에 위치한 이곳의 해발고도는 약 2,300미터로 2,240미터의 멕시코시티와 비슷하다.

태양의 피라미드에서 바라본 풍경

태양의 피라미드 위에 서면 시야를 가로막는 것이 없다. 그야말로 확 트여 있다. 정면 앞으로 열대 우림이 있고 좀 나아가면 큰 교목들이 울창한 숲을 이룬 채 평지를 이루고 있으며, 그 뒤로 산이 위치해 있다. 유적지 뒤쪽으로는 조금만 나가면 주택들이 자리 잡고 있고, 그 한참 뒤로 산이 솟아 있다. 왼편으로(남서쪽 방향으로) 멕시코시티의 외곽이 희미하게 보인다. 이 거대도시는 구릉 너머로 슬쩍 모습을 내비친다. 오른편, 그러니까 달의 피라미드가 위치한 곳으로는 산과의 거리가 짧다. 태양의 피라미드 위에서 바라보면 그림 같은 풍경이 펼쳐진다.

사람들은 헉헉거리며 계단을 오른다. 처음에는 첫 단까지만 오르겠다고 마음먹지만 결국은 마지막 단을 지나 꼭대기 정상까지 오른다. 제일 위 정상 부분에는 우주와 통하는 문이 있었는데 지금은 막아놓았다고 한다. 그 말을 듣고 열심히 찾아본 끝에 비슷한 곳을 한 군데 발견했지만, 그냥 돌들과 시멘트만 있을 뿐이다.

시원한 바람을 맞으며 사방으로 한가득 시선을 던진다. 따가운 햇볕을 싹 잊게 할 만큼 풍경이 보는 이의 마음을 설레게 만든다. 마음 같아서는 이곳에서 하루 종일 앉아 있고 싶다. 노래도 부르고 소리도 쳐보고 싶다. 하지만 나는 다시 내려가야 한다. 떠나올 때 버리고 왔듯이 떠나갈 때도 버리고 가야 한다. 언젠가 희미해질 기억만, 어쩌면 그보다 더 빨리 빛바랠지도 모를 감흥만 가슴에 담아갈 뿐이다.

정신없이 셔터를 누르다 보니 아무도 안 보였다. 일행은 모두 다 저 아래에 내려가 있다. 나는 헐레벌떡 계단을 내려갔다.

시간은 빡빡한데 동선은 너무 길다. 쉴 나무그늘 한 곳도 없다. 땡볕 아래를 걸어 다니는 것은 아무리 구경이라도 고역이다. 놀려도 체력이

태양의 피라미드 계단에 앉아서(왼쪽). 눈에 확 띄는 차림의 한 여성이 태양의 피라미드 계단을 내려오고 있다(오른쪽).

필요하다. 그래서 조상들은 노래했을 것이다. "노세 노세 젊어서 놀아, 늙어지며는 못노나니, 화무는 십일홍이요, 달도 차면 기우나니라."

어릴 때는 어른들이 술 마시며 장구치고 놀 때 부르던 이 노래의 가사를 도무지 이해할 수 없었다. 게다가 '화무십일홍'은 또 뭐란 말인가. '인생은 순간이다'라는 말이 너무 싫었다. 그러나 이제는 충분히 이해하고, 절절히 공감한다. 오직 세월을 겪어내야만 체득할 수 있는 가르침인 것이다.

그런데 그 땡볕에도 아랑곳하지 않는 사람들이 있다. 광장 여기저기서 기념품을 팔고 있는 인디오 원주민들이다. 우리네 생계형 노점상들이 그렇듯이, 이들 역시 하루 몇 개 팔리지 않을 이 장사에 식구들 밥줄을 걸고 있으리라.

한 인디오 아저씨가 다가와 우리에게 돌로 깎은 신상을 사라고 들이민다. 기념품 하나쯤은 챙겨 가야겠다는 생각에 물어보니 숫자 '50'을 쓴다. 50페소는 너무 싸고 50달러면 너무 비싸다. 돈 단위를 묻자 50달러란다. 포기하고 돌아서는데 계속 따라붙으며 깎아줄 테니 사라고 한다. 아마도 흥정을 하면 반값으로 살 수도 있을 것이다. 하지만 흥정하는 것 자체가 마음이 내키지 않아 그만두었다.

마음이 불편했다. 한때 누구보다 찬란한 문명을 구가했던 부족의 후

테오티우아칸 유적지에서
기념품을 팔고 있는 사람들.

얘들이 어쩌다 이런 현실 속에 살아가게 됐을까. 북아메리카 아파치족
인디언 추장으로 미군 기병대와 싸워 신화적인 인물이 된 제로니모의
마지막이 스쳐간다. 그는 1886년에 생포되어, 세인트루이스 세계박
람회에서 자기 사진이 든 25센트짜리 우편엽서를 파는 가련한 신세로
전락했다가 인디언 보호구역 안에서 생애를 마쳤다.

동굴식당에서의 멕시칸 정통 점심 식사

태양의 피라미드까지만 돌아보고 점심 식사를 하기로 했다. 아침을
간단히 때운 데다 주전부리도 하지 않아 배가 고팠고, 시간도 점심을
지나 있었다. 유적지 바로 옆에 붙어 있는 음식점을 찾았다. 동굴식당

이다. 천연 동굴을 개조해 만든 식당은 멕시코식 음식점이다. 운치가 있고 시원하다.

홍 목사님의 권유에 따라 멕시칸 음식을 몇 가지 시켰다. 그 유명한 '데낄라'도 한 잔씩 곁들였다. 식사는 내 입맛에는 괜찮았으나 다른 사람들은 별로였던 모양이다. 멕시코는 소스의 천국이다. 그런 소스에 익숙하지 않은 사람들은 멕시코 음식을 먹는 게 쉽지가 않다. 데낄라는 37도로 독했으나 느낌은 순했다. 멕시코에서는 데낄라가 여성용이란다. 그렇다면 얼마나 독한 술이라야 남성용이란 말인가. 중남미, 그중에서도 멕시코 남성들의 마초이즘은 유명하다.

음식은 배가 부를 만큼 풍성히 나왔지만 상당히 비쌌다. 6명의 식사비와 음료, 술값을 합쳐 대략 1,800페소(우리 돈 약 14만 원)였다. 1인당 24,000원 정도 나온 셈이다. 식당이 하나밖에 없다 보니 독점가격이 작용한 것일까? 관광지의 수준 있는 레스토랑이라는 점을 감안하면 이해 못 할 바도 아니지만, 멕시코 GDP와 물가를 감안하면 비싼

점심 식사를 한 동굴식당

편이었다.

식사를 마친 후 다시 유적지 관람에 나섰다. 본격적인 관람에 나서기 전 홍 목사님이 돌아갈 길의 택시를 흥정했다. 택시 한 대당 560페소(택시비 500페소+통행료 60페소)에 멕시코시티 숙소까지 가기로 예약이 되었다. 한 대당 대략 45,000원, 두 대에 9만 원이다. 적은 돈이 아니지만 버스와 택시를 번갈아 갈아탈 생각을 하면 이편이 낫다는 결론이 내려졌다. 더욱이 버스 기다리는 시간과 운행시간, 택시 잡는 데들이는 시간과 신경전까지 생각하면 비교도 할 수 없는 선택이었다. 이곳에 올 때도 경험자의 조언이 있었다면 아마 이쪽 방편을 취했을 것이다.

달의 피라미드에서 바라본 풍광

식당에서 달의 피라미드까지는 거리가 제법 멀었다. 주변의 작은 피라미드는 눈에 들어오지도 않았다. 어서 빨리 달의 피라미드에 올라보고 싶다는 생각만 앞섰다.

이 거리, 즉 죽은 자의 거리를 걸으면서 포로들은 어떤 생각을 했을까? 죽음을 향해 걸어갈 때 그들의 머리에는 어떤 생각이 스쳐갔을까? 삶과 죽음에 대해서? 전쟁의 패배 원인에 대해서? 운명에 대해서? 두려움에 떨었을까? 체념했을까? 저주했을까? 분노했을까? 저항했을까?

사람마다 다 달랐을 것이다. 우리는 삶과 죽음에 대한 그들의 관(觀)이 어떠했는지도 잘 모른다. 다만 알 수 있는 것은 이 길을 걸었을 수많은 사람들이 자연의 수명을 다 누리지 못했다는 사실뿐이다.

달의 피라미드에 올랐다. 일행 중 세 사람은 달의 피라미드 옆 작은

달의 피라미드까지 곧게 뻗은 죽은 자의 거리. 제물로 바쳐질 사람들은 어떤 생각을 하면서 이 대로를 걸었을까?

제단의 그늘에서 쉬기로 작정한 상태다. 나머지 세 사람만 달의 피라미드 계단을 오른다. 그러나 달의 피라미드는 중간 지점에서 가로막혀 정상까지는 가지 못하게 돼 있었다. 보수작업 때문에 그렇게 해놓은 모양이다. 쇠줄로 막아놓았는데, 그 줄을 넘어 들어가는 것은 쉬운 일처럼 보였다. 하지만 아무도 그 선을 넘지 않았고, 그건 우리도 마찬가지였다.

그런데 금기와 마주칠 때면 발동되는 호기심 또는 장난기 어린 반항심이 슬며시 고개를 치켜든다. 하지 말라면 더 하고 싶은 심정이랄까? 물론 생각일 뿐이지만, 저 선을 넘어가면 어떻게 될지 상상해본다. 관리소 직원들이 금방 쫓아올까? 체포당하는 건 아닐까? 그래서 주변을 둘러보지만 그런 일을 할 제복 차림은 보이지 않는다. 다만 달의 제단 바로 앞 유적에서 발굴작업을 하는지 보수작업을 하는지, 뭔가를 하고

48

① 달의 피라미드. ② 달의 피라미드 바로 앞에서는 공사가 한창 진행 중이다. ③ 달의 피라미드에서 바라본 태양의 피라미드. ④ 태양의 피라미드에서 바라본 달의 피라미드. 달의 피라미드는 태양의 피라미드보다 크기는 작지만 이 도시의 중심은 이곳이다.

있는 인부들이 눈에 띌 따름이다.

　달의 피라미드 중간층에서 바라보는 세계는 태양의 피라미드에서 바라보는 세계와 또 다르다. 저 멀리 멕시코시티가 정면 오른쪽으로 바라다보인다. 도시의 본 모습은 제대로 보이지 않지만 다만 그곳이라고 짐작되는 곳이 희미하게 보인다. 좌우로 넓은 평지가 펼쳐져 있고, 그 끝부분에 산이 걸쳐 있다. 죽은 자의 길이 쭉 뻗어 있고, 전체 피라미드들이 한눈에 들어온다. 태양의 피라미드도 뚜렷하게 눈에 들어온다.

　바람이 분다. 모자를 벗어본다. 시원하다. 맥주 한잔했으면 좋겠다는 생각이 굴뚝같지만 맥주가 있을 리 없다. 물이나 마셔야지. 물은 더운 날씨 때문에 금방 뜨뜻해져 있었다. 원래의 물맛도 별로인데 뜨뜻미지근하니 더 맛이 없다. 입안에 물을 조금 머금고 천천히 혀로 굴린다. 꿀꺽꿀꺽 마시기보다는 이게 갈증 해소에 도움이 된다는 이야기

태양의 피라미드 정상에서
(왼쪽), 그리고 달의 피라미
드 중간층 위에서(오른쪽).

를 들은 기억이 있다.

문득 이곳에 온 뒤로 아직 달을 못 보았다는 데 생각이 미쳤다. 그
믐과 초승 사이여서 그런가? 그 뒤로도 우리는 한동안 달을 보지 못했
다. 달을 보게 된 것은 쿠바의 아바나에서였다.

택시를 기다리면서

달의 피라미드에서 내려와 앞 광장 오른편에 있는 궁전터로 갔다.
사제가 살던 곳인지 왕이 살던 곳인지 정확히는 알 수 없지만 아무튼
최고 지도자가 살던 곳이다. 처음에는 사제가, 나중에는 왕이 살았을
것이다. 그곳에서 보는 세계는 또 다른 모습이었다. 확실히 보는 위치
에 따라서 세상이 달리 보이고 세상에 대한 생각도 달라지는가 보다.

그곳은 그늘이 져서 시원했다. 멕시코시티의 날씨는 한낮에 햇볕이
엄청 뜨거운데도 그늘에만 들어가면 시원하다. 서늘하다는 기분이 들
정도다. 습도가 거의 없다는 이야기다. 고원지대이기 때문일 것이다.

멕시코의 저 아래쪽으로 내려가면 전혀 다른 날씨가 기다린다는데, 우리가 갈 칸쿤은 어떨지?

나는 정글 모자 비슷한 걸 쓴 덕분에 얼굴이 타는 걸 어느 정도는 방지했다. 하지만 챙이 작은 멋쟁이 모자를 쓴 이 대표는 하루 만에 얼굴이 시뻘겋게 익어버렸다. 강렬한 멕시코의 태양 아래서는 선크림과 그늘을 충분히 만들어줄 모자와 긴팔 옷도 필요하다. 반팔 옷을 입었던 원장님은 팔 때문에 그날 저녁 엄청 고생했다. 저녁 내내 오일과 치료약을 열심히 발랐으나 화끈거리는 화상의 따가움은 피할 방법이 없었다. 우리와 동행했던 젊은 인류학자도 반팔 옷차림으로 다니다가 팔에 2도 수준의 화상을 입어 밤새 끙끙 앓았다는 후문이다.

궁전터 옆 출입구를 빠져나오니 기념품 가게들이 즐비하게 늘어서 있다. 예약한 택시를 기다리는 동안 지나가는 아주머니한테서 과일주스를 얼린 얼음을 사 먹었다. 망고주스를 비닐에 넣어 얼린 것(우리의 '쭈쭈바'를 생각하면 된다)과 딸기주스를 얼린 아이스케키 같은 것이었다. 한입 베어 무니 시원하다 못해 머리가 띵할 정도다. 달달한 망고주스 얼음의 시원한 맛은 지금도 잊지 못할 정도다.

남은 아이스케키를 다 판 아주머니는 기분이 매우 좋아 보였다. 애교도, 수다도 만점이다. 홍목사님과 무슨 이야기를 그렇게 재미있게 하는지 모르겠다. 열심히, 즐겁게 수다를 떨고 있는 두 사람은 마치 오래전부터 알고 지내던 고향마을 오누이처럼 정겨웠다. 옆에서 보는 사람도 덩달아 즐거워져 무슨 말을 하는지

궁전터.

알아듣지 못하면서도 슬그머니 웃음을 베어 문다.

원래 낙천적인 민족이라 그런가? 흥정만 하고 그냥 뒤돌아서면 잔뜩 인상을 구길 만도 한데, 이 인디오 노점상들은 전혀 그런 기색이 없다. 사면 좋고 안 사도 그만, 몇 번 말을 붙이다가 안 되면 그냥 간다.

테오티우아칸 입구에서 열대과일 음료를 팔고 있는 노점상.

테오티우아칸의 피라미드, 달의 피라미드, 사자의 거리, 전쟁, 승자와 패자, 역사 그리고 테오티우아칸의 기념품 판매 인디오의 모습을 보면서 여러 생각이 교차한다.

하루를 마감하며

잠시 후 택시가 도착했다. 스페인어를 하는 두 분은 각각 다른 차를 타고, 우리 일행도 둘로 나뉘었다. 한 대는 교수님, 원장님, 홍 목사님, 그리고 다른 한 대는 이 대표와 나, 인류학자가 몸을 실었다. 차를 타고 오는 동안 멕시코를 비롯한 라틴아메리카의 현실 이야기가 화제로 올랐다. 마침 인류학자의 논문 주제가 '라틴아메리카에서 종교의 문화적 역할'이라고 한다. 그는 라틴아메리카에서 종교가 주민들에게 어떤 사회 문화적 기능을 담당하고 있는지를 온두라스 사례를 중심으로 연구하고 있었다. 학부에서 신학을 공부하고 인류학으로 방향을 바꾼 그에게 적합한 주제이지 싶었다. 주민의 대다수가 가톨릭 신도인 라틴아메리카에서 종교의 영향력을 연구하는 일은 큰 의미가 있을 것이다.

돌아오는 길은 가는 길보다 훨씬 빨랐다. 3시 40분이 넘어 출발한 택시가 5시가 채 안 돼 숙소 앞에 도착했으니, 아침의 약 3시간에 비하면 절반도 안 되는 시간이다. 돈이 좋긴 좋구나, 하는 생각이 절로 든다. 택시는 얼마간 국도를 달리다가 고속도로를 빠른 속도로 달렸다. 그러나 운전이 난폭하다는 느낌은 들지 않았다. 이곳 택시기사들도 끼어들기나 고속 주행에 익숙했지만 우리의 '총알택시' 같지는 않았다. 이걸 보면 역시 한국인 성질이 더 급하긴 한 모양이다. 아니면 낮이어서 그런 느낌이 들었을까? 우리의 총알택시는 주로 밤을 날아다니니 말이다.

돌아오는 길에 목격한 재미있는 광경 하나. 고속도로 톨게이트를 빠져나오자 도로 오른편 옆에서 몇몇이 지나가는 차를 잡고 있었다. 기사가 급히 차선을 바꿔 중앙으로 빠져나온다. 경찰 같지는 않아 보이고 고속도로 순찰대려니 했는데, 기사 이야기는 다르다. 그들은 경찰은커녕 아무 단속 권한도 없는 사람들이라고 한다. 하지만 저렇게 한 번 붙잡히면 보통 30분 이상은 걸린다고 한다. 무슨 말인지 알쏭달쏭했다. 단속 권한도 없는 사람들이 저런 행세를 해도 되는 건가? 그렇다면 무법천지가 따로 없다. 기사가 기가 찬다는 듯 헛웃음을 치자, 우리도 덩달아 따라 웃는다.

숙소에 도착한 뒤 이 대표와 나는 다시 거리로 나섰다. 먹을거리를 사기 위해서다. 홍 목사님이 설명해준 대로 주변을 탐사해보니 전날 찾지 못한 과일가게가 보인다. 구세주를 만난 듯 반가웠다. 복수박 1개와 사과 2개, 토마토, 바나나, 양상

테오티우아칸에 오고가면서 만난 달동네 풍경. 거의 산꼭대기까지 집들이 지어져 있다. 이 집들은 미완공 상태가 많은데, 이는 완성되면 세금을 내야 하는 걸 피하기 위해서라고 한다.

추 2통, 큼지막한 오이 2개를 샀다. 푸짐한 양인데도 다 해서 1만2천 원(465페소)밖에 안 된다. 우리나라였다면 최소한 2배 이상은 되었을 것이다. 우리가 먹는 많은 열대과일들은 동남아뿐만 아니라 중남미에서 오는 것이니 그 수송비며, 창고보관비 등 물류비용을 생각하면 현지보다 비

숙소 주변의 식료품 상점. 상점이 많은데도 쌀과 야채, 과일 등 우리에게 정작 필요한 물품을 파는 가게는 찾기 힘들었다.

쌀 것은 당연하다. 더구나 이곳은 과일의 천국 멕시코 아닌가.

더불어 맥주와 물, 요플레(인줄 알고 샀으나 치즈 조각모음), 맥주안주로 땅콩도 샀다. 비용은 대략 1만2천 원. 전날 산 멕시코 맥주는 단맛이 나서 모두들 싫어했다. 결국 그 맥주는 음식 남기는 걸 못 보는 내가 끝까지 책임져야 했다. 어쨌든 우리는 어제의 실책을 거울삼아 이번에는 확실히 아는 상표인 하이네켄 맥주를 샀다.

그날 저녁은 성찬이었다. 야채, 오이, 고추장, 김, 끓인 누룽지 등 푸짐한 식단이 차려졌다. 교수님은 낮에 먹은 멕시코 정식이 속을 뒤집어놓았던 모양이다. 눈앞에 차려진 음식을 보고는 몹시 반가워하신다. 식사 후 우리는 다시 옥상에 모였다. 일찍 취침에 드신 교수님을 제외하고, 세 사람은 밤늦도록 맥주잔을 기울였다. 밤하늘은 별만 가득하고 여전히 달은 얼굴을 내밀지 않았지만, 시원한 대기를 타고 흐르는 분위기는 한없이 넉넉했다.

3

영광과 굴욕의 멕시코 역사를 생각하며

멕시코시티 시내를 지나서

6월 12일, 6시 30분에 눈을 떴다. 전날의 여정이 좀 고됐던지, 한 번도 깨지 않고 내리 잤다. 여행기간 중 이런 날은 그다지 많지 않았다. 아무 곳에서나 잘 자는 편인 나지만, 중간에 한두 번씩은 꼭 깨곤 했다. 나만 그런 것은 아니어서, 여행 내내 우리는 계속 수면 부족에 시달렸다.

와이파이 기둥은 여전히 올라갔다 사라졌다를 반복했다. 가끔씩 터지는 시간을 기다려 나는 카톡으로 한국에 소식을 보냈다. 비록 전날 찍은 사진 몇 컷과 일정을 알려주는 게 전부였지만.

오늘 아침 식사도 역시 끓인 누룽지다. 반찬으로는 고추장과 전날 사 온 야채, 거기에 김을 곁들였다. 나는 한국을 떠나올 때 아무것도 가져오지 않았다. 가급적 현지 음식을 먹겠다는 결심을 세웠고, 토르띠야, 타코, 파히타, 부르히타, 퀘사딜라 등의 멕시코 음식이 크게 거슬릴 것 같지도 않았다. 좀 느끼하거나 향료가 거슬린다면 달달한 과일주스로 입가심하면 되지 싶었다.

그런데 아직까지의 식단은 그럴 필요가 없었다. 우리는 한국식을 먹을 수 있는 조건, 즉 재료가 남아 있고 조리기구를 사용할 수 있는 한 우리 음식을 고수했다. 하지만 칸쿤으로 가면서 우리의 한국 식단은 끝난다.

이번 여행에서 나는 입맛이야말로 다른 무엇보다 가장 보수적이라는 사실을 새삼 깨달았다. "민족을 특징짓는 요소 가운데 가장 오래가는 것이 음식인 듯하다"는 홍 목사님의 말이 가슴 깊이 와 닿은 것은 그래서였다.

8시 30분, 우버택시를 이용해 우리의 국립중앙박물관 격인 멕시코 국립인류학박물관으로 이동했다. 길이 상당히 막히긴 했지만 서울의 교통체증에 비할 바는 아니었다. 어쩌면 본격적인 출근 러시아워를 피했기 때문일 수도 있겠다.

위키백과 자료에 따르면 2010년 기준으로 멕시코시티 인구는 약 9 백만 명에 이른다. 1천만 명에서 좀 빠지는 서울과 비슷한 수준이다. 한편, 서울 인구가 최근 다소 줄고 있는 반면 멕시코시티는 여전히 늘어나고 있는 추세라고 한다. 멕시코시티의 광역 인구는 2천1백만 명이 넘는다. 서울과 경기도, 인천을 포함한 수도권 인구는 2천5백만 명 수준이다.

그런데 면적으로는 멕시코시티가 서울의 2배를 넘는다. 멕시코시

멕시코시티 시내 풍경

티는 1,400평방킬로미터, 서울은 605평방킬로미터다. 서울의 인구밀도가 멕시코시티보다 훨씬 높다는 이야기다. 멕시코시티는 서울과 달리 (초)고층아파트나 주상복합건물보다는 단독주택이 더 많다. 아마도 녹지면적 또한 서울보다 훨씬 많을 것이다.

멕시코시티 다운타운 지역을

지나면서도 서울처럼 현대식 초고층 빌딩 숲이 크게 발달했다는 느낌은 들지 않았다. 지진과 화산이 많은 나라에서 초고층 건물의 건축은 무망한 일일 것이다. 미국 서부의 최대 도시인 로스앤젤레스도 지진 때문에 가급적 초고층 빌딩 건축은 자제하고 있다고 한다. 멕시코시티의 사정도 비슷할 것이다. 1985년 9월 19일 멕시코시티에 진도 8.1의 강진이 발생했다. 도시가 대거 파괴되고 1만 명 이상의 사망자가 발생했는데, 그때의 악몽이 지금의 도시 풍경을 만드는 데 적지 않은 영향을 미쳤을 것이다.

인류학박물관에서 만난 멕시코 문명

10시부터 오후 1시까지 3시간 동안 인류학박물관을 돌아보았다. 물론 주마간산 격이다. 유물들을 꼼꼼히 살피고 또 사진까지 제대로 찍자면 아마 며칠은 걸려야 할 것이다. 우리의 국립중앙박물관도 사전지식이 없는 외국인이 제대로 관람하려면 며칠은 소요될 것이다. 멕시코의 인류학박물관은 우리 중앙박물관보다 더 많은 유물을 보유하고 있으면 있었지 결코 뒤떨어지지 않는 곳이었다.

엄청난 규모의 인류학박물관 1층 전체에 멕시코 지역 고대문명 유물들이 전시되어 있었다. 인류의 탄생부터 시작해 문명 이전의 원시시대, 그리고 올멕, 톨텍, 테오티우아칸, 팔랑퀘, 아스텍, 마야 등 멕시코 전역에 존재했던 고대문명 유물들이 박물관을 가득 채우고 있다. 2층은 원주민의 생활과 민속을 보여주는 민속박물관으로 조성되어 있다. 다양한 인디오 종족들의 생활 모습과 풍습, 전통문화를 볼 수 있는 곳으로, 우리의 국립민속박물관에 해당한다.

그야말로 휙 돌아봤다고밖에 말할 수 없는 수준의 감상이었지만, 인

인류학박물관 정문(왼쪽)과 표제석(오른쪽 위). 인류학 박물관에 들어서면 바로 만나게 되는 분수 조형물은 생명수(生命樹)를 형상화했다고 알려진다(오른쪽 아래).

류학박물관에서 본 멕시코의 고대 문명은 '실로 대단했다!' 솔직히 그 규모나 내용 면에서 우리의 그것을 훨씬 능가했다. 물론 전혀 다른 조건에서 이루어진 문명을 단순히 양적으로만 비교할 순 없겠지만, 우리가 멕시코를 비롯한 아메리카의 고대문명에 대해 거의 무지 상태나 다름없다는 점은 인정해야 할 것 같다. 세계사나 사회 교과서에서 배운 지식만으로는 그 실상을 정확히 알 수 없다는 것이 멕시코 인류학박물관을 돌아보면서 들었던 내 생각이다.

아메리카 대륙에서 가장 빛나는 문명의 꽃은 페루의 잉카 문명과 멕시코의 아스텍, 마야 문명[7]이라고 알려져 있다. 하지만 멕시코에는 이외에도 톨텍, 테오티우아칸, 올멕 등 여러 인디오 문명들이 존재했고, 그 내용은 우리가 알고 있는 것보다 훨씬 높은 수준에 도달해 있었다. 멕시코 지역에 살았던 선대 인간들(인류)이 남긴 흔적을 우리는 국립

---

7) 마야(Maya) 문명은 멕시코 남동부와 과테말라, 유카탄반도 일대에 걸쳐 존재했다. 오늘날의 국경선 기준으로 보면 멕시코의 영역을 뛰어넘는 범위에 있다.

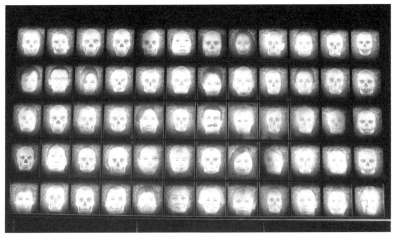

왜 인류학박물관이라고 이름 붙였을까?

인류학박물관에서 고스란히 만날 수 있었다.

박물관에서 만난 학생들

박물관을 관람하는 도중 현장학습을 나온 학생들을 여러 팀 만났다. 초등학교, 중학교, 고등학교 등 각급 학교 학생들이었는데 그들은 교복뿐 아니라 피부와 얼굴 윤곽도 가지각색이었다. 멕시코와 쿠바를 여행하면서 느낀 것은 인종박물관이라고 해도 과언이 아닐 정도로 다양한 사람들이 섞여 살고 있다는 사실이었다. 멕시코의 경우 일반적으로 원주민 인디오와 백인의 혼혈인 메스티소가 다수(60%)를 차지하고, 인디오(30%), 백인(9%) 등으로 이루어져 있다고 알려져 있지만, 메스티소와 인디오, 백인도 하나가 아니고 여러 종족들이 섞여 있어 훨씬 폭넓은 인종 스펙트럼을 보여주고 있다.

그런데 학생들의 교복과 차림새, 얼굴 생김새를 보면 그들의 사회적

인류학박물관에서 만난 멕시코의 고대문명 유물들.

신분과 빈부 정도를 금방 알아차릴 수 있을 정도로 차이가 났다. 그야 말로 촌티가 팍팍 나는 아이들이 있는가 하면 부티가 줄줄 흐르는 아이들도 있었다. 전자는 도시 빈민가나 도시 외곽지역, 산동네나 원주민 지역의 공립학교 학생들일 것이고, 후자는 아마도 부자동네 사립학교 학생들일 것이다.

학생들의 외모에서 풍기는 계급과 계층 차이는 마음을 씁쓸하게 했다. 하기야 이런 차이가 어디 멕시코에만 있겠는가. 하지만 그래도 같은 서울의 학생이라면 외형에서 빈부 차이를 곧바로 감지할 수 있을 정도로 표가 나지는 않는다. 물론 아이들이 입은 옷과 가방 브랜드가 무엇이냐에 따라 가계 수준을 짐작할 수 있다고 하지만 나 같은 '보통 사람'들은 그걸 알아내지 못한다.

학생들은 인솔 교사와 참관 학부모를 대동한 채 해설사의 설명을 들으며 박물관을 관람하고 있었다. 그걸 보면서 나는 궁금증이 생겼다.

과연 저 학생들은 인류학박물관 견학을 통해 무엇을 배울 수 있을까? 자기 역사에 대한 강한 자부심과 긍지를 갖게 될까? 그들은 그런 과정을 통해 "미국 옆에 있어서 불쌍한 멕시코"라고 탄식했던 멕시코의 독재자 포르피리오 디아스^{Porfirio Díaz(1830~1915)}가 한 말의 의미를

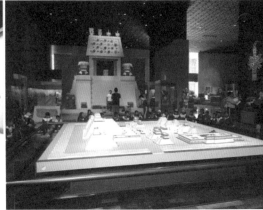

인류학박물관에서 만난 멕시코 학생들. 그들은 여기서 무엇을 배우고 갈까? 멕시코의 찬란한 고대문명에 대한 자긍심? 아니면 멕시코의 역사와 문화를 통해 자신의 정체성을 바로 보게 될까?

알 수 있게 될까?[8] 원주민 인디오 출신 대통령 베니토 후아레스Benito Juárez(1806~1872)의 투쟁과 멕시코혁명에서 민중 세력을 대변한 에밀리아노 사파타의 고민을 생각하는 역사의식을 갖게 될까?

혁명이 선물한 멕시코 공교육

이런 생각을 하다가 멕시코의 학제나 교육제도가 궁금해졌다. 멕시코 교육에 대해 거의 알지 못했던 나는 이 글을 쓰면서 자료를 찾아보았다. 멕시코의 학제는 우리와 비슷한 3(유치원)-6(초등)-3(중)-3(고)-4(대학)제가 기본이다. 대학의 경우 우리의 전문대학에 해당하는 2년제 공업기술대학과 6년제의 의과대학이 있는 것도 닮았다.

---

8) 30년간 독재정치를 펴다가 민중봉기로 축출되는 포르피리오 디아스는 종종 "불쌍한 멕시코야, 너는 하느님으로부터는 참 멀리도 떨어져 있고, 미국과는 너무 가깝게 있구나"라고, 자조 섞인 푸념을 내뱉곤 했다고 한다.

그런데 공립학교의 경우 고등학교까지 학비가 무료라는 사실에 놀랐다. 반면, 사립학교는 유료일 뿐만 아니라 학교마다 학비 차이가 많이 났다. 1년에 500만 원~1100만 원 정도 소요된다고 하니까 멕시코의 경제 수준을 감안하면 엄청나게 비싼 편이다.

대학의 경우에도, 국립대학은 무료이고 주립대학도 소액만 내면 된다. 할리스코 주립대학인 과달라대학의 경우, 한 학기 등록금이 우리 돈 5만 원도 안 되고 그마저도 가정 형편이 어려운 학생은 더 적게 납부할 수도 있다고 한다. 이러니 국립대학과 주립대학의 입학경쟁률은 엄청 치열할 수밖에 없다.

이에 비해 사립대학은 학교마다 차이가 있지만 중산층과 서민은 엄두도 낼 수 없는 상황이다. 2012년 기준으로 학비가 400만 원~1200만 원으로 다양하다. 이런 실정이기 때문에 국립대학의 입학경쟁은 치열하고 학사관리도 엄격하다. 반면, 사립대학은 자체적으로 학생을 선발하기 때문에 일부 명문 사립대를 제외하고는 돈으로 입학과 졸업을 살 수 있는 상황이라고 한다.

멕시코가 한국보다 경제 수준은 낮지만[9] 학비 문제는 훨씬 나은 점이 있다는 걸 알 수 있다. 새삼 언급할 필요도 없지만 사립대학의 비중이 높은 한국(내가 입학하던 시절과 비교하면 사립대학, 그것도 수도권 사립대학의 비중이 엄청 높아졌다)의 학비는 이미 살인적인 수준이다. 많은 대학생들이 수천만 원의 빚을 진 빚쟁이가 되어 대학을 졸업한다. 그런 데다가 대학을 졸업해봐야 취업도 어렵고, 취업생도 평생 비정규직에서 벗어나지 못하거나 알바 인생으로 청춘을 보내고 있다.

---

9) OECD 가입국이면서 G20 국가인 한국과 멕시코는 경제규모가 비슷하다. 2014년 한국은 세계 13위, 멕시코는 15위였다. 그 전해에는 멕시코가 14위, 한국이 15위였다. 하지만 멕시코 인구가 한국의 2배 이상(2015년 멕시코 약 1억2천만 명, 한국 5천1백만 명 정도)이므로 단순 계산으로 보더라도 1인당 GNP는 한국의 절반이 채 안 된다. 2012년 기준으로 한국은 2만3679달러(34위), 멕시코는 1만514달러(63위)였다.

멕시코 교육의 핵심 이념은 무료, 의무, 정교분리·비종교라고 할 수 있는데 이는 멕시코혁명의 결과물이라고 할 수 있다. 멕시코혁명은 의무·무상교육과 함께 보수적인 가톨릭의 교육 장악에서도 벗어나게 해주었다. 혁명 전까지 가톨릭교회는 엄청난 토지와 재산을 소유하고 있었을 뿐만 아니라 주민의 교육까지 장악하고 있었다. 가톨릭교회는 주민들에게 보수적인 신앙과 더불어 저항정신을 마비시키는 순종적인 종교교육을 주입했다. 그러나 멕시코혁명 후 정부가 교회의 교육 관여를 엄격히 금지하면서 정교분리·비종교 원칙을 세웠고, 교육의 책임을 국가가 지면서 무상교육과 의무교육을 도입했던 것이다.[10]

소깔로광장 옆 대성당. 혁명 전 멕시코 교회는 대지 주이면서 주민들의 교육을 장악한 교육기관이었다. 혁명 후 교회는 토지를 내놓아야 했고, 교육에서 손을 떼야 했다.

교육이 무엇을 할 수 있을까?

멕시코혁명은 완벽하지는 않지만 토지개혁과 함께 의무·무상교육, 의료보장을 선물해주었다. 그런 점에서 멕시코혁명은 러시아혁명과 더불어 20세기 최대의 사회혁명으로 불릴 만한 가치가 있다. 그러나 오늘날 멕시코에는 그 같은 혁명의 유산은 거의 사라진 채 잔해만 남아 있을 뿐이다. 농민에게 분배된 토지는 오래전 소수의 지주에게 집

---

10) 이광훈, 「멕시코 교육제도와 교육개혁」, 여성가족부 장기국외훈련 현지보고서, 2012(인터넷 검색자료-2015.7.22 검색); 임영태, 「멕시코 혁명」, 『스토리세계사 8』(21세기북스, 2014) 참조.

중돼버렸고, 무상교육과 의료제도도 위협받고 있다. 특히 2012년 취임한 엔리케 페냐 니에토^{Enrique Peña Nieto(1966~)} 대통령이 대대적인 교육개혁에 착수하면서 멕시코 교육환경은 급변했다.

니에토 대통령은 교육개혁의 핵심 목표를 교육의 경쟁력 강화로 잡고, 이를 위해 교원의 경쟁력 강화 방안을 내놓았다. 그러나 정부의 교육개혁 방안에 반발한 교사들이 강력한 투쟁을 전개하면서 멕시코 사회는 심각한 갈등에 휩싸였다. 정부는 교육의 경쟁력 강화를 위해서는 교사의 경쟁력 강화가 필수적이라고 주장했지만, 교사들은 정부 교육개혁안의 핵심 문제가 사교육 확대와 공교육 축소라며 비판하고 나선 것이다.

현재 멕시코에서는 가족의 사회적 지위가 세습되는 경향이 만연하고 있다. 이 문제는 빈부격차가 확대된 결과로 발생한 현상이지만 교육의 불평등과도 깊은 관련이 있다. 닭이 먼저인가 달걀이 먼저인가 하는 논란이 될 수는 있겠으나, 일반적으로 사교육의 강화는 교육 불평등을 심화시키는 핵심 주범이고 이는 결국 사회적 불평등의 확대로 연결된다. 사교육 혜택은 기본적으로 부를 가진 사람들만이 누릴 수 있다. 그 때문에 부의 불평등은 교육의 불평등을 낳고, 교육의 불평등은 사회적 격차를 가속화한다. 멕시코 사회의 현재가 바로 그렇다.

멕시코에서는 법과대학을 졸업하면 변호사 자격을 자동 취득하게 된다. 그래서 부모가 변호사인 경우, 대부분은 자녀

혁명기념관 주위 가두에서 집회를 하고 있는 교원노조원들.

를 사립대학 법과대학에 입학시킨다. 그러다 보니 명문 사립대학 법학과가 국·공립대학 법학과보다 오히려 인정을 더 받는 현상이 나타나고 있다. 사립대학은 돈이 없으면 아무나 갈 수가 없다. 어디 변호사의 경우만 그럴까? 의사는? 또 관료는? 아예 재산을 통째로 대물림하는 재산 상속은 말할 것도 없고, 그 재산을 지키기 위한 인맥 쌓기와 노하우 교육은 어떤가? 부자 자녀들의 미국 MBA 유학이나 정경 유착을 통한 사회적 신분의 대물림에 대해서는 더 이상 거론할 필요가 없을 것이다.

여기서 알 수 있듯이 빈부격차가 교육 불평등을 낳고 교육 불평등은 사회적 격차와 신분 차이를 고착화시킨다. 결국 멕시코에서는 '빈부격차의 심화─사교육과 사학의 번성─교육 불평등의 확대·심화─계급·계층 간 분리와 고착화'라는 사회적 악순환이 완성되어가고 있다. 이러한 순환고리에서 결정적인 것이 바로 교육이다. 봉건시대와 같은 신분(계급)사회에서야 계급(신분)의 경계를 뛰어넘을 방법이 없었지만 근대사회에 들어와서는 공인된 사회적 신분은 사라졌다. 거기서 사회적 평등을 유지시켜주는 중요한 몫을 교육이 담당했다.

그러나 오늘날과 같은 사회에서도 힘 있는 사람들은 계급적 경계선이 그어지기를 원한다. 이 사회에서 가장 힘 있는 사람이 누구인가? 부자들 아닌가? 부자들은 가난한 자들과 애초부터 다른 출발점을 갖고 싶어 한다. 그게 바로 신분의 차이를 확인시켜주는 경계선이 된다. 그 방법은 간단하다. 아예 가난한 집 아이들이 갈 수 없는 사립학교를 세우는 것이다. 그렇게 되면 부자들은 자녀를 사립학교에 입학시켜 그 지위를 계속 유지할 수 있게 된다.

이건 멕시코만의 이야기가 아니다. 한국의 이야기이기도 하다. 학원이라는 사교육 경쟁만으로는 그 격차를 완벽히 유지할 수가 없다. 그래서 아예 가난한 집 아이들이 가기 힘든 특목고와 명문(이름이 좋아 자립형) 사립학교를 대거 만들었다.**11** 교육의 측면에서는 우리도 멕시코도 망가지기는 마찬가지라는 생각이 든다.

멕시코의 영광과 굴욕

찬란한 고대문명을 가진 멕시코와 현재의 멕시코를 비교하면서 여러 가지로 마음이 착잡했다. 나는 인류학박물관을 찾은 멕시코의 학생들이 과거 역사를 통해 현재의 문제를 볼 수 있는 올바른 역사의식을 갖기를 바란다. 흔히 중국인들은 자기 나라를 소개할 때, '광대한 영토, 거대한 인구, 유장한 역사, 빛나는 문화'라는 수식어를 입버릇처럼 덧붙이는 경향이 있다. 만일 멕시코가 스페인의 지배에서 독립한 뒤 미국에게 영토를 빼앗기지 않고 그대로 유지했더라면, 멕시코인도 중국인이 붙이는 그런 수식어를 붙였을지도 모르겠다는 생각이 언뜻 들었다.

근대 이전의 멕시코는 지금의 멕시코와 같은 하나의 정체성을 가진 국가는 아니었다. 그곳 땅에서는 수많은 인디오 종족들이 독립적으로 또는 연계되어 각각의 문명과 문화를 이루며 수천 년 동안 지내왔다. 그러다가 16세기 초반 그들은 전부 스페인의 지배를 받는 식민지인이 되었다. 그 뒤 19세기 초반 독립투쟁을 통해 스페인으로부터 독립한 멕시코는 지금보다 2배도 더 되는 광대한 지역을 영토로 하고 있었다.

하지만 몇 차례에 걸친 미국과의 전쟁에 패배하면서 텍사스와 캘리포니아, 누에바(뉴)멕시코, 네바다, 유타, 애리조나, 콜로라도 등의 영토를 미국에 넘겨주어야 했다. 만약 그 땅들을 지켜내고 근대국가로의

---

11) 성적이 나쁜 아이들과 가난한 집 아이들이, 성적이 좋은 아이와 부잣집 아이들이 복합적으로 연결돼 있다.

정체성을 성공적으로 이루어냈다면 멕시코는 미국과 더불어 북미를 양분하는 강대국으로 부상했을지도 모른다.

하지만 그건 가정에 불과할 뿐, 실제 역사는 전혀 다른 양상으로 전개되었다. 멕시코는 19세기 초중반 북부지역 영토를 빼앗긴 뒤 미국 옆에서 기 한 번 제대로 못 펴고 지냈다. 그러다가 20세기 초반 혁명을 통해 자기 정체성을 찾았고, 이후 미국과 서구의 영향력에서 벗어나 독자적인 길을 걸었다. 하지만 멕시코혁명 100년이 지난 지금 멕시코는 또다시 미국의 강한 경제적 영향력 아래 놓인 나라가 되어 있다.

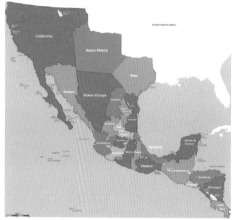

1824년의 멕시코 지도(위)와 미국에 넘겨준 땅을 표시한 지도(아래). 알라모 전투, 텍사스 전쟁, 미국-멕시코 전쟁 등 미국과의 전쟁으로 멕시코가 미국에 빼앗기거나 헐값에 넘긴 영토는 현재의 멕시코 영토보다 더 넓다.

멕시코가 이렇게 된 데는 혁명 이념과 정신을 망각한 통치자들의 탓이 컸다. 민중으로부터 멀어진 그들은 혁명의 대의를 손상하는 일을 서슴지 않았다. 특히 20세기 후반 북미자유무역협정 NAFTA 체결과 함께 신자유주의체제가 전면적으로 도입되면서 빈부격차가 크게 확대되었다. 게다가 공권력과 범죄 집단의 결탁, 부패스캔들 등으로 사회 정치적 불안정이 더욱 깊어지고 있다. 북미자유무역협정 이후 외형적으로 멕시코의 경제규모는 확대되었지만 실제 민중의 삶은 더 나빠졌고, 치안 불안도 심화되었다.

이런저런 생각으로 심란해진 머리를 애써 추슬렀다. 오늘의 주요 목적은 박물관 관람 아닌가. 나는 임무 아닌 임무를 성공적으로 수행하기 위해 바람에 실린 구름처럼 설렁설렁 박물관을 훑고 지나갔다. 그런데도 3시간이 족히 걸렸다. 관람을 대충 마치고 기념품 판매점에서 영문판 도록을 2권 샀다. 인류학 박물관 소장유물 도록 하나, 멕시코 전역의 주요 유적지 및 유적을 담은 도록 하나.

언제 읽게 될지, 제대로 읽기나 할지 알 수 없지만, 어쨌든 도록은 필요하다는 생각으로 구입했다. 도록 값으로 800페소 상당의 돈을 지불했다. 6만 원이 넘는 돈이다. 책값이 비싸다고 했더니 판매원이 다른 물가는 싸지만 책값은 비싸다고 말해준다. 확실히 우리네 물가와 책값에 비교해보면 그랬다.

독립 후 멕시코의 수난의 역사

인류학박물관을 나온 뒤 어디로 갈 것인가 고민했다. 잠시 의논한 끝에 혁명기념관으로 정했다. 그런데 사실, 차풀테펙 공원에는 인류학박물관 말고도 구경할 게 더 있었다. 스페인의 정복에서부터 멕시코 혁명에 이르는 장대한 역사를 설명해주는 '국립역사박물관'과 막시밀리안 황제의 거주지였던 차풀테펙 성이다.

1810년 9월 15일, 이달고[Miguel Hidalgo y Costilla(1753~1811)] 신부가 이끄는 민중봉기로 시작된 멕시코의 독립투쟁은 1821년 9월 27일 스페인 군대가 철수하면서 비로소 빛을 보게 되지만 독립 후 멕시코의 역사는 결코 순탄하지 않았다. 1860년대까지 멕시코는 3번의 외국 침략을 겪었으며, 미국에 북부 영토 대부분을 빼앗겼던 것이다. 그사이 통치자가 자주 바뀌면서 정치적 혼란도 계속되었다.

무엇보다 독립 뒤 첫 걸음부터 문제가 생겼다. 스페인군과의 전투에 앞장섰던 이투르비데[Agustín de Iturbide(1783~1824)]가 스스로 황제를 자처하고 나섰던 것이다. 하지만 이투르비데는 1823년 산타 안나[Antonio López de Santa Anna(1794~1876)]에게 축출된다. 1829년 탐피코에서 스페인군을 물리쳐 국민적 영웅이 된 산타 안나는 1933년 스스로 대통령에 올랐다.

차풀테펙 성의 외관(왼쪽)
과 내부의 스테인드 글래스
(오른쪽. 출처: 위키백과 영
문판)

    그런데 산타 안나가 통치하던 시기 멕시코는 미국과의 전쟁에 패배
하면서 1848년에는 캘리포니아와 텍사스를, 1853년에는 매각이라는
이름으로 1천만 달러에 뉴멕시코와 애리조나를 미국에 넘겨주어야 했
다. 최악의 통치자가 된 산타 안나는 결국 1855년 권좌에서 쫓겨나
해외로 망명하는 처지가 되고 말았다.

    1861년 인디오 원주민 출신의 베니토 후아레스가 대통령이 되었으
나 1862년 프랑스가 주도하는 연합군의 침공을 받았다. 프랑스의 나
폴레옹 3세는 1864년 오스트리아 황제의 동생인 막시밀리아노를 멕
시코 황제로 앉히고 멕시코를 통째로 '꿀꺽'하려고 했다. 이로부터 프
랑스 침략군과 멕시코 독립운동세력 사이에 혈전이 전개되었다.

    그런데 남북전쟁 뒤 미국이 멕시코에 본격적으로 개입하면서 상황
은 급변한다. 미국은 1866년 해군을 동원하며 프랑스를 압박했고, 프
랑스군은 철수하지 않을 수 없었다. 막시밀리아노의 군대도 후아레스
가 이끄는 멕시코 독립군에게 격파되었다.

    1867년 2차 독립전쟁의 영웅 후아레스가 다시 대통령으로 당선되
었다. 그는 자유주의 개혁을 통해 멕시코를 새롭게 변화시키려 했다.

하지만 안타깝게도 후아레스는 1872년 혁명전쟁이 진행되고 있던 와중에 사망함으로써 개혁은 미완으로 끝나고 말았다. 그에 따라 멕시코의 수난도 계속되었다.

이러한 멕시코 역사에서 바로 우리가 돌아봤어야 마땅한 차풀테펙 성의 첫 주인이 등장하고 있다. 프랑스의 지원을 받으며 1864년부터 2년 남짓 기간 동안 멕시코 황제 노릇을 한 막시밀리아노Maximiliano(1832~1867)다. 그는 황제로 있는 동안 차풀테펙 성을 유럽풍으로 치장해 황궁으로 사용했다. 막시밀리아노의 몰락 후 차풀테펙 성은 한동안 군사기지가 됐으나 나중에는 대통령 거주지로 이용되었다. 그러다가 1940년 국립역사박물관이 국립인류학박물관에서 독립하면서 그 운명이 바뀌었다.

국립역사박물관을 1941년 차풀테펙 성으로 옮겼고, 새 단장을 거쳐 1944년부터 다시 문을 열었다. 차풀테펙 성의 국립역사박물관에는 스페인 정복기부터 멕시코 혁명기까지의 멕시코 사회·문화와 관련된 의복과 기록문서, 깃발, 보석류, 무기 등 15만 점 이상의 유물이 소장되어 있다. 이 시기의 역사를 보여주는 그림들도 상당수 걸려 있다. 우리로 말하자면 근현대사 박물관인 셈이다.

이달고, 이투르비데, 산타 안내(위로부터. 출처: 위키백과)

봐야 할 것을 놓치다

차풀테펙 성과 역사박물관에 전시된 장식품과 물건, 자료들도 볼 만한 가치가 있지만 무엇보다도 이곳 경치가 그만이라는데 우리는 그걸 못 봤다. 화려한 유럽풍의 황궁 실내 장식뿐만 아니라 그림 같은 건물과 풍경 그리고 한눈에 내려다보이는 멕시코시티 전경이 관광객의 눈요기를 자극한다고 알려진다. '혁명'기념관을 보고 싶다는 생각이 너

무 앞선 때문에 우리는 그것을 계산에 넣지 못했다. 일정표를 작성한 나의 사전학습 부족이 여실이 드러난 대목이 아닐 수 없었다. 시간이 모자란 마당에 이곳에 더 머무른다면 혁명기념관은 포기해야 할 상황이었고, 그래서 우리는 떠나기로 했다.

그러나 지금 생각해보면 그건 확실히 실착이었다. 여행객의 눈을 즐겁게 해줄 구경거리는 혁명기념관이 아니라 국립역사박물관과 차플테펙 성에 훨씬 더 많았던 것이다. 하지만 여행이란 오로지 눈만 즐겁게 하기 위한 것이 아니다. 내 마음이 갈구하는 어떤 것, 뭔가 채워지길 바라는 빈곳을 채우기 위한 것도 여행이다. 그런 면에서 혁명박물관은 반드시 필요한 곳이었다. 물론 이건 사후 위안일 테고, 지금도 가지 못한 길에 대한 아쉬움은 여전히 남아 있다.

사실 우리는 이것만이 아니라 꼭 봐야 할 다른 것들도 몇 가지 놓쳤다. 소깔로광장 주변에 위치한 대통령궁(국립궁전)과 '템플로 마요르'('위대한 신전'이란 뜻을 지닌 유적지)도 그중 하나였다. 국립궁전에는 멕시코의 장대한 역사를 그린 디에고 리베라의 역작, 벽화가 사람들을 기다리고 있다는데, 그 멀리까지 가서 그걸 못 보다니······.

템플로 마요르는 14~15세기 테노치티틀란(멕시코시티)에서 중심 역할을 하던 신전의 흔적이 있는 곳이다. 스페인 정복자들은 전쟁과 태양의 신, 비와 다산의 신을 모시는 2개의 신전이 있던 자리를 파괴하고 그 신전의 돌로 자신들의 건물을 지었다. 지금의 도시 지하에 묻혀 있던 신전의 하단 부분만 겨우 발굴된 상태라고 한다. 스페인 침략자들은 중심 신전을 파괴하고 호수를 메운 다음, 그 위에 지금의 소깔로광장을 중심으로 한 멕시코시티를 건설했다.

국립궁전 안의 디에고 리베라 벽화.

아스텍인들이 건설한 테노치티틀란은 처음 텍스코코 호수 가운데 섬에서 시작되었다. 테노치티틀란은 인구가 늘어나자 사람들을 먹여 살리기 위해 호수에 인공섬을 만들어 식량을 재배했다고 한다. 15세기 이후 텍스코코 호수와 그 주변에는 습지 표면의 두꺼운 수초를 잘라 양탄자처럼 쌓아 만든 떠 있는 섬에 호수 바닥의 진흙을 북돋워 만든 찌난빠라는 농지가 많이 제작되었다. 이 농법은 비옥한 진흙과 풍부한 물을 얻을 수 있어 매우 수확량이 높았고, 아스텍의 국력을 지탱하는 중요한 요소가 되었다.

그러나 스페인 정복자들은 이 모든 것들은 철저히 파괴했다. 호수를 메우고, 신전을 부수고 땅속에 묻은 다음, 그 위에 중앙광장(소깔로)을 세우고, 그 주변에 총독관저(지금의 국립궁전)와

파괴되기 전의 테노치티
틀란. (출처: testsheepnz.
blogspot.com)

대성당 그리고 정복자들의 거주지를 조성했다. 현재의 멕시코시티
는 원주민의 문명·문화를 짓밟고 세워진 유럽의 도시인 것이다. 과
연 이걸 '창조적 파괴'라고 할 수 있을까? 그것은 그냥 '파괴'였을 뿐
이다.

택시기사에게 눈뜨고 당하다

우리는 인류학박물관을 나와 혁명기념관으로 이동하기 위해 택시를
탔다. 마침 박물관 정문 건너편에 택시가 대기하고 있었는데, 기사는
뭔지 모르지만 목에 신분증 비슷한 것을 걸고 있었고, 겉으로 보기에
차량도 깨끗했다. 택시를 탈 때는 반드시 요금 흥정을 먼저 하라는 이
야기를 여행기에서 읽었지만, 미터기를 사용하는 중심가 택시는 괜찮

다는 말도 있어서 그냥 탔다.

그런데 미터기가 돌지 않았다. 우리가 미터기를 켜고 가자고 했더니 기사는 순순히 미터기를 켠다. 하지만 미터기는 켜자마자 숫자를 쉴 새 없이 올려댔다. 그야말로 전광석화처럼 변해가는 숫자를 보며 앞자리에 앉은 나는 숨이 턱턱 차올랐다. 게다가 기사는 혁명박물관을 잘 아는 것처럼 말하더니 헤매기 시작했다. 그러면서 자꾸만 딴소리를 해댔다. 멀리 떨어져 있는 관광명소를 거론하며 그곳으로 가자는 것이다.

멕시코시티에 택시는 많지만 맘 놓고 탈 수 있는 환경이 아니다. 조심한다고 했지만 결국 우리는 눈뜨고 당하고 말았다(위). 혁명기념관 모습. 황동 돔 지붕은 멀리서도 금방 눈에 띈다(아래).

우리는 "노, 노"를 연발하며 "혁명박물관"을 몇 번이고 주지시켰다. 거리상 이미 도착할 시간이 되고도 남았건만, 아직도 깜깜이다. 기사에게 다시 묻는 순간, 저기가 혁명박물관이라 말하고는 그냥 지나친다. 우리는 다급하게 소리친다. "저기, 저기로!" 그제야 택시는 혁명박물관이 바라보이는 주변 도로가에 멈춰섰다.

어이없는 택시 요금. 무려 184페소나 나왔다. 우리 돈으로 14,000원이 넘는 돈이다. 많아야 40~50페소면 충분한 거리인데 완전히 당했다. 잠깐 실랑이를 벌였지만, 그거 다 소용없는 짓이다. 결국 그 돈을 다 지불하고는, 벌건 대낮에 눈 뜨고 당한 서로를 쳐다보며 쓴웃음을 지을 수밖에 없었다. 기사가 "자기는 관광업에 종사하는 택시여서 요금이 비싸다"고 우기는 데야 무슨 수로 당하겠는가? 멕시코에서는 경찰을 불러봐야 아무 쓸모도 없다. 오히려 성가시기만 할 뿐이다.

나중에 홍 목사에게 이야기했더니 "그거 다 가짜"라고 말한다. 목에

75

걸고 있던 건 신분증이 아니고 자기가 멋대로 만들어 갖고 다니는 '가짜 증명서'라는 것이다. 찜찜한 기분을 애써 털어버리고 우리는 혁명기념관으로 향했다.

4

멕시코는 왜 이렇게 망가졌을까?

혁명기념관 앞에서 만난 사람들

그런데 이게 웬일인가? 혁명기념관 주변이 온통 텐트 천지다. 얼추 헤아리기도 힘든 수많은 텐트들이 기념관 주변 빈 공간과 도로변, 건너편 상가와 건물 주변까지 모두 차지하고 있다. 여기에 머무는 사람 수는 못 해도 수천 명은 넘어 보였다. 형색을 보아 하니 장기농성 중인 사람들이다. 남자뿐만 아니라 여성들, 가끔씩은 아이들까지 보였다. 곳곳에 체 게바라와 에밀리아노 사바타의 초상이 보이고, 레볼루시온(혁명)이라고 쓴 플래카드도 붙어 있었다. 농성 주체가 좌파 성향의 단체(사람들)임을 짐작케 하는 모습들이다.

그러나 언어가 통하지 않으니 그 자세한 내막을 알 리 없다. 이 소식을 문자로 한국에 보냈더니 딸이 '멕시코 교육대학생이 싸우고 있는 것 같다'는 답을 보내온다. 지방경찰의 사주를 받은 폭력집단에 의해 대학생 64명이 납치, 실종된 '아요트시나파 사건'을 말한 모양이다. 그러나 그건 아니었다.

나중에 홍 목사님을 만나 물어보자 그의 이야기는 달랐다. 지방에서 상경한 사람들이 땅 문제로 오래전부터 싸우고 있는 것으로 알고 있다고 한다. 그의 말 중에서 오래전부터 싸우고 있는 사람들이라는 말은 맞았지만 땅 문제 때문이라는 것은 잘못 안 것이었다.

우리는 이 궁금증을 현지에서는 해결하지 못했다. 나는 글을 쓰기 위해 우리가 찍은 사진을 꼼꼼히 살펴보고 인터넷을 뒤진 끝에 그들이 누구인지 알 수 있었다. 앞에서 언급한 바 있는 교육개혁을 둘러싼 갈등 때문이었다. 농성자들은 멕시코의 '전국교육공무원협회[CNTE: Coordinadora Nacional de Trabajadores de la Educación]' 조합원들이었다.

엔리케 페냐 니에토 대통령은 당선 직후 국영석유기업 페멕스[PEMEX] 민영화, 복지예산 삭감, 식료품 부가가치세 인상 등의 대대적인 신자유주의 개혁조치를 취했다. 또한 이와 함께 "교육 전문화"를 기치로 내건 일련의 교육 '개혁'도 단행했다. 이에 반발하여 멕시코의 교원단체에서 장기농성투쟁을 벌이고 있었던 것이다.

멕시코 교원노조 중에는 라틴아메리카 노조 가운데 최대인 160만 명의 조직원을 자랑하는 '전국교원노조[SNTE: Sindicato Nacional de Trabajadores de la Educación]'가 있다. CNTE는 노선 차이로 1979년 SNTE에서 갈라져 나온, 30만 명의 조합원을 확보하고 있는 진보적인 교원노조조직이다. CNTE는 멕시코에서도 교육환경이 가장 열악한 오아하카, 미쵸아칸, 게레로, 치아파스 등을 주요 기반으로 하고 있다. CNTE는 "지역적 차이를 감안하지 않고 일괄적으로 실시되는 교사평가와 그 결과에 따른 강제퇴직을 명시한 교육개혁은 정당하지 못하다"며 강하게 반발했고, 2013년 8월부터 농성투쟁을 벌이기 시작했다.[12]

---

12) 이와 관련한 보다 자세한 내용은 임수진, "2013년 멕시코 교육개혁을 둘러 싼 에피소드", 〈뉴스와 쟁점〉 2013년 12월(인터넷 자료검색: 2015.7.28)을 참고할 수 있다.

농성장에서 만난 체 게바라, 에밀리아노 사파타, 프리다 칼로, 마르코스. 사람들은 오랫동안 농성을 벌이고 있었기 때문에 모든 생활을 이곳에서 해결하고 있었다. 농성장 안에는 음료수, 기념품 등을 파는 노점과 함께 장터까지 열리고 있었다(왼쪽). 혁명기념관 주변에서 텐트 농성을 하고 있는 전국교육공무원협회(CNTE) 조합원들. CNTE는 160만 명의 조직원을 거느린 멕시코 최대의 교원단체 전국교원노조(SNTE)에서 갈라져 나온 좌파 성향의 교육단체다(오른쪽).

숙원이 된 멕시코의 교육개혁 요구

교육개혁은 멕시코 사회의 오래된 개혁 과제 중 하나였지만 어떤 역대 정권도 시도하지 못했다. 그동안 멕시코에서는 교원의 임용과 배치, 승진에 대한 권한을 160만 명의 조합원을 거느린 SNTE가 갖고 있었다. 교육개혁의 핵심은 이 권한을 국가로 되돌리는 것과 교원평가를 실시하여 경쟁력 없는 교사를 퇴출시키는 것이었다. 하지만 SNTE는 막대한 조직원뿐만 아니라 제도혁명당 등 정치권과도 밀접히 연결돼 있어 손을 대기가 힘들었다.

우리로서는 도무지 이해가 안 가는 일이지만 SNTE가 이런 기득권을 갖게 된 것은 역사적인 배경이 있다. 멕시코는 혁명 과정에서 정치·사회적 이해관계를 가진 세력을 하나로 묶어내어 제도혁명당[PRI]으로 통합함으로써 이른바 '혁명의 제도화'를 이루게 된다. 제도혁명당은 군부와 정치권을 비롯하여 노조, 농민, 민중, 교사, 지식인 등 각 부문별 조직을 묶어냄으로써 멕시코 사회를 대표하는 대중정당으로 발전하게 되었고, 각계각층과 부문을 대표하는 조직들은 사실상 국가권력의 한

부분으로서 역할을 담당하게 되었다.[13] SNTE도 그 과정에서 교사를 대표하는 조직으로 자리 잡았던 것이다.

그러나 멕시코혁명이 일어난 지 100년이 지난 지금은 상황이 질적으로 바뀌었다. 세상이 변화하면 제도 또한 그에 맞게 변화되어야 하고 사람의 사고방식도 바뀌어야 한다. 그렇지 못하면 낡은 제도, 수구적인 인간이 될 수밖에 없다. 멕시코는 사회 전반의 개혁이 절실한 상황이고, 특히 교육문제는 하루도 미룰 수 없는 시급한 상황이다.

무엇보다도 그동안 기득권을 누려온 전국교원노조SNTE가 공립학교 교원의 선발과 배치, 승진을 담당하면서 나타난 비리와 문제가 심각했다. 대통령조차도 학생 수와 교원 수, 학교 수를 정확히 알 수 없다고 할 정도로 교육현장에 대한 관리가 엉망이었던 것이 가장 단적인 예이다. 월급만 받아가는 유령교사가 얼마나 되는지도 모를 정도이고, SNTE의 불투명한 교원 임용과 배치, 승진 등으로 교원직이 세습화되고 있는 것이 현실이었다.

거기다가 최저 4,000페소(약 300달러)에서 최고 32,000페소(2,500달러)에 이르는 극심한 교직원의 봉급 차이, 제대로 된 교원양성과 평가시스템의 부재, 그에 따른 교사들의 교육능력의 질적 저하, 한번 권좌에 오르면 누구로부터도 견제받지 않는 교원노조의 지독한 비민주적 시스템도 심각한 문제로 지적되었다.

교육예산의 93%가 교원노조를 통해 교직원의 월급으로 지출되는 비정상적인 구조도 그렇다. 쓸 만한 컴퓨터는커녕 교사校舍조차도 없는 시골 학교가 비일비재한 상황도 문제였고, 교사教師의 정치적 행사 참여로 매년 총 200일의 수업일수 중 110일도 채우지 못하는 상습적 수

---

13) 소련이나 동구, 중국, 북한 등 사회주의 국가에서 공산당이나 노동당과 같은 위치에 있었던 것이 멕시코의 제도혁명당이었다. 제도혁명당은 소련공산당의 74년간에 걸친 장기집권(일당독재)에 이어 세계 두 번째인 71년간의 장기집권(일당독재)을 했다.

업 부재가 만연한 것도 결코 좌시할 수 없는 일이었다. 멕시코 교육은 완전히 무너져 내리기 일보 직전의 심각한 위기상황으로 내몰렸던 것이다.[14]

이처럼 멕시코 교육계는 시대의 변화 요구를 좇아가지 못했다. 교육 상황은 심각하기 짝이 없었으나 거기에 책임이 있는 사람들은 자기혁신의 노력을 전혀 보여주지 못했다. 그러니 외부로부터 주어지는 충격에 의해서라도 교육개혁이 진행될 수밖에 없었다.

교원노조 농성장의 플래카드에는 "전국교육공무원협회(CNTE), 인간적인 교육(EDCACION INDIGENA), 농성 442일째(D-I 442)"라고 쓰여 있다. 플래카드 옆에 선 신 교수님.

니에토 정부의 교육개혁 목표는 경쟁력 강화

멕시코는 이른바 선진국 클럽인 OECD에 가입해 있는 나라지만, 여러 면에서 낯부끄러운 점이 많다. 특히 교육 현실은 생각보다 훨씬 심각하다. 2013년 현재 멕시코의 평균 교육연수는 8.6년으로, 이는 중학교 2학년 정도의 학력에 해당한다. 100명의 아동이 초등학교에 입학하면 중학교까지 마칠 수 있는 아이는 45명에 불과하다. 고등학교를 마치는 경우는 27명이고, 대학까지 마치는 경우는 13명이다. 단 2명만이 대학원 과정까지 진학한다. 대학원을 졸업할 경우는 월 평균임금이 4,000달러를 넘어서지만 최종 학력이 중졸일 경우는 월 평균임금이 400달러를 넘지 못한다.

---

14) 임수진, 앞의 글.

멕시코 전체 경제활동 인구의 절반 이상이 한 달에 300달러 미만의 소득을 올리고 있다. 1억이 넘는 멕시코 인구 중 2500만 명은 가구소득을 전부 식량 구입에 쓴다 해도 배고픔을 면치 못하는 절대빈곤층이다. 다섯 명 중 한 명꼴이다. 이 아이들이 학교를 다니지 못하는 것은 말할 필요도 없다. 무료, 의무교육이라는 멕시코 교육의 이념이 무색하기 짝이 없는 현실이다.

그동안 멕시코는 국가 전체 예산의 21%, 국내총생산의 6.1%가 교육에 투자되어왔다. 이는 라틴아메리카 최고 수준이다. 그런데도 여전히 600만 명의 문맹자가 존재하고, 이들 중 44%는 15세에서 39세에 해당하는 연령대에 속한다. 최근 20년 사이 중졸 수준의 교육을 마치지 못한 사람이 2970만 명에서 3340만 명으로 증가했다. 15세 인구의 56%는 학교를 가지 않는다. 지난 10년간 국제학업성취도 비교 평가에서 OECD 국가들 중 항상 최하위를 기록했다.[15]

니에토 대통령은 이런 교육 현실을 개선하기 위해서는 교원의 경쟁력을 높이는 것이 결정적인 문제라고 보았다. 니에토 정부는 이를 위해 교원의 선발과 배치, 승진을 정부에서 맡고, 4년마다 교원평가를 실시하는 것을 주요 골자로 하는 교육개혁안을 내놓았다. 하지만 라틴아메리카 최대 규모를 자랑하는 전국교직원노조[SNTE]는 개혁안에 반대했다. 반대 이유로 교육개혁안이 '공교육 민영화, 일제고사·교원평가 도입, 교육예산 삭감' 등을 핵심으로 하고 있다고 주장했다. 엘바 에스더 고르디요 SNTE 위원장은 "교원의 임용과 배치는 노조의 당연한 권리"라고 주장했다. 기득권을 못 내려놓겠다는 것이다.

그러나 니에토 대통령은 교원노조의 이 같은 반발에도 불구하고 교육개혁을 강력히 밀어붙였다. 여당인 제도혁명당뿐만 아니라 야당인

---

15) 임수진, 앞의 글.

국민행동당^{PAN}과 민주혁명당^{PRI}도 이를 지지했다. 결국 2013년 1월 법안이 의회에서 통과되었고, 대통령은 정부로 법안이 넘어오자 곧바로 서명했다. 그리고 대통령이 법안에 서명한 다음 날 전국교원노조^{SNTE} 위원장 엘바 에스더 고르디요 모랄레스가 조합비 횡령혐의로 검찰에 구속됐다. 검찰이 발표한 그녀의 비리 내용은 일반인들의 상상을 초월했다. 정부에 따르면, 그녀가 23년 동안 횡령하고 착복한 금액이 무려 26억 페소(미화로 2억 달러가 넘는 돈)에 이르렀다.[16]

'큰 선생님'으로 불리며 라틴아메리카 최대노조 멕시코 전국교원노조(SNTE)의 사무총장과 위원장을 지내며 23년간 실력자로 군림한 엘바 모랄레스. 그녀는 조합비 횡령 혐의로 구속됐는데, 멕시코 검찰 발표에 따르면 그녀가 유용 및 횡령한 금액은 무려 미화 2억 달러가 넘는 천문학적인 액수였다. (출처: periodicolavoz.com.mx)

'큰 선생님'으로 불리던 엘바는 23년 동안 사무총장과 위원장 등을 지내며 막강한 영향력을 행사했으며 조합원의 절대적인 신임과 지지를 받았다. 그녀는 오랫동안 권력 실세들과도 깊숙한 관계를 유지하며 위세를 과시했지만 하루아침에 몰락하고 말았다. 너무나 엄청난 비리에 여론은 급속히 니에토 정부에 우호적으로 기울었다. 전국교원노조 또한 위원장의 심각한 부패 앞에서 제대로 된 반대운동조차도 펴지 못했다. 니에토 정부의 교육개혁은 그렇게 순항하나 싶었다.

니에토 정부 교육개혁안의 문제점

그런데 여기서 짚어보아야 할 것이 있다. 니에토 정부의 교육개혁안

---

16) 교육부가 공식적으로 발표한 엘바의 월급이 32,000페소(약 2,500달러)였는데도 불구하고 최근 3년간 22번에 걸쳐 미국 샌디에이고의 고급 백화점 니만 마커스에서 쇼핑하고 결제한 카드 금액이 자그마치 3백만 달러에 이른 것으로 확인되었다. 미국 캘리포니아의 최고급 휴양지에 본인 명의로 된 두 채의 주택과 딸과 손자 명의로 된 주택도 여러 채 있는 것으로 밝혀졌다. 전용기까지 소유하고 있었으며, 미국, 스위스, 리히텐슈타인에서 발견된 계좌에서 총 1억2천만 유로가 확인되었다. 물론 이 모든 자금의 출처는 전국교원노조 계좌로 확인되었다.(임수진, 앞의 글)

은 상당한 타당성에도 불구하고 문제점 또한 적지 않았다는 사실이다. 정부의 교육개혁안에 따르면, 학생들은 3년에 한 번씩 일제고사를 쳐야 하고, 이 성적에 따라 교원이 평가된다. 학생들의 성적이 나쁜 담임교사는 감봉되거나 해고까지 될 수 있다. 이를 위해 교사의 정년이 폐지되고 3년 계약직으로 전환되었다.

니에토 정부의 교육개혁안은 지나친 성적 위주의 경쟁력 체제로의 전환, 그리고 그에 따른 교사들의 노동조건 악화가 불을 보듯 뻔했다. 교육개혁은 멕시코의 사회·정치적인 구조개혁과 맞물려 진행되어야 해결될 수 있는 문제인데도 정부는 교사들의 경쟁력만을 처방으로 내놓았던 것이다. 니에토의 교육개혁을 '신자유주의' 교육개혁안이라며 비판하는 교원노조의 주장을 일방적으로 받아들이기는 힘들겠지만, 사립학교 강화, 예산 축소 등에서 알 수 있듯이 공교육의 역할을 축소할 뿐만 아니라 교사의 훈련과 연수 등 교사의 능력을 향상시킬 수 있는 제도적 대안 마련이 부재하는 등 여러 면에서 적지 않은 문제점을 내포하고 있는 것이 사실이다.

그 때문에 많은 문제들이 생겨났다. 이를테면 경쟁체제, 성적 위주로의 전환으로 수업 커리큘럼에도 적지 않은 악영향을 미쳤다. 주로 원주민 거주 지역에서 지역적·인종적 특색에 맞게 짜였던 수업 커리큘럼은 축소·폐지되고, 그 대신 일제고사에 대비한 성적 위주의 소위 '전문적' 교육과정을 도입해야 했다. 또한 교육예산 삭감으로 아이들의 학교 전기세와 수도세를 학부모들이 직접 내게 되었다. 니에토 대통령은 이를 '학교

멕시코 국립인류학박물관에서 만난 학생들. 멕시코의 교육개혁은 피할 수 없는 과제이지만 그 방법을 둘러싸고 정부와 교원단체가 심각한 갈등을 겪고 있다.

자주관리'라고 불렸지만 하루하루 생활하기도 어려운 노동자·서민으로서는 큰 부담이었다. 가구소득 전부를 식량 구입에 투입해도 배고픔을 면치 못하는 절대빈곤층이 2500만 명이나 되는 멕시코 현실을 감안할 때 이는 여간 심각한 문제가 아닐 수 없다. 이들 절대빈곤층은 그 비용을 감당할 능력이 전혀 없는 상황이다. 결국 이들은 아이들을 학교에 보낼 수 없다는 이야기가 된다.

문제 해결의 실마리는 어디서?

니에토 정부 교육개혁의 문제점을 지적하며 강력히 반발한 것이 바로 '전국교육공무원협회CNTE'였다. 이 단체는 1979년 전국교원노조에서 노선 차이로 갈라져 나왔는데 멕시코에서도 가장 교육 여건이 열악한 오아하카, 미쵸아칸, 게레로, 치아파스를 기반으로 하며 30만 명의 조합원을 확보하고 있다. CNTE는 지역의 차이를 염두에 두지 않고 일괄적으로 실시되는 교사평가와 그 결과에 따른 강제퇴직이 명시된 교육개혁은 정당하지 못하다며 강하게 반발했다.

CNTE 조합원들은 2013년 8월 19일부터 10만여 명이 상경투쟁을 벌였다. 그들은 소깔로광장을 완전히 메우고 그 주변까지 점거한 상태에서 텐트 농성을 시작했다. 정부는 그들의 투쟁이 오래가지 못할 것이라고 보았다. 8월은 멕시코에서 태풍이 몰아치는 우기인 데다가 이들이 임시 화장실을 사용하고 숯불을 풍로에 피워 밥을 해 먹어야 하는 매우 열악한 조건에서 싸워야 했기 때문이다. 길어야 한 달을 못 갈 것이라는 예상을 뒤엎고 이들은 강력한 조직투쟁으로 지금까지도 버티고 있다.

2013년 9월 중순, 해마다 혁명기념일(9월 16일) 전날에 치르는 전야

제와 당일 소깔로광장에서 벌일 군인들의 퍼레이드가 무산될 위기에 처하자 정부는 연방경찰과 헬기까지 동원해 천막의 제거에 나섰다. 경찰에 의해 소깔로광장에서 쫓겨난 조합원들은 혁명기념관으로 자리를 옮겨 농성을 계속했다.

CNTE의 조직적이고 급진적인 투쟁으로 멕시코 사회는 심각한 후유증을 겪었다. 2013년에만도 수백만 명의 학생들이 단 하루도 수업을 받지 못했고, 2014년과 2015년에도 그와 유사한 상황이 재현되고 있다. 우리나라 같으면 공권력 이전에 학부모들이 가만히 있지 않았을 테지만 멕시코는 우리와는 다른 모양이다. 농성장 주변 상인들과의 마찰, 공권력의 압박, 언론과 보수세력의 지속적인 반대 공세 등에도 불구하고 이들은 지금까지도 천막농성을 계속하고 있다.

사실 교육개혁이 시급하다는 점에 대해서는 멕시코의 교육에 대해 문외한인 나조차도 충분히 이해가 갈 정도로 멕시코 교육현장은 언뜻 보아도 너무나 심각한 상황이다. 이런 조건에서 누구도 개혁의 대의를 부정할 수는 없다. 그런데 문제는 방법과 대안이다.

정부는 교사의 질이 문제이며 이를 높이기 위한 경쟁체제 도입만을 소리 높이 외치고 있다. 반면 전국교육공무원협회CNTE와 같은 단체는 교육시스템 전체를 손봐야지 교사들만 손보

농성장은 말 그대로 삶의 공간이었고(위), 경찰도 농성장 주변에 한 자리를 차지하고 있다(아래).

겠다고 난리치는 정부에 심각한 불신을 나타내고 있다.

　이러한 충돌로 멕시코 사회는 심각한 갈등과 혼란에 빠져 있다. 교사들의 질을 높이고 경쟁시스템을 도입하는 것은 필요하겠지만 그것만으로 모든 문제가 해결될 것 같지는 않다. 구조개혁이 함께 따라야 하는 것이다. 하지만 과연 멕시코에서 그런 구조개혁이 가능할까? 이런 의문을 던지게 만드는 사건이 멕시코 곳곳에서 벌어지고 있다.

멕시코의 민낯을 보여주는 사건

　멕시코는 지금 교육개혁 문제, 마약과의 전쟁, 아요트시나파 학생 실종사건, 부패 스캔들, 치안위기 등으로 심각한 사회정치적 혼란을 겪고 있다. 그중에서도 학생 실종사건은 정말이지 멕시코의 민낯을 그대로 보여주는 사건이라 하지 않을 수 없다.

　2014년 9월 26일, 멕시코 게레로 주 아요트시나파 시에 있는 '라울 이시드로 부르고스' 농촌사범학교 소속 학생들이 같은 주 이괄라 시에서 차별적인 교사 임용에 항의하며 시위를 벌이던 중, 지역경찰과 복면 괴한들이 쏜 총탄에 6명이 그 자리에서 숨지고 43명이 납치, 실종, 살해된 사건이 일어났다. 사건은 지역경찰과 연관된 게레로 주의 조직폭력배들에 의한 것으로 밝혀졌다. 엔리케 페냐 니에토 대통령 정부도 사태의 심각성을 인지했다. 정부는 연방경찰을 이괄라 시에 보내 지방 경찰을 무장해제시키는 등 강력한 사건 해결 의지를 천명했다.

　10월 4일, 정체불명의 구덩이 6개와 학생들로 의심되는 시신 28구가 발견되었다. 그러나 10월 15일 DNA 검사 결과 실종 학생들과 무관하다고 밝혀졌다. 멕시코 전역에서 이 사건을 빨리 해결할 것을 촉구하는 시위와 집회가 열렸다. 사건 해결의 기미가 보이지 않자 늑장만 부리며 책임 회피로 일관하는 경찰과 정부를 규탄하는 목소리가 높아졌고, 점차 '사회 정의와 안전을 되찾자'는 운동으로 발전해나갔다. 인권과 정의, 안전한 치안과 민생 문제에 대한 사회운동으로 전개되기 시작한 것이다. 10월 27일, 이괄라에서 17킬로미터 떨어진 코쿨라에서 새로이 시신들이 발견되었다. 다른 학생 실종과 관련된 범죄조직원의 진술을 바탕으로 찾아낸 것이었다. 10월 30일, 다른 학생실종사건과 관련이 있는 조폭 조직원 4명이 구속되었다. 정부는 실종자들의 사진을 중앙 일간지에 게재했고, 실종자 가족들은 정부가 이 사건을 '국가범죄'로 조사하라고 요구했다. 게레로의 새 주지사 마르티네스는 학생들이 살아 있을 것이라는 말했지만 그 근거는 제시하지 않았다. 여론을 무마하기 위한 꼼수로 여겨졌다. 검찰 수사는 여전히 진척이 없었다. 정부는 말만 내세울 뿐 적극적인 사건 해결 의지를 보이지 않았다. 이에 실종 학생들의 부모는 기자회견에서 "우리는 아이들이 살아 돌아올 때까지 대통령이 하는 말이나 정부의 발표를 믿지 않을 것"이라며 강한 불신감을 드러내기에 이르렀다.

11월 7일, 멕시코 검찰은 실종된 학생들이 갱단에게 살해된 것으로 보인다고 밝혔다. 경찰과 함께 불법으로 시위 진압에 개입한 지역 갱단의 조직원 5명으로부터 "학생들을 코쿨라로 끌고 가 살해한 뒤 시신을 불에 태워 강물에 던졌다"는 진술을 확보했다는 것이다. 하지만 학부모와 시민단체는 경찰이 본질을 파헤치기보다 사건을 덮는 데 급급하다며 여전히 불신을 표명했다.

11월 12일, 마침내 프란치스코 교황까지 나섰다. 교황은 "법적으로는 실종된 것이지만 사실상 피살된 것이나 다름없다", "이번 사건이 마약과 납치범죄 등의 이면에 존재하는 범행의 실상을 적나라하게 보여주는 것이며, 멕시코 국민과 슬픔을 함께 나눈다"고 밝혔다. 실종자 가족과 시민단체, 학생들에게는 연대와 지지를, 정부에는 적극적인

수사를 촉구하는 압력을
보낸 것이다.

2015년 1월, 멕시코 검
찰은 유전자 감식 결과 발
견된 시신들 중에서 실종
된 학생인 모라의 DNA가
검출되었다면서 학생들이
이괄라 갱조직인 '전사연
합'에 의해 쓰레기 소각장
에서 모두 살해되어 불에
태워진 것이라는 수사결
과를 발표했다. 하지만 실
종자 가족들은 여전히 수
사결과에 의구심을 나타
냈다.

아요트시나파 사범대학생
실종사건 현상금 포스터. (출
처: hispanicnewsnetwork.
wordpress.com)

유가족들은 군과 정부 고위층이 연루된 것을 은폐하기 위해 서둘러
수사를 매듭지었다는 의혹을 제기했다. 그들은 검찰이 사건을 파헤치
기보다 꼬리자르기를 통해 적당하게 무마하고 덮으려 한다고 비난했
다. 유족들은 국제연합UN에 정의가 실현되도록 도와달라고 호소하는
한편, 멕시코 정부에 더욱 철저한 수사를 요구했다.

2015년 9월 6일, 6개월간의 독립적인 조사 끝에 발표한 국제인권
단체 미주기구산하 미주인권위원회IACHR의 보고서는 유족들의 주장을
뒷받침할 수 있는 많은 내용을 담고 있었다. IACHR은 보고서에서 "검
찰 발표대로 시신을 모두 불태우는 것은 과학적으로 불가능하다"고
결론을 내렸다. 검찰 발표대로 43구의 시신을 한꺼번에 태우려면 나
무장작 30톤과 타이어 13톤, 디젤 13톤이 필요하고 완전히 연소되는

데는 60시간이 걸릴 것으로 추정했다. 하지만 현장에는 이 정도의 큰 불이 난 흔적은 전혀 없었다. 위원회는 "시신을 불태웠다고 진술한 갱단 5명이 고문을 당했을 수도 있다"며 수사 과정에 대해서도 조사해야 한다고 주장했다.[17]

검찰의 수사 발표를 믿지 못하게 만든 것은 누구일까? 바로 검찰 자신이다. 이런 모습은 자동적으로 우리의 현실을 오버랩시킨다. 역설적이지만 멕시코가 낯선 이방의 땅으로 느껴지지 않는 것은 이렇게 오버랩되는 현실적 동질감인지도 모르겠다. 믿지 못할 검찰……. 검찰에 대한 불신은 멕시코만의 일이 아닌 것이다.

IACHR 보고서가 공개된 뒤 아들리 고메스 검찰총장은 "최고의 법의학 조사관들 주도하에 수사를 새로 시작하겠다"고 발표하지 않을 수 없었다.[18] 하지만 그동안의 행태로 보건대 멕시코 검찰총장의 이런 발표를 액면 그대로 믿을 사람은 아무도 없었다.

국민의 생명과 안전을 못 지키는 정부

학생 실종사건 발생 뒤 멕시코 전역에서 이에 항의하는 학생들의 집회와 동맹휴학 등이 조직되었다. 2014년 10월부터 멕시코시티를 포함한 주요 도시와 주에서는 실종 학생들의 귀환과 책임자 처벌을 요구하는 집회가 열렸다. 이후 시위 규모는 점점 더 확대되었으며, 멕시코에서 공부하는 외국인 학생들까지 동조 활동에 나섰다. 이 사건은 멕시코뿐만 아니라 세계 곳곳에서 항의 집회가 열리도록 만들었다.

---

17) 남지원, "멕시코 대학생 43명 실종 사건 1년… 검찰수사 뒤집은 인권단체 보고서", 〈경향신문〉 2015.9.7.
18) 남지원, 위의 기사.

이 문제는 게레로 주를 넘어서 멕시코 정국 전체를 뒤흔들어놓았고, 니에토 정부에 대한 불신으로 발전했다. 11월 지지부진한 수사 상황에 항의하면서 엔리케 페냐 니에토 대통령의 하야를 요구하는 구호까지 등장하기 시작했다. 그런데 이때 검찰총장 헤수스 무리요 카람의 발언이 국민을 더욱 격분시켰

2014년 10월 26일에 소칼로광장에서 열린 대규모 국민궐기대회. (ⓒ Photo by La Jornada)

다. 그는 기자회견에서 "야 메 칸세(Ya me canse, '그만하자 지쳤다')"라는 말로 검찰의 속내를 털어놓은 것이다.

11월 8일과 9일, 멕시코시티에서 대규모 규탄집회가 열렸고, 이때 정부중앙청사 입구가 시위대에 의해 파손되는 사건이 벌어졌다. 그러나 이 일은 경찰이 고용한 프라치들의 공작에 의한 것으로 밝혀졌다. 11월 10일에는 아카풀코 국제공항이 시위대에 의해 4시간 동안 점거되는 등 멕시코 정국이 더욱 혼란스러워졌다. 학생 납치에 항의하는 집회와 시위의 여파로 휴가철 경기가 완전히 위축되었다. 아카풀코[19]에서 멕시코혁명 기념일 휴일예약 가운데 140만 건이 취소되었고, 크리스마스 예약까지 모두 취소되면서 그 일대의 관광산업이 휘청거렸다.

11월 20일에는 멕시코시티 소칼로광장 등 전국에서 실종 학생들의 귀환과 안전한 멕시코 건설을 염원하는 대규모 집회가 열렸다. '제2의 멕시코혁명'이라는 말이 흘러나왔을 정도로 열기가 대단했다. 군중들은 소칼로광장에서 니에토 대통령의 인형을 불태우며 대통령의 퇴진

---

19) 게레로 주에서 가장 큰 도시로 태평양 쪽에 위치한 멕시코의 전통적인 관광 도시.

을 요구하는 시위를 벌였고, 푸에르토 아에레오 지역에서는 멕시코시티 국제공항^{AICM} 점거를 시도하며 압박했다.

그러나 이날의 소깔로광장 집회를 고비로 시위는 퇴조했다. 이후에도 산발적인 시위와 집회가 이어졌지만, 이 사건은 사람들의 머릿속에서 점점 잊혀져갔다. 아무래도 12월에서 1월 초까지 널린 축제기간과 겨울휴가의 영향이 컸다. 그러나 그보다 더 중요한 역할을 한 것은 방송국을 비롯한 언론의 농간이었다. 보수언론, 특히 방송은 사건에 대한 사람들의 무관심을 조장하기 위해 온갖 수단을 다 동원했다. 직접 보지 않아도 우리는 이것이 어떤 식으로 진행되었을지 어렵지 않게 짐작할 수 있을 것이다. 우리나라 보수언론의 노하우(?)를 질릴 만큼 접해왔기 때문이다.

이런 와중에 유족과 국민의 분노를 자아내게 하는 망언이 또다시 터졌다. 비센테 폭스 케사다^{Vicente Fox Quesada(1942~)}는 멕시코 대통령(2000~2006)을 지낸 인물이다. 그런 그가 2015년 3월 17일에 유가족들을 향해 "자녀들을 그리워하는 것은 좋지만, 현실을 받아들여라"고 말한 것이다. 우리나라에도 이 비슷한 전직대통령이 몇 명 있지 않은가. 참으로 세상사가 어찌 이리도 닮았는지 모르겠다.

2015년 3월 18일, 비센테의 발언에 항의하며 실종 학생 가족들이 유엔을 방문하여 사건 해결에 관심을 보여달라고 호소했다. 3월 26일에는 사건 6개월을 맞아 대검찰청 앞에서 집회가 열렸고, 5월 26일에도 경찰에게 화염병을 던지는 등 격렬한 시위가 벌어졌다. 비슷한 시기 우버택시 문제로 택시기사들까지 대규모 시위를 벌이면서 멕시코의 정국 혼란은 가중되었다.

우리가 멕시코시티에 있었던 6월 10일 전후 시기에도 정국 불안은 계속되고 있었다. 우리가 보았던 멕시코시티 곳곳에 배치되어 있던 중무장 경찰들은 교원노조의 농성뿐만 아니라, 학생 실종사건, 택시기사들의 항의 시위 등에도 대비하고 있었던 것이다.

검찰 발표뿐만 아니라 여러 정황을 종합할 때 실종 학생들이 살아 있을 가능성은 거의 없어 보인다. 하지만 실종 학생의 가족들과 멕시코 국민의 입장에서는 검찰 발표를 액면 그대로 받아들이기 어려운 상황이다. 이 사건은 정부, 경찰, 갱단, 마약조직이 직간접적으로 연결된 대형의 사회정치 사건, 국가범죄 사건이지만 그 전모는 제대로 밝혀지지 않았다. 다만 정부는 몇 명의 행동하수인만을 잡아놓고 사건이 끝났다고 주장하는 것이다.

가족과 국민이 납득할 만한 수사결과와 책임 있는 대안을 정부가 내놓아야 하는 상황이지만 국정의 최고책임자인 대통령을 비롯하여 국민의 생명과 안전을 지켜야 할 국가기관은 책임 있는 자세를 보여주지 않고 있다. 진실을 파헤치는 사건 수사보다 적당히 덮고 넘어가기에 급급한 검찰과 경찰, 책임 회피에 골몰하는 대통령과 정치권, 국민의 안전과 인권보장을 위한 실질적인 대책을 내놓지 못하는 정부. 이런 모습들에서 우리나라의 세월호 사건이 겹치는 것은 왜일까? 권력집단의 행태가 어찌 그리도 닮았는지 모르겠다.

범죄영화 내용이 현실이 되다

세계인을 깜짝 놀라게 만든 이 사건의 발단을 보면 놀랍기 그지없다. 학생 실종사건은 전 이괄라 시장인 호세 벨라스케스가 그의 부인인 피네다 비야의 저녁 파티 연설이 방해받을까 봐 경찰에 학생들의 시위진압 명령을 내린 데서 시작되었다. 시장의 지시를 받은 지역경찰이 범죄조직에 학생들의 처리를 하청했고, 그 뒤 복면을 하고 나타난 범죄조직원들의 총격으로 6명이 그 자리에서 사망했으며 43명의 학

생들이 납치, 행방불명된 것이다.

학생들이 납치되었다는 소식을 듣고도 시장은 느긋하게 파티를 즐기면서 저녁 식사를 한 뒤 잠자리에 들었다. 갱영화에서나 있을 수 있는 일이 현실에서 버젓이 벌어진 것이다. 더욱 놀라운 것은

이 사건의 배후로 알려진 전 이괄라 시장 부부. 그들의 사진 옆에 실종 학생들의 캐리커처가 붙어 있다. (© Photo by Archivo SEMANA/EFE)

이괄라 시장 부인이 전부터 범죄조직과 연관이 있었다는 사실이다. 형제 중 일부는 마약카르텔 조직원으로 경쟁 조직에 의해 살해되었고, 본인 역시 마약카르텔과 연관이 있다는 의혹이 계속 제기되고 있었다.

멕시코의 게레로 주는 전반적으로 낙후된 도시가 많고, 경제·정치·문화적으로도 폐쇄된 지역의 '작은 사회가 가질 수 있는 나쁜 전형'을 그대로 보여주는 곳이다. 지방경찰들의 부패상은 말 그대로 막장 수준이다. 이런 곳에서는 마약카르텔과 지역경찰, 지역정부의 유착이 매우 심각하다. 경찰이 마약카르텔의 유혹과 협박에 넘어가는 경우는

사건이 일어난 게레로 주. (출처: Shutterstock © Tatiana53)

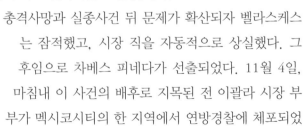

비일비재하고, 강직한 경찰이 이들을 진압하려다가 마약카르텔에 의해 살해되는 일도 부지기수로 벌어진다. 그야말로 영화에서나 볼 수 있는 일들이 수시로 벌어지는 그런 곳이다.

총격사망과 실종사건 뒤 문제가 확산되자 벨라스케스는 잠적했고, 시장 직을 자동적으로 상실했다. 그 후임으로 차베스 피네다가 선출되었다. 11월 4일, 마침내 이 사건의 배후로 지목된 전 이괄라 시장 부부가 멕시코시티의 한 지역에서 연방경찰에 체포되었

다. 또한 그 이전인 10월 23일에는 게레로 주지사 앙헬 아기레 리베로가 사건의 책임을 지고 전격 사퇴했다. 그도 부정부패가 드러나면서 민심을 잃었고 실종 학생들에 대한 수색이 지연되면서 책임론이 확대되었던 것이다. 그 뒤 오르테가 마르티네스가 임시 주지사로 선출되었지만, 그도 적극적인 사건 해결 의지를 보이지 않았다. 그래서 그 역시 범죄조직과 연관된 것이 아닌가 하는 의구심이 제기되었다.

그런데 검찰이 발표한 사건 당일의 상황에 대해서도 의문이 제기되었다. 검찰과 경찰은, 학생들이 실종된 날 이괄라 시의 권력을 장악한 시장 부인의 연설이 예정돼 있었고, 시장 측이 부인의 연설을 방해하지 못하도록 학생들을 납치했다며 시장 부부를 체포했다. 하지만 IACHR의 보고서에 따르면, 학생들은 시장 부인의 연설이 끝난 뒤에야 이괄라에 도착했다. 그렇다면 검찰이 시장 부부에게 모든 죄를 넘기기 위해 무리하게 정황을 조작했을 가능성이 있다는 것이다.

IACHR의 보고서는 학생들이 실수로 마약이 실린 갱단의 버스를 탈취하려다 살해당했을 수도 있다고 보았다. 학생들은 이날 시위에 쓸 버스를 탈취했는데, 이 버스에는 헤로인이 실려 있었을 것으로 추정되었다. IACHR 조사단은 "학생들에 대한 (경찰과 괴한들의) 공격은 모두 (탈취한) 버스가 이괄라에서 벗어나는 걸 막는 데 집중됐다"고 말했다. 마약이 실린 버스를 찾아 나선 갱단과 그에 유착된 부패 경찰이 범행을 저질렀을 수 있다는 얘기다.[20] 그렇다면 검찰은 마약조직과 군·경찰 등 고위층의 커넥션을 알고도 이를 제대로 파헤치지 않고 유야무야 덮고 넘어갔다는 이야기가 된다.

---

20) 남지원, 앞의 기사.

멕시코는 왜 이렇게 망가졌나?

학생 실종사건을 두고 정국 혼란이 계속되면서 집권당인 제도혁명당의 지지율은 급속히 떨어졌다. 그 때문에 2015년 6월 중간선거에서 제도혁명당은 일부 의석을 잃었고, 득표율도 30%을 확보하는 데 그치고 말았다. 하지만 제도혁명당은 연립 정당과 함께 과반을 넘어서는 의석을 확보함으로써 실질적으로는 승리를 거두었다. 야당이 국민에게 대안 세력으로 각인되지 못했기 때문에 일어난 일이었다.

중도좌파 정당인 민주혁명당^{PRD}은 이 사건의 당사자라는 점에서, 또 우파 정당인 국민행동당^{PAN}은 자멸적인 행동으로 국민들의 신임을 얻지 못했다. 학생 실종사건의 발단이 된 이괄라 시장은 민주혁명당 소속이었고, 엉뚱한 소리를 한 전직 대통령 비센테 폭스는 국민행동당 출신이었다. 그 외의 정당과 무소속 후보들은 전국적인 조직력을 갖추지 못해 제도혁명당^{PRI}에 맞서기에는 역부족이었다. 마치 한국의 정치 현실을 그대로 보여주는 것 같아 가슴이 아프다.

충격적인 것은 43명이나 되는 학생들이 하루아침에 흔적도 없이 사

감옥 바닥을 뚫고 탈출
(왼쪽. ⓒMexico Attorney
General's Office)했다가 체
포되는 멕시코의 마약왕
구스만(오른쪽. ⓒAristegui
Noticias/Xinhua).

라졌다는 사실뿐만 아니라 이 문제를 처리하는 과정에서 적나라하게 드러난 멕시코의 심각한 정치, 사회적 난맥상이다. 그동안 멕시코의 부패 관리들과 범죄집단의 결탁에 대해서는 익히 알려져 있었다. 우리가 여행을 마치고 한국에 돌아온 직후에 일어난 멕시코의 마약왕 구스만의 탈옥사건(2015년 7월 11일)만 보아도 그걸 단적으로 알 수 있다. 돈이면 어떤 범죄행위도 가능한 사회가 멕시코인 것이다.

국민의 인권보호와 생명·안전권의 확보라는 점에서 보면 학생 실종 사건이 구스만의 탈옥사건보다 훨씬 중요한 사건이다. 백주대낮에 자기 마누라 파티 방해한다고 경찰에 시위진압 명령을 내린 시장, 그걸 폭력집단에 하청 준 경찰, 막장 학살극을 벌인 범죄집단, 그리고 사건을 두고 정치적 이해관계만 따지고 책임 회피에 급급한 정치권, 전모를 밝히기보다 꼬리자르기로 사건을 덮으려는 정부와 검찰. 이들은 한 저울에 놓고 달아도 누가 낫고 누가 못하다고 말할 수 없을 정도로 똑같이 형편없는 인간이요 집단들이다. 이 사건만 봐도 우리는 멕시코가 정말이지 상상 이상으로 '총체적으로' 망가진 사회라는 걸 알 수 있다.

이 사건은 경찰과 폭력집단이 조직적으로 개입한 살해사건으로서 국가범죄의 일종이다. 그런데도 대통령을 비롯한 정치권의 대응은 지극히 미온적이었고, 책임 회피로 일관하며 불똥이 튀는 걸 막기에 급급했다. 사건을 수사하는 과정에서 지방정부와 지역 정치권까지 마약 카르텔과 연결된 정황이 숨김없이 드러났음에도 그걸 뿌리 뽑기 위한 강력한 대책을 내놓을 생각은 아예 하지도 않았다.

이런 와중에 전직 대통령과 현직 검찰총장, 현직 대통령 딸과 영부인 등 일부 인사들의 지각없는 발언과 처신으로 파문이 확산되었고 사회의 갈등은 더욱 깊어졌다. 여기다가 멕시코시티-케레타로 고속철도 관련 비리 등 그동안 감춰졌던 온갖 비리스캔들까지 터지면서 정치권에 대한 국민의 불신은 극에 달했다. 우리가 혁명기념관 앞에서 보

니에토 멕시코 대통령. 실종사건도 충격적이지만 수사 과정에서 보인 경찰과 검찰, 정치권력의 무능과 무책임. 부패는 멕시코의 앞날을 어둡게 만드는 심각한 장애물이다. 니에토 정부의 행태는 멕시코혁명의 요구를 제도화했다는 '제도혁명당'의 이름을 무색케 만들고 있다.

앉던 CNTE 조합원들의 장기농성과 교육개혁을 둘러싼 갈등도 멕시코의 사회 불안을 부채질하는 중요한 요소의 하나로 작용하고 있다.

이런 상황에서 국민들은 누구를 믿고 살아야 할까? 도대체 멕시코는 왜 이렇게 망가졌을까? 러시아혁명과 함께 20세기 최대의 사회혁명을 이루어낸 이 나라가 말이다. 하기는 20세기 사회주의혁명의 종주국이라고 불리던 러시아도 망가지긴 마찬가지였지만. 혁명기념관 앞에 서서 나는 개탄을 금치 못했다.

5

멕시코혁명의 대의는 어디로 갔을까?

드라마틱한 멕시코혁명

한참 실랑이를 한 끝에 비싼 택시비를 치르고 내린 우리는 혁명기념관 위치를 확인한 뒤 주변 식당에서 간단히 점심 요기를 했다. 샌드위치와 과일음료수, 커피를 시켰는데, 샌드위치는 먹을 만했지만 과일주스는 우리가 원한 그 맛이 아니었다. 첫날 멕시코 길거리에서 사 먹었던, 큼직한 통에 들어 있던 시원한 맛의 그 주스를 기대했으나 말린 과일을 갈아 넣고 설탕을 듬뿍 친 일종의 분말주스였다. 커피는 약간 묽게 부탁했는데 내겐 적당했다. 팁을 주어야 하느냐고 묻자 젊은 여성은 "노"라고 말한다.

혁명기념관 앞에서.

식사 후 혁명기념관 내부 구경에 나섰다. 농성하는 사람들 때문에 입구를 찾는 데 한참을 헤맨 끝에 가까스로 들어갈 수 있었다. 햇볕에 반사되어 붉은 기운이 감도는 거대한 황색 돔의 건축물 지하에는 혁명기념관이, 위에는 시내를 바라볼 수 있는 전망대가 있었다. 전망대는 고속엘리베이터를 타고 올라가야 했다. 우리는 당연히 지하의 혁명기념관을 선택했다.

멕시코혁명의 역사적 위상을 생각할 때 기념관의 규모는 상대적으로 초라하다는 생각이 들었다. 기념관 내부에도 기대했던 만큼의 자료는 없었다. 관련 인물과 사건 사진, 일차 기록물, 신문기사 등이 주로 수집, 정리되어 있었다. 사진자료들은 그동안 우리가 책과 신문, 인터넷 등을 통해 봐왔던 것들이 다수였고, 일부만이 우리가 보지 못한 것이었다. 멕시코혁명의 발단과 전개, 의미를 멕시코 정부(아마도 집권당인 '제도혁명당') 관점에서 정리해놓은 것들이었다.

그래도 나는 사파타, 판초 비야, 마데로, 카르데나스, 오브레곤, 마곤, 카예스, 카란사 등 멕시코혁명의 영웅들을 다시 만날 수 있어서 기뻤다. 『멕시코 혁명사』를 쓴 경상대학교 백종국 교수는 멕시코혁명에는 "삼국지 같은 드라마가 있고, 유비와 관우, 장비와 조조 같은 영웅들이 등장한다. 한국 현대사에서 볼 수 있는 이승만, 박정희, 장면도 있다. 동서고금의 전쟁에서 맹활약을 펼친 맹장들과 그들의 신출귀몰하는 전법도 펼쳐진다"고 말했다. 그만큼 멕시코혁명의 역사가 역

멕시코혁명 시기 민중(전사)들의 모습을 보여주는 인물 조각상.

동적이며 장쾌하다는 이야기다.

나는 『스토리 세계사』를 쓰면서 멕시코혁명을 언뜻 엿볼 수 있는 기회가 있었는데, 그만 멕시코혁명에 매료되고 말았다. 그래서 멕시코의 역사와 문화에 관심을 가졌고, 멕시코인들에 대해서도 깊은 관심과 애정을 갖게 되었다. 그야말로 멕시코혁명은 매우 드라마틱한 사건이다. 멕시코혁명에서는 영웅들을 중심으로 여러 정치세력 간의 합종연횡, 모략, 배신, 음모 등등이 파노라마처럼 펼쳐진다. 그와 같은 극적 드라마의 밑바탕에는 멕시코 민중의 고통과 눈물 그리고 피가 배어 있다.

민중의 피로써 창조한 드라마

멕시코혁명은 멕시코의 특수한 조건에서 일어난 혁명이다. 멕시코의 역사학자 헤수스 실바 헤르소그는 "우리나라의 사회운동은 고유의 토착 환경과 민중의 끓는 피 속에서 태어났으며, 고통스러우면서도 다른 한편으로는 창조적인 드라마였다"고 평가한 바 있다. 멕시코혁명을 제대로 알려면 멕시코의 토착 환경, 즉 멕시코의 역사, 문화, 지리, 인종적 배경에 대한 이해가 필수적이다. 그러나 멕시코혁명은 멕시코의 특수한 역사·문화적 환경에서 탄생했지만 사회혁명 일반이 갖고 있는 속성을 고스란히 갖고 있다.

멕시코혁명은 20세기 세계사에서 우리가 알고 있는 이상으로 중요한 의미가 있는 사건이지만 우리에게는 제대로 알려져 있지 않다. 그나마 알려진 것도 많은 부분 편견으로 얼룩져 있다. 아마도 서방세계 (특히 미국 언론과 할리우드 영화가 보여주는 왜곡된)의 시각에 너무 많은 영향을 받은 때문이 아닐까 싶다.

멕시코의 반프랑스 독립투
쟁을 승리로 이끈 베니토
후아레스(왼쪽 원. 출처: 위
키피디아)와 혁명기념관에
전시된 그의 모습(오른쪽).

멕시코혁명은 프랑스의 침략을 물리치고 1867년 다시 대통령이 된 베니토 후아레스에서부터 첫걸음이 시작된다. 그는 멕시코를 근대화하기 위해 공공부채에 대한 2년간의 지불유예, 민법에 기초한 결혼제도 확립, 국민의 종교적 자유 보장, 종교법정 해산, 교회 소유의 대규모 은화 몰수 및 토지 국유화 등 자유주의적 개혁을 시도했다.

그러나 후아레스는 혁명을 완수하지 못하고 1872년 혁명전쟁 중에 사망함으로써 그의 개혁은 미완으로 끝나고 말았다. 그의 뒤를 이어 포르피리오 디아스가 집권하면서 멕시코혁명의 태아가 잉태되기에 이르렀다. 디아스는 1876년 대통령이 된 이래 1911년까지 34년간 대통령으로 있으면서 독재정치를 폈다. 디아스 시절 멕시코는 근대화를 통해 일정하게 경제발전을 이루었으나 주요 이권과 산업이 외국자본에 넘어가고 토지의 독점 등으로 민중의 삶은 피폐해졌다.

포르피리오 디아스(왼쪽.
출처: 위키피디아)와 혁명
기념관 내에 전시된 디아스
와 그의 수하들(오른쪽).

멕시코혁명은 디아스의 독재정치에 반대하고 정치적 자유를 획득하기 위한 투쟁에서 시작되었다. 그러나 자유주의 혁명이 불을 댕기자 혁명은 새로운 단계로 발전했다. 민중의 오랜 염원이며 진정한 혁명의 내용이었던 토지개혁에 대한 열망이 타오르면서 혁명은 내전으로 발

전했고, 그에 따라 멕시코는 10여 년에 걸친 폭풍우에 휩싸이게 되었
던 것이다.

혁명의 깃발이 오르다

멕시코혁명에서 제기된 핵심 과제는 두 가지였다. 하나는 정치적 자
유의 확보이고, 또 다른 하나는 토지문제였다. 1910년 대지주 출신
으로 유럽의 영향을 받은 정치적 이상주의자 마데로^{Francisco Ignacio Madero}
^{González(1873~1913)}가 자유주의 혁명의 포문을 열었다. 레닌의 말대로 "지배
계급이 반란을 시작할 때가 가장 위험하다"고 했던가. 지배계급의 일
부였던 마데로의 반란과 함께 민중봉기가 폭발적으로 일어나면서 디
아스 독재정권은 순식간에 무너졌다. 하지만 마데로 역시 지배계급에
속한 사람이었다. 그의 자유주의 혁명은 멕시코혁명의 서막에 불과했
다. 민중의 엄청난 폭발이 기
다리고 있었던 것이다.

당시 멕시코 사회 상황은
그야말로 심각했다. 특히 토
지문제가 그랬다. 1910년경
멕시코 전체 토지의 97%가
830여 명의 대농장주에게 집
중되어 있었다. 괴멸적인 토

프란시스코 마데로(오른쪽.
출전: 위키피디아)와 디아스
독재를 무너뜨린 마데로의
봉기 및 자유주의 혁명(왼
쪽. 혁명기념관 내부 전시).

지 집중으로 멕시코 중앙의 계곡지대에만 소수의 자영농과 전통적인
농민공동체의 공동농장(에히도)이 살아남았을 뿐이다. 그 결과 총인구
의 88.7%가 대농장의 농업노동자로 전락했다. 멕시코는 대농장주에
게는 천국이었지만 토지가 없는 민중에게는 지옥이나 다름없었다.

멕시코 동북부, 특히 치와와 주를 장악한 테라사스 가문의 경우, 1900년 초 283만 2,900헥타르의 대장원과 목축장을 소유했는데, 당대 아메리카 대륙 전체를 통틀어 가장 부유한 농장주였다. 이 가문은 토지와 함께 방직공장과 방대한 물류창고들, 철도, 전신전화회사, 양초공장, 설탕공장, 정육회사, 광산까지 소유해 하나의 독립왕국을 형성했다. 이러한 거대 농장주들은 부와 함께 끼리끼리 혼맥을 맺어 부와 권력을 동시에 장악했다.

그러나 토지를 빼앗기고 농업노동자로 전락한 민중에게는 지옥이 따로 없었다. 소작농도 아니고 대규모 상업농장에 고용된 농업노동자의 삶은 비참함 그 자체였다. 임금으로는 도저히 생존이 불가능했고, 모든 가족이 다 매달려도 입에 풀칠하기도 힘들었다. 이 시기 유아사망률이 30%를 넘고 평균수명이 30.1세에 불과했던 것은 이 때문이었다. 이들은 이중삼중의 착취구조 아래서 노예보다 못한 삶을 살았다.

농장주들은 농업노동자를 상대로 고리대금업까지 했고, 빚은 자식에게까지 대물림되었다. 딸들은 수시로 강간당했으며, 조그마한 실수에도 가혹한 폭력이 뒤따랐다. 이를 견디다 못한 농민들이 도망자가 되어 산속으로 숨어들면서 산적이 되었다. 지옥으로 변한 현실에서 이들이 선택할 길은 둘 중 하나였다. 영원히 노예로 살든지 아니면 '꽥' 소리라도 질러보고 죽든지.

이런 상황에서 마데로가 자유주의 정치혁명의 깃발을 올리자 민중은 활화산처럼 일어섰다. 그와 함께 멕시코혁명을 이끌어갈 영웅들이 그 모습을 드러냈다. 디아스는 망명하면서 이렇게 말했다.

"마데로가 호랑이를 풀어놓았어. 이제 그가 호랑이를 어떻게 다룰지 한번 보세. 결국 그들은 온갖 고생 끝에 알게 될 걸세. 이 나라를 다스리는 방법은 내가 했던 방식밖에 없다는 것을 말이야."

디아스가 말한 호랑이, 즉 혁명을 좌우할 인물들이 등장하면서 멕시코혁명은 엄청난 역동성과 극적 드라마를 연출하게 된다.

에밀리아노 사파타와 판초 비야의 등장

마데로는 민중봉기에 힘입어 권력을 장악하기는 했지만 그는 멕시코의 현실이 어떠하며 민중이 무엇을 원하는지 몰랐다. 그는 권력을 장악한 뒤 이상주의적 사고에 젖어 점진적으로 해결해가면 될 것이라고 생각했다. 하지만 그가 혁명의 고삐를 제대로 잡아채지 못하고 어영부영하는 사이 과거 디아스 정권의 잔당들과 손을 잡게 되고 말았다. 그는 결정적으로 토지개혁을 외면했다.

그러자 에밀리아노 사파타로 대변되는 민중세력이 반기를 들었다. 사파타는 멕시코시티 남쪽 모렐로스 주에서 봉기했는데, 그 지역 농민들의 절대적인 지지를 받았다. 그는 마데로 혁명 이후에도 농장주들이 농민들을 살해해도 처벌하지 않고 그에 대항하는 농민군을 살해하고 감옥에 보내는 현실에 분개했다. 사파타는 모렐로스에서 혁명평의회를 소집한 뒤 혁명전쟁을 선포했다.

사파타는 1911년 11월 27일 혁명의 대강을 담은 '아얄라 계획'을 발표한다. 그의 아얄라 계획은 '국가를 재구성하려는 계획'이었다. 집권을 목표로 한 다른 사람들의 선언이나 계획과는 결정적으로 달랐다. 사파타의 요구는 멕시코에서 가장 시급한 '토지개혁과 사회정의'의 확립이었다. 그는

멕시코의 진정한 혁명가 에밀리아노 사파타(오른쪽. 출처: 위키나무)와 혁명기념관에 전시된 모습(왼쪽).

멕시코혁명의 가장 극적인 인물 프란시스코(판초) 비야(왼쪽. 출처: 위키피디아)와 혁명기념관에 전시된 모습(오른쪽).

Francisco Villa y la revolución popular en el norte

멕시코혁명에서 가장 순수하고 진정한 혁명가로 평가받는 인물이다. 그는 이상주의자였기에 권력을 장악할 기회가 여러 번 있었으나 오로지 혁명의 대의만을 따랐다. 그는 멕시코시티에 입성해 권력을 장악할 기회가 왔을 때에도 "나의 목표는 권력이 아니라 토지혁명"이라며 그곳에서 철수한 인물이다.

멕시코혁명의 풍운아 프란시스코 판초 비야도 이때 등장한다. 비야의 본명은 도로테오 아랑고. 그는 16세 되던 해에 12살 난 자신의 여동생을 강간하려는 농장주와 관리인에게 총질을 하며 저항하다가 산속으로 도망해 산적이 되었다. 치와와와 두랑고 지역을 떠돌기를 16년, 때로는 산적으로, 때로는 광산노동자로, 또 때로는 하인으로 살았다. 1910년 마데로를 따르던 치와와 시의 유지 아브라함 곤살레스를 따라 혁명에 가담했고, 마데로의 살해 소식을 접한 비야는 '마데로의 복수'를 외치며 민중을 조직하여 본격적으로 혁명에 뛰어든다. 그의 부대는 눈덩이처럼 불어났고 그의 명성도 나날이 높아졌다.

비야는 천재적이라고 할 정도로 놀라운 군사적 활약과 명성을 바탕으로 6개월 만에 1만 명을 거느린 북부군 총대장이 되었다. 이후 그는 뛰어난 군사적 활약을 펼치며 북부지역 최고의 군사령관, 군사지휘관, 군사전략가가 된다. 비야 군의 장기는 기마군을 이용한 돌격전술이었다. 그는 대포로 적군의 포대를 침묵시킨 다음, 수천 기의 기마대로 사방에서 폭풍처럼 몰아쳐 쓸어버리는 전술을 애용했다.

하지만 그도 1915년 4월 6일의 전투에서 오브레곤[Álvaro Obregón]

Salido(1880~1928)이 지휘하는 카란사 군의 철조망 계략에 말려 참패하면서 '혁명의 주인공에서 다시 산적으로' 되돌아가고 말았다. 뛰어난 군사적 재능과 동물적 감각으로 멕시코 혁명기를 해쳐갔지만 정치력과 자신에 대한 통제력이 부족했던 그는 결국 1923년 7월 암살됨으로써 드라마 같은 생을 마감한다.[21]

사파타와 판초 비야는 약간의 차이는 있지만 어쨌든 멕시코혁명에서 민중 진영을 대표하는 두 인물이라 할 수 있다. 이들의 등장은 멕시코혁명이 단순한 자유주의 혁명을 넘어서 토지개혁과 사회혁명이라는 새로운 단계로 발전하는 데 중요한 역할을 담당했다. 비록 이들의 이상은 멕시코혁명에서 완벽하게 구현되지 못했지만 그 영향력이 깊게 남아 토지개혁으로 이어졌다.

미완으로 끝난 멕시코혁명

마데로의 혁명 이후 정국은 혼란을 거듭했다. 마데로가 토지개혁을 미루면서 주위에는 과거 디아스 정권의 졸개들이 몰려들어 진을 치게 되었고, 민중세력은 등을 돌리게 되었다. 특히 마데로 진영의 군부는 완전히 구세력이 장악했다. 이런 와중에 마데로는 과거 디아스 밑에서 자란 우에르타José Victoriano Huerta(1850~1916)에게 암살당하고 말았다.

하지만 마데로를 살해한 우에르타도 오래가지 못했다. 코아우일라 주지사 출신의 카란사Venustiano Carranza(1859~1920)를 비롯한 여러 군웅들이 등장하면서 멕시코 전체가 혁명을 향한 전쟁 상태로 접어든 것이다. 특히 비야는 군사적으로 우에르타를 가장 심각하게 위협하는 세력이었

---

21) 보다 자세한 내용은 백종국, 『멕시코 혁명사』(한길사, 2000); 임영태, 「멕시코 혁명」, 『스토리 세계사 8』(21세기북스, 2014)을 참고.

빅토리아노 우에르타. (출처: elvigia.net)

다. 비야는 자신이 우에르타의 음모로 사형에 처해질 뻔한 위기에서 마데로 대통령의 특사로 살아난 적이 있었기에 '마데로의 복수'를 외치며 망명해 있던 미국에서 멕시코로 돌아와 기세를 올렸다.

정국은 혼미했다. 북부에서 맹활약을 펼친 비야 군, 멕시코시티 남부에서 활약하고 있던 사파타 군, 동부에서 카란사의 군대를 지휘하고 있던 오브레곤, 그리고 중앙을 중심으로 권력을 장악한 우에르타 군이 할거하는 양상이 된 것이다. 결국 우에르타는 혁명세력의 협공을 받아 무너졌고, 권력은 오브레곤의 도움을 받은 카란사에게 넘어갔다.

그러나 카란사 역시 토지개혁, 사회개혁에는 관심이 없었다. 그는 오직 자신의 대통령직에만 관심이 있었다. 정국이 이렇게 전개되면서 사파타─비야 연합의 민중세력과 카란사 군 사이에 한판 승부가 펼쳐지게 된다. 한때 비야와 사파타 연합군은 멕시코시티에 입성하며 혁명의 주도권을 쥐었으나 곧 철수함으로써 패배하고 만다. 왜 그랬을까?

사파타는 혁명의 대의가 토지개혁에 있다는 걸 누구보다 잘 알았으나 혁명을 성공시키기 위한 전략계획과 프로그램이 없었다. 권력의지도 부족했다. 좋게 말해 그는 '순수'했다. 혁명의 대의는 있었지만 전략은 없었다. 비야는 탁월한 군사적 능력과 가장 막강한 군대를 확보

멕시코시티에 입성하여 회합한 비야(앞줄 왼쪽에서 두 번째)와 사파타(세 번째). 1916년 멕시코시티 대통령궁에서 이들이 만났을 때가 민중세력에게 최고의 전성기였다. 그들은 권력에 대해 미련이 없다는 걸 보여주기 위해 멕시코시티에서 철군하면서 카란사군을 군사력으로 제압하고 혁명의 최종적인 승리를 향해 나아갈 수 있는 절호의 기회를 놓치고 만다. (출처: soymenos.wordpress.com)

했으나 토지개혁과 혁명의 대의에 대한 이해가 부족했다. 정치에 대한 동물적 감각은 있었으나 난마처럼 얽힌 정국을 읽고 풀어갈 안목이 없었다.

엘리아 카잔 감독의 영화 〈혁명아 사파타Viva Zapata〉(1952)에 보면 멕시코시티에 입성해 두 사람이 만난 자리에서 비야가 사파타에게 "대통령을 할 사람은 너밖에 없다"고 말하는 장면이 나온다. 그리고 영화에는 사파타가 사실상의 대통령직을 얼마간 수행하다가 자신의 고향에서 문제가 발생하자 중앙정계 일을 팽개치고 다시 고향으로 돌아가는 것으로 설정되어 있다.

나는 젊은 시절 TV에서 이 영화를 인상 깊게 보았다. 하지만 멕시코 혁명의 배경이나 전개과정을 잘 몰랐기 때문에 충분히 이해하지는 못했다. 글을 쓰며 다시 이 영화를 보니 만감이 교차한다. 아쉬운 점도 없지 않지만 그래도 이 영화는 할리우드물치고는 상당히 괜찮게 만든 영화라는 생각이 들었다. 적어도 사파타에 대한 편견과 왜곡은 별로 없다는 점이 평가될 만하다. 흑백필름으로 만들어진 이 영화의 주인공 사파타 역은 말론 브란도가, 그의 형 역은 앤소니 퀸이 맡았다. 분장을 잘해서 비슷하게 보이기도 했지만 그래도 어색한 것은 어쩔 수 없다. 지금 다시 영화를 만든다면 아마도 멕시코 배우들을 기용하게 될 것이다.

결국 비야와 사파타 연합군은 권력이 목적이 아니라면서 멕시코시티에서 물러나는 결정적인 패착을 두고 말았다. 그들은 군사적으로 카란사 군을 완전히 제압할 기회가 있었으나 놓치고 말았다. 카란사 군의 맹장 오브레곤의 분리 대응 전략과 계략으로 비야 군이 오브레곤이 이끄는 카란사 군에게 참패하면서 이들 민중세력의 주도권은 사라지고 말았다. 그 패배로 멕시코혁명은 더 이상 나아갈 수 없게 되었다. 민중세력의 주도권 상실로 구시대를 지배하던 카우디요주의[22]를 극복할 수 없었고, 토지개혁 또한 제대로 진행될 수 없었다. 그렇게 해서 멕시코혁명은 '미완의 혁명', '중단된 혁명'이 되고 말았다.

당시 매우 진보적인 케레타로 헌법

오브레곤 장군의 도움을 받아 카란사$^{Venustiano Carranza(1859\sim1920)}$가 권력을 장악했다. 카란사는 혁명의 대의에는 별로 관심이 없었다. 하지만 멕시코는 혁명 과정에서 흘린 피의 대가를 받아내야 한다는 데 공감했고, 카란사 또한 이를 거부할 수 없었다. 사파타와 비야 등 급진적인 민중세력이 배제된 가운데 1917년 케레타로에서 제헌의회가 열려 헌

---

22) 카우디요는 19세기 라틴아메리카 지역에서 사적으로 군사력을 갖고 한 나라의 정치를 좌지우지한 정치적 독재자를 말하는데, 멕시코의 산타 안나, 파라과이의 호세 프란시아, 아르헨티나의 후안 로사스, 베네수엘라의 호세 파에스가 대표적인 인물이다. 이들뿐만 아니라 멕시코를 비롯한 라틴아메리카 여러 나라에서는 각 지역을 장악한 작은 카우디요(군벌)들이 할거하면서 정치와 경제를 주물렀다. 이 같은 카우디요의 존재는 라틴아메리카의 정치발전에서 가장 큰 걸림돌이 되었다. 20세기 군부쿠데타와 그 과정에서 나타난 독재자들의 행태는 이러한 카우디요들의 연장선 위에서 이해될 수 있을 것이다. 멕시코에서는 혁명 이전은 물론이고, 혁명과 그 이후에도 한동안 막강한 군사력과 경제력을 보유한 일부 실력자들, 즉 카우디요가 할거하면서 정국을 주물렀다. 이들은 이념, 정당성이나 대의가 아니라 이해관계에 따라 합종연횡하며 혁명의 결과물까지도 사유화하려 했다.

법을 마련했다.

케레타로 헌법은 민중적 대의를 완벽하게 보장하지는 않았으나 당시 상황에서는 매우 진보적인 내용을 담고 있었다. 세계에서 가장 진보적인 노동권과 더불어 유상몰수 유상분배 원칙이지만 토

카란사(오른쪽. 출처: 위키피디아)와 혁명기념관에 전시된 모습(왼쪽). 그는 혁명의 대의보다는 자신의 대통령직에만 관심을 가진 인물이었다.

지개혁이 보장되었고, 교회와 외국인의 토지와 자원 소유를 제한했다. 하지만 멕시코 부르주아를 대변하는 카란사는 그런 내용조차도 제대로 실천할 의지가 없었다.

구지배세력의 발호, 부정선거와 정치적 억압의 증대, 지지부진한 토지개혁에 반발하며 사파타가 다시 반기를 들었다. 사파타는 '멕시코 시민 카란사'에게 편지를 보냈다. 사파타는 편지에서 카란사를 "대통령으로 인정하지도 않으며 신뢰하지도 않는다"고 말했다. "카란사는 토지개혁은 하지도 않고, 디아스 치하의 카우디요들이 가졌던 농장을 빼앗아 자신이 거느리고 있는 카우디요들에게 나누어 주었을 뿐"이며 "카란사는 자유선거도 실천하지 않고 단지 그가 한 일이라고는 혁명을 가장한 독재를 했을 뿐"이라고 비판했다.

카란사에게 사파타는 가장 골치 아픈 존재였고, 또한 두려운 존재였다. 카란사 정부는 사파타를 제거하기 위한 암살 음모를 꾸몄다. 1919년 4월 10일, 투항을 가장한 코하르도 대령과 그 부하들에 의해 사파타가 암살되었다. 카란사 정부는 사파타의 의심을 없애고 그에게 접근하기 위해 자기 부대를 몰살시키는

사파타의 죽음. 카란사 정부는 환호했으나 농민들은 '에밀리아노 사파타의 슬픈 이별'을 부르며 그의 죽음을 애도했다.

111

고육지계까지 동원했다.

　사파타의 암살에 성공하자 카란사 정부는 환호했다. 하지만 농민들은 '에밀리아노 사파타의 슬픈 이별'의 애도곡을 부르며 진정한 혁명가의 죽음을 진심으로 슬퍼했다. 사파타의 육체는 이때 죽었으나 그의 정신은 75년 뒤 '사파티스타민족해방군'과 함께 다시 부활하게 된다. 호랑이는 죽어서 가죽을 남기듯, 혁명가는 죽어서도 혁명의 대의와 이념을 남긴다.

멕시코혁명을 제도화하다

　사파타의 암살 뒤 민중의 여망은 오브레곤에게로 향했다. 그는 카란사 아래서 군사지휘관으로 활약하며 비야와 사파타를 궁지로 몰아넣었으나 카란사와는 다른 인물이었다. 오브레곤이 정적으로 부각되자 카란사는 그를 제거하려 했다. 하지만 카란사의 음모에 혁명세력들이 반발하면서 다시 곳곳에서 봉기를 일으켰다. 오브레곤이 카란사의 음모에서 벗어나 멕시코시티를 탈출한 뒤 혁명군에 가담하면서 승패는 간단히 끝나고 말았다. 카란사는 사파타가 암살당한 지 1년 만에 같은 운명에 처하고 말았다. 인디언 거주 지역에서 에레로가 이끌던 군대에 의해 비참하게 살해당한 것이다.

　오브레곤이 권력을 장악하면서 멕시코혁명은 새로운 모습으로 진

오브레곤(왼쪽. 출처: 위키피디아)과 혁명기념관에 전시된 모습(오른쪽). 멕시코혁명의 제도화를 시작한 인물이다.

화했다. 그는 오래전부터 군벌을 중심으로 한 카우디요주의야말로 멕시코를 해치는 원흉이라고 생각했다. 그는 카우디요주의를 해결하기 위해서는 법치주의가 확립되어야 하고, 그 출발점은 1917년에 제정된 케레타로 헌

호세 바스콘셀로스(오른쪽. 출처: alchetron.com)와 혁명기념관 전시 사진(왼쪽). 그는 멕시코혁명 정신을 교육으로 연결시킨 철학자이자 교육자였다.

법을 실천하는 것이라고 보았다. 농민에게 토지를 제공하고, 노동자를 보호하며, 국민에게 교육서비스를 제공하고, 공정한 선거를 통해 정권이 이양되는 전통을 세우는 것. 이것이 혁명의 핵심 과제라고 본 것이다.

오브레곤은 교육문제를 해결하기 위해 평생을 망명과 진보적 교육 연구에 바친 바스콘셀로스José Vasconcelos(1882~1959)를 교육부 장관에 임명했다. 바스콘셀로스는 전 국민에게 기초적 교육의 기회를 제공하는 것을 기본 정책으로 삼았다. 그는 멕시코혁명 정신을 국민들에게 알리기 위해 교사들을 전국 각지에 파견했다. 교사들은 단순한 지식의 전파자가 아니라 멕시코혁명을 제도화하는 혁명 전사의 역할을 수행했다.

이와 함께 바스콘셀로스는 혁명을 잉태시킨 인종적, 지역적, 계급적 균열을 봉합하고 국민적 단합과 정치적·사회적 안정을 위한 거대한 문화운동을 기획했다. 이러한 문화적 민족주의는 먼저 국민의 문맹퇴치운동에서 시작되어 새로운 역사상을 대중에게 보여주는 벽화운동으로, 나아가 인문주의 운동을 확산시키기 위한 출판운동으로 확산되었다.

우리가 전날 예술궁전에서 보았던 리베라, 시케이로스, 오로스코 등

① 과달라하라의 오스피시
오 카바냐스에 있는 벽화
(ⓒJose Clemente Orozco,
출처: wikiart.org). ② 산 일
데폰소 박물관의 벽화 모습
(출처: forbes.com.mx). ③
산 일데폰소 박물관의 벽화
(ⓒDavid Alfaro Siqueiros,
출처: blog.artintern.net). ④
산 일데폰소 박물관의 벽화
(ⓒJose Clemente Orozco,
출처: taringa.net).

의 벽화는 이러한 과정에서 탄생한 것들이었다. 이들 세 명의 거장은
화풍도 다를 뿐 아니라 멕시코혁명과 역사에 대한 해석도 달리 보여주
고 있다. 디에고 리베라는 '민중주의 미학'에 입각한 공식 역사를, 호
세 클레멘테 오로스코Jose Clemente Orozco(1883~1949)는 민족사와 당대 역사에
대한 비판적 재구성을, 다비드 알파로 시케이로스는 당대 유행하던 마
르크스주의적 관점에서 해석한 민족사를 각각 대표하고 있다. 이들의

이러한 관점은 멕시코의 역사 해석의 흐름과도 통한다. 리베라는 주류적 멕시코 학파의 역사 해석, 오로스코는 비판적 수정주의의 역사 해석, 시케이로스는 정통적 마르크주의의 역사 해석과 유사한 것이다.[23]

이들의 벽화는 예술궁전뿐만 아니라 대통령궁, 교육부, 멕시코 국립자치대학교[UNAM], 과달라하라의 오스피시오 카바나스, 산 일데폰소 박물관 등 멕시코 곳곳에 그려져 있지만, 우리는 겨우 한두 곳만 보았을 뿐이다.

오브레곤은 노동 문제를 해결하기 위해 멕시코지역노동자협의회[CROM]를 포섭했다. 이 단체의 지도자 모로네스는 정부와의 협력을 통한 노동자의 권익 향상 쪽을 선택했다. 철저한 개량주의 노선이었다. 반면 오브레곤 정부는 공산주의나 무정부주의가 주도하는 급진적인 노조들과 가톨릭 계열의 반동적인 노조의 파업 활동에 대해서는 강력하게 탄압하는 이중성을 보였다. 급진세력은 배제하고 온건세력은 제도권 내로 끌어들이는 방법이었다. 반면, 오브레곤은 토지개혁에는 소극적이었다. 그는 점진적이고 온건한 방식으로 혁명의 요구를 제도화하려 했고, 그 때문에 그의 정책은 좌우로부터 공격을 받았다.

혁명의 제도화를 종결짓다

오브레곤의 후임 대통령 카예스[Plutarco Elías Calles(1877~1945)]에 대해서는 권력을 독점하려 했다는 점에서 부정적인 평가가 많지만[24] 기여한 부분도 적지 않았다. 그의 가장 중요한 업적은 '민족혁명당'을 조직한 일이

---

23) 이성형, 「멕시코 벽화운동의 정치적 의미: 리베라, 오로스코, 시케이로스의 비교분석」, 《국제 · 지역 연구》 11권 2호(2002년 여름) 참고.
24) 멕시코혁명 연구자들은 카예스를 소련의 스탈린과 유사한 인물로 파악하고 있다.

카예스(왼쪽. 출처: 위키피디아)와 혁명기념관에 전시된 모습(오른쪽). 그는 멕시코혁명에서 소련의 스탈린에 비교되는 인물이다.

었다. 그는 1928년 국회에서 "이제 카우디요주의는 종말을 고했다"고 선언하면서, "멕시코혁명을 제도화할 것이며, 개인적 충성심에 따른 정치는 더 이상 찾기 어려울 것"이라고 말했다.

그는 '민족혁명당' 내에 군부의 자리를 마련함으로써 총이 아니라 말로써 자신의 주장을 관철할 수 있도록 했으며, 군대를 직업화·전문화시켰다. 군의 문민화라고도 할 수 있을 것이다. 이후 멕시코에서는 다른 라틴아메리카 국가들과 달리 군부의 비정상적인 정치 개입, 즉 군부쿠데타가 단 한 번도 일어나지 않았다. 멕시코 군부에 대한 문민통제는 혁명의 제도화가 이룬 가장 큰 성과 중의 하나였다.

그러나 멕시코혁명을 제도적으로 종결지은 것은 카예스가 아니라 라사로 카르데나스Lázaro Cárdenas(1895~1970)였다. 1934년에 대통령이 된 그는 먼저 혁명의 가장 주된 과제였던 토지개혁을 적극적으로 추진했다. 이 문제를 해결하기 위해서는 대농장주가 되어버린 과거 혁명 주체들과의 대결이 불가피했다. 그는 카예스를 비롯해 한때 혁명의 주체였으나 이제는 반혁명세력이 되어버린 자들과 싸우기 위해 노동자를 조직했다. 그들이 계속해서 반발하자 내각에서 축출하고 비행기에 태워 미국으로 추방해버렸다. 카예스를 비롯한 카우디요가 된 과거의 혁명 주체들이 소유한 농장은 농민들에게 분배되었다.

또한 카르데나스는 노동조직의 다양성도 도모했다. 모로네스가 지배하는 '멕시코지역노동자협회'를 배제하고 그 대신 새로운 전국노동자조직인 '멕시코노동총연맹CTM'의 결성을 지원했다. 카르데나스 정부 아래서 이 조직은 급성 장했고, 향후 멕시코 정 치를 좌우하는 중요한 역할을 담당하게 된다.

카르데나스는 마지막 으로 외국계 자본의 국 유화 문제에도 손을 댔 다. 1938년 3월 18일, 그는 멕시코 석유의 국유화를 선언했다. 그러자 영·미 석유자본은 자 국 정부에 군사 개입을 요구했고, 멕시코는 일촉즉발의 위기 상황을 맞았다. 그러나 2차 세계대전을 앞둔 상황에서 미국과 영국은 섣부르 게 행동할 수가 없었다. 자칫하다가는 미국의 코앞에 독일 동맹국을 출현시킬 수도 있었던 것이다. 미국은 협상과 대화로 이 문제를 풀기 로 결정했다. 미국에서 진보적인 루즈벨트 정부가 권력을 장악하고 있 었던 것도 중요한 역할을 했다.

결정적으로는 멕시코 민중과 노조의 지지 시위가 정부에 큰 힘이 되 었다. 국유화 발표 뒤 수십만 명의 군중이 "멕시코 만세"를 외치며 거 리를 행진했고, 소깔로광장에서 대규모 지지 집회가 개최되었다. 정 부와 그토록 사이가 나빴던 가톨릭교회조차도 석유산업 국유화를 지 지하며 기도회를 열었을 정도였다. 1942년 4월 2일, 멕시코와 미국 사이에 석유와 토지, 혁명전쟁의 배상금 문제가 완전히 타결되었다. 이로써 멕시코혁명은 종결되었다.

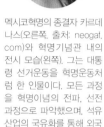

멕시코혁명의 종결자 카르데 나스(오른쪽. 출처: neogaf. com)와 혁명기념관 내의 전시 모습(왼쪽). 그는 대통 령 선거운동을 혁명운동처 럼 한 인물이다. 모든 과정 을 혁명이념의 전파, 선전 과정으로 파악했으며, 석유 산업의 국유화를 통해 외국 자본에도 손을 댔다.

혁명비용과 국가 정체성의 확립

혁명기념관 내부에는 혁명 과정에서 당한 민중의 고통스런 삶을 보여주는 사진들도 전시되어 있다. '전쟁과 민중', '혁명과 민중의 삶'은 어떤 관계가 있을까? 혁명은 민중을 위한 것이지만, 그 과정에서 민중은 엄청난 피해와 말할 수 없는 고통을 겪는다. 아무리 혁명이라는 대의 아래 진행된다 하더라도 전쟁과 혁명이 민중에게 주는 고통이 감해지는 것은 아니다.

멕시코혁명은 1910년부터 1920년까지 10년 동안 끔찍한 폭력과 파괴, 물리적 대결을 수반하면서 내전의 형태로 진행되었다. '혁명전쟁' 과정에서 150만에서 200만 명의 멕시코인들이 희생되었다. 멕시코 인구 8명 중 1명꼴로 목숨을 잃은 것이다. 당시의 가구 수로 보았을 때 적어도 1가구당 1명은 죽었다.

멕시코혁명이 이처럼 엄청난 인명 피해를 낳은 것은 마데로의 1차 혁명과 달리 카란사의 2차 혁명 때부터 내전의 형태로 진행된 데다가 복수극의 성격을 띠고 진행되었기 때문이다. 마데로를 살해하고 혁명을 찬탈한 자를 살려둘 수 없다는 분위기가 혁명군을 지배했으며, 그 결과 무자비한 살해극이 자행되었다. 마데로에서 시작해 오로스코, 사파타, 앙헬리스, 카란사에 이르기까지 혁명을 주도한 인물들이 대거 암살되거나 처형되었다. 혁명 지도자들이 암살, 처형, 학살 등 다양한 방법으로 혁명의 제물이 되었으니 일반 병사와 민중의 목숨은 어떠했겠는가? 말 그대로 파리 목숨이었다.

거기다가 재산 피해도 엄청났다. 정부군이나 혁명군이나 모두 점령 지역의 경제를 쑥대밭으로 만들기 일쑤였다. 군대 징발은 기본이고, 목장의 소들은 북쪽의 미국으로 실려가 무기와 교환되는 일이 다반사였다. 부유한 자나 성직자는 군대가 요구한 액수를 내놓을 때까지 잡혀 있었고, 성의가 부족하다고 여겨지면 총살당하기 십상이었다. 카란사가 처음 시작하고 나중에는 전국으로 퍼진 자의적인 화폐 발행은 멕시코 경제를 완전히 마비시켰다.

멕시코혁명은 당시 멕시코 경제의 주축이었던 농업을 거의 초토화했다. 처음 수확기에는 움직이지 않던 혁명군도 나중에는 수확기, 파종기를 가리지 않고 움직였으며, 농작물을 불태우는 일이 다반사였다. 부대들의 초토화 작전은 멕시코 전역을 황무지로 만들었다. 혁명군과 정부군 모두 민중의 재산을 약탈하고 인명을 살상했다.

혁명의 과정에서 최대의 피해자는 사회적 약자인 노인과 여성, 아이들이었다. 특히 여성들은 남편과 아들, 연인을 잃었고, 점령군의 성적 노리개가 됐으며 무참하게 살해당하기 일쑤였다. 교육의 희생도 막대했다. 교사들은 지휘관으로 참가했고, 어린 학생들도 장총을 매고 혁명전선에 참가했다. 1910년경 1만6천 개였던 초등학교 수는 1920년에는 1만1천 개로, 학생 수는 88만 명에서 74만 명으로 줄어들었다.

한편, 이런 과정을 통해 멕시코는 재탄생했다. 혁명을 통해 멕시코라는 근대국가가 비로소 그 모습을 드러낸 것이다. 그 이전까지만 해도 멕시코는 인종적으로, 지리적으로 분할되어 있는, 내부 식민지를 가진 복합 국가였다. 디아스의 충실한 부하였던 우에르타는 민중을 식민지 노예 대하듯 했다. 혼혈인 메스티소는 인구의 다수를 차지하고 있었으나 나라는 백인인 크리오요(멕시코에서 태어난 스페인계 백인)가 완전히 지배하고 있었다.

그러나 혁명 과정을 거치면서 멕시코 사회의 주도권은 인구의 대다수를 차지한 메스티소에게 넘어갔다. 멕시코는 멕시코혁명과 내전 그리고 그 후 혁명의 제도화 과정을 통해 비로소 백인의 마초주의·남성성과 인디오의 모성성·생명력이 융합되어 메스티소의 정체성을 가진 국가로 재탄생하게 되었다.

멕시코 혁명기념관에서 만난 사진 자료들. 멕시코혁명과 민중(위), 혁명과 아이들의 교육(가운데), 혁명과 여성(아래).

혁명 과정에서 사회적 이동도 극대화되었다. 많은 사람들이 혁명이 아니었다면 결코 밟아보지도 못했을 지역의 땅을 전쟁 때문에 알게 되었다. 계급과 계층 간 이동도 활발하게 일어났다. 디아스 시절이라면 상상도 할 수 없는 신분 상승이 이루어졌다. 사파타나 오브레곤, 비야의 경우가 대표적이었다. 혁명에서 지배연합을 형성한 지휘관의 대부분은 백인 대농장주 출신이 아니었다. 일반 민중의 자식이거나 소자산계급 출신이 대부분이었다. 그들의 다수는 메스티소들이었다. 1920년대 대부분의 지휘관들이 카란사가 아니라 오브레곤의 편에 선 이유 중 한 가지도 여기서 찾을 수 있다.

멕시코혁명 정신은 어디로 갔나?

그렇다면 혁명을 통해 형성된 멕시코라는 국가의 정체성은 잘 지켜졌을까? 혁명의 제도화는 성공적으로 유지되었을까? 우리는 이미 그 답을 알고 있다. 어쩌면 오늘 우리는 혁명기념관 앞 농성장에서 그 답을 보았는지도 모르겠다. 지금 멕시코는 너무도 심각한 사회적 격차와 갈등이 존재하는 분열 사회가 되었다. 멕시코에서 혁명정신과 이념, 전통이 사라진 것은 벌써 오래전 일이다.

그렇다면 혁명의 유산은 언제 어떻게 사라졌을까? 1968년 멕시코 정부가 양심수 석방을 요구하면서 올림픽 개최를 반대하는 학생 시위대에 발포하여 5백여 명의 사망자가 발생하는 참사가 일어났다. 학생

들은 1917년 헌법의 실현, 표현의 자유 보장, 노동조합 활동의 자유, 자유선거의 보장 등을 주장했을 뿐이었지만, 그들에게 돌아온 것은 군대의 총격이었다. 이 사건을 목도한 지식인들은 "마침내 혁명이 죽었다"고 선언했다.

이 참사가 발생한 2년 뒤인 1970년, 그러니까 혁명의 완성자로 불리는 카르데나스 대통령이 물러나고 30년이 지난 뒤, 경제학자 알론소 아길라는 "혁명의 조국 멕시코에 약 2백만 명의 무토지 농민과 3백만 명의 미교육 아동들, 1천만 명의 문맹자가 있다"고 폭로했다.

멕시코혁명은 이렇게 첫 번째 죽음을 맞았다. 토지개혁으로 본래 모습을 찾은 공동농장 에히도는 끊임없이 분해되어 다시 대지주가 소유하는 대농장으로 변모했고, 땅을 갖지 못한 농민들은 대도시 주변으로 몰려들어 거대한 빈민가를 형성했다. 우리가 걸었던 멕시코시티라는 현대적인 세계 도시도 그렇게 해서 탄생했다.

이와 함께 또 다시 외국자본이 멕시코의 운명을 좌우하는 상황이 벌어졌다. 멕시코혁명의 두 번째 죽음은 살리나스^{Carlos Salinas(1948~)} 대통령에 의해 일어났다. 1988년 사실상 개표 부정으로 당선된 그는 자신의 이미지를 쇄신하고자 전면적인 경제개혁과 미국과의 경제통합을 추진했다. 그렇게 해서 1994년 북미자유무역협정^{NAFTA}이 발효되기에 이르렀다. 이 협정을 성사시키기 위해 그는 혁명 이후 만들어진 에히도 공동농장을 민영화하는 조치를 취했다. 이로써 혁명의 유산은 완전히 사라지고 앙상한 뼈다귀만 남았다. 혁명은 덧없는 해골로 남아 뒹굴었다.

1968년 대학살 46주년 기념 시위에 나선 멕시코 학생들(출처: sipse.com). 역사는 기억과의 투쟁이다. 잘못된 역사를 되풀이하지 않기 위해서는 망각에서 벗어나기 위한 투쟁을 벌여야 한다. 기억과의 투쟁은 반복적인 학습과 교육을 필요로 한다.

역사는 되풀이되는가?

멕시코혁명은 제도혁명당으로 종합되었다. 멕시코혁명에 이해관계를 가진 모든 세력을 하나로 결집한 정당이 바로 제도혁명당이었다. 이를 통해 멕시코혁명은 사회주의도 아니고 자본주의도 아닌 제3의 길을 걸었다. 하지만 제도혁명당은 멕시코혁명 이후부터 70년 이상 장기집권하면서 혁명의 대의를 잃어버렸고, 부패하고 타락한 정당으로 전락했다. 더 이상 국민의 지지를 받지 못하게 되면서 마침내 2000년부터 2012년까지 우파인 국민행동당에게 권력을 빼앗겼다.**²⁵** 이로

25) 앞에서 본 비센테 폭스 정부(2000~2005년 집권), '마약과의 전쟁'으로 유명한 칼데론 정부(2006~2012년 집권)도 국민행동당 소속이었다. 멕시코는 6년 단임의 대통령제 국가다. 70년

써 멕시코혁명을 제도화하여 권력을 완벽하게 장악했던 국가사회주의(공산주의) 체제와는 또 다른 형태의 국가—당 체제가 허물어졌다.

그런데 제도혁명당은 2012년 대선에서 페냐 니에토를 내세워 정권을 탈환했다. 니에토는 국민행동당 집권기간 동안의 문제점을 파고들었고, 그럴듯한 공약과 깔끔한 외모와 신선한 이미지를 활용한 홍보전으로 승리를 거둘 수 있었다. 하지만 그렇게 집권한 제도혁명당 정부도 멕시코 국민의 눈물을 닦아주지 못하기는 마찬가지다. 과거의 제도혁명당에서 완벽히 벗어날 수 없는 근본적인 한계를 갖고 있었던 것이다. 그리하여 멕시코 사회는 심각한 위기에 봉착했다.

멕시코 사회의 위기를 초래한 책임은 집권당인 제도혁명당뿐만 아니라 국민행동당과 민주혁명당에도 함께 있다. 제도혁명당은 멕시코혁명을 제도화하고 결산한 조직으로 만들어졌으나 장기집권 과정에서 혁명정신을 파괴하는 주범이 되었다. 국민행동당으로부터 정권을 재탈환한 뒤에도 현재의 니에토 정부는 신자유주의 경제개혁과 교육개혁, 공기업 민영화를 강력히 밀어붙임으로써 멕시코 사회의 양극화를 더욱 부추기고 있다. 최근에는 혁명의 마지막 결산으로 카르데나스 시절에 국유화한 멕시코 석유산업까지 민영화함으로써 죽은 멕시코혁명의 관 뚜껑에 마지막 못질을 했다.

2000년부터 12년간 집권한 국민행동당은 멕시코혁명 초기 자유주의적 헌정주의의 기초를 세운 프란시스코 마데로의 정신을 계승하려는 우파지만, 그들도 결코 제도혁명당보다 낫다고 말할 수 없다. 정치이념상으로도, 현실 정치에서도 제도혁명당보다 훨씬 더 신자유주의 정책을 강경하게 밀어붙이는 정치집단이다. 또한 민주혁명당은 멕시코혁명에서 민족주의적이고 사회개혁적인 유산을 정착시킨 카르데나

이상 장기집권한 제도혁명당도 이 전통만은 철저히 지켰다. 그 때문에 멕시코는 군부의 정치 개입이 전혀 없었고, 6년 단임제의 형식적 민주주의도 파괴되지 않고 잘 이어져오고 있다.

1994년 신자유주의 정책과 북미자유무역협정(NAFTA)에 항의하며 봉기한 사파티스타민족해방군.

스의 유산을 계승한다고 하고 있지만, 과연 제 역할을 하고 있는지 의문이다. 이 모든 정당은 자신들이 내세우는 이념적 지향성과 상관없이 멕시코혁명의 정신과는 거리가 멀다. 멕시코의 기존 정당들은 현실 세계의 부패하고 타락한 정치권력집단 이상을 넘어서지 못하고 있는 것이다.

1994년 1월 1일 북미자유무역협정NAFTA이 발효되던 날 멕시코혁명의 농민반란을 계승하여 봉기한 사파티스타민족해방전선은 "이제 그만!"을 외치며 봉기했으나 그들도 멕시코를 새롭게 개조하는 데는 성공하지 못했다. 이들은 멕시코혁명의 민중적 전통인 사파타와 판초 비야의 유산을 계승하려 하지만 멕시코 정치 현실에서 힘을 갖지 못하고 있다.

지금 멕시코는 온갖 모순들의 농축으로 '멕시코혁명'이라는 폭발을 불러왔던 100년 전과 유사한 상황이 되고 있다. 멕시코는 어디로 갈 것인가? 역사는 되풀이되는 걸까? 멕시코혁명의 유산은 영영 사라지고 마는 것일까? 아니면 민중이 또다시 역사의 주인으로 일어서며 그 힘을 보여줄 수 있을까? 멕시코를 여행하면서 내내 들었던 생각이다.

6

멕시코시티에서 칸쿤으로

디에고 리베라 박물관에서 만난 것

혁명기념관을 나온 뒤 우리는 '디에고 무랄(벽화) 박물관'을 찾기 위해 걸음을 재촉했다. 박물관은 그곳에서 불과 15분 내의 거리에 있었으나 정확한 위치를 찾지 못해 1시간 이상을 헤맸다. 더운 날씨에 지칠 대로 지친 끝에 찾아낸 박물관은 전날 우리가 지나갔던 알라메다 공원 한 귀퉁이에 있었다. 저절로 "이런~" 소리가 나온다. 아무리 약도를 봐도 찾기가 쉽지 않았는데, 알고 보니 이렇게 지척에 있었다니…….

힘들게 찾아간 그곳에는 실망스럽게도 리베라의 그림이 단 한 점밖에 없었다. 한쪽 벽면을 완전히 채운 긴 벽화다. 그림은 압도적이라고까지 말할 순 없지만, 멕시코 근현대사의 상징 인물들이 대거 망라되어 있어 어느 한 부분도 그냥 지나칠 수가 없었다. 이 한 점만으로도 한 권의 책이 가능하겠다는 생각이 들 만큼 많은 내용을 담고 있다. 그림 속에 자신과 프리다 칼로를 주요인물로 등장시킨 것도 재미있었다. 리베라의 생동감 넘치는 기운이 꿈틀대기보다는 차분한 성찰을 풍자로 녹여낸 그림이라는 생각이 들었다.

디에고 리베라는 시케이로스, 오로스코와 함께 멕시코혁명 정신과

주변 길거리를 헤매다가(왼쪽) 마침내 찾은 디에고 리베라 무랄 박물관(오른쪽).

역사 해석의 한 흐름을 대변하는 거장이다. 그는 '민중주의 미학'에 기초하면서도 멕시코혁명에 대한 정통적 해석과 일치하는 관점을 유지하고 있다고 평가된다. 그는 젊은 시절 유럽에 머물 때 큐비즘운동에도 가담했으나, 1921년 멕시코로 돌아온 뒤로는 마야, 아티카 등 멕시코 고대문명을 탐구했다. 멕시코혁명 정신에 깊이 공감한 그는 누구나 쉽게 이해할 수 있는 민중화를 그리기로 결심했고, 대중들의 접근성이 보다 용이한 대형 벽화에 몰두했다. 이 박물관의 벽화도 그런 과정에서 탄생한 작품이다.

입장료 외에 포토 비용으로 5페소씩 내라고 한다. 돈을 지불한 우리는 더 열심히 셔터를 눌러댔지만, 벽화 한 장에서 나올 수 있는 사진은 한정되어 있었다. 멀리서 전체 그림을 찍기도 하고, 가까이서 부분부분 나누어 찍기도 했다. 포토 비용이 아까워서 그랬던 것만은 아니다. 책 한 권이 될 수도 있는 이 벽화를 찍어두었다가 훗날 그림의 내용을 멕시코 역사와 연결시켜 풀어내면 좋겠다는 생각이 있었기 때문이었다.

리베라와 칼로의 사랑

박물관 벽화에는 멕시코의 역사적 인물뿐만 아니라 리베라 자신의 어릴 적 모습과 어른이 된 뒤의 모습도 그려져 있다. 첫째 부인과 둘째 부인도 그려 넣었다. 프리다 칼로와의 결혼은 그의 세 번째 결혼이다. 하지만 칼로는 리베라의 바람기에 질려 이혼했다가 이듬해 재결합했다. 그게 사랑이었는지 집착이었는지 타자인 나로서는 알 수 없으나, 칼로가 리베라에게 많은 부분 의지했던 것은 사실인 듯하다.

벽화에는 그와 평생을 함께하고 싶어 했던 프리다 칼로의 모습이 가장 아름답게 그려져 있다. 실제 사진을 보아도 칼로는 예쁜 얼굴이다. 10대 시절의 교통사고로 평생을 장애인으로 살아야 했지만, 그것이 그녀의 타고난 미모를 훼손하지는 못했다.

귀국한 뒤 서울에서 마침 프리다 칼로 그림전이 열리고 있다는 소식을 들었다. 서울시립미술관에 '광복70주년기념 북한프로젝트'를 관람하러 갔다가 프리다 칼로 미술전을 소개하는 팸플릿을 보았다. "내 인생에 두 번의 대형사고가 있었다. 하나는 전차사고이며 다른 하나는 디에고이다"라는 그녀의 발언이 카피로 실려 있다. "나의 평생 소원은

디에고 리베라 무랄 박물관에 단 한 점뿐인 벽화의 전면 사진(왼쪽)과 벽화의 부분 사진들(오른쪽). 멕시코 근현대사의 주요 인물들이 등장하는 이 한 점의 그림으로도 한 권의 책이 가능할 정도로 많은 이야기를 담고 있다.

디에고 리베라와 프리다 칼로. (출처: sinuousmag. com)

단 세 가지, 디에고와 함께 사는 것, 그림을 계속 그리는 것, 혁명가가 되는 것이다"라는 말도 적혔다. 그림전은 직접 가보지 못해 아쉬웠지만, 팸플릿으로라도 칼로와 리베로의 운명적인 만남을 짐작해볼 수 있는 대목이었다.

칼로의 그림 밑바탕에는 리베로가 자리하고 있다. 리베라에 대한 애증과 동지애는 어쩌면 칼로를 끊임없이 쏘아대는 화살이자 치료제였고, 그로써 칼로의 독보적인 예술세계가 형성되었는지도 모른다. 멕시코 전래의 남녀 간 층위를 무너뜨릴 순 없을지라도, 칼로는 인디오 여성의 생명력으로써 그것을 극복해내고 있다는 느낌이 스며왔다.

그렇다면 칼로와 결혼하고도 수없이 다른 여자를 찾았던 리베라는 어떻게 이해해야 할까? 그는 에너지가 넘치는 인물이었다. 다른 많은 예술가들이 그러했듯이……. 우리 일반 사람은 그들의 열정과 에너지, 영감의 원천을 잘 알지 못한다. 리베라의 그림에서 언뜻 풍겨 나오는 광기가 실제의 광기와 어떻게 연결되는지도 우리는 알지 못한다. 다만 짐작할 수 있는 것은 그들의 광기가 주변 사람들에겐 큰 고통이

벽화 속의 칼로(해골 분장 뒤 왼편). 그림 속에 등장하는 여성 중 가장 예쁘게 그려져 있다(왼쪽). 칼로의 〈상처 입은 사슴〉(가운데)과 〈두 명의 프리다〉. 칼로가 그린 자신의 모습들이다. (출처: wikiart.org)

었으리라는 것이다. 리베라가 받았을 상처는 그녀의 그림을 통해 어렴풋이 엿볼 수 있다.

멕시코에서 만난 한국의 맛

우리는 리베라 박물관을 나와 기념품 상점이 모여 있는 전통시장으로 이동했다. 홍 목사님을 박물관에서 만나 그의 안내를 받았다. 뜨거운 햇살, 매연, 아지랑이로 피어오르는 아스팔트 열기가 숨을 턱턱 막히게 한다. 인내의 한계점에 도달할 즈음, 마침내 쉬어 가기로 했다. 교수님이 아이스크림을 먹고 싶다고 말씀하신다. 그러나 마땅한 가게는 보이지 않고 맥도널드만 눈에 띌 뿐이다. 가게 앞에 붙은 아이스크림 표시가 우리의 거부감을 뒤로 물렸다. 10페소, 8페소짜리 아이스크림을 하나씩 사 먹으며 시원한 에어컨 바람을 쐬니 조금은 힘이 난다.

시장에 가까워질 무렵, 갑자기 비가 내렸다. 비도 피할 겸 기념품도 살 겸 우리는 한동안 시장에 머물렀다. 은세공품, 돌세공품, 전통문양의 천 등 다양한 기념품이 우리를 기다리고 있었다.

역시 이 시장에서도 어디를 가나 프리다 칼로가 눈에 띈다. 그녀가 멕시코에서 가장 인기 있는 이유를 곰곰이 생각해보았다. 문득 여성으로서 그녀의 삶을 떠올렸다. 마초의 나라 멕시코에서 한 인간으로, 더구나 한 여성으로 살기가 어디 쉬운 일이던가. 독재와 남성이라는 이중 장벽에 맞서 싸워야 했던 그녀의 삶에 대한 애도, 찬사, 헌사가 이런 인기로 나타난 것은 아닐는지.

남성성·마초를 상징하는 백인과 여성성·생명을 상징하는 인디오의 혼혈로 생겨난 것이 메스티소다. 리베라가 백인의 마초이즘을 상징하는 인물이라면, 칼로는 인디오의 생명력을 상징하는 인물일 것이다.

대중들은 마초를 상징하는 리베라보다도 어머니의 생명력을 상징하는 칼로를 더 사랑하는지도 모른다. 겉으로는 마초주의가 득세해 있지만, 그 이면에는 인디오의 생명력이 살아 숨 쉬는 땅이 멕시코라는 생각이 들었다.

기념품을 몇 가지 구입한 뒤 멕시코시티 한인촌으로 향했다. 한국 음식점들이 밀집해 있고, 한국인들도 사는 곳이다. 오랜만에 보는 한국어 간판들이 반가웠다. 그중 '청하'라는 간판이 붙은 음식점으로 들어갔다. 김치찌개, 된장찌개, 순두부백반, 비빔밥, 제육볶음 등등 한국에서 먹던 음식들이 거의 다 있다. 밑반찬도 한국에서 먹는 그대였다. 내친김에 파전도 하나 시켰다. 파전에는 막걸리가 제격이지만 거기까지는 욕심이다. 맥주로 대신했다.

우리가 멕시코에 머무는 동안 코파아메리카컵이 시작되었다. 마침 식당 TV에서 멕시코와 볼리비아 전이 생중계로 방영되고 있었다. 결과는 0대 0 무승부. 다들 축구에 관심이 많은지라 자연스레 화제가 축구 이야기로 옮겨갔다. 홍 목사님도 축구광이다. 오랫동안 아르헨티나에서 살았던 그는 그곳에서는 여전히 마라도나가 최고이며, '신神'이라고 말한다. 마라도나를 따르는 종교가 있을 정도란다. 그리고 메시가 아무리 잘해도 마라도나의 발끝에도 못 미친다는 말을 덧붙인다. 설마 그럴까? 하지만 현지 사정에 밝은 홍 목사님 말이니 부인하려도 그럴 수가 없다.

한국에 돌아온 뒤 코파아메리카 결승전 중계를 보았다. 메시의 아르헨티나가 결승에 올라 칠레와 맞붙었으나 우승컵을 안지 못했다. 연장전까지 갔지만 승부를 내지 못하고, 승부차기 끝에 칠레가 이겼다. 브라질 월드컵에 이어 메시의 불운은 계속되고 있다. 메시는 10년 가까이 세계 최고의 축구 선수로 활약 중이지만, 월드컵이나 코파아메리카컵 같은 큰 대회의 우승컵을 아르헨티나에 안겨주지 못했다. 준우승만 계속하고 있으니 아르헨티나 사람들이 메시가 아니라 마라도나에 열광할 만하다는 생각도 든다. 마라도나는 1986년 멕시코 월드컵에서 아르헨티나에 우승컵을 안겨주었다. 안타깝게도 메시는 2016년 코파 아메리카 결승전에서도 전해와 똑같이 칠레에게 패했다. 역시 승부차기에서였다. 메시는 승부차기조차 실축을 하고 말았다. 경기가 끝난 뒤 더 이상 국가대표로 뛰지 않겠다고 발표했다. 하지만 정말로 그렇게 될까? 2018년 러시아 월드컵에서 뛰지 않을 수 있을까?

식사를 마친 후 우버택시를 타고 숙소로 이동했다. 홍 목사님과는 이별이다. 짧은 시간이었지만 아쉬움이 진하게 남았다. 교수님이 그에게 한국에 오면 꼭 연락하라고 말씀하신다.

그날도 우리는 옥상에 둘러앉아 멕시코시티의 마지막 밤을 보냈다.

멕시코도 불타는 금요일

밤 12시가 조금 지나 잠자리에 들었는데, 바깥이 시끌벅적했다. 자동차 달리는 소리, 경적 소리, 사람들 다투는 소리가 계속해서 들려온다. 무엇 때문인지 알아보고 싶었지만 무거워진 눈꺼풀이 허락하지 않았다. 궁금함을 품은 채 나는 깊은 잠속으로 빠져들었다.

언뜻 잠이 깨 시계를 보니 3시 30분쯤 됐다. 여전히 바깥은 소란스럽다. 베란다로 나가 밖을 내다보았다. 대각선 건너편에 '라틴 뮤직'이라고 쓰인 네온 간판이 확 들어온다. 소음의 진원지였다. 우리의 '클럽' 같은 곳이라고나 할까? 바깥으로 흘러나오는 요란한 음악소리를 들으면 춤을 추는 곳이 분명하다. 정문 앞에 귀가를 서두르는 청춘들이 여럿 보였다. 젊은 남녀들이 여기저기 서서 이야기를 나누고, 애정 표현을 미처 다하지 못한 연인은 서로 착 달라붙어 아쉬움을 달래고 있었다.

택시와 승용차들이 분주히 길거리를 오갔다. 다른 날하고는 분위기가 영 딴판이다. 날짜를 헤아려보니 지난밤이 '불타는 금요일(불금)'이었다. '불금'은 한국에만 있는 게 아닌 모양이다. 지구를 반 바퀴 돌아도 금요일 밤은 열기로 달아오른다.

내일의 여정을 위해 나는 다시 잠을 청했다.

다시 깬 시각은 아침 5시 10분이었다. 사람들이 움직일 시간이 되었는데도 조용하다. 토요일이라서 그럴 것이다. 그러나 조금 뒤 어김없이 수레를 끌고 가는 청소부의 모습이 들어온다. 하루를 가장 먼저 시작하는 사람에겐 토요일도 여느 날과 다르지 않다. 건너편 수이테호텔과 라틴 뮤직홀도 이제는 조용하다.

그사이 잠에서 깬 이 대표가 벌써 쌀을 씻어 불려놓았다. 어제 산 자포니카 쌀이다. 고지대여서 밥이 제대로 되는지 걱정했지만 생각보다 잘됐다. 중간에 불을 낮추고 천천히 뜸을 들인 덕분이다.

칸쿤으로 가는 길

우버택시를 타고 공항으로 가는 길은 여전히 낯설었다. 오후 1시 40분 칸쿤행이니 시간 여유는 충분했지만, 일찍 가서 기다리기로 했다.

멕시코 국내선 저가항공은 개인당 15킬로그램까지만 짐을 허용했다. 4개 중 2개가 중량초과에 걸려, 킬로그램당 100페소, 총 900페소의 추가 비용이 발생했다. 짐을 쌀 때 들고 가는 가방에 나눠 넣었더라면 비용을 줄일 수 있었을 테지만, 그럴 정신과 여유가 없었다.

공항 청사에서는 노동자들이 텐트를 치고 농성 중이다. 항공사 합병과정에서 대량해고가 발생해 노동자들이 농성을 시작했다고 한다. 우리 같으면 어느 공항에서나 단 하루도 텐트 농성을 하기 어려울 것이다. 외진 철탑 위에 올라가도 금방 끌어내리는 판국이니 말이다.

전자예약권을 제시하고 비행기 표를 받았다. 그런데 좌석번호가 없다. 직원에게 물었더니 줄서서 기다리다 타면 된다고 한다. 아무리 국내선 저가항공이라지만 놀랄 일이다. 우리는 좋은 좌

공항 청사에서 만난 노동자 시위 농성장.

석을 차지할 마음에 탑승 게이트 맨 앞줄에 서서 기다렸다. 그런데 웬걸, VIP, Special, 1, 2, 3그룹이 다 탄 후에야 우리 4그룹에게 순서가 왔다. 그래도 맨 먼저 탄 덕분에 뒤쪽이라도 괜찮은 자리를 확보했다.

나는 비행기가 이륙하기 전부터 졸기 시작했다. 하늘에서 내려다보이는 멕시코시티의 시가지를 눈에 담으려고 안간힘을 썼지만 쏟아지는 졸음은 어쩌지 못했다. 졸다가 깨다가 비몽사몽 속을 헤매다 보니 어느 새 칸쿤 공항에 도착해 있다. 비행시간 2시간 10분이 눈 깜빡할 새에 지나갔다. 차창 밖으로 비가 내리고 있었다. 센 비는 아닌 듯했는데, 수속을 밟고 밖으로 나오니 폭우로 바뀌어 있었다.

여기저기서 "탁시(택시)"를 외치며 기사들이 손님을 부르고 있다. 택시를 탈까, 버스를 탈까? 택시는 4명에 64달러, 사람 수만큼 돈을 받는다. 버스는 다 합해 20달러였다. 버스를 타기로 했다. 30분쯤 기다리니 버스가 왔다. 아데오ADO는 장거리 고속버스로 이용되는 시설 좋은 고급차였다. 우리의 공항 리무진 버스보다 훨씬 나았다.

빗속에서 맞은 칸쿤과의 첫 대면

버스터미널에 내리니 빗줄기는 더욱 강해져 있었다. 억수같이 쏟아지는 열대성 스콜로 도로가 순식간에 물바다로 변했다. 예약한 숙소는 가까운 곳에 있지만, 이 빗속을 네 사람이 짐을 끈 채 가기는 무리였다. 나와 교수님은 터미널에서 짐과 함께 대기하고, 원장님과 이 대표가 먼저 숙소를 찾아가기로 했다. 멕시코시티에서 헤맸던 경험으로 내린 결정이었다.

빗발은 갈수록 굵어졌다. 먼저 간 두 사람이 걱정도 되고, 기다림도 지루해졌다. 대화가 필요한 시간이다. 나는 교수님에게 그분이 관련된 1970년대 후반의 '크리스천 아카데미 사건'에 대한 이야기를 들었다. 내가 묻고 교수님이 답변해주는 식이었다. 교수님은 그 사건을 살펴보는 데 도움이 될 자료도 소개해주셨다. 현대사 관련 저술 작업을 하고 있는 나로서는 무척 유용한 자료들이다.

공항에서 칸쿤 시내로 가는 동안에도 비는 계속 내렸다(위). 숙소 근처에 있던 ADO 버스터미널(아래).

대학원에서 노동법을 공부하기 전 노동교육 활동과 관련된 이야기, 70년대 민주노조운동 이야기, 그에 얽힌 사람들 이야기, '크리스찬 아카데미 사건' 이후 대학원에서 노동법 공부를 하게 된 과정, 독일 유학 기회가 있었으나 출국 비자가 나오지 않아 포기하고 국내에서 공부를 하게 된 사정 등등의 이야기들을 교수님은 조곤조곤 들려주셨다.

그사이 시간이 제법 흘렀다. 기다림의 지루함은 사라졌지만, 얼른 돌아오지 않는 두 사람

걱정이 앞섰다. 숙소가 너무 먼 거리에 있나? 예약이 잘못된 것일까? 아니면 아직도 집을 못 찾고 있는 것일까? 혹시 무슨 사고라도? 온갖 생각이 한꺼번에 밀려들었다.

교수님이 택시를 타고 올 걸 그랬다고 조바심을 치시는데 이 대표가 먼저 왔다. 말로는 문제가 없다고 하지만 눈치를 보니 무슨 문제가 생긴 것 같다. 그는 "원장님은 좀 알아볼 게 있어서 늦는다"고 간단히 덧붙였다. 비가 너무 와서 도로가 완전 물바다가

칸쿤에 있는 동안 매일 저녁 식사를 했던 중국성.

됐다는 이야기도 한다. 어투로 보아서는 문제가 생긴 듯한데 더 자세한 설명은 하지 않는다.

얼마 뒤 원장님이 도착했다. 그는 숙소에 가기 전 저녁 식사를 먼저 하자고 한다. 마침 터미널 바로 근처에 '중국성中國城'이라는 작은 식당이 있었다. 양이 푸짐해서 2인분만 시켜도 네 사람이 먹기에 부족하지 않았다. 그날 저녁 이후 우리는 칸쿤에 있는 동안 매일 한 끼는 이곳 '중국성'에서 해결했다.

숙소에 문제가 생기다

그들이 늦은 사정은 숙소 때문이었다. 방이 하나밖에 없고 보조 침대까지 포함해 4인 침대가 있긴 한데, 도저히 같이 지낼 수 없는 상태라는 것이다. 아무래도 교수님과 원장님은 가까운 호텔로 옮겨야 될 것 같아서 예약까지 하느라 늦었다고 한다.

이 대표와 함께 원래의 숙소에 도착해보니 원장님이 놀란 것도 무리는 아니지 싶었다. 더블 침대 하나, 입구 쪽에 1인용 침대와 그 아래

넣어다 뺐다 할 수 있는 보조침대 하나. 어른 네 명이 함께 묵을 수 있는 곳이 아니었다. 비는 억수같이 쏟아지는데 숙소가 이러니 난감하지 않을 수 없었을 것이다.

이럴 때 필요한 것은 빠른 판단력과 실행력이다. 원장님은 터미널로 오는 도중 몇 군데나 숙소를 알아보고 그중 한 호텔에 예약을 했다. 일단 오늘은 호텔에서 두 분이 묵고 다음 날 다른 방법을 찾아보기로 한 것이다. 우리 방은 2층인데 내일이면 3층 방이 빈다고 했으므로 그곳을 이용할 수도 있고, 아니면 다른 방법을 찾으면 된다.

공항에서 택시를 타고 바로 그 집으로 갔더라면 일이 더 꼬였을지도 모르겠다. 버스를 탄 덕에 터미널에서 기다리는 동안 약간의 시간 여유가 있었고, 그사이 원장님이 조치를 취할 수 있었으니까. 이 대표는 원장님의 일처리 솜씨에 연신 감탄의 말을 흘린다. 상황이 꽉 막힌 순간 주저 없이 다른 대안을 찾고, 또한 전광석화처럼 일을 처리하는 것에 반한 모양이다. 이 대표가 "슈퍼맨"이 따로 없다며 웃자, 나도 한참을 따라 웃었다.

젊은 주인아저씨가 와서 여러 가지 설명을 한다. 그가 말하는 영어를 다는 알아듣지 못하고 대강 필요한 것만 챙겨 들었다. 이 집 주인은 캐나다에서 살다가 너무 추워서 이곳으로 왔다고 한다. 젊은 아들과

우리가 묵었던 숙소의 외관과 실내 모습.

136

나이 든 아버지가 함께 민박집을 꾸려가고 있었다. 젊은 아들은 낮에는 일을 나갔다가 퇴근 후에 까사(민박집)를 돌보고, 아버지는 청소 등의 일로 아들을 돕는다고 했다.

　주인이 돌아가고 난 얼마 뒤, 원장님이 들이닥친다. 손에는 맥주 6병과 물까지 들려 있다. 내일 치체이트사에 갈 버스표도 예약했다고 한다. 숨 가쁘게 일을 처리하고 이제 한숨 돌렸다는 표정이다. 우리 역시 안도의 한숨을 내쉬며, 맥주잔을 부딪쳤다.

7

치첸이트사와 툴룸의 마야 유적지 관람

치첸이트사 행 고속버스를 타다

6월 14일 일요일 7시 30분, 호텔로 가서 두 분 짐을 우리가 묵고 있는 숙소 2층 방으로 옮겨놓았다. 오늘부터 우리 민박집의 3층을 사용하기로 예약했지만, 그 방의 체크아웃은 12시나 되어야 가능했다. 하지만 우리는 8시 30분이면 마야 유적지가 있는 치첸이트사^{Chichen Itza} 행 버스를 타야 하고, 저녁이 되어서야 이곳으로 돌아올 예정이었다.

8시 45분, 치첸이트사행 아데오 버스에 탑승했다. 치첸이트사는 칸쿤에서 205킬로미터 남서쪽으로 떨어져 있어 버스로 3시간 이상 달려가야 했다. ADO버스는 외형뿐만 아니라 내부시설도 좋았고, 화장실도 있었다. 전날 마지막 표를 끊은 탓에 우리 좌석은 제일 뒤쪽 화장실 바로 옆이었다. 그러나 불쾌한 냄새는 전혀 나지 않았다. 멕시코에는 장거리 노선이 발달해 있고, 장거리 여행에 알맞게끔 버스 내 시설이 잘 갖추어져 있다. 웬만한 일은 버스 안에서 해결할 수 있으며, 밤을 새워 달려도 큰 불편이 없도록 좌석도 편안하다.

터미널을 출발한 버스는 남서쪽을 향해 달렸다. 칸쿤에서 메리다를 향해 가는 고속도로에는 차가 거의 보이지 않았다. 추월하는 차도 없고 마주 오는 차도 없어, 우리 차가 내는 엔진 소리를 빼면 고요하기만

했다. 이 길에 '대통령길'이라는 별명이 붙은 이유를 알 것도 같았다. V.I.P를 위해 다른 차량의 통행을 일체 막은 것처럼 길이 뻥 뚫려 있었기 때문이다. 양 길가로 열대 숲이 펼쳐져 있었다. 밀림 사이로 쭉 뻗은 길이라 숲 모양을 가늠하기 어려웠고, 한동안은 반대편 길도 볼 수 없게 왕복 차선이 완전히 분리되어 있었다.

차가 출발한 지 얼마 지나지 않아 다시 비가 내리기 시작했다. 조금씩 빗발이 굵어지더니 급기야는 양동이로 들이붓듯 엄청난 폭우가 쏟아졌다. 옆에 앉은 이 대표가 걱정을 한다. "비가 이렇게 오는데 구경이나 제대로 할 수 있을까?" 내가 말한다. "다 가려면 아직 멀었는데, 그곳은 또 어떨지 모르지요."

1시간쯤 달리니 교차점이 나타났다. 버스는 유카탄반도의 중심 도시인 메리다 방향으로 길을 틀고는, 고속도로를 1시간가량 더 달린 뒤 국도로 접어들었다. 국도라고 하지만 고속도로와 별 차이는 없었다. 하지만 주위를 지나는 차량과 마차 때문에 차량 속도는 60킬로 이하로 줄었다.

시골 마을이 나타났다. 우리의 작은 읍 수준 정도일까? 버스는 '발라돌리도^{Valladolido}'라는 이름의 그곳 버스터미널에서 잠시 쉬었다. 버스

치첸이트샤 가는 길의 중간 버스터미널에서(왼쪽). 그리고 치첸이트샤 유적지 입구에서 만난 원주민 차림의 사람들(오른쪽).

가 다시 출발하고 1시간쯤 뒤 드디어 치첸이트사 주차장에 도착했다. 출발한 지 3시간 정도 걸린 11시 50분경이었다.

주차된 대형 관광버스와 아데오 버스, 승용차들을 보니 관광지다운 느낌이 확 풍겼다. 비는 그쳤지만, 곳곳에 물웅덩이들이 생겨 있었다. 입장료는 1인당 220페소(한국 돈 17,600원)으로, 테오티우아칸과 비교하면 엄청 비싼 편이었다. 치첸이트사 입장료가 이렇게 비싼 것은 유카탄 주정부와 국립인류문화연구소에서 2중으로 입장료를 받기 때문이라고 한다.[26]

'세계 7대 불가사의'와 대면하다

'치첸이트사'는 마야어로 "우물가에 사는 이트사족의 집"이란 뜻이다. 유카탄 최대의 '세노테'(성스러운 우물)가 있던 곳이어서 그런 이름이 붙여진 것으로 추측하고 있다. 치첸이트사는 피라미드와 볼 경기장, 전사의 신전, 솜판틀리, 제단, 천문대, 시장 등이 자리하고 있던 거대도시로 마야 문명의 중심지였다. 마야족의 하나인 이트사족에 의해 건설되기 시작해 6세기경부터 번성했다. 9세기경에는 쇠락의 길을 걸었으나 10세기경 톨텍 문명을 받아들이면서 다시 최전성기를 구가했다.

치첸이트사 유적지에 들어서서 처음 만나게 되는 것은 마야 문명의

---

26) 인터넷 자료를 찾아보니 2013년 1월 기준으로는 한화 10,000원 정도였다고 한다. 이는 마추픽추나 페트라 같은 다른 불가사의 유적지에 비해 상당히 싼 편이었다.(김동주, "사표 쓰고 떠난 세계일주-63회", 〈오마이뉴스〉, 2014.10.4) 그렇다면 2년 만에 80%나 입장료가 오른 셈인데, 그 이유가 무엇일까? 전에는 주정부와 인류문화연구소 둘 중 한 곳에서만 입장료를 받았던 것일까? 그게 아니면 상대적으로 싼 입장료를 현실화할 필요성이 제기된 것일까? 어쨌든 수입을 올려야 할 필요성이 제기되었겠지만 그래도 너무 급하게 가격을 올렸다는 생각이 든다.

랜드마크인 '쿠쿨칸Kukulkan**27**의 피
라미드'다. 테오티우아칸의 '태
양의 피라미드'보다 크기는 작지
만, 언뜻 보아도 정교함이나 예
술성은 훨씬 뛰어난 듯했다.

　그러나 이 피라미드의 중요성
은 과학성에 있다. 9세기 초 완
성된 것으로 알려진 이 피라미드
는 동서남북으로 크게 놓인 계단
이 인상적이다. 사방이 각각 91

숲속에서 만난 '성스러운
우물.

개로 된 4면의 계단에 정상 계단 하나를 더하면 365개가 된다고 한
다. 1년을 의미하는 숫자다. 마야족은 500년 무렵에 이미 1년을 365
일로 계산하는 능력을 갖고 있었다. 정면에서 손뼉을 치면 그 울림이
동물의 울음소리처럼 반향되어 들리는 것도 신기하다. 치첸이트사는
1988년 유네스코 세계문화유산으로 등록되었고, 2007년 세계 7대 불
가사의 중 하나로 선정됐다. 마야인들은 금속기구나 바퀴를 사용하
지 않고도 이런 건축물들을 만들었다. 그들은 아메리카 대륙에서 가장
정교하고 복잡한 문자 체계를 사용한 것으로 알려져 있다. 피라미드
는 마야의 높은 건축기술과 수학, 천문학, 과학기술 수준을 한눈에 보
여준다. 이 건축물은 테오티우아칸의 '태양의 피라미드'처럼 중심축이
북동과 남서쪽으로 기울었는데, 태양이 정확히 정동쪽에서 뜨고 지는
날에 맞춘 것이라고 한다.

---

27) 마야의 뱀신. 메소아메리카의 다른 문화권에서도 나타나는 날개 달린 뱀신의 모습으로 묘사되
　　고 있다. 치첸이트샤 제단 중에 쿠쿨칸의 머리 모양 조각이 있다.

쿠쿨칸의 피라미드(왼쪽).
제단의 계단 양 옆 입구에
쿠쿨칸 머리 모양의 석상이
보인다(오른쪽).

전사의 신전과 공놀이 경기장 그리고 천문대

피라미드를 바라보고 좌측에는 인신공희 장소인 '전사의 신전'이 자리 잡고 있다. 신전 상단 중앙에 누운 사람 모습의 '착몰상Sculpture of Chaac Mool'이 있다고 하는데, 아래쪽에서는 잘 보이지 않았다. 착몰상은 멕시코시티의 국립인류학박물관에서 보았다. 그곳에 인간의 심장을 신에게 바치는 제물로 올려놓았다고 전해진다.

전사의 신전(왼쪽). 멕시코 국립인류학박물관에서 본 착몰상(오른쪽). 착몰상은 전사의 신전 중앙 상단에도 있는데, 인간도 아니고 동물도 아닌 그 중간 형태를 보여준다. 그 배 위에 인간의 심장을 제물로 올려놓았다고 알려진다.

전사의 신전 옆에는 1천여 개의 돌기둥이 남아 있는 기둥 신전과 아픈 사람들을 정화하거나 의식을 치르기 전 사용했던 증기탕 자리와 시장터가 남아 있다. 이 돌기둥의 용도는 아직도 알 수 없다고 한다. 수많은 돌기둥은 횡과 열이 정확이 맞아서 감탄사가 절로 나온다.

기둥 신전의 전경(왼쪽). 돌 기둥만 1천여 개가 넘게 남아 있다(오른쪽).

마야 유적마다 발견된다는 고무로 만든 공놀이(스페인어로 '후에고 데 펠로타'라고 함) 경기장 모습도 놀랍다. 마야인들은 공놀이를 즐겨 곳곳에 이런 경기장을 만들었다. 이곳 치첸이트사 경기장이 마야 유적지에서 발견된 가장 큰 경기장이라고 한다. 스콜이 한바탕 쏟아진 후 사방이 돌벽으로 싸여 있는 경기장을 둘러보았다. 축구장보다는 작고 웬만한 소규모 야구장만 한 상당히 넓은 규모였다.

지금도 멕시코 시골 마을에서 '울라마'라는 이름으로 행해지는 이 공놀이는 손과 발을 쓰지 않고 허벅지와 엉덩이뼈 부분으로만 고무공을 쳐 보내 링에 넣는 경기다. '울레'라고 불리는 이 고무공은 축구공보다 약간 작은데 고무를 다져서 만들어 매우 단단하고 무겁다. 경기 도중 공의 속도와 무게감 때문에 훈련을 받지 않은 사람은 감당하기가 힘들다고 한다. 적어도 10년 정도는 훈련을 해야 한다고 하니 놀랍다.

공놀이 경기장. 오른쪽 벽 끝부분에 공을 넣던, 돌로 만든 링이 보인다.

경기장 한쪽 벽면에 매달린 골대가 보인다. 이 경기에서 우승한 편의 주장은 희생 제물로 바쳐졌다고 한다. 목숨을 걸고 하는 경기란 바

천문대 유적 모습.

로 이런 것을 두고 하는 말일 것이다. 그런데 도무지 이해가 가지 않는다. 왜 패배한 쪽이 아니라 승자 쪽이 제물로 바쳐진 것일까? 그렇다면 누가 이기려고 기를 쓸 것인가? 하지만 당시 마야인의 사고로는 제단에 바칠 제물은 질이 떨어지지 않는 훌륭한 것이어야 했다. 그리고 공놀이에 나서는 전사들은 경기에서 승리해 영광스럽게 제단에 목숨이 바쳐지기를 원했다. 이를 위해 그들은 혹독한 훈련을 마다하지 않았다.

그러나 완전한 이해는 기대하지 말아야 한다. 지금 이 순간의 '나'라는 존재의 프리즘으로는 시공간상 멀리 떨어진 그들의 의식 세계가 온전히 포착될 리 없다. 다만 그때 그들의 사고방식이 그들 세계관으로선 지극히 정상적이었을 거라는 막연한 짐작을 해볼 따름이다.

경기장 옆 주변에는 인신공양에 쓰인 자들의 해골을 쌓아올렸던 '쏨판똘리나'를 비롯하여, 독수리와 재규어의 제단, 금성의 제단 등이 있다. 이곳이 도시의 중심지였음을 알 수 있게 하는 것들이다.

피라미드에서 남쪽으로 10여 분쯤 걸어 들어간 숲속에서 마야의 천문대 '카라콜'을 만났다. 고대 마야인들이 태양과 달, 금성 등을 관측했던 둥근 돔 모양의 천문 관측대라고 한다. 10세기 말에 세워진 것으로 알려졌는데, 모양새로 보아 이곳이 천문관측소라는 것을 금방 알 수 있겠다. 경주의 첨성대와 달리, 현대의 천문대 건축물과 많이 닮아 있는 까닭이다. 정밀한 천체관측 기록을 남긴 마야인은 근대 이전에 가장 정확한 달력을 제작했다고 알려진다.

길을 잃고 숲속 호텔로

'쿠쿨칸 피라미드'를 관람한 후 오른편 숲길을 따라 들어갔다. 크고 작은 유적들이 있는 곳마다 원주민 기념품 판매상들이 자리를 잡고 있다. 직접 나무를 깎아 가면(탈) 공예품을 만들고 있는 모습도 볼 수 있었다. 우리는 재규어 울음소리가 나는 악기를 하나씩 기념물로 샀다.

나무 가면을 만들고 있는 노점상.

교수님은 토기 공예품과 가면상 등을 샀는데, 나중에 그것들이 모두 부서지고 말았다. 흙으로 만든 인형들의 목이 부러져버린 것이다. 상인이 부른 가격을 절반으로 깎아서 그런 건가? 농담반 진담반으로 한 말지만, 그래도 그걸 버리지도 못하고 끝까지 가져오셨다. 돈보다 기념과 추억에 대한 아쉬움이 더 커서였을 것이다. 교수님은 기념품을 살 때 한곳에서만 사지 않고 여러 노점상에서 나누어 샀다. 작은 액수일지라도 골고루 매상을 올려주고 싶은 마음인 것이다.

유적들을 따라 이리저리 다니던 우리는 얼마 후 정상 루트에서 벗어났음을 깨달았다. 뜬금없이 호텔을 만난 것이다. 유적지와 붙어 있는 호텔은 시설이 잘 돼 있었다. 방갈로와 음식점, 커피점이 있었는데, 지금은 비수기여서 그런지 대부분 비어 있었다. 호텔 1층 메인홀로 들어가 식사를 할 수 있는지 알아보았다. 하지만 식사는 호텔 투숙객들

여기저기 산재해 있는 유적들(왼쪽, 가운데)과 복원한 마야인의 거주지(오른쪽).

유적지와 붙어 있는 호텔
(왼쪽)과 방갈로(오른쪽).

에게만 주어지는 특권이었다. 식사는 포기하고 맥주와 차를 한 잔씩 마셨다. 차는 알코올이 들어간 칵테일 종류였다.

이 호텔에는 유명 인사들이 많이 다녀간 모양이었다. 재클린 오나시스와 주니어 케네디, 이란의 팔레비 국왕, 그 외에 많은 할리우드 배우들의 방문 사진이 로비 입구에 붙어 있다.

숲속 호텔은 휴식하기엔 더 없이 아늑한 곳이었다. 이곳에 하루쯤 투숙하면서 치첸이트사의 유적지를 제대로 음미하고픈 생각이 들었다. 비수기의 싼값을 이용한다면 하룻밤 묵어도 될 것 같았다. 하지만 우리의 숙소는 이미 정해져 있고, 짐도 거기에 있으니 달리 방법이 없다. 아쉽지만 발길을 돌릴 수밖에.

치첸이트사 유적지 옆 호텔
정원에서.

멕시코의 스콜과 대면하다

호텔에서 지체한 시간이 길어져 유적지를 구경할 시간이 얼마 안 남게 되었다. 우리는 서둘러 유적지를 대충 한 바퀴 돈 다음 본래의 자리, 즉 쿠쿨칸의 피라미드가 있는 곳으로 돌아왔다. 그사이 하늘에 먹장구름이 끼기 시작했다. 기념물 상인들이 단속을 시작한다. 천막 아래 깔아놓은 물건들을 주섬주섬 갈무리하고 있었다. 우리도 마음이 바빠졌다.

돌아가야 할 시간을 한 시간 정도 남겨두었을 무렵, 폭우가 쏟아지기 시작했다. 천둥소리를 예고로 번개가 번쩍이더니 쏴아 하는 소리와 함께 굵은 빗발이 내리꽂혔다. 사람들은 처마 밑을 향해 급히 뛰어간다. 나는 배낭에서 1회용 비닐 비옷을 꺼내 입었다. 세찬 비를 아랑곳않고 기꺼이 비를 맞고 있는 청춘들이 보인다. 마음 같아서는 나도 저들처럼 빗줄기 아래 서고 싶다.

후련했다. 눅눅한 그 무엇이 가슴속에서 싹 씻겨 내려가는 기분. 시원했다.

비는 금방 그친다. 구름을 채 내려놓지 못한 하늘이 모습을 드러냈다. 빗방울을 머금은 사방이 반짝반짝 빛을 내고 있다.

돌아오는 길, 폭우로 젖은 옷 때문에 냉방이 한기로 느껴진다. 얇은 점퍼를 꺼내 덮으니 스르르 잠이 왔다.

칸쿤에 도착해보니 시내가 온통 물바다다. 비바람에 가로등과 신호등이 부서지고, 부러진 나뭇가지가 여기저기 널려 있다. 터미널 앞의 나무도 한 그루 넘어져 있었다. 마치 허리케인이 한바탕 휩쓸고 간 모양새다. 도로에서는 강처럼 빗물이 흘러가고 있었다.

교수님과 원장님 숙소는 우리가 묵고 있는 까사 3층으로 결정됐지만 걱정거리가 생겼다. 교수님 컨디션이 영 좋지 않았다. 숙소도 불편해하고, 식사도 거의 못하신다. 아무래도 내일은 호텔로 옮기는 게 좋을 것 같아, 밤에 인터넷으로 수소문하여 예약하기로 했다. 칸쿤에서 맞은 위기는 어제로 끝난 게 아니었다.

칸쿤 시내는 완전히 물폭탄을 맞은 모양새였는데, 민박집 주인 말로는 한 달 만에 내린 비가 이 같은 폭우였다고 했다. 그동안 상당히 가

① 잔뜩 낀 먹구름이 비를 예고하다. ② 하늘은 더욱 컴컴해지고, 뛰는 사람, 그대로 서 있기로 한 사람들의 모습을 물끄러미 지켜보다.
③ 드디어 쏟아진다. 물건을 둔 상인은 비를 홀딱 맞고, ④ 폭우면 어떠랴, 청춘인데.
⑤ 비 갠 뒤의 치첸이트사, ⑥ 비온 다음 날 아침 버스터미널 풍경. 부러진 나뭇가지들이 수북하다.

물었다고 한다. 그런데 다음 날에는 언제 비가 왔느냐는 듯 날씨가 멀쩡했다. 쨍쨍 내려쬐는 햇볕에 다시 더위가 기승을 부렸다. 변덕스런 날씨를 닮기로 작정했는지 와이파이도 말썽을 부린다.

2차 위기를 넘기다

6월 15일, 월요일 아침이다. 일하는 날도, 쉬는 날도 없는 우리에게 월요일은 특별한 의미가 없다. 다만 음식점과 상점, 가게들이 문을 닫는가 아닌가에만 관심이 갈 뿐. 어제 저녁 치첸이트사에서 칸쿤으로 돌아왔을 때 대부분의 음식점들이 문을 닫은 것을 보고는 일요일이란 사실을 실감할 수 있었다.

아침 6시가 좀 지나서 일어났다. 수면 시간은 길지 않았지만 잠을 푹 자서 그런지 컨디션이 좋았다. 이 대표와 나는 아침 준비를 위해 근처의 대형 마트인 '커머셜 멕시카나'를 찾았다. 멕시코 찐쌀[28] 2봉지와 먹을거리 몇 가지 그리고 건전지를 샀다. 비용은 모두 합쳐서 540페소(42,000원)였는데 건전지 값이 18,000원이나 됐다. 어쨌거나 쿠바에는 공산품이 부족할 것이므로 여분을 충분히 준비해두어야 했다.

그사이 교수님 컨디션이 많이 회복되었다. 숙면을 취하신 덕분이다. 입맛도 어느 정도 되찾은 것처럼 보였고, 숙소도 맘에 든다고 하신다. 우리는 호텔로 옮기기로 한 어제 저녁의 계획을 취소했다. 칸쿤에서의 2차 위기도 이렇게 넘겼다.

툴룸의 마야 유적지를 둘러보기로 했다. 원래 계획은 칸쿤 시내와 바닷가를 구경하고 모래사장에서 하루쯤 편안하게 보내는 것이었다.

---

28) 뜨거운 물에 넣고 불리면 밥이 되는데, 그날 아침에 하나 해 먹었다. 양념과 간이 되어 있어서 그냥 먹을 수 있지만 우리 입맛에는 잘 안 맞았다.

모처럼 세계적 휴양지인 칸쿤 바닷가까지 왔는데 놓치기가 아깝다는 생각에서였다. 하지만 우리는 칸쿤에서 그리 멀리 떨어져 있지 않은 마야 유적지를 구경하는 게 낫겠다고 판단하고 계획을 수정했다.

10시 30분, 툴룸행 왕복 버스표를 끊었다. 그런데 전날 치첸이트사행 버스 티켓이 있으면 10% 할인을 해준다고 한다. 이 대표가 티켓을 찾아 부랴부랴 숙소까지 갔다 오는 수고를 해야 했다. 하지만 갈 때의 버스표밖에 남아 있지 않아 편도요금만 할인을 받았다.

버스요금은 꽤 비쌌다. 1인당 왕복 250페소(2만 원), 합해서 1,000페소(8만 원)나 됐다. 툴룸은 칸쿤에서 2시간 거리에 있다. 우리나라 고속버스 요금과 비슷하지만 현지의 경제 수준을 감안하면 상당히 비싼 편이다. 다행히 버스표가 딱 네 자리 남아 있었다. 지금 생각하면, 여행 중 뜻하지 않은 우연을 만났을 때마다 대체로 행운은 우리 편이었던 같다.

툴룸의 마야 유적지를 찾아서

툴룸 마야 유적지는 칸쿤에서 남쪽으로 120킬로미터가량 떨어진 곳에 위치해 있다. 바닷가를 따라 2시간을 달려 툴룸 터미널에 도착했다. 터미널은 도로 옆 버스정류장이었다. 우리가 탄 버스는 이곳에 도착하기 직전 한 차례 선 적이 있다. 알고 보니 그곳이 바로 툴룸 유원지 정류장이었다. 거기서 내렸다면 쉽게 마야 유적지를 찾아갈 수 있었을 것이다.

결국 발품을 팔기로 했다. 지나가는 행인에게 위치를 물었더니 한 30분 정도 걸어가면 된다고 한다. 그 정도 거리라면 굳이 택시나 버스를 탈 필요는 없겠다 싶었다. 그러나 큰 오산이었다. 거의 2시간 이상

을 걸어야 했던 것이다.

　터미널 건너편의 인도를 따라 걸었다. 툴룸은 바닷가 휴양도시 분위기가 단번에 느껴지는 곳이다. 야자수 잎을 엮어 지붕을 씌운 집들이 죽 늘어서 있었다.

　유적지 방향으로 30분쯤 걷는 동안 식당들이 눈에 들어왔다. 점심을 먹기로 하고 한 식당에 들어가 자리를 잡았다. 우리는 모르는 얼굴이지만, 멕시코의 유명 인사들인 듯한 사진들이 식당 안 곳곳에 걸려 있었다.

　배를 채우고 다시 걷기 시작했다. 표지판이 나와 살펴보니 아직도 마야 유적지까지는 3.4킬로미터나 남았다. 나는 속으로 최소한 1시간 거리라는 셈을 했지만, 이 말을 밖으로 꺼내지는 않았다. 지나가는 택시도, 버스도 보이지 않는 마당에 괜히 일행들 힘을 뺄까 봐서였다. 교수님이 걱정되었지만, 잘 견디고 계셨다.

　햇볕이 강하지만 따가울 정도는 아니었다. 칸쿤과 쿠바는 위도가 거의 비슷하다.

식당 안 벽면을 도배하다시피 한 사진들.

151

우리가 걸었던 길(왼쪽). 중간에 자전거를 타고 시내를 구경하는 관광객 무리를 여럿 만났다(오른쪽).

북회귀선 바로 아래쪽에 위치해 있어 일광이 아주 강하다. 다행히 그 날은 바람도 불고 습도도 별로 높지 않아 견딜 만했다. 여름휴가철 한 국의 바닷가 휴양지보다 훨씬 시원한 느낌이다.

1시간쯤 걸었더니 유원지가 나타났다. 다 왔구나 생각했는데, 유적 지는 그곳에서도 20분은 더 가야 했다. 순간, 젊은(?) 나도 힘이 빠지 는 기분인데 교수님은 오죽했을까? 힘드신 기색이 역력했지만 꿋꿋이 걷고 계신다. 지금 생각해도 미안함과 감사의 마음이 든다.

마야인의 성벽 요새에 입장하다

정문에 도착하기 5분 전쯤 트랙터에 객실을 연결한 관광용 운반차 를 만났다. 그걸 타면 편했겠지만 지금까지 걸어온 수고가 아까워 내 처 걸었다. 마야 유적지 입장료는 1인당 64페소, 우리 돈 5천 원 정도 되는 금액이다.

유적지는 바닷가 성채였다. 대서양에 붙은, 마치 천연의 요새처럼 지어진 제법 큰 성이라고 보면 된다. 이곳에 얼마나 많은 사람들이 살 았는지 모르겠지만, 외부의 적이 쉽사리 넘볼 수 없게 돼 있었다. 접

근하려면 바다 쪽에서 배를 타고 와야 하는데, 당연히 방어하는 쪽이 유리하다. 육지에 성벽을 쌓고 방어만 하면 되는 지형이었다.

'툴룸^{Tulum}'은 마야어로 '벽'이라는 뜻이라고 한다. 직사각형에 가까운 모양의 바닷가 마을이자 요새였다. 이곳은 스페인 침략 이후에도 가장 마지막까지 독립 구역으로 남았던 곳으로 알려진다. 아마도 방어하기에 좋은 위치였던 것과도 관계가 있었을 것이다.

이곳의 마야인들은 인신공양을 하지 않았다고 한다. 그들은 옥수수를 재배하고 다른 도시와 교역을 했다. 특산물은 소금과 해산물인데, 캐리비안의 조개껍질과 진주 같은 보석들도 교역품에 들어 있었을 것이다. 툴룸은 중계무역을 통해 유지되던 성채 도시국가였다.

대서양 바닷바람을 맞다

툴룸의 마야 유적지는 자연의 바다와 절묘한 조화를 이루고 있다. 치첸이트사나 테오티우아칸의 피라미드처럼 웅장한 건조물은 없지만, 성채의 조형미만으로도 돋보이는 곳이다. 예술적인 축조물들이 대서양에서 불어오는 바람을 타고 한껏 감흥을 뽐낸다. 유적지에서 바라보

툴룸 유적지에서 대서양 바닷바람을 맞으며.

는 바다 풍광은 나의 상상력을 끊임없이 자극했다. 언젠가 보았던 사진집 '마야성'이 생각났다. 열심히 셔터를 눌러보지만 그런 사진이 나올 리 만무하다. 바닷물에 발을 담그고 싶은 마음이 굴뚝같지만 경계선이 가로막았다.

바다 상공 높이 갈매기가 떠 있다. 날갯짓이 예사로워 보이지 않았다. 인천 앞바다에서 흔히 보는 그런 갈매기의 날갯짓이 아니다. 훨씬 힘차 보였다. 거센 대서양의 바닷바람과 맞서 싸워나가는 불굴의 의지가 엿보인다고나 할까?

절벽 위에서 내려다보는 바다는 푸른빛을 넘어 옥빛이 되고 더 멀리서 쪽빛이 되었다. 삼색의 바다가 하나로 어우러졌다. 끊임없이 파도가 몰려와 절벽을 때린다. 저절로 〈빠삐용〉의 바다가 겹쳐진다.

늙은 몸이 되어서도 끝까지 자유를 찾아 탈출을 시도하는 빠삐용(스티브 맥퀸 분). 그는 매일같이 바닷가에 나와 야자열매가 든 포대를 던

유적지 바닷가 절벽 위에서 한 여인이 좌선을 하고 있다.

지며 파도의 흐름을 연구한다. 그러나 야속하게도 파도는 야자포대를 다시 절벽으로 되돌리기만 할 뿐이다. 마침내 야자열매 포대가 바다로 나가는 날, 바닷물의 흐름을 파악한 그는 절벽 아래로 뛰어내린다. 아득한 수평선 너머로 멀어져가는 친구 빠삐용의 모습을 바라보는 드가(더스틴 호프만 분). 그의 볼을 타고 하염없이 흘러내리는 눈물.

하늘의 주인공이 갈매기라면 땅의 주인공은 이구아나다. 이곳저곳에 이구아나들이 돌아다니고 있었다. 사람들과 너무 가까이 하지도 않지만 멀리 달아나지도 않았다. 내가 가방에서 사과를 꺼내 먹자 어디선가 이구아나 한 놈이 냄새를 맡고 슬금슬금 다가온다. 나는 먹던 사과를 던져주었다. 그런데 너무 큰 덩어리였던 모양이다.

사과를 뱉지도 삼키지도 못한 이구아나가 숲속으로 들어가버린다.

작은 것이긴 하지만 거의 반쪽이 넘는 사과를 덥석 물고 통째로 삼키려 한다. 하지만 아무래도 무리인 듯싶다. 그래도 녀석은 그걸 내려놓을 생각이 전혀 없다. 나는, 좀 잘게 잘라서 줄 걸 하고 후회한다. 그걸 물고 조금씩 입안으로 삼키던 녀석은 오랫동안 그 상태로 있었다. 완전히 삼키지도 못하고 뱉어내지도 못한다. 그러더니 입에 문 상태로 숲속으로 들어가버린다. 녀석은 그 사과를 아무 탈 없이 온전히 삼켰을까? 나는 그랬기를 간절히 바랐다.

그때 교수님의 재촉하는 목소리가 들려온다. 마냥 이곳에 머물러 있을 수는 없다. 아쉽지만 유적지를 나왔다. 나는 그냥 이 바닷가에서 화석이 되어버려도 좋을 것 같았다. 이구아나와 나란히 누워 하늘을 바라보아도 그만일 것 같다.

8

멕시코 칸쿤에서 쿠바 아바나로

우리는 열심히 '꼬레아'를 외친다

유적지에서 나와 유원지를 지나 큰 도로변으로 나왔다. 또다시 툴룸 터미널까지 걸어가는 것은 무리다. 택시를 잡기로 했는데, 버스 정류장이 보였다. 아데오 버스도 이곳에 선다고 했다. 툴룸 터미널에 들른 버스가 10분 뒤 이곳에서 승객을 태워 플라야 델 카르멘을 거쳐 칸쿤으로 간다는 말을 그곳 직원이 들려주었다.

기다리는 동안 시원한 맥주와 주스를 마시려고 방금 지나친 음식점으로 들어갔다. 그런데 아무리 해도 멕시코시티에서 먹었던 그 맛있는 과일주스는 찾아볼 수가 없다. 과일주스를 시키면서 "노 알코올"을 강조했다. 이곳 사람들이 마시는 음료에는 대부분 알코올이 약간씩 들어가 있다. 일종의 칵테일인 셈이다.

멕시코인들은 우리를 보고 대개 "치노?" 하고 묻는다. "곤니찌와?"라고 말하는 사람도 있다. 그때마다 우리는 일일이 "꼬레아!"라고 대답해준다. 그러면 그들은 활짝 웃으며 "아, 꼬레아!"라고 반응한다. 아직까지 그들에겐 동양인 하면 중국인 아니면 일본인이었다. 그래도 "꼬레아!"라는 대답에 반응하는 것을 보면 그들도 꼬레아를 알기는 아는 모양이다.

툴룸 시내의 차량 검문소 (왼쪽). 칸쿤과 툴룸 등 멕시코 남부 해안의 휴양도시는 멕시코시티나 그 북부지역과 달리 치안 상태가 양호한 편이다. 총기를 든 경찰이 툴룸 시내 도로에서 차량 검문을 실시하고 있다 (오른쪽).

멕시코시티와는 달리 칸쿤은 치안 상태가 좋았다. 밤거리를 돌아다녀도 아무 문제가 없다고 한다. 멕시코는 북쪽의 치안 상황이 상대적으로 나쁘다고 알려져 있다. 칸쿤처럼 널리 알려진 남부 휴양도시의 경우는 비교적 생활수준이 높고 범죄율도 낮은 편이다. 그러나 같은 남부라도 학생 실종사건이 발생한 게레로 주나 경제 사정이 가장 열악한 치아파스 주 같은 태평양 연안 지역은 치안 상황이 좋지 않다.

5시 30분에 버스가 도착했다. 버스가 칸쿤 터미널에 도착한 것은 7시 30분경. 저녁을 먹어야 하는데 마땅한 곳이 없다. 할 수 없이 다시 중국성이다.

식사를 하기 전 내일 타고 갈 공항행 버스표를 예약해두었다. 그때 교수님이 냉방에 대비하기 위해 갖고 다니던 겉옷을 버스에 두고 내렸다고 말씀하신다. 터미널에 있는 사무실을 찾아갔지만 말이 잘 안 통한다. 그러다 다행히 영어를 하는 직원을 만났다. 그의 안내로 터미널에 정차해 있던 버스에서 옷을 찾을 수 있었다. 마지막 버스여서 그곳에 정차해 있었던 것이다.

식사 후 이 대표와 나는 다시 커머셜 멕시카나로 갔다. 멕시코 찐쌀 3봉지를 샀다. 쿠바에 가서 해 먹을 요량으로 샀지만 결국은 해 먹지 못하고 가지고 다니느라 짐만 되었다. 쿠바에는 생필품이 부족하다는

데 뭘 좀 사 가야 하지 않을까 고민했지만 아무것도 사지 못했다. 사 갈 만한 게 없었던 것이다. 맥주를 마시고 샤워를 한 뒤 12시경 잠자 리에 들었다. 칸쿤에서의 마지막 밤이었다.

칸쿤 해변을 구경하다

5월 16일, 화요일. 한국을 떠난 지 일주일째다. 아니, 시차와 날짜 변경선으로 하루 차이가 나니까 실제로는 8일째다. 오늘은 멕시코를 떠나 쿠바로 가는 날. 약간은 긴장이 된다. 우리에게 쿠바는 오랫동안 금단의 땅이었다. 사회주의(공산주의) 국가 쿠바를 방문하는 것은 국가 보안법과 반공법 위반이었기 때문이다. 그러나 지금은 북한을 제외하 고 지구상의 어떤 나라를 방문해도 국가보안법 위반으로 처벌받지는 않는다. 하지만 아직도 쿠바는 남한과 수교하지 않은 친북한 국가다. 그런 점에서 특별한 의미가 있는 나라다.

9시, 짐을 싸서 숙박소에 둔 채 간단한 가방 하나씩만 챙겨 집을 나 섰다. 칸쿤 해변을 구경하기 위해서다. 여기까지 와서 세계적인 절경 으로 명성이 자자한 그 해변을 보지 않고 떠날 수는 없는 일이다. 9시 30분, 칸쿤 해변 유원지로 가는 시내버스를 탔다. R-5번이다. 전날 숙소 주인에게 물어서 그곳에 가는 버스 번호를 알아두었다.

버스는 만원이었다. 냉방도 안 되는 데다 승객도 많아서 무척 더웠 다. 온몸에서 땀이 삐질삐질 났지만, 열린 창문으로 가끔씩 시원한 바 람이 불어왔다. 우리 일행이 버스에 오르자 한 멕시코 청년이 곧장 일 어나 교수님께 자리를 양보한다. 의외와 감사의 마음을 동시에 느끼 며, 그 예의바른 청년을 바라보았다. 눈매가 무척 매력적인 아름다운 청년이다. 나이는 스물두세 살쯤 되었을까? 나는 그 청년에게서 쉽사리 눈을 떼지 못했다. 전방 철책선^{GOP}에 배치돼 있는 아들의 얼굴이 겹쳐진다.

시간이 지나자 많은 사람들이 내렸고 버스 안은 한산해졌다. 해변 호텔 존을 달리는 동안 해변이 눈에 들어오기 시작했다. 그로부터 40분가량 더 달려 칸쿤 해변가에 이르렀다. 우리는 어디가 어딘지도 모르면서 무작정 내렸다. 더 이상 가면 안 될 것 같다는 판단에서였다.

그런데 막상 내리고 보니 정확히 내려야 할 곳에 내렸다. 모래사장이 바로 눈앞에 펼쳐져 있었다. 곳곳에 야자수 지붕의 그늘막이 있어 햇볕을 비껴가기에도 그만이었다. 아직 이른 시간이어서인지 아니면 비수기여서인지는 몰라도 사람들이 많지는 않았다.

칸쿤에 서린 아픈 기억

남색, 푸른색, 옥색으로 빛나는 카리브해 저 멀리로 수평선이 아득하다. 파도는 쉴 줄 모르고 몰려왔다 물러간다. 신혼부부로 보이는 두 쌍이 해변가에서 사진사의 지시에 따라 포즈를 취하며 촬영을 하고 있었다. 일본인으로 보이는 동양인 한 팀과 아이들까지 동반한 흑인 가족도 사진 촬영에 열심이다. 일본 팀은 신혼여행을 온 듯했다.

바다로 다가갔다. 동해만큼 물이 푸르고 맑지는 않았지만 파도는 세찼다. 나는 지금 신문이나 방송에서만 보아오던 멋진 풍광을 바로 눈앞에서 즐기고 있다. 팔을 한껏 벌리고 불어오는 바람을 품었다. 발가락 사이로 한없이 부드러운 모래가 스르르 감겨온다.

그런데 그지없이 아름다운 이곳에 우리의 아픔이 배어 있음을 나는 기억한다. 머나먼 이국땅 칸쿤에서 생을 마감한 한국 농민이 있었다. 2003년 9월 10일, 한국농업경영인연합회(한농연) 전 회장 이경해 씨

칸쿤 해변(왼쪽). 신혼부부
로 보이는 두 쌍이 카리브
해의 파도 앞에서 촬영을
하고 있다(왼쪽).

는 전국농민회총연맹(전농) 회원 등 한국 대표들과 함께 세계무역기구
WTO 각료회의가 열리는 칸쿤에서 농산물 자유교역을 반대하며 시위를
벌이던 중 할복자살했다.

해변 바로 옆 호텔에서 농산물의 자유거래를 위한 WTO 각료회의가
열리고 있었고, 세계 각국에서 모인 농민들과 진보세력은 그에 강력
히 반대하며 싸웠다. 이경해 씨도 이 시위 대열에 참석해 격렬히 저항
하다가 경찰이 설치한 3미터 높이의 철조망 바리케이트 위에 올라가
"WTO가 농민을 죽인다!"는 항의 구호를 외치며 할복 후 뛰어내렸다.

내가 칸쿤의 해변 모습을 사진으로 처음 본 것은 바로 그 사건 때문
이었다. 그때 나는, 언론에서 비극의 현장을 극명히 대비시키기 위해
호텔 존이 위치한 그림 같은 칸쿤 해변의 공중 촬영 사진을 내보냈다
는 느낌을 받았었다.

나는 아픈 기억을 떨쳐버리고 여행객으로서 할 일에 충실하기로 했
다. 실컷 바라보기, 사진 찍기 그리고 한껏 느끼기다. 그러나 시간은
한정돼 있었다. 오늘 우리는 쿠바로 떠나야 한다. 아쉽지만 이 바다를
가슴 한편에 담아두고 뒤돌아서야 했다.

숙소로 돌아와 12시 30분 공항버스를 탔다. 공항에 도착하자마자
입국 수속을 밟기 위해 쿠바 항공이 있는 쪽으로 발길을 돌렸다. 쿠바

에 들어가기 위해서는 따로 비자 신청을 할 필요가 없다. 하지만 비자를 대신한 입국서류가 필요하다. 캐나다에서 갈 때는 비행기 탑승 후 나눠주기도 한다지만, 여기서도 그런지는 알 수 없었다.

쿠바행 비행기를 타기 위해서

쿠바 항공사 쪽으로 가고 있는데 한 남자가 "쿠바에 가느냐"고 묻는다. 항공사 직원은 아닌 것 같고 쿠바 정부에서 파견 나온 관리인 듯했다. 겉으로는 부드러워 보여도 어딘가 모르게 관료적이고 권위적인 냄새가 풍겼다. 우리가 그렇다고 하니까 따라오라면서 앞장서 걷는다. 우리는 사무실로 데려가는 모양이라고 생각하면서 그를 뒤따라갔다.

그런데 공항대합실 한 귀퉁이 창가에 멈춰 선다. 그러고는 여권을 보여달라고 한다. 여권을 내주자 손가방에서 인쇄된 종이 4장을 꺼내 창틀 난간에 기대어 쓱쓱 적는다. 순식간에 두 장이 나란히 붙어 있는 비자를 대신한 증명서가 4장 만들어졌다. 이름과 국적 등 아주 간단한 사항만 적혀 있다. 그리고 1인당 25달러씩, 모두 100달러를 내라고 한다. 어안이 벙벙하지만 돈을 내밀 수밖에 없었다.

남자는 100달러를 받더니 우리의 인적사항이 적힌 비자대용 증서를 넘겨주고 그 자리를 떠났다. 그 종이증서를 들고 쿠바 국적 항공사(에어 쿠바나)에 짐을 부치기 위해 줄을 섰다. 사람이 많지 않았지만 업무처리 속도가 너무 느리다 보니까 시간이 많이 걸렸다. 한참을 기다려 우리 차례가 되자, 수하물로 부칠 짐을 올려놓았다. 수하물 꼬리표도 안 붙인 짐이 저쪽으로 넘어갔다. 그런데도 직원은 세월아 네월아, 그저 태평하기만 하다.

우리가 종이증서와 여권을 넘겨주니, 멕시코 입국신고서도 함께 내

칸쿤 국제공항 탑승 대기
실.

놓으라고 한다. 다른 사람들은 금방 찾았으나 나는 끝내 못 찾았다. 수하물로 부치는 큰 트렁크 속에 섞여 들어간 모양이다. 나중에 쿠바에 도착해 뒤져보니 캐리어 안에 고이 모셔져 있었다. 내가 없다고 하자 멕시코 출입국사무소에 가서 확인증을 받아오라고 한다. 부리나케 사무실로 달려가 확인서를 요청하니 벌금으로 30달러를 내란다. 속이 쓰리다.

이번에는 출국심사 과정에서 내가 매고 있던 가방이 걸렸다. 텀블러에 물이 남아 있던 걸 깜빡했던 것이다. 물을 버리고 다시 가방을 검색대 위에 올려놓고 통과했다. 그때 입국장의 젊은 직원이 우리 일행에게 어디서 왔느냐고 묻는다. "꼬레아!"라고 답하니, "God Bless!"를 한국말로 뭐라고 하느냐고 묻는다. 우리는 "신의 가호가 함께 하기를!"이라고 대답했다. 그는 우리의 쿠바 여정에 "신의 가호가 함께 하기를!"이라며 기원해주었다. 감사하는 마음으로 "그라시아스!(고맙습니다)"라고 답한다.

칸쿤 국제선 대기실은 멕시코지만 멕시코가 아닌 듯했다. 대부분 외국인들이다. 거의가 백인들인데 유럽과 미국에서 온 사람들로 보였다. 일부 라틴계 백인과 메스티소 그리고 소수의 흑인과 동양인이 뒤섞여 있었다.

'땅콩 회항'이 떠오르다

탑승 수속이 시작되었다. 그런데 이곳에서 다시 짐 검사와 입국심사를 했다. 경우에 따라서는 소지하고 가는 짐을 샅샅이 뒤져본다. 또한 가는 목적, 돈은 얼마나 가졌느냐 등 보통 입국신고서에 적는 내용을 검색요원이 직접 물었다. 아마도 오랫동안 미국의 적대국으로 살면서 국가의 생존을 염려해야 했던 쿠바의 특수한 상황 때문에 생긴 관행이겠거니 하고 생각했다.

마침내 쿠바 항공기에 탑승했다. 우리가 탄 비행기는 크기가 작았다. 칸쿤에서 아바나로 가는 비행기는 하루에 한 편밖에 없다고 한다. 전문가들은 쿠바가 미국과 수교하면, 미국 여행객이 많이 늘 것이라고 예상한다. 지금 쿠바 여행객이 연간 350만 명 정도 되는데 쿠바와 미국의 관계가 본격화되면 미국 여행객만 350만 명 정도 될 것으로 추정하고 있다. 최소한 여행관광객이 2배 이상 늘어난다는 이야기다. 그렇게 되면 비행기 운항 횟수도 배로 늘어날 것이다. 미국-쿠바 직항로도 개설될 것이다.

탑승하는 동안 비행사 직원들은 승객들을 멀뚱멀뚱 쳐다보고 있다. 대한항공이나 아시아나 직원들과는 너무 대조적이다. 멕시코, 미국 등 다른 나라 항공사도 비슷했다. 그들은 탑승하는 사람들을 가만히 지켜보기만 했다. 그에 반해 우리나라 항공사는 친절하다 못해 '과잉서비스'라는 느낌까지 들 정도다. 왜 그럴까?

우리의 산업, 특히 서비스산업은 일본의 영향을 많이 받았는데, 일본식의 과장되고 지나친 친절 서비스 매뉴얼까지 그대로 받아들인 것은 아닐까? 꼭 일본의 영향 때문이 아니라 하더라도, 지금의 한국 서비스산업은 노동자에게 지나친 친절과 감성노동을 강요하는 경향이 있다. 그러다 보니 한국 국적기의 경우 승무원의 노동 강도가 다른 나라에 비해 상대적으로 높다. 어찌 보면 '땅콩 회항' 사건도 과잉 서비스와 높은 노동 강도를 요구하는 한국의 경영풍토에서 비롯된 것인지도 모른다. 물론 '땅콩 회항'의 직접적인 원인은 재벌 오너의 전근대적인 사고방식에서 나온 것이지만, 그 바탕에는 이런 노동 여건이 자리 잡고 있다고 봐야 할 것이다.

쿠바 항공기의 경우 남녀 승무원 숫자가 비슷했다. 여성이 다수를 차지하고 있는 우리와는 다르다. 승무원이 기내에서 힘쓸 일이 많은데 남성들이 많이 근무하는 게 타당할 것으로 생각되었다. 우리가 탄 항공기의 남자 승무원은 덩치가 엄청났다. 힘 좀 제대로 쓸 것 같았다. 여성 승무원도 나이가 들었고 체구도 컸다. 당연히 저래야지 싶다. 그들은 승객들의 감상용 꽃이 아니라 승객에게 서비스를 제공해야 하는 노동자들인 것이다.

라틴계(스페인계)로 여겨지는 백인 남자 승무원은 건장했다. 특별히 친절한 것은 아니지만 그렇다고 불친절하지도 않다. 그 외에 남자 승무원이 한 명 더 있다. 30대 초반으로 보이는 흑인(혼혈) 여승무원은 건강한 쿠바형 미인이다. 40대 중반은 됐을 것 같은 여승무원은 쿠바항공의 광고 모델로 등장할 같은 얼굴이다. 골격은 하나같이 장대했다. 비행시간이 짧기 때문인지 식사는 제공되지 않았다.

한 줄에 6명씩 앉는 소형 비행기는 국내선 저가항공과 비슷한 느낌이 들었다. 비행시간이 1시간 20분에 불과해 금방 아바나에 도착했다. 쿠바와 칸쿤은 1시간의 시차가 있는데, 아바나가 빠르다. 그 때문에 칸쿤에서 오후 3시 5분에 출발한 비행기가 아바나 공항에 도착한 것은 오후 5시 25분이었다.

호세 마르티 국제공항에서

쿠바의 호세 마르티 국제공항에 도착했다. 입국수속 절차는 까다롭지 않았다. 칸쿤에서 이미 입국심사와 짐 검사를 까다롭게 한 터라 여기서도 그럴 필요는 없을 것이다. 세관 통관도 간단히 끝났다. 그러나 짐을 찾는 데는 시간이 많이 걸렸다. 수하물 운송과 분류가 자동화되지 못한 탓인 듯했다. 그때 젊은 직원이 나에게 "아프리카에서 왔느냐?"고 묻는다. "노, 꼬레아!'라고 했더니 활짝 웃으며 반긴다. 환영하는 느낌이 가슴에 그대로 전달돼 온다.

공항 정문으로 나오자 바로 정면에 철골들이 어지럽게 서 있다. 언뜻 보아서는 공사현장인지 예술작품을 설치해놓은 것인지 구분이 안 갔다. 공사현장에 있어야 할 펜스도, 버킷도 제대로 설치돼 있지 않다. 얼기설기 쇠파이프로 경계를 막아놓았을 뿐이다. 우리는 이 같은 광경을 아바나에 있는 동안 계속 보게 된다. 아바나 곳곳에서 크고 작은 공사들이 진행 중이었다.

호세 마르티 공항은 국제공항이라기에는 너무 소박했다. 인천공항은 말할 것도 없고, 김포공항과도 비교할 수 없을 정도로 규모가 작다. 제주 국제공항 정도의 크기일까? 공항 주변도 한적한 시골 같은 느낌이다. 좌우로 야자수를 비롯한 열대 식물들이 즐비하고, 다른 건물들은 거의 보이지 않았다. 공항 밖으로 나서니 '아, 드디어 쿠바에 왔구나!' 하는 실감이 든다.

우리는 항공기 안에서 한국인 여행객을 두 팀 만났다. 한 팀은 부인이 중

공항 정문을 나오자 철골물이 어지럽게 서 있는 모습이 보인다.

165

남미 지역학을 공부하는 교수였는데 안식년이어서 라틴아메리카 지역을 여행 중이라고 했다. 50대 초중반으로 보이는 이들보다는 훨씬 젊은 30대 후반, 40대 초반의 부부도 한 팀 있었다. 그들을 만나 반갑기도 하거니와 행운이라는 생각까지 들었다. 쿠바에 대한 예비지식도, 준비도 부족한 상태에서 도움을 받을 수 있지 않을까 싶었던 것이다.

우리는 쿠바에 오기 전 안내 가이드를 찾기 위해 몇 군데 알아보았으나 성공하지 못했다. 한국인들에게 잘 알려진 유명 가이드에게는 메일을 보내 답장까지 받았다. 가이드를 부탁했더니 자신의 일정을 알려주겠노라고 하고는 더 이상 답을 주지 않았다. 쿠바에 도착한 뒤 아바나 숙소에서 현지인을 통해 그와 전화 통화를 시도했으나 받지 않았다. 별 수 없이 우리는 완전한 백지상태에서 쿠바 여행을 해야 했다.

우리는 숙소를 예약하지 않은 상태였기에 그 한국인들에게 숙소 문제를 물어보았다. 두 팀 모두 '까사'에 예약을 했다고 한다. 교수 부부는 구시가지에 있는 "상당히 괜찮은 까사에 예약을 했다"고 말했다. 그들이 묵고 있는 곳의 주소를 알려달라고 부탁했다. 우리는 받아 적은 그 주소지부터 먼저 가보기로 했다. 공항에 도착한 뒤 다시 보자며 헤어졌지만, 그 뒤 한 번도 그들을 만나지 못했다.

아바나 구시가지에 숙소를 정하다

우리는 입국 뒤 바로 택시를 타기 위해 공항 2층으로 올라갔다. 2층에서 타면 싸게 갈 수 있다는 여행서 정보만 믿고 그렇게 한 것이다. 공항을 나올 때부터 쿠바인 한 사람이 계속 따라 다니며 택시를 탈 거냐고 묻는다. 흥정을 해보니 우리가 알고 있는 것보다 비싸다. 그래서 2층으로 올라갔고, 그곳에서 막 손님을 내려주는 택시를 한 대 잡았다. 그런데 기사는 우리 일행의 짐을 보더니 안 된다고 간단히 잘라 말한다. 짐이 너무 많다는 것이다.

다시 1층으로 내려왔다. 공항 정문 왼편의 택시 승강장에 택시들이 즐비하게 줄을 서서 기다리고 있었다. 택시기사들은 차에서 내려 느긋하게 서 있다. 승강장에서는 제복을 입은 한 여성이 손님과 기사들 사이에서 이야기를 나누고 있었다. 공항 직원인지 경찰인지 구분이 잘 안 갔지만, 그 여성이 택시 배차를 하고 있었다.

우리 일행을 보더니 그녀가 누군가를 소리쳐 부른다. 도로 건너편에서 건장하고 키가 큰 흑인(뮬레토)이 한 사람 다가오더니 우리에게 저쪽으로 가라고 손짓을 한다. 짐이 많아서 여기에 줄서 있는 택시에는 탈 수가 없다고 말한다. 길 건너편에 우리의 콜벤과 유사한 승합차 모양의 택시가 서 있었다. 비용은 30꾹^{CUC}**29**이라고 한다. 보통 20꾹이면 되지만 짐이 많아서 비싼 큰 차를 타야 했다.

앞좌석에는 네 명 중 상대적으로 덩치가 가장 큰 내가 앉았다. 그동안 멕시코에서 택시를 탈 때도 그랬고, 그 뒤로도 쭉 그렇게 했다. 그 덕에 나는 여행 내내 편안히 지낼 수 있었다. 택시도 그렇고 침대도 그랬다.

공항을 빠져나오자 바로 로터리가 나타났다. 좌회전을 하면 아바나 시가지로 가는 길이다. 로터리 정면에 호세 마르티, 카스트로, 체 게바라, 시엔푸에고스의 초상이 들어간 작은 선전 간판이 서 있다. 쿠바

---

29) 쿠바는 이중화폐제도다. 외국인이 쓰는 일명 '꾹'으로 불리는 세우세(CUC) 화폐와 내국인이 쓰는 일명 '모네다'(돈이라는 뜻)로 불리는 쿠바페소 세우뻬(CUP) 화폐가 있다. 꾹과 모네다의 비율은 1:24로 큰 차이가 난다. 공항에서 환전할 때 미화 100달러에 87꾹, 캐나다화 100달러에 78꾹을 받았다. 우리가 여행할 당시 미화 1달러에 1,124원, 캐나다화 1달러에 900원 정도였다. 이를 바탕으로 환율을 정리하면 1꾹은 미화 1.15달러(한화 1,300원), 캐나다화 1.282달러(1,153원) 수준이었다. 미 달러를 환전하는 것이 캐나다 달러보다 훨씬 손해임을 알 수 있다. 이는 그동안 쿠바와 미국의 국교관계가 없었기 때문에 미화는 환전하면서 무조건 수수료를 10% 이상(경우에 따라서는 20퍼센트까지) 붙이기 때문이다. 어쨌든 쿠바 화폐 1꾹은 우리 돈 1,200원~1,300원 정도 되는 액수다. 나는 여기서 그 중간인 1,250원으로 계산할 것이다.

에서 본 초상화는 이 네 사람과 라울 카스트로가 전부였다. 외국인이지만 베네수엘라 대통령으로 지금은 고인이 된 차베스의 얼굴도 종종 볼 수 있었다. 호세 마르티와 체 게바라는 거의 모든 곳에서 볼 수 있었다. 정부기관 등 공공건물 내부에는 피델 카스트로와 라울 카스트로의 초상화가 걸려 있었다.

공항을 떠난 택시는 한동안 시골길을 달렸다. 아바나^{Habana}를 '생태도시', '녹색의 도시'라고 했던 책 내용이 기억에 떠오른다. 내 눈에는 개발되지 않은 자연 도시, 낙후한 도시 모습이 동시에 겹쳐진다. 길거리를 지나는 사람들의 모습이 조금은 느긋해 보인다. 한국의 대도시에서 보는 것처럼 사람들이 어딘가를 향해 바쁘게 가는 느낌은 없다. 어린 시절 내가 자라면서 보았던 시골 사람들을 보는 것 같다.

우연이 만들어준 소중한 인연

공항을 출발한 뒤 50분쯤 달렸을까? 아바나 구시가지로 들어섰다. 택시는 이면도로의 골목길로 들어선다. 비행기에서 만난 한국인 여행객이 적어준 주소를 기사에게 보여주었다. 기사는 주소를 따라 그곳으로 찾아갔으나 빈방이 없었다. 다른 사람이 적어준 주소지도 빈방이 없기는 마찬가지였다.

우리가 난감해하고 있자 택시기사가 자기가 아는 곳이 있다며 그곳으로 안내하겠다고 한다. 택시기사는 흑인(혼혈)으로 키가 거의 190센티미터는 될 듯한 건장한 체격에 잘 빠진 체형의 40대쯤 되어 보이는 사람이었다. 인상이 험하지는 않았지만 아바나 시내로 들어오는 동안 한마디도 하지 않는 데다가 얼굴 표정이 굳어 있어서 편안한 느낌은 아니었다. 그런 그가 친절하게도 골목길을 이리저리 돌더니 구시가지

우리가 여장을 푼 구도시
주변 골목길 모습.

어느 지점에서 숙소 한 곳을 소개해준다.

우리나라 택시기사들은 외국관광객을 어떻게 대하는지 잘 모르겠다. 아마 대부분의 기사들은 승객이 요청한 목적지에 도착하면 내려주고 바로 떠나지 않을까 싶다. 하지만 쿠바에서는 택시기사가 목적지에 도착해서 사람만 내려주고 그냥 가는 법이 없다. 우리가 탔던 모든 택시의 기사들은 하나같이 우리가 숙소 문제를 완전히 해결할 때까지 도와주었다. 처음 아바나에서 그랬고, 트리니다드와 산타클라라에 갔을 때에도 그랬다. 그렇게 도와준 택시기사들은 처음 계약한 요금보다 더 달라고 하지도 않았다. 그들도 그런 과정에서 아는 사람을 연결시켜줌으로써 약간의 이득이라도 얻는지는 알 수 없다.

공항에서 우리를 태워준 택시기사가 새로운 까사(민박집)를 소개해주었다. 그 집 주인은 마이클이라는 이름의 40대 초반의 머리가 벗겨진 미남형 백인이었다. 그는 한때 여행 계통 업무에 종사한 적도 있어서 그 동네뿐만 아니라 쿠바 곳곳에 친구를 확보하고 있었다.

그는 영어도 잘하고 쿠바 전역에 발 넓게 인맥을 확보하고 있었으며, 사람과의 관계를 풀어가는 수완도 있었다. 쿠바의 개방이 가속화되고 미국 자본이 본격적으로 진출하면 부를 축적할 수 있는 유리한 조건을 갖추고 있는 셈이다. 젊은 부인과의 사이에 두 아이를 두고 있었는데 현재 말레꼰 해변에 있는 큰 레스토랑에 근무하고 있었다. 우리는 나중에 그가 근무하는 식당에 놀러가서 랍스터 요리를 안주 삼아 생맥주도 한잔 마셨다.

마침 마이클의 집에는 빈방이 없어서 그는 우리를 맞은편 다른 집에 소개시켜주었다. 하지만 한 집에 빈방이 하나씩밖에 없었기 때문에 우리는 각각 다른 집에 묵어야 했다. 이 대표와 나는 1층 방에, 교수님과 원장님은 베란다가 있는 2층 방에 자리를 잡았다. 상대적이지만 우리 방은 약간 허름하고 좁고 더웠다. 낡은 옛집이어서 냄새도 좀 났다. 그래도 샤워장도 깨끗하고 에어컨 성능도 좋았다.

방값은 동일하게 30꾹(37,500원)이었다. 아침 식사는 마이클의 집에서 하기로 했는데, 1인당 5꾹(6,250원)이었다.

마이클의 부인은 20대 후반으로 보이는 상당한 미인이었는데 친절하고 상냥했다. 알고 보니 마이클이 재혼해서 두 사람 나이 차이가 제법 났던 것이다. 마이클의 집에는 가까이 살고 있는 아버지, 어머니와 장모, 처제 등이 수시로 오고 갔다. 마이클의 부친은 배우 조지 클루니를 닮은 초로의 신사였다. 장모를 보니 부인의 미모가 어디서 왔는지 금방 알 수 있었다.

우리가 한국에서 왔다고 하자 마이클의 부인이 그렇게 좋아할 수가

우리가 묵은 까사 출입구 (왼쪽)와 방의 내부 모습(오른쪽).

없었다. 그녀는 한류 팬이었다. 그녀의 컴퓨터에는 어디서 구했는지 모르겠지만 한국의 최근 드라마들이 잔뜩 저장되어 있었다. 쿠바에는 한류팬클럽도 있다고 했다.

특히 배우 '이민호'의 인기가 최고라고 했다. 여행을 떠나기 전에도 이 비슷한 이야기는 간간히 들었지만 실제로 보니 그 정도가 달랐다. '한국 아이돌 가수와 연예인들 브로슈어라도 좀 가져갈걸' 하는 생각이 들었다.

9

호세 마르티 혁명 광장에서

아바나에서의 첫날 밤

짐 정리가 끝나고 저녁 식사를 했다. 마이클이 마침 숙소에서 그다지 멀지 않은 곳에 있는 식당을 소개시켜주었다. 우리는 그 뒤에도 마이클의 소개와 정보망에 많은 부분을 의존했는데, 지금 생각해보면 그가 소개한 곳은 대부분 수준이 있었다. 쿠바에 아무런 사전 연고도 확보하지 못한 채 무작정 여행을 떠난 우리들에게 마이클을 만난 것은 일종의 '행운'이었다.

식당은 구시가지의 명물 가운데 하나인 대성당 광장 바로 옆에 위치해 있었다. 다음 날 보니 가까이에 바다도 있었다. 구시가지에서 말레꼰 해변으로 가는 길목의 4층짜리 낡은 건물에 자리 잡은 식당은 규모도 제법 컸다.

정확히 확인해보지는 않았지만 국영식당 같았다. 아니면, 지금 쿠바에서 많이 운영되고 있는 협동조합일지도 모르겠다. 식당 입구에는 'LA MONEDA CUBANA'라는 간판이 붙어 있었다. '쿠바의 부(돈)'라고 번역할 수 있을까?[30] 간판 아래쪽에는 'Fundado En 1924'라고 기록

---

30) 스페인어 moneda는 돈, 화폐, 통화를 뜻한다.

대성당의 밤(왼쪽)과 아침
(오른쪽).

돼 있다. 1924년에 식당이 시작됐다는 이야기인 모양이다. 식민지 시대의 단절과 분단, 6·25전쟁의 초토화를 경험한 우리나라에서는 100년의 전통을 가진 기업이나 식당, 건축물을 찾기가 쉽지 않다. 하지만 쿠바에서는 이건 별로 어려운 일이 아니다.

우리는 2층, 3층을 지나 옥상으로 올라갔다. 옥상에는 우리 외에도 여러 팀들이 식사를 하고 있었다. 식사비용으로 모두 92꾹(115,000원)이 나왔다. 생각보다 비싸다. 주 메뉴가 각기 18꾹(22,500원) 내외였던 걸 감안하면 꽤 많이 나온 편이다. 아마도 맥주 값(1병에 4꾹)과 아이스크림 등 후식으로 먹은 비용이 상당했던 것 같다.

숙소로 돌아와 핸드폰과 사진기 배터리를 충전하기 위해 콘센트를 찾았다. 그러나 충전기를 끼울 자리가 하나밖에 없었다. 주인에게 말했더니, 마음씨 좋아 보이는 주인장은 젊은 아들을 불러 문제를 해결한다. 아들은 20세 정도나 됐을까? 아저씨가 겉으로 봐서는 60대 중반은 돼 보이는데 자녀들(딸은 20대 초반인 듯 보였는데 아이가 있었다)을 보면, 그보다는 젊을 수도 있겠다는 생각도 들었다. 그 아들이 어디서 낡은 콘센트를 하나 구해 와서 연결해주었다. 그걸 보니까 콘센트나 전선 하나 구하기도 힘들었던 우리의 60년대, 70년대가 생각났다.

우리가 묵은 까사 주인아저씨는 매우 친절하고 순박했다. 우리만 보

우리가 아바나에서 첫날 저녁을 먹은 식당 건물(위). 식당 옥상에서 본 밤거리(가운데)와 식당 주변의 모습(아래).

면 활짝 웃으며 "올라"라며 먼저 인사를 한다. 우리도 "올라" 하면서 맞인사를 했다. 그는 이제 막 영어를 조금씩 배우기 시작한 상태라 의사소통이 쉽지 않았다. 이 대표와 내 영어 실력이 엉망이어서 더 그랬을 것이다. 그는 우리와 뭔가 이야기를 나눠보고 싶어 했지만 몇 마디 하고는 바로 벽에 부딪히곤 했다. 우리는 이내 포기하고 말았다.

쿠바인들의 생활, 삶, 고민 등에 대해 이야기를 나누고 싶었지만 무리였다. 꼭 필요한 현안 문제와 관련된 것만 영어, 스페인어, 손짓, 몸짓을 섞어서 해결했다. 우리가 밖에 나갔다 돌아오면 그는 어김없이 망고주스를 4잔씩(다른 집에서 묵고 있는 두 분 것도 함께) 만들어서 제공했다.

저녁에 빨래를 간단히 했다. 그런데 방 안에는 빨래 널 곳이 마땅치 않았다. 벽에 옷걸이를 걸 곳이 하나도 없었던 것이다. 할 수 없이 방 이곳저곳, 그러니까 냉장고, 옷장과 문고리 등 옷걸이가 걸리는 곳마다 매달아놓았다. 다음 날에야 주인아저씨의 안내로 그 집 안쪽 공간에 빨랫줄이 있다는 걸 알았다.

잠을 자야 되는데 잠이 안 온다. 에스프레소 커피를 너무 마신 탓인가? 핸드폰을 보니 문자가 와 있다. 친한 후배가 부친상을 당했다. 꼭 문상을 가봐야 할 곳이지만 어쩌겠는가. 후배에게 문자로 조전을 보냈다.

12시 30분이다. 이젠 정말 자야겠다. 아내에게 간단한 문자를 보내고 잠자리에 누웠다. 쿠바에서는 인터넷이 안 돼 다른 통신수단은 사용할 수가 없다. 문자도 아바나에서만 됐을 뿐, 다른 지역에서는 불통이었다. 약간은 불편했지만, 크게 지장 받을 일은 없었다. 정말로 필요한 내용은 아바나에서 문자로라도 주고받을 수 있으니 그나마 다행이었다.

아바나에서의 첫 아침

6월 17일 수요일. 쿠바의 아바나에서 맞이하는 첫날 아침이다. 6시경에 잠에서 깬 나는 밖으로 나왔다. 거리는 아직 조용하다. 멕시코시티에서 묵었던 숙소처럼 큰 도로변이 아니어서 차 지나가는 소리도 들을 수 없다. 시원한 아침 공기를 벗 삼아 숙소 주변을 한번 돌아볼 생각이었다. 6시 30분경, 이 대표와 함께 아바나 구도시의 아침 산책길에 나섰다.

동네 공원을 지났다. 세르반테스 동상이 있다. 스페인어권이라는 걸 실감할 수 있었다. 골목길을 따라 조금 더 가니 대성당과 광장이 나온다. 어제 저녁에는 밤늦게까지 광장 옆 레스토랑에서 사람들이 술을 마시고 있었으나 지금은 조용하다. 조금 더 내려가니 우리가 저녁을 먹은 '라 모네다 쿠바나' 식당이 나왔다. 저녁에 생각했던 것과 달리 건물이 낡았다.

식당은 구도심에서 해안으로 통하는 길 마지막에 위치해 있었다.

숙소 주변 동네 공원의 세
르반테스 동상.

10분도 안 돼서 말레꼰 해변에 도착했
다. 우리는 말레꼰 해변을 따라 신도시인
베다도 지역 방향으로 걸었다. 바다를 오
른편에 두고 1킬로미터 정도를 걸었더니
신도시가 멀리서 선명하게 보인다. 하지
만 그곳까지는 안 가고 해변에서 바라보
는 것으로 만족하기로 했다.

아침 해가 떠오를 때 바라보는 말레꼰
해변의 경치가 환상적이다. 그러나 저 멀
리 아바나를 상징하는, 까만 매연을 내뿜으면서 활활 타오르는 한 공
장의 불꽃이 계속 우리를 거슬리게 한다.[31] 그 매연 때문에 아바나 바
닷가의 상쾌한 아침 공기 전체가 오염되는 느낌이다. 왜 저 공장 불꽃
은 꺼지지 않고 계속 타고 있는 것일까?

TV방송 다큐멘터리에서 쿠바의 에너지 위기 극복 과정을 본 기억이
있다. 1990년대 초반 소련과 동구 사회주의권이 몰락하면서 에너지원
을 전적으로 해외 수입에 의존해왔던 쿠바는 심각한 위기 상황에 봉착
했다. 발전소와 공장 가동이 중단되고 트랙터와 승용차가 운행을 멈췄
다. 산업은 마비 상태에 빠졌고, 비료 생산이 중단되면서 농업도 붕괴
되었다. 1992년 카스트로 국가평의회 의장은 비상사태를 선언하고 위
기 극복을 위해 허리띠를 졸라맨다.

농업 위기를 해결하기 위해 집단농장을 해체하고 생산자 협동조합
을 설립했다. 소규모 가족영농을 확대했으며, 담배와 사탕수수 등에
편중됐던 집단농장 중심의 농업생산 구조를 해체하고 콩, 옥수수, 쌀,

---

31) 그 공장의 불꽃은 매일 밤낮 없이 타올랐다. 그 불꽃을 끄지 못하는 이유가 있을 텐데 그 이유를
알아내지 못했다. 그 불꽃이 아바나 바닷가 전체의 공기를 오염시키는 것 같아서 안타까웠다.
한편, 서울의 당인리 화력 발전소에서 내뿜는 매연이 생각나기도 했다.

바다를 바라보고 찍은 모습. 아직 해가 뜨기 전이라 약간 어둡다(왼쪽). 시꺼먼 연기를 내뿜으면서 타오르고 있는 불꽃. 이유가 있겠지만 쿠바의 아침 공기를 오염시키는 것 같아 안타까웠다(오른쪽).

야채, 과일 등 다양한 종류의 농작물을 심는 다각화 영농과 생산성 향상으로 식량 위기를 극복했다.

에너지 문제 해결을 위해 대안공동체를 조직, 운영했다. 석유 중심의 에너지 수요를 최대한 줄이고 사탕수수 찌꺼기 등을 활용한 대체에너지를 개발, 이용했다. 개인승용차 대신 대규모 운송수단을 늘리고, 카풀과 히치하이킹 등 운반 차량의 공동 이용을 의무화했다. 이렇게 해서 쿠바는 에너지 위기를 넘겼다.

우리는 쿠바를 여행하는 동안 전기가 부족하다는 느낌은 전혀 받지 못했다. 대부분의 승용차가 노후화되어 매연이 심했지만 에너지가 없어 사용하지 못하는 차는 없었다. 고속도로에서는 히치하이킹을 위해 손을 들고 기다리는 사람들을 곳곳에서 볼 수 있었다. 지방 소도시에서는 트럭을 개조하여 사람들을 태울 수 있게 만든 트럭버스를 일상적으로 볼 수 있었다. 또 지방에서는 마차를, 아바나에서는 사람이 발로 움직이는 자전거택시를 중요한 교통수단으로 활용하고 있었다.

쿠바에는 올드 카가 많다. 길거리에 지나다니는 많은 차들은 수령이 수십 년씩 된 오래된 차들이다.

177

아침 산책길에서 만난 개 한 마리. 오랫동안 우리를 쫓아왔다. 빈손이라 아무것도 줄 게 없어서 미안했다. 아바나 구시가지에는 이런 개들이 많았는데, 어느 집에 매여 사는 것 같지 않았다. 짓지도 않고 순했다.

나는 새까만 매연을 내뿜고 있는 공장의 불꽃을 보면서, 어쩌면 저것은 에너지 문제를 해결하기 위해 기울인 쿠바인의 필사적인 노력의 상징물인지도 모르겠다는 생각을 했다. 저 불을 끄고 다시 붙이려면 상당한 에너지 손실이나 기술적인 어려움이 있는 모양이라는 생각도 했다. 까만 연기를 내뿜으며 아바나의 상쾌한 아침 공기를 매캐하게 만드는 불꽃을 바라보고 말레꼰 해변을 걷자니 착잡한 심경이었다.

아침에는 에스프레소

해변에는 우리 말고도 산책 나온 사람들이 여럿 있었다. 홈 리스인지, 밤새 술을 마신 것인지는 알 수 없지만 누워 자고 있는 사람도 가끔 목격됐다. 아침부터 알코올에 찌든 채 공원에 앉아 있는 사람도 한두 명 보였다. 나는 쿠바에서 알코올 중독자로 보이는 사람을 종종 만났지만, 관광객에게 구걸 행위를 하는 사람은 보지 못했다.

물건을 팔기 위해 호객 행위를 하는 사람들은 있었지만 빈손을 내미는 사람은 없었다. 홈리스 행색으로 길거리에 앉아 있는 사람도 있었는데, 정말 그가 홈리스인지는 알 수가 없다. 구걸 행위를 하지 않았기 때문이다. 정말 집 없이 거리에서 생활하고 있는 사람이라면 동전 몇 닢이라도 얻기 위해 손을 벌릴 터였기 때문이다.

멕시코시티에서는 거리에서 구걸 행위를 하는 사람을 수시로 만났으나 알코올 중독자로 보이는 사람은 거의 목격하지 못했다. 홈리스들도 거의 못 만났다. 반면, 짧은 시간밖에 체류하지 못한 미국 LA에서는 홈리스와 알코올 중독자들을 수시로 보았다. 다운 타운의 밤거리를 구경하지 못했지만 친구 이야기에 따르면 LA다운타운의 밤거리는 홈리스들의 천국이라고 한다. 한 시간 반 남짓 걸으며 구경했던 할리우드 거리에서 도 나는 알코올 중독자와 홈리스를 여러 번 목격했다.

해변가 동상 아래서 누워 자 고 있는 여성. 머리맡에 빈 술병이 있는 것으로 보아 밤 새 술을 마신 모양이다.

　짧은 기간에 만난 멕시코, 쿠바, 미국은 그런 모습에서도 각 나라의 현실을 그대로 드러내주고 있었다. 나는 그것만으로도 그 나라의 속살 을 슬쩍 엿볼 수 있다고 생각한다.

　숙소로 돌아와 8시 40분경 마이클의 집으로 아침 식사를 하러 갔 다. 식탁은 옥상에 마련돼 있었다. 그러니까 주인은 식사 외에도 탁 트인 전망, 시원한 아침 공기까지 우리에게 선사해준 셈이었다.

　먼저 망고주스와 과일이 한 접시씩 나오고, 이어서 계란프라이, 빵

말레꼰 해변의 아침 풍경. 작은 배들이 떠 있고(왼쪽), 운동하는 사람(가운데), 낚 시하는 사람들(오른쪽)의 모 습이 한가롭고 평화롭다. 숙소 근처의 풍경들(아래).

아침 산책길에서 만난 학생들. 흰색 상의와 검은색 하의(여학생들은 바지와 치마 차림이 제각각이다)의 교복 차림이 정갈하다.

과 버터, 꿀과 설탕, 그리고 마지막으로 에스프레소 커피가 곁들여졌다. 쿠바 사람들은 에스프레소 커피를 즐겨 마시는데 설탕을 듬뿍 넣는다. 아마도 그 옛날 노예들이 힘든 노동의 고통을 중화하기 위해 마셨던 것이 전통으로 이어진 것이 아닌가 생각된다. 우리도 그렇게 했더니 쓴맛이 중화되어 한결 마실 만했다. 강력한 쓴맛 때문에 보통 한국인은 에스프레소를 거의 마시지 않는 편이다. 나 역시 에스프레소를 먹어본 적이 한 번도 없다. 하지만 아바나에 있는 동안 우리는 매일 에스프레소 커피를 즐겨 마셨다.

환락의 도시에서 혁명의 수도로

아바나 시내 구경에 나섰다. 쿠바의 수도 아바나의 인구는 대략 220만 명 정도. 쿠바 전체 인구가 1100만 명인 것을 감안하면 5분의 1 이상이 이곳에 사는 셈이다. 아바나가 쿠바의 수도가 된 것은 미국의 군정을 거친 뒤 1902년 '쿠바 공화국'이 독립을 선포하면서였다. 그전 스페인 식민지 시절에는 산티아고 데 쿠바가 총독령의 수도였다.

쿠바혁명 전까지 아바나는 미국인들이 찾는 휴양도시, 고급클럽과 카지노, 리조트가 즐비한 환락의 도시였다. 1920년대 미국에서 금주법이 시행되자 미국인들은 향락을 좇아 아바나를 방문하게 되었고, 미국 부자들의 별장이 대거 들어서면서 관광객들이 붐비게 되었다. 1959년 쿠바혁명 이후 아바나는 환락의 도시에서 혁명의 도시로 바뀌었다.

플로리다 남단에서 145킬로미터밖에 떨어져 있지 않은 아바나는 미국 부자들의 최고 휴양지였으나 쿠바혁명 이후 그들은 한 발도 들여놓을 수 없게 되었다. 아바나를 잃은 미국인들의 상실감은 컸고, 그 상실감은 카스트로 정부에 대한 적대감과 증오감으로 발전했다. 2015년 쿠바와 미국은 국교 단절 55년 만에 정식으로 국교관계를 회복했다. 앞으로 미국의 쿠바 진출이 어떻게 진행될지 궁금하다.

아바나에서 관광객들이 많이 찾는 주요 지역은 대형 호텔과 신도시 지역인 베다도 지역, 문화의 중심을 이루고 있는 센트로 아바나 지역, 성당과 광장 등 유서 깊은 건축물들이 있는 이른바 '올드 아바나'인 아바나 비에하 지역 등으로 나눠볼 수 있다.

베다도에는 혁명광장, 아바나대학Univeridad Habana, 유명한 아이스크림 가게인 코펠리아Coppelia, 영화관, 나시오날 호텔Hotel Nacional 등의 대형 호텔들, 재즈클럽 등 각종 유흥시설, 여러 공원 등이 자리 잡고 있다. 아바나의 오래되고 낡은 건물과는 달리 대형 호텔을 중심으로 새 건물들이 줄줄이 자리를 잡고 있다.

센트로 아바나에는 까삐똘리오Capitolio, 빠르따가스 시가 공장Real Febrica Tabacos Partagas, 아바나 대극장Gran Teatro, 중앙공원Parque Central, 국립미술관Museo National de Bellas Artes, 혁명박물관Museo de la Revolution, 그란마 박물관Museo de la Granma, 쁘라도Prado 공원, 쇼핑센터 등이 유명한 관광지로 알려져 있다.

또한 아바나 비에하에는 우리의 명동에 해당하는 오비스뽀 거리Calle Obispo와 아르마스 광장Plaza de Armas, 대성당 광장Plaza de la Catedral, 산프란시스꼬 광장Plaza de San Francisco de Asis, 비에하 광장Plaza Vieja, 론 박물관Museo del Ron, 모로 요새 공원Parque Historico Militar Morro-Cabana 등이 있다.

중앙광장의 호세 마르티 동
상(왼쪽). 아바나 시내를 도
는 2층 투어버스(오른쪽).

우리는 아바나 시내를 도는 시티투어 버스를 타고 혁명광장에 가기
로 했다. 시티투어 버스는 30분 간격으로 계속 운행되고 있었고, 한
번 표를 끊으면 하루 종일 내렸다 탔다를 반복할 수 있었다. 가격은 1
인당 5꾹(6,250원)이다. 말레꼰과 베다도 지역까지 아바나 서쪽을 도
는 T1과 중앙공원에서 출발해 모로성 등 아바나 동쪽 해안선을 따라
도는 T3가 있었는데, 우리는 T1을
탔다.

투어버스 2층에서 바라보
는 거리 풍경.

오전 10시 20분, 중앙광장에서 출
발한 버스는 말레꼰 해변을 따라 신
시가지 쪽으로 나아갔다. 베다도 지
역의 리베라 호텔과 프레지던트 호
텔 등 호텔 지역을 지나 녹색의 푸른
도시로 접어들었다. 오픈카 2층, 햇
살은 따갑지만 시원한 바람과 함께
바라보는 시가지는 청량했다.

혁명광장에서 만난 것들

시내를 40분 정도 달렸을까? 저 멀리 혁명광장이 눈에 들어왔다. 11시 10분, 버스는 혁명광장 앞에서 잠시 멈춰 섰다. 혁명광장은 넓었다. 5월 1일 메이데이, 7월 26일 혁명운동[32]과 쿠바혁명을 기념하는 군중대회가 열리고 미국을 규탄하는 카스트로의 열광적인 연설이 펼쳐진 곳이다.

혁명광장 정면에는 화강암으로 깎아 만든 거대한 호세 마르티 좌상이 자리 잡고 있다. 그 뒤로 호세 마르티 기념관과 함께 기념탑이 우뚝 서 있다. 기념탑은 쿠바의 독립운동가이며 사상가이자 시인인 호세 마르티를 기념하여 1948~51년에 건설되었는데 다섯 개의 기둥을 연결하여 각 층이 오각 별 모양으로 되어 있다. 아이러니하게도 바티스타 독재정권 시절에 만들어진 이 기념탑은 카스트로 쿠바혁명의 대표적인 상징물이 되었고, 과거 냉전시대 공산주

혁명광장에 있는 기념탑(위)과 호세 마르티 좌상(아래)

의 국가에서 만든 기념탑의 모델이 되기도 했다. 탑의 높이는 109미터라고 한다. 형태는 다르지만 유사한 측면이 있는 북한의 주체사상탑은 높이가 120미터다.

혁명광장 건너편 내무성 건물과 통신성 건물에는 철근으로 만

---

32) 1953년 7월 26일 피델 카스트로가 이끄는 120명의 청년들이 바티스타 군의 몬카다 병영을 습격하는 사건이 일어났다. 이 사건으로 대부분의 청년들이 희생되었고, 피델 카스트로 또한 군에 체포돼 살해될 위험에 처했으나 살아남았다. 쿠바에서는 매년 7월 26일을 혁명이 시작된 날로 기념하여 대규모 행사를 혁명광장에서 벌인다.

들어진 체 게바라^{Che Guevara(1928~1967)}와 카밀로 시엔푸에고스^{Camilo Cienfuegos(1932~1959)}의 얼굴이 있다. 우리가 익히 보아온 유명한 그 모습이다. 이 두 사람은 피델 카스트로^{Fidel Castro(1926~)}와 함께 쿠바혁명을 대표하는 혁명가, 게릴라 대장이다.

체 게바라는 너무도 유명한 인물이라 굳이 설명할 필요는 없을 것이다. 잘 알다시피 그는 아르헨티나 출신의 의사였으나 멕시코에서 카스트로 일행을 만나 쿠바혁명에 가담하게 됐으며 게릴라 대장이 되었다. 쿠바혁명이 성공한 뒤 국가 건설 과정에서 중앙은행 총재, 산업부장관 등 중요한 역할을 맡았다가 어느 날 홀연히 쿠바를 떠났다. 세계혁명을 꿈꾸었던 그는 아프리카 콩고, 볼리비아 정글에서 싸우던 중 1967년 볼리비아 정부군에 체포되었고, 미 CIA의 압력으로 재판도 없이 학살되었다. 몸은 그렇게 무참히 사라졌으나, 그의 정신은 진정한 혁명가의 아이콘으로서 길이 남게 되었고, 영원한 청춘의 우상으로서도 세계인의 존경과 사랑을 받고 있다.

카밀로 시엔푸에고스는 우리에게는 잘 알려져 있지 않지만, 쿠바혁명 과정에서 체 게바라를 능가하는 활약을 펼친 뛰어난 게릴라 대장이었다. 시엔푸에고스는 카스트로와 함께 몬카다 병영 습격사건에도 참가했고, 혁명의 막바지인 1958년 12월 30일 야과하이 전투에서 바티스타의 정부군을 격파하여 혁명의 결정적 승리에 기여했다. '야과하이 영웅'이란 별명으로 불렸던 그는 1959년 1월 3일 혁명군 주력부대를 이끌고 아바나에 입성한다.

시엔푸에고스는 혁명 성공 뒤 농지개혁을 주도하는 한편, 반혁명 세력 소탕작전을 지휘하는 등 혁명 후 건설에서 핵심적인 역할을 담당했다. 하지만 그는 쿠바혁명 성공 9개월 후인 1959년 10월 비행기 사고로 실종되면서 역사의 장에서 퇴장했다. 그때 그의 나이 27세였다.[33] 그가 사라진 날 쿠바인들은 대서양에 꽃을 던지며 그의 죽음을 애도했다.

시엔푸에고스가 흔적도 남기지 않고 사라지자 카스트로 형제에 의해 살해되었다는 이야기도 돌았다. 하지만 그와 가장 가까웠던 체 게바라는 그 소문을 일축했고, 자기 아들에게 카밀로라는 이름을 붙여주어 시엔푸에고스를 추모했다. 그의 이름을 딴 도시 시엔푸에고스가 있으며, 쿠바 20페소 지폐의 주인공으로도 새겨졌다.[34] 사실 시엔푸에고스 실종사건의 배후에는 미국 중앙정보국CIA이 있을 것이라는 의심이 끊임없이 따라다녔다. 쿠바와 미국의 국교정상화가 이뤄진 마당에 실종사건의 미스터리가 풀릴 수 있을지도 궁금하다.

현재 남아 있는 가장 유명한 초상화를 보면, 베레모를 쓰고 비장한 표정을 짓고 있는 게바라와 달리 밀짚모자를 쓴 시엔푸에고스의 초상은 환하게 웃고 있다. 논쟁적이고 까다로웠던 게바라가 유일하게 농담

---

33) 시엔푸에고스는 1932년생이다. 피델 카스트로는 1926년생, 체 게바라는 1928년생, 라울 카스트로는 1931년생이다. 그는 혁명지도자 중에서도 가장 나이가 어렸던 셈이다.
34) 참고로 호세 마르티는 1페소, 체 게바라는 3페소 지폐의 주인공이다.

게바라와 시엔푸에고스의 가장 유명한 초상화. 비장한 표정의 게바라(왼쪽)와 대조적으로 시엔푸에고스는 환하게 웃고 있다(오른쪽).

을 나눌 수 있는 동지가 그였다고 한다. 혁명 직후 대중 연설을 하던 카스트로가 "병영을 학교로 개조하겠다"고 말하고 고개를 돌려 연단에 있던 시엔푸에고스에게 "카밀로, 나 지금 잘하고 있는 거야?"라고 물었다는 일화는 지금도 널리 알려져 있다.[35]

체 게바라의 철근 형상 아래에는 "영원한 승리의 그날까지Hasta la Victoria Siempre"라고 적혀 있는 반면, 카밀로 시엔푸에고스의 철근 형상 아래에는 "잘 하고 있어, 피델Vas bien, Fidel"이라고 쓰여 있다. "카밀로, 나 지금 잘하고 있는 거야?"라고 묻는 카스트로의 물음에 답한 것을 적어놓은 것이다.[36]

쿠바혁명의 멘토 호세 마르티

혁명광장과 혁명기념탑 앞에서 잠시 머물다 호세 마르티 기념관으로 들어갔다. 호세 마르티는 쿠바에서 가장 추앙받는 독립운동가이며 쿠바혁명의 정신적, 이념적 샘물이다. 그가 남긴 명언들은 그의 사상적 핵심을 잘 보여주고 있다.

"단 한사람이라도 불행한 사람이 있다면 그 누구도 편안하게 잠을 잘 권리가 없다."

---

35) 다음블로그(http://m.blog.daum.net/_blog/_m/articleView.do?blogid=0ESbw&articleno=11352493#); 황상철, [유레카] "사라진 혁명가", 〈한겨레〉, 2015.10.5.
36) 황상철, 위의 글, 〈한겨레〉, 2015.10.5.

"개인의 자유는 다른 사람의 권리를 존중하는 것에서 시작되어야 하며 다른 사람의 자유를 억압하려 들지 않는 사람만이 자유를 위해 투쟁할 자격이 있다."

"게으르지도 않고 성격이 고약한 것도 아닌데 가난한 사람이 있다면 그곳은 불의가 있는 곳이다."[37]

호세 마르티 기념관 내부 모습.

"억압받고 있는 국가에서 시인이 될 수 있는 유일한 방법은 혁명전사가 되는 것뿐이다."

모두 호세 마르티가 남긴 말이다. 그는 1895년 2차 쿠바 독립전쟁을 지휘하기 위해 미국에서 배를 타고 몰래 들어왔다가 스페인 군에게 살해되었다. 그는 시인이자 독립운동 이론가·사상가였을 뿐만 아니라 몸소 실천하는 행동가였다. 우리나라로 치면 전봉준 같은 인물이라 할 수 있을 것이다. 살았던 시기도 비슷하다.[38]

호세 마르티는 10대 때부터 독립운동에 가담해 두 번이나 스페인으로 추방되었고, 그 과정에서 서구의 진보적인 사상을 흡수하여 자신의 독특한 사상세계를 형성할 수 있었다. 그는 중남미의 다른 독립운동 지도자들과 달리 단순한 쿠바의 독립을 넘어서 현대적인 사상, 즉 노동자와 근로대중의 이익을 지켜내기 위한 나라 건설이라는 진보적이며 민중적인 사상을 받아들임으로써 현대 쿠바혁명의 이념적 선구자가 되었다.

스페인으로 추방당했던 호세 마르티는 쿠바에 돌아온 뒤에도 국내

---

37) 사진일기(http://blog.joins.com/yoo003) 참고.
38) 전봉준(1854~1895)과 호세 마르티(1853~1895)는 비슷하게 태어나 같은 해 사망했다. 민중혁명을 추구했으며 외세의 침략에 저항하는 과정에서 사망한 점 등이 닮았다.

에서 오래 지낼 수 없는 상황이었고, 그래서 다시 미국으로 떠나야 했다. 그는 미국에서 쿠바 독립운동 조직을 만들었고, 마지막 독립전쟁에 직접 참여하기 위해 배를 타고 몰래 쿠바 섬으로 입국했다. 이러한 그의 행동은 60여 년 뒤 카스트로를 비롯한 젊은 혁명 전사들에게 하나의 영감으로 작용한다. 그란마 호를 타고 쿠바 섬으로 돌아온 혁명 전사들의 행위는 바로 호세 마르티의 행동을 그대로 따른 것이었다.

하지만 마르티는 입국 뒤 제대로 싸워보지도 못하고 곧 스페인 군대에 학살되고 만다. 그의 삶은 비극으로 끝났지만 혁명 후 그는 쿠바 국민의 정신적 지주로 다시 탄생했다. 쿠바혁명의 주역들은 그의 사상과 정신을 계승한 자식들로 자처했고, 그는 전 국민의 추앙을 받는 역사적 인물이 되었다. 쿠바혁명의 정신적 스승이자 모든 쿠바인의 멘토가 된 것이다.

호세 마르티는 시인이기도 했다. 그가 지은 시 '관타나메라'는 곡이 붙여져 전 쿠바인이 애창하는 노래가 되었다. 관타나메라는 '관타나의 아가씨'란 뜻으로, 순수하고 아름다운 시골아가씨를 노래한 시다.[39] '관타나메라'는 우리의 '아리랑'처럼 쿠바인들의 절대적인 사랑을 받는 국민가요, 아니 민요가 되었다.

호세 마르티 기념관에는 그의 어린 시절부터 성장과 활동에 이르기까지의 과정이 비교적 체계적으로 정리되어 있었다. 그의 행적뿐 아니라 독립전쟁 시기의 기록과 사진들, 카스트로의 쿠바혁명 기록들과 최근의 사진들도 있다. 혁명광장을 빈틈없이 채운 군중들 앞에서 연설하

---

39) 관타나메라 과히라 관타라메라/ 관타나메라 과히라 관타라메라// 나는 진실한 사람/ 야자수 무성한 고장 출신// 죽기 전에 이 가슴에 맺힌 시를 노래하리라// 관타나메라 과히라 관타라메라/ 관타나메라 과히라 관타라메라// 내 시는 화창한 초록색/ 내 시는 불타는 선홍색// 내 시는 상처 입은 사슴/ 산 속 보금자리를 찾는// 이 땅의 가난한 사람들과 더불어/ 이 한 몸 바치리라// 골짜기에서 흐르는 시냇물이/ 나는 바다보다 더 좋아// 관타나메라 과히라 관타라메라/ 관타나메라 과히라 관타라메라(김도균, 관타나메라에 스며 있는 '쿠바의 눈물', 〈오마이뉴스〉, 2014.7.20 재인용).

는 카스트로의 사진도 있다. 2002년 카리브해 바닷가에서 쿠바기를
흔들며 혁명의 사수 의지를 밝히는 카스트로의 뒷모습을 찍은 사진도
있다. 쿠바혁명과 호세 마르티가 하나로 연결되어 있음을 보여주려는
카스트로 쿠바 정부의 의도가 드러나는 전시다.

우리가 관람하는 동안 해군사관학교 생도로 보이는 제복 차림의 학
생들이 기념관을 관람하고 있었다. 해설사의 설명을 열심히 듣고 있는
대부분의 학생들과 달리 옆에 있는 휴게 의자에 앉아 연애에 열중하고
있는 남녀 생도의 모습도 눈에 띈다. 하기야 사랑의 천국 쿠바라는데,
사관생도라고 눈치 보며 연애할 건 없겠지.

호세 마르티 기념관의 전시
자료들.

호세 마르티 기념관에서 만난 북한.

멕시코 화가 디에고 리베라의 그림 속에도 호세 마르티가 있다. 누가 그인지 찾아보시길.

10

아바나 시내투어에서 만난 광경들

농민시장에서

12시 30분경, 혁명광장에서 다시 투어버스를 탔다. 버스는 아바나 서쪽을 크게 돌았고, 우리는 주마간산 격이긴 하지만 아바나 시내를 눈에 담을 수 있었다.

오후 1시 10분경, 과일시장이 보였다. 언뜻 보기에도 규모가 상당했다. 우리는 바로 차에서 내렸다. 안 그래도 사회주의 쿠바에서 시장이 어떻게 움직이는지 궁금하던 차였다. 게다가 과일도 먹고 싶었고, 외국인 관광객이 사용하는 쎄우쎄^{CUC} 대신 '모네다'라 불리는 현지화폐 쎄우페^{CUP}도 한번 바꿔서 사용해보자는 심산도 있었다.

큰 규모답게 농산물들은 매우 다양했다. 우리나라에서는 구경하기 힘든 열대과일을 비롯해 온갖 채소들이 판매대에 진열돼 있었다. 그러나 상추나 배추, 양상추, 양배추 등 우리가 즐겨 먹는 잎채소는 아무리 찾아도 보이지 않았다.

쿠바 정부는 1994년 10월부터 농민이 생산한 농산물을 농민시장에서 자유 판매할 수 있도록 허용했고, 전국 각지에 직판장을 설치했다고 한다. 아마 이곳도 그런 농민시장 중 하나일 것이다. 가격은 자율에 맡기면서 농업부와 국내산업부가 관리를 하고 있다는데 그게 잘 될

투어버스를 스쳐간 아바나의 여러 풍경들.

농민시장.

는지는 의문이다. 시장이란 한번 작동하기 시작하면 자체의 메커니즘에 따라 굴러가기 때문이다.

사실, 이런 농민시장을 보는 것만으로는 쿠바의 시장경제가 어떤 방식으로 작동하고 있는지 알 수 없다. 그런 구조적인 문제는 정부 관계자나 학자들, 관련 전문가들을 만나 이야기를 들어봐야 하는데, 우리는 그런 기회를 가질 수 없었다. 그저 여행 과정에서 만나는 사람들을 통해 이야기를 듣고 짐작해보는 방법밖에 없었다. 장님 코끼리 만지기라고나 할까. 하지만 사회주의체제가 시장경제를 받아들이는 과정에서 나타난 여러 나라들의 경험이 있기 때문에, 쿠바의 경우도 어느 정도 예상이 가능하지 않을까 싶다.

농민시장은 쿠바페소^{CUP}로 거래되고 있었기 때문에 쎄우쎄^{CUC}를 써야 하는 외국인은 물건을 살 수가 없다. 돈을 바꿔야 했지만 환전소는 보이지 않고, 상인들은 쎄우쎄 화폐는 받지 않는다고 거절했다. 그래서 우리는 이곳에서 달러를 쎄우쎄로 교환하고 그것을 다시 쿠바페소로 바꿔야 했다. 공식적인 환전소는 없었으나 뜻밖에도 시장 안에서 환전을 해주는 사람이 있었다.

가만히 살펴보니 시장 입구 바깥에서 한 노인이 은밀하게 돈을 바꿔주고 있었다. 직감적으로 환전 암거래를 하고 있다고 생각하고 슬쩍 물어보았다. 하지만 환전은 그 노인이 아니라 다른 사람이 해주고 있었다. 시장에 들어서자마자 오른편 첫 번째 좌판에서 장사를 하고 있던 카리스마 넘치는 인물이 그 주인공이었다.

우리는 공항에서 미화 100달러에 87꾹^{CUC}을 받았는데 여기서도 그렇게 바꿔주었다. 처음에는 그보다 낮은 가격을 불렀지만 우리가 공항에서 87꾹에 바꿨다고 말하니까 두말하지 않고 내주었다. 정부의 허가를 받은 것인지 아니면 암거래인지는 알 수가 없다. 어쨌거나 그 덕분에 우리는 달러도 환전하고, 외국인이 사용하는 꾹을 내국인 화폐 모네다^{CUP}로 교환할 수 있었다.

모네다로 망고와 바나나를 얼마간 샀다. CUC와 CUP의 비율은 1대 24로 엄청난 차이가 난다. 불과 1달러도 안 되는 돈으로 복수박보다 더 큰 애플망고 2개를 샀으며, 바나나도 상당히 큰 덩어리를 싼 가격에 샀다. 한국에서 그 정도 크기의 바나나 덩이면 최소한 7, 8천 원은 했을 텐데, 이곳에서는 한국 돈 4, 5백 원 정도로 살 수 있었다. 15분의 1도 안 되는 가격이다.

동네 식당과 열대성 스콜 체험

점심 때가 됐다. 다시 시장 밖의 그 노인에게 식당이 어디 있는지 물어보았다. 그는 친절하게도 최소 100미터 거리를 걸어 우리를 식당 바로 앞까지 안내해주었다. 우리 같으면 대충 손짓으로 방향만 알려주었을 텐데 말이다.

쿠바를 다니며 시종 느낀 것은 사람들이 겉으로는 무뚝뚝해 보여도 막상 말을 걸면 매우 친절하고 따뜻하다는 것이었다. 그들은 우리가 "올라(안녕하세요)!" 하고 한마디만 건네면 금방 환하게 미소 지으며 "올라"라고 답한다. 그냥 지나치는 법이 없고, 인사를 하면 반드시 답례를 보내왔다. 먼저 말을 거는 경우도 있지만 그건 호객 행위를 하기 위해서인 경우가 대부분이다.

시민들뿐 아니라 경찰관들도 매우 친절했다. 숙소가 있던 올드 아바나에는 경찰관들이 많이 배치되어 있었다. 관광객이 많고 밤늦게까지 술집이 문을 열기 때문인 듯했다. 한번은 골목길을 잘못 들어 헤매다가 경찰관에게 물었더니 그 역시 손짓으로만 가르쳐주지 않고 직접 앞장서서 안내해주었다.

때 묻지 않은 순박한 사람들이다. 그러나 앞으로 자본주의가 본격적으로 상륙하면 이들은 어떻게 될까? 이들의 순박함이 그대로 유지될 수 있을까? 경쟁과 이윤 추구 앞에 이들도 변하지 않을 수 없을 것이다. 자본주의적 인간으로.

노인이 안내해준 곳은 주택가에 자리한 근사한 레스토랑이었다. 그런데 식당에 막 들어서려는 순간, 갑자기 비가 쏟아졌다. 열대성 스콜이다. 억수로 쏟아져 내리는 비가 테라스에까지 들이쳐, 우리는 밖에서 하려던 식사를 포기하고 실내로 들어가야 했다. 식사가 끝날 무렵 비는 뚝 그쳤다.

몇 가지 요리와 함께 맥주도 3병 시켰다. 여기서는 물 대신 맥주를

노인은 말로만 하지 않고 우리를 직접 식당으로 안내해주었다.

노인이 안내해준 동네 식당의 테라스(왼쪽)와 내부(오른쪽). 아주 깔끔하고. 맛도 가격도 좋았다.

마시는 게 차라리 낫다. 쿠바의 물맛은 정말이지 형편없다. 밍밍함을 넘어서 느끼할 지경이다. 멕시코 물맛도 별로였지만 쿠바와 비교하면 그래도 양반이다. 게다가 물 값이나 맥주 값이나 그게 그거다. 오히려 물 값이 더 비싼 곳도 많다. 식사비용은 꾹으로 지불했다. '착한 가격'이었다. 맥주를 포함해 네 사람 식사비가 20꾹(25,000원)이 채 안 됐다.

다시 투어버스를 탔다. 버스가 사거리 신호등 앞에서 잠시 멈춰 섰을 때, 길 건너 코너에 있던 경찰관 한 명이 신호를 위반하고 도로를 건너온 오토바이 운전자를 잡는다. 오토바이 뒤에는 아줌마가 타고 있

신호 위반 오토바이 운전자와 실랑이하다가 돌아서서 가는 경찰.

었다. 한동안 실랑이가 벌어졌다. 말소리는 들리지 않았지만 오토바이 운전자가 공세적이라는 것은 금방 알아볼 수 있었다. 결국 그가 이겼다. 경찰관이 포기하고 돌아서 간다. 우리네 상식으로는 도무지 이해가 안 가는 장면이다.

시내의 공동묘지

시내투어 중 가장 인상적이었던 것은 거대한 공동묘지 구역이다. 투어버스를 타고 한참이나 달려도 계속 이어질 만큼 규모가 컸다. 버스 위에서는 아무리 전체를 보려고 해도 도저히 한눈에 들어오지 않는다. 도대체 저 공동묘지는 어떻게 조성되고 누구를 묻었을까?

이 글을 쓰면서 자료를 찾아냈다. 아바나 시내에 버젓이 자리 잡고 있는 이 묘지는 '세멘테리오 콜론'이다. 세계 4대 공동묘지의 하나로, 면적은 135에이커다. 1에이커가 약 1,224평이므로 16만평이 넘는 엄청난 넓이다. 여기에 200만 개가 넘는 묘가 들어서 있다고 한다.

이 묘지는 크기뿐만 아니라 내부가 매우 아름답고 화려한 것으로도 유명하다. 무엇보다 묘지를 장식한 조각상들이 예술품 못지않다고 한다. 그래서 사람들은 이곳을 공동묘지가 아니라 거대한 조각공원이라고 부르기도 한다. 당연히 이 묘지는 관광지로서 쿠바 정부가 입장료를 받고 있다고 한다.

처음에는 가톨릭 공원묘지 정도로 생각했는데 그게 아니었다. 여기에는 전직 대통령의 묘소도 있고, 헤밍웨이가 자주 가던 술집 '플로리디타 바'에서 근무한 바텐더의 묘소도 있다고 한다. 재미있는 사실은 공동묘지 가운데쯤에 있는 쿠바의 초대 대통령 세스페데스[Carlos Céspedes(1819~1874)]의 묘보다 바로 그 옆에 자리한 흑인 바텐더의 묘가 더

쿠바의 주점 플로리디타의 한 구석에 헤밍웨이의 동상이 마치 손님처럼 서 있다. (출처: ifthedevilhadmenopause.com)

화려하다는 것이다. 거기에는 사연이 있다.

이 화려한 묘지의 주인공은 헤밍웨이Ernest Hemingway(1899~1961)와 관련이 있는 인물이다. 1950년대는 헤밍웨이의 전성시대였는데, 그는 이 시절 아바나의 별장에서 거의 살다시피 했다. 1953년『노인과 바다』로 퓰리처상을 받고 이듬해 노벨문학상을 받았는데, 이 소설의 무대와 주인공이 모두 쿠바와 관련돼 있다는 것은 잘 알려진 사실이다.

이 무렵 헤밍웨이의 아바나 단골 술집 중에 '플로리디타El Floridita'라는 바가 있었다. 헤밍웨이는 이 바의 구석 자리에 앉아, 자신이 낚은 고기 자랑을 하며 칵테일을 마시곤 했다. 늘 같은 자리에서 늙은 흑인 바텐더를 상대로 이야기를 나누었고, 이 흑인 바텐더는 단골 손님 헤밍웨이를 위해 '다이키리Daiquiris'라는 새로운 칵테일을 개발했다. 빙설氷雪에 럼과 사탕수수즙, 레몬을 넣고 만든 이 칵테일을 맛본 뒤로, 헤밍웨이는 오로지 다이키리만 마셨다고 한다.

소문이 나자 미국 관광객이 쿠바의 플로리디타 바로 몰려들었다. 미국인 부호들은 다이키리 한잔 마셔보지 못하면 쿠바 여행을 제대로 한 게 아니라는 생각까지 하게 되었다. 그들은 흑인 노인이 직접 만든 다이키리를 마시기 위해 줄을 섰고, 그 바람에 바 주인보다 바텐더가 더 많은 돈을 벌었다. 다이키리 한 잔 값은 50센트였지만 팁으로 열 배, 스무 배의 돈을 받았던 것이다. 얼마 지나지 않아 바텐더는 플로리디타 바를 샀고, 그 옆에 있는 식당까지 사버렸다. 대통령 묘보다 흑인 바텐더의 묘가 더 크고 화려한 데는 이런 사연이 있었다.

그러나 콜론 묘지의 모든 조각들이 화려하기만 한 것은 아니다. 애

틋한 사연을 담은 소박한 조각들도 있다. 소방관이 도착하기 전 불을
끄다 죽은 31명의 용감한 주민이 조각된 것도 있고, 가슴 아픈 모자의
이야기도 담겨 있다.[40]

　이런 내용들을 접하고 나니 그 공동묘지에 한번 들어가봤더라면 하
는 아쉬움이 남는다. 우리나라 같으면 서울시내 한복판에 이처럼 거대
한 공동묘지가 남아 있을 리 없을 것이다. 장례문화도 다르고 묘지 모
습도 달라서겠지만, 쿠바인들은 묘지라기보다 공원처럼 대하며 사는
것 같다. 우리는 장례문화 때문이 아니라, 시내 요지에 있는 땅을 개
발하지 않은 채로 가만히 두고 보지 않았을 것이다. 개발업자들의 손
에 의해 묘지는 변두리나 한적한 시골의 한 귀퉁이로 밀려나고 말았을
것이다. 산지에 조성된 망우리 공동묘지조차도 개발 과정에서 밀려날
뻔하지 않았던가 말이다.[41]

---

40) 콜론 공동묘지와 관련된 내용은 "도용복의 라틴기행 〈2〉 아름다운 묘지, 아바나의 콜론", 〈국제
　　신문〉, 2013.1.24(인터넷검색: 2015.8.12)를 참고했다.
41) 서울시 중랑구와 경기도 구리시에 걸친 망우산(해발 281.7m)에 조성된 83만2800㎡(약 25만
　　평) 규모의 망우공원. 처음 '망우리 공동묘지'로 불리다가 '망우산 공원묘지'로 바뀌었고, 지금
　　은 '망우공원'으로 불리고 있다. 이곳은 일제강점기인 1933년 처음 52만 평에 묘지가 조성되기
　　시작했고, 해방과 전쟁, 개발독재 시대를 거치면서 포화 상태가 되었다. 1973년부터는 더 이상
　　묘를 쓸 수 없게 되었고, 1980년부터 망우공원의 조경작업이 시작되었다. 이 과정에서 무연고
　　묘의 정비와 이전 등으로 1973년 4만여 기였던 묘지는 2009년 3월 1만5000여 기로 감소했다.

환전소 유감

투어버스가 다시 중앙공원으로 돌아온 시간은 오후 3시경이었다. 우리는 버스에서 내리자마자 환전소를 찾았다. 여기서는 신용카드가 무용지물이고, 모두 현금으로 지불해야 한다. 꽤 긴 시간을 허비한 끝에 센트로 아바나 지역에서 가까스로 은행을 한 곳 찾았다.

그런데 환전하는 데 시간이 너무 걸렸다. 직원들의 일처리가 영 수준 이하였다. 직원은 각기 다른 단위의 화폐를 넣은 봉투에서 돈을 꺼낸 다음 일일이 봉투에 적어놓은 액수를 지우고 다시 써넣었다. 계산기가 없다고는 하지만, 손으로 계산한다 해도 시간이 그렇게나 걸릴 일은 아니었다. 환전소에서 소모한 시간이 근 1시간은 되었을 것이다.

쿠바가 시장경제에 익숙해지려면 환전소 직원들 회계 공부부터 시켜야겠다는 생각이 들었다. 물론 계산기와 컴퓨터도 갖춰야 할 것이고. 그런데 나중에 알고 보니 모든 환전소가 다 그런 것은 아니었다. 우리 숙소 근처의 은행에서는 환전을 일사천리로 해냈다.

센트로 아바나에서 올드 아바나로 이어지는 거리를 걸었다. 그중 가장 번화가인 오비스뽀 거리는 우리의 명동 거리에 해당하겠다. 하지만 오비스뽀 거리는 명동과 달리 한 줄기로 된 긴 골목길일 뿐이다. 중앙공원에서 비에하광장까지 대략 2킬로미터쯤 이어져 있다. 골목 좌우로는 상점들과 오래된 유명 건물들이 즐비하게 서 있다.

2000년대 중반 망우공원 주변 1만여 평의 나들이 공원이 조성되기 시작했고, 2006년에는 문화재청이 나서서 '문화재' 등록을 추진했다. 이곳에는 만해 한용운, 죽산 조봉암, 시인 박인환, 아동운동가 방정환, 독립유공자 오세창, 화가 이인성과 이중섭, 국어학자 지석영을 비롯하여 자유당의 2인자였던 이기붕, 정치깡패 임화수 등 역사의 영욕을 보여주는 인물들이 대거 묻혀 있다. 1960년대 후반 개발독재 시절 김현옥 서울시장이 망우리 공동묘지의 이전을 추진했으나 경기도의 반발로 무산되었다. 그 뒤에도 이전 이야기가 나왔으나 대안이 없어 자리를 지킬 수 있었다. 2009년 서울시는 가을 산책길 '베스트 3'에 망우공원의 '사색의 길'을 포함했으며, 2013년 한국내셔널트러스트는 '이곳만은 꼭 지키자' 시민 공모로 망우공원을 선정하기도 했다.(이철재, "담력훈련하던 공동묘지, 꼭 지켜야 합니다", 〈오마이뉴스〉, 1014.6.2)

센트로 아바나의 풍경(위).
오비스뽀 거리의 선물 가게
들(아래).

말레꼰 해변에서의 맥주

숙소로 돌아오니 주인아저씨가 반색을 하며 맞아준다. 그가 내온 망고주스는 더위에 탈진하다시피 한 우리를 금세 구해주었다.

저녁, 우리는 마이클이 일하는 식당에 가기로 했다. 말레꼰 해변에 위치한 맥주집이다. 마이클이 그려준 약도를 보고 찾아갔는데, 길은 생각보다 멀어서 50분 이상을 걸은 뒤에야 도착했다. 숙소를 나설 즈음 해가 뉘엿뉘엿 기울기 시작했다. 땅거미가 슬슬 내려앉는 해변가로 선선한 바람이 불어왔다.

석양녘 말레꼰 해변의 한가
로움.

맥줏집은 바닷가 바로 옆, 아니 바다 위에 떠 있었다. 배처럼 지은 건물의 대형 맥줏집이다. 중앙에 넓은 홀이 있고 음악도 흘러나오고 있었지만, 플로어에서 춤추는 사람은 없었다. 아직은 이른 시간인 모양이다. 우리는 바다가 바라보이는 바깥에 자리를 잡았다.

2,500cc 긴 파이프형 피처와 랍스터 2개를 안주로 시켰다. 저녁 식사 겸 마이클을 위해 매상도 올려줄 겸 선택한 것이 랍스터다. 그러나 막상 나온 랍스터는 크기도 어중간하고 맛도 기대만큼은 아니었다. 생맥주는 풍성한 맛이었는데, 노을빛을 받은 황금빛 액체가 맛을 더 끌어올려주는 듯했다.

말레꼰 해변 맥줏집에서 시
원한 맥주 한잔.

돌아올 때도 걸어서 왔다. 조명이 하나 둘 켜져가는 올드아바나의 밤거리, 골목 길, 광장과 건물들 그리고 그 풍경 속을 수놓는 사람들이 아름답고 정겹다.

교수님은 숙소에 계시고, 세 사람은 다시 거리로 나섰다. 낮 더위의 기운이 아직 남아 있어 쥘부채를 펼치고 부치며 걷는데, 지나가던 쿠바 여인이 나에게 말을 건다. 그녀는 부채에 관심을 보이며, 자신에게 달라고 했다. 서울 신길역 지하철 노점상에서 3천 원을 주고 산 부채다. 평소 같으면 선뜻 내주었을 것이나, 나는 망설였다. 이거라도 흔들지 않으면 더위를 견디기 힘들 것 같아서다. 여인은 30미터가량 따라왔지만, 나는 끝내 주지 않았다. 지금 와 생각하면 약간의 좀스러움이 느껴진다. 그 부채는 한국에 돌아와 〈통일뉴스〉에 여행기를 연재할 때쯤 수명을 다했다.

오비스뽀 거리를 걷다가 음악이 흘러나오는 한 음식점에 자리를 잡았다. 헤밍웨이가 즐겨 마셨다는 모히또를 주문했다. 럼주에 허브와 레몬향 그리고 설탕이 들어간 맛인데, 우리 입맛에는 별로였다. 안주를 곁들여 마시는 소주 체질이라, 달달한 칵테일이 낯설었기 때문일 것이다. 차라리 맥주를 마시는 게 낫겠다 싶어 시키는데, 맥주는 없단다. 왜 맥주가 없을까? 머리에 물음표를 하나 얹은 채, 우리는 11시 좀 못 미쳐 숙소로 돌아왔다.

돌아오는 길에 만난 풍경들.

한국으로 문자를 보내고 하루를 마무리한다. 핸드폰 용량이 부족하다는 메시지가 계속 뜨고 있었다. 할 수 없이 일부 사진들을 지워야 했다. 인터넷 사정을 감안했을 때 다른 저장기기를 준비해 왔어야 했다. 이 글을 쓰면서 보니, 꼭 필요한 사진들이 그때 사라지고 없었다. 아쉽고 안타까운 일이다.

하루를 복기해보니 불편한 점이 참으로 많았다. 물론 견디지 못할 만

리어커 야채상(왼쪽)과 국
영상점(오른쪽).

큼은 아니었지만. 물 한 병 사기 위해 거의 쇼(?)를 벌여야 했고, 아이
스크림 하나, 마땅한 간식거리 하나 사 먹을 데가 없었다. 상점은 있어
도 물건이 거의 없다. 마이클에게 물어도 제대로 안내를 못 해주었다.

　이제 하루째인 쿠바는 내게 거대한 궁금덩어리다. 쿠바인들은 어떻
게 생활하고 있을까? 배급체계는 어떻게 되어 있고, 생필품은 어떤 루
트로 공급되고 있을까? 국영부문과 사적부문은 어떻게 연결되어 있을
까? 자유시장이나 암시장은? 국영경제와 거기에서 공산당의 역할은?
공산당원은 어떤 사람들일까? 생각이 꼬리에 꼬리를 물고 이어진다.

11

작은 나라 쿠바의 '위대한 승리'

혁명박물관 복도에서 만난 링컨

6월 18일, 목요일. 아침 8시가 다 되어서야 일어났다. 전날 일정이 무리였던지, 그야말로 곯아떨어졌다. 교수님은 자신의 만보기에 2만 보가 넘게 찍혔다고 말씀하신다. 어제 저녁 말레꼰 해변 식당으로 갈 때 만보기를 가져가지 않았으니, 그것까지 포함하면 2만4천 보 이상 걷지 않았을까? 여기에 아침의 2시간 도보까지 더하면 대략 3만 보 이상을 걸었다는 이야기가 된다. 보폭을 70센티미터로 잡았을 때 약 15~20킬로미터 걸었다는 계산이다. 33도에 육박하는 더위 속을 지독히도 걸었다.

오늘은 혁명박물관과 그란마호^號 기념관 그리고 국립미술관을 둘러볼 예정이다. 세 곳 다 센트로 아바나 지역에 있다. 숙소에서 도보로 30분 거리다.

혁명박물관은 층수로는 3층이지만 그보다 훨씬 웅장해 보인다. 고풍의 아름다움이 혁명박물관보다는 미술관에 더 어울릴 것 같은 느낌을 준다. 쿠바혁명을 종합적으로 정리해놓은 이 건물은 1920년대까지 대통령궁으로 사용되다가 1959년 혁명 이후 박물관으로 바뀌었다.

쿠바 혁명박물관 앞에서(왼쪽). 막시모 고메스 장군의 동상이 말레꼰 해안을 향해서 있다(오른쪽).

박물관 정면 앞쪽으로, 말레꼰 해변을 바라보며 막시모 고메스^{Máximo} $^{Gómez(1836~1905)}$ 장군의 말 탄 동상이 서 있다. '침략자를 물리치는 독립영웅'으로서 그의 동상은 혁명박물관의 수호자인 모양새를 취하고 있다. 나는 처음 동상의 뒷모습을 보고서 피델 카스트로가 아닐까 생각했는데, 다음 날 아침 정면에서 보고는 잘못 안 것을 깨달았다. 쿠바 어디서도 우리는 피델 카스트로의 동상을 보지 못했다. 그의 초상이나 초상화는 곳곳에서 만날 수 있었지만 동상은 그 어디에도 없었다. 동상은 옛날 독립전쟁의 영웅들과 호세 마르티, 체 게바라가 전부였다.

혁명박물관 복도에는 네 명의 흉상이 있다. 쿠바 독립의 아버지 호세 마르티, 라틴아메리카의 해방자 시몬 볼리바르$^{Simón Bolívar(1783~1830)}$, 멕시코 독립운동의 아버지 베니토 후아레스, 그리고 미국의 흑인노예해방 대통령 에이브러햄 링컨$^{Abraham Lincoln(1809~1865)}$이다. 오랜 동안 적대관계를 이어온 미국과의 관계를 생각할 때 링컨의 흉상은 의외였다.

이에 대한 궁금증은 〈경향신문〉 기자가 들었다는 다음과 같은 박물관 직원의 이야기에서 그 답을 얻을 수 있었다. "50여 년간 우리가 뭘하려 하면 미국이 방해하고 괴롭혀서 괴로웠다. 그렇지만 미국과 적대

혁명박물관 안에는 의외에도 에이브러햄 링컨의 흉상이 있다(왼쪽). 그 외에 쿠바의 호세 마르티, 베네수엘라의 시몬 볼리바르, 멕시코의 베니토 후아레스의 흉상도 있다.

한 시간은 긴 역사에서 아주 짧은 부분이며, 흑인노예해방은 우리 같은 피식민 국가 인민이 보기엔 위대한 일이다.**[42]**

　이 기사의 문맥은 호치민의 베트남과 미국의 관계에도 닿는다. 호치민胡志明(1890~1969)이 이끄는 '베트남 독립동맹(베트민)'은 일제가 패망을 앞둔 상황에서 전민봉기를 일으켜 일본의 꼭두각시 황제 바오 다이保大(1913~1997)를 몰아낸다. 그리고 1945년 9월 17일 호치민을 수반으로 하는 베트남민주공화국을 선포한다. 이때 발표한 베트남의 독립선언서는 미국의 독립선언서가 롤 모델이 되었다고 한다. 이처럼 미국의 역사는 세계를 지배하고 침략하는 제국의 모습뿐만 아니라 자유와 해방, 정의의 모습도 갖고 있다.

　하지만 미국은 패배한 프랑스를 대신하여 베트남에 발을 들여놓았고, 베트남전쟁의 수렁 속에서 헤매다가 결국 쫓겨나는 수모를 겪었다. 이처럼 미국은 자유와 해방의 나라라는 이미지와는 정반대로 베트남과 쿠바에서 제국주의적 침략 행위를 벌였고, 노골적인 봉쇄 정책으

---

42) 손제민, "미·쿠바도 악수하는데…서울·평양 '시간마저 따로'", 〈경향신문〉, 2015.8.14 재인용.

로 다른 나라의 주권을 위협했다. 이런 미국의 기도는 결국은 성공하지 못했다.

쿠바혁명의 주인공은 누구일까?

혁명박물관에는 쿠바혁명의 모든 기록들이 정리, 전시되어 있다. 쿠바에 끌려온 아프리카 흑인 노예들의 역사에서부터 1868년 스페인과의 제1차 독립전쟁, 1895년의 제2차 독립전쟁, 그리고 1950년대 바티스타 독재정권에 대항한 쿠바혁명운동의 역사가 집대성되어 있다. 그러나 박물관에는 디오라마 같은 입체적인 자료들이나 상징적인 조형물들은 거의 없고 사진과 신문 등의 언론 자료가 대부분이었다.

혁명박물관의 중심 테마는 1950년대의 쿠바혁명운동이다. 피델 카스트로가 이끈 혁명투쟁 과정과 혁명 이후의 사회주의 건설 과정이 사진 자료를 중심으로 정리되어 있다. 혁명투쟁 당시의 전투 상황이나 혁명 직전의 주요 전투들에 대해서도 상세한 그림을 곁들여 설명하고 있다. 물론 미국 CIA의 지원을 받은 피그만 침공과 그 격퇴 과정도 자세히 나와 있다. 자료들은 1950년대 후반부터 1990년대 후반까지의 내용이 대부분이며, 라울 집권 이후의 자료들도 일부 정리되어 있다.

카스트로 중심의 자료와 내용이 가장 많지만, 그에 못지않게 체 게바라와 카밀로 시엔푸에고스도 상당히 부각되어 있다. 체 게바라는 별도의 전시실을 만들어놓았다. 이 점은 같은

혁명박물관의 천장 벽화. 가브리엘 수호천사가 쿠바 국기를 들고 있는 모습이 인상적이다.

사회주의 국가지만 북한과 차이가 나는 부분이다.

상황과 조건이 다르기 때문에 단순 비교를 할 수는 없겠지만, 어쨌든 북한의 김책金策(1902~1951)이나 최용건崔庸健(1900~1976)이 체 게바라나 시엔푸에고스만큼의 대우를 북한에서 받고 있지 못한 것은 분명하다. 북한은 '수령 절대주의'의 나라이기 때문에 그들이 놓일 수 있는 위치는 제약될 수밖에 없는 것이다. 이는 마오쩌둥 절대화 시기의 중국도 마찬가지였다. 최고 지도자 마오쩌둥을 제외하고 2인자나 3인자, 또는 혁명 원로들의 존재는 그다지 부각될 수 없었다.

그러나 쿠바는 상황이 좀 다르다. 체 게바라는 카스트로보다 더 높은 인기를 구가하고 있고, 그에 대해 쿠바 정부는 어떤 제약도 가하지 않는다. 아니, 그렇기는커녕 오히려 장려하고 있다. 마치 쿠바혁명의 주인공이 체 게바라 같은 느낌을 줄 정도다. 이런 일은 어떻게 가능할 수 있었을까?

낭만적인 쿠바혁명

나는 쿠바에서 체 게바라나 카밀로 시엔푸에고스가 높은 대우를 받고 있는 것은, 좀 우습게 들릴지도 모르지만, 그들이 일찍 카스트로의 곁을 떠났기 때문인지도 모르겠다는 생각을 했다. 시엔푸에고스는 혁명 성공 후 불과 9개월 만인 1959년 10월에 비행기 사고로 실종되면서 쿠바 현실 권력에서 사라지게 됐고, 체 게바라 또한 1967년 볼리비아 밀림에서 정부군에 잡혀 살해되면서 쿠바 정치권력과는 직접적인 관련이 없는 존재가 되었다. 게바라는 그 몇 년 전에 이미 카스트로의 옆을 떠났다. 두 사람 모두 순교자로 자리매김 될 수 있는 상황이 만들어진 것이다.

쿠바혁명의 3인방. 체 게바라(왼쪽), 피델 카스트로(가운데), 카밀로 시엔푸에고스의 조상이 혁명박물관 내에 설치돼 있다.

이후 쿠바에는 피델 카스트로의 카리스마에 도전하거나 영향을 미칠 수 있는 무게감 있는 혁명 동지는 사실상 없게 되었다. 몬카다 병영 습격에서부터 멕시코 망명, 그란마호 잠입과 시에라 마에스트라 게릴라 투쟁까지 혁명의 전 과정을 함께한 동생 라울 카스트로Raúl Castro(1931~)가 있지만, 그는 형 피델의 그림자로서 실무를 담당했을 뿐 카리스마 있는 지도자로 부각되지는 않았다. 형으로부터 권력을 공식 이양 받은 뒤에도 라울은 여전히 형의 그늘에서 벗어나지 못하고 있다는 느낌이 들 정도다.

그런 상황에서 피델로서는 먼저 간 혁명 동지에 대해 높은 대우를 해주면서 순교자로 만드는 것이 결코 손해될 리 없었을 것이다. 피델은 동지에 대한 혁명적 의리를 충실히 지켰고, 그게 오히려 자신의 지도력을 강화하는 데 도움이 되었다. 그 결과 체 게바라는 죽어서도 '혁명의 아이콘'으로 남게 되었다. 또한 카스트로 역시 90세가 된 지금까지도 살아남아서 쿠바(아니 세계적인) '혁명의 전설'(어떤 이는 '혁명의 화석'이라고 비아냥거리기도 하지만)이 되고 있다. 또한 혁명과 국가 건설 과정에서 오랫동안 실무 역할을 담당했던 동생 라울이 형 피델의 카리스마에 작은 손상이라도 가

혁명박물관 입구에 걸려 있는 피델 카스트로 초상. 나이가 들었지만 눈빛은 형형하다.

할 것 같지는 않다.

물론 쿠바에서도 혁명을 함께한 일부 세력이 이탈, 망명, 추방되는 등 잡음이 없지는 않았다. 그들이 대부분 자유주의자이거나 지식인들이라고 해서 문제가 안 되는 것은 아니다. 쿠바에 정치범이 없는 것도 아니다.

하지만 쿠바에서는 다른 많은 나라들처럼 이른바 동지들에 대한 심각한 '피의 숙청'이 없었다는 점은 대단히 중요한 의미가 있다. 나는 어쩌면 이것이 쿠바처럼 작은 나라가 세계 최강의 미국 코앞에서 버틸 수 있게 만든 하나의 힘이었을지도 모르겠다는 생각을 했다. 내 눈에 비친 쿠바는 매우 자유롭고 개방된 사회, 유연한 사회로 보였다. 그리고 이런 유연성이 쿠바를 지탱하는 중요한 힘이 되었던 것은 아닐까 하는 생각이 들었다.

쿠바가 미국의 봉쇄를 견디고 지금에 이른 것은 거의 기적에 가까운 일이다. 그리고 이런 기적은 혁명 과정에서도 일어났다. 사실 쿠바혁명은 여타 혁명과 비교해볼 때 '낭만적'이라고 할 수 있을 정도로 규모가 작았다. 러시아혁명은 말할 것도 없고, 중국이나 베트남의 경우와도 현격한 차이가 있다. 수백만 명의 희생을 초래한 중국혁명이나 미군·한국군 등의 외국 군대와 처절한 전쟁을 벌여야 했던 베트남에 비하면 쿠바의 혁명투쟁, 게릴라투쟁은 어린아이들 장난 수준이라고 해도 과언이 아니다.

쿠바의 혁명군은 규모가 최대로 많을 때에도 500~600명 수준이었다. 바티스타의 정부군도 2만5천 명에 불과했다. 만일 미국이 바티스타 정부군에 군사고문단을 파견하는 등 마지막까지 적극 대응했다면 결과가 어떻게 됐을지 장담하기 어려운 상황이었다. 미국은 1958년 3월까지 바티스타 정부군에 무기와 탄약을 제공했다. 하지만 일치단결한 혁명세력이 공세로 돌아서자 미국은 정치적 책임을 모면하기 위해

혁명박물관에 전시된 건국
당시의 쿠바 여군.

바티스타 정권에 대한 군사적 지원을
끊었다. 미국이라는 가장 중요한 버팀
목이 사라지자 바티스타 정권은 속절없
이 무너졌고, 혁명군은 최종 승리를 거
두었다.

그러나 쿠바혁명이 성취되는 과정은
낭만적이었을지 모르지만 혁명 이후 그
걸 지켜내기 위한 쿠바의 투쟁과 노력
은 결코 낭만적이지 않았다. 1천만 명
남짓한 인구와 작은 영토, 부족한 자원과 미발달한 산업시설을 가진
쿠바가 미국이라는 세계 최강국의 봉쇄와 위협 앞에서 자신을 지켜내
기 위한 과정은 말 그대로 처절했다.

쿠바는 온갖 어려움 속에서도 주권을 지켜내고 살아남았으며, 미국
이 스스로 자신의 외교정책을 전환하게 만들었다. 미국 스스로가 과거
정책의 실패를 자인하고 쿠바와 수교하는 길을 선택하게 만든 힘은 어
디서 나온 것일까? 나는 막연하게나마, 그 힘의 하나가 유연성이 아닐
까 생각한다. 물론 쿠바를 지켜낸 가장 중요한 힘의 원천이 무엇인지
에 대해서는 더 세밀한 분석과 연구가 필요할 것이다.

어쨌든 쿠바는 혁명의 성과와 본질을 훼손하지 않은 채 미국과의 재

혁명박물관에 전시된 사진
자료들(왼쪽, 가운데)과 박
물관 내 기념품점에 진열된
상품들(오른쪽).

수교에 성공했다. 이는 세계 최강의 제국 미국과의 싸움에서 작은 나라 쿠바가 거둔 '위대한 승리'라고 평가해도 좋을 것이다.

우리는 혁명박물관 안에 있는 기념품점에서 간단한 기념품을 몇 가지 구입했다. 나는 체의 얼굴이 들어 있는 작은 장식품과 사진 몇 장을 골랐다.

혁명박물관에서 만난 여전사들

혁명박물관을 돌아보면서 인상에 남은 것 중 하나는 여성 전사들이었다. 가장 먼저 눈에 띈 것은 빌마 에스핀^{Vilma Espín(1930~2007)}이다. MIT 화학공학도 출신인 그녀는 쿠바혁명이 성공한 뒤 라울 카스트로와 결혼했다. 남편의 형인 피델 카스트로가 쿠바의 집권자가 됐지만 공식적인 배우자가 없었던 탓에 사실상 그녀가 40여 년간 영부인 역할을 해왔다. 에스핀은 1960년 쿠바 여성이 거의 모두 가입해 있는 쿠바여성동맹을 창설, 쿠바 정부의 든든한 뒷받침 역할을 했다.

다음으로는 피델 카스트로의 동지로 활약한 게릴라 여전사 셀리아 산체스^{Celia Sánchez(1920~1980)}다. 전사로서의 그녀는 에스핀보다 더욱 빛나는 존재였다. 1957년 게릴라투쟁에 참가해 7월 26일 운동과 게릴라부대를 연결시켜주는 메신저 역할을 했으며, 그란마호를 타고 쿠바로 들어온 피델 일행이 시에라 마에스트라 산맥에 자리를 잡는 데 필요한 기반을 조성하는 역할을 담당했다.

또한 그녀는 시에라마에스트라의 게릴라 캠프에서도 병참과 기획을 책임질 정도로 카스트로의 신임을 받는

여전사 빌마 에스핀. MIT 화학공학도 출신의 그녀는 쿠바혁명 성공 뒤 라울 카스트로와 결혼했다.

213

피델 카스트로와 셀리아 산체스(위). 그녀는 쿠바혁명과 국가 건설에 많은 흔적을 남긴 인물이다. 혁명박물관에는 혁명 후 꽃다발을 받고 군중 앞에 선 그녀의 사진이 전시되어 있다(아래).

측근으로 활동했다. 혁명 성공 후 오랫동안 카스트로의 비서실장을 지냈으며, 혁명 역사의 기록물을 정리하는 데서도 중요한 역할을 담당했다. 그녀는 여성 전사로서 쿠바혁명을 세계에 알리는 데서도 크게 활약했다.

서방 세계의 호사가들은 산체스가 카스트로의 비공식 연인이라고 떠들어댔다. 하지만 피델은 미국 영화감독 올리버 스톤과의 인터뷰에서 "(자신과) 셀리아는 사랑과 우정이 깊은 사이였지만, 일반적으로 생각하는 남녀관계는 아니었다"고 분명하게 밝혔다.[43]

피델은 혁명 전 마르타 디아르스 발라르뜨와 결혼해 아들 피델 펠릭스 카스트로를 낳았다. 하지만 그에게는 이미 나탈리아 레부엘타Natalia Revuelta(1925~2015)라는 연인이 있었다. '나티'라는 애칭으로 불린 그녀는 자신보다 20세나 나이가 많은 심장병 전문의와 결혼해 딸을 낳고 남편을 뒷바라지하며 주부로 살았으나 어느 순간부터 바티스타 독재정권 저항운동에 관여하게 되었다. 피델과 동갑내기인 그녀는 피델이 몬카다 병영 습격을 준비하는 동안 자신의 집을 혁명 근거지로 제공했으며, 돈 6천 달러와 다이아몬드 반지 등 귀중품을 혁명 거사 자금으로 제공했다.

---

43) 정승구, 『쿠바, 혁명보다 뜨겁고 천국보다 낯선』(아카넷, 2015), 301쪽.

몬카다 병영 습격사건이 실패
로 돌아간 뒤 피델이 감옥에 수
감되어 있던 1955년, 피델의 아
내 마르따는 남편과의 이혼을 선
언하고 그의 곁을 떠났다. 일설
에 따르면 피델이 감옥에서 아내
와 연인에게 동시에 편지를 보
냈는데, 바티스타 정부가 이 편
지를 바꿔 보내 아내가 그 사실
을 알고 이혼을 선언하게 만들었

혁명박물관에서 만난 빌마
에스핀과 셀리아 산체스.

다고 한다. 이때 나티는 임신한 상태였으나 이 사실을 알리지 않았고,
피델은 멕시코에 망명한 후 그녀에게 결혼을 하자고 했으나 성사되지
않았다.

이후 피델은 공식 결혼은 하지 않았으나 4명의 여성과 관계를 맺어
페르난데스 등 8명의 자녀를 더 낳은 것으로 알려지고 있다. 피델과
나티 사이에는 딸 페르난데스가 있는데 그녀는 미국으로 망명한 뒤,
피델을 '독재자'라 부르며 쿠바 정부를 비난하기도 했다. 나티는 혁명
후 한때 퍼스트레이디를 꿈꾸기도 했으나 피델은 그녀와 거리를 두었
다. 그녀는 2015년 2월 28일 89세의 나이로 사망할 때까지 아바나에
거주하면서 '쿠바의 여인'으로 살았다. 레부엘타(나티)는 2008년 스페
인 신문 〈라 반과르디아〉와의 인터뷰에서 "그(피델)가 개인의 삶보다
혁명 과업을 우선시한 것을 원망하지는 않았지만, 내 맘속에서 그를
지우는 데 오랜 시간이 걸렸다"고 회고했다고 AP통신은 전했다.[44]

셀리아 산체스는 동지이자 카스트로가 신뢰하는 측근이었다. 셀리

44) 이동경, "'피델 카스트로의 연인' 레부엘타, 89세로 사망", 〈연합뉴스(종합)〉, 2015.3.3.

카스트로의 비공식 연인 나티 레부엘타. (Photo: POLARIS/EYEVINE)

아 산체스의 아버지는 빈민을 위해 헌신한 의사였는데, 그 때문에 그녀 또한 의료 복지에 대한 관심이 남달랐다. 그런 점에서 쿠바의 무상의료제도에는 체 게바라와 셀리아 산체스의 그림자가 강하게 드리워져 있다. 셀리아는 1980년에 사망했고 오늘날 1쿠바페소화(동전)의 주인공으로 남아 있다.

혁명 후 카스트로 정부의 문화정책에서 중추적인 역할을 담당하며 쿠바 문화계의 대모로 알려지게 되는 아이데 산타마리아$^{Haydée Santamaría(1923~1980)}$도 빼놓을 수 없는 시에라마에스트라의 여전사 중 한 명이다. 혁명정부 아래서 쿠바인들이 거의 무료에 가까운 비용으로 문화생활을 즐기고 혁명 쿠바의 예술이 세계로 뻗어나갈 수 있게 만든 것은 그녀의 업적이라고 할 수 있다. 그녀는 젊은 시절 남동생의 두 눈과 목숨까지 희생당하는 가운데서도 온갖 고문을 이겨내고 혁명을 위해 투쟁했던 인물이다.

시에라마에스트라의 여전사 중 한 명인 아이데 산타마리아는 쿠바 문화계의 대모로 알려진다(왼쪽). 마에스트라 게릴라 시절의 셀리아 산체스, 피델 카스트로, 아이데 산타마리아 (오른쪽 사진 왼쪽부터).

하지만 그녀는 1980년 7월 26일(쿠바 정부 발표는 28일), 27년 전 자신이 함께했던 몬카다 병영 습격 기념일에 권총 자살로 생을 마감했다. 쿠바 정부는 그녀가 몇 달 전 당한 교통사고의 후유증과 과다한 약물 치료로 우울증에 시달렸다고 발표했으나 쿠바혁명 정부의 실패에 대한 고민 때문이었다는 이야기도 있다.[45]

그란마호 기념관

혁명박물관의 바로 뒤편 야외에는 그란마호 기념 전시관과 야외 무기 전시장이 마련되어 있다. 그란마호는 혁명을 위해 멕시코에서 쿠바로 타고 갔던 배로서 쿠바혁명의 상징물이라고 할 수 있다.

1956년 11월 25일 오전 1시 30분, 비가 부슬부슬 내리는 가운데 82명의 혁명가를 태운 그란마호는 멕시코만 중부에 위치한 항구도시 툭스판을 떠나 쿠바 섬으로 향했다. 12월 2일, 배는 쿠바 남동부에 위치한 라스콜로라다스 해변 진흙투성이의 늪지대에 상륙했다. 그곳에는 쿠바 섬 동남부의 정보를 미리 입수한 바티스타군이 매복해 있었다. 바티스타군은 혁명군이 작은 개간지 알레그리아델피오에서 휴식을 취하는 사이 무차별 사격을 가했다. 바티스타 정부군의 공격과 추격에서 최종적으로 살아남은 사람은 16명이었다. 체 게바라는 총격으로 부상을 입은 상태였다.

이들 16명은 쿠바 남동부 해안에서 내륙으로 약간 들어간 곳에 위치한 험준한 산악지대 시에라 마에스트라 산맥 깊숙한 곳에 근거지를 마련하고 무장투쟁을 시작했다. 이때 이들이 2년 후 바티스타를 몰아

---

45) 정승구, 위의 책, 317쪽.

그란마호 기념관 전경.

내고 혁명에 성공하리라고 생각한 사람은 거의 없었다. 카스트로는 2004년 한 서방 기자와의 인터뷰에서 "우리가 82명의 대원을 이끌고 예정된 장소에 제대로 상륙했다면, 전쟁은 7개월이면 충분했을 겁니다"라면서 호기를 부렸지만 실상은 그렇지 못했다.

아무튼 이 16명의 전사들은 세력을 키워, 2년 뒤 잘 훈련된 2만5천 명의 군대를 보유한 바티스타군을 물리치고 혁명을 성공시켰다. 어떻게 이런 일이 가능했을까? 답은 간단하다. 혁명전사들은 민중의 신뢰를 얻었고, 정부군은 민중의 신임을 잃었다. 2년 동안 쿠바 혁명가들이 벌인 활동 내용은 세계 혁명운동에서 일반적으로 볼 수 있는 내용들과 특별한 차이가 없다.

그들은 민중의 요구가 무엇인지 파악하려 노력했고, 헌신적으로 활동했으며, 농민들에게 피해를 주지 않았다. 그런 노력 덕분에 처음 적대적이었던 농민들도 점차 우호적으로 변해갔다. 혁명군은 농민의 재산과 생명을 해치지 않았고, 부녀자들을 괴롭히지도 않았다. 반면에 정부군은 정반대의 행위를 했다. 그 때문에 혁명군은 농민들로부터 식량과 정보를 얻을 수 있었고, 정부군의 움직임에 정확히 대응할 수 있었다.

1957년 2월 미국 〈뉴욕타임스〉 기자 매튜스Herbert Matthews가 피델 카스트로를 인터뷰한 기사를 내보냈다. 매튜스는 이때 "그(카스트로)는 자유, 민주주의, 사회정의, 그리고 헌법을 복원하고 선거를 지켜내야 한다는 강력한 사상을 갖고 있다"고 썼다. 또한 그는 "이 사람은 강렬한 개성의 소유자다. 부하들이 그를 떠받드는 것을 쉽사리 알 수 있고, 그가 왜 쿠바 전역의 젊은이들에게 인기가 있는지도 금방 알 수 있다"

고 하여 카스트로의 지도력을 부각시켰다.[46]

매튜스는 사실 기대 이상의 선전활동을 해
주었다. 그의 기사는 혁명군을 쿠바 전역과
세계에 알리는 데 결정적인 역할을 했으며,
카스트로에 대한 우호적인 생각을 갖게 만들
었다. 미국 대사관은 분노했고, 바티스타 정
권은 난처해졌다. 바티스타 정권은 카스트로
가 이미 죽었다고 대대적으로 선전한 바 있었
는데, 이 기사로 바티스타 정권의 거짓이 폭

카스트로(오른쪽)와 인터뷰
하는 허버트 매튜스(왼쪽).

로되어 신뢰에 치명타를 입었다. 대신 카스트로의 이미지는 혁명 지
도자로 우뚝 섰다. 다른 기자는 매튜스를 가리켜 "피델을 창조해낸 사
람"이라고 말하기도 했다.

1958년 4월 '7·26운동' 대원들이 주도한 노동자와 도시지역을 중심
으로 한 총파업 공세가 좌절되면서 혁명세력에 위기가 닥쳤다. 5월 말
바티스타군은 혁명군에 대한 대규모 공세를 벌였다. 혁명군은 70여
일에 걸친 치열한 전투 끝에 정부군을 물리쳤다. 이때 혁명군 게릴라
부대들은 마에스트라 산맥 주변에서 벌어진 주요한 전투에서 모두 승
리했다.

그란마호와 히론 전투의 의미

1958년 8월부터 시작된 혁명군의 진격은 그야말로 파죽지세였다.
카밀로 시엔푸에고스와 체 게바라가 이끄는 혁명군의 주력부대는 동

---

46) 임영태, 「쿠바 혁명」, 『스토리 세계사 9』(21세기북스, 2014), 190쪽.

부에서부터 차례로 주요 도시들을 장악하며 수도 아바나를 향해 두 방향으로 진격했다. 12월 27일부터 사흘 동안 벌어진 산타클라라 전투에서 체 게바라가 이끄는 혁명군이 승리하고, 12월 30일 야과하이 전투에서 카밀로 시엔푸에고스가 이끄는 혁명군이 승리를 거두면서 전세는 결정이 났다.

1959년 1월 1일, 카스트로는 산티아고 데 쿠바에서 '혁명의 성공'을 선언했다. "우리는 산티아고에 도착했다. 그 길은 험난하고 길었다. 그러나 우리는 여기에 있다. 이번 혁명은 실패하지 않고 목표를 달성할 것이다." 그는 카밀로 사령관과 게바라 사령관에게 아바나로 진군하라고 명령했다. 그날 독재자 풀헨시오 바티스타^{Fulgencio Batista(1901~1973)}는 도미니카로 망명길에 올랐다.

1959년 1월 3일, 카밀로 시엔푸에고스와 체 게바라가 이끄는 혁명군 주력부대가 아바나에 입성했다. 1월 8일, 카스트로가 1천 명의 혁명군 병사와 바티스타군에서 투항한 병사 2천 명을 이끌고 아바나에 들어와, 여러 시간에 걸쳐 열정적인 연설을 펼쳤다. 그는 1940년의 헌법을 다시 도입할 것이고, 토지개혁을 할 것이며, 자유롭고 평화로운 미래를 건설하기 위해 노력할 것이라고 약속했다.

그란마호를 타고 멕시코만에서 출발하여 동부 산악지대 시에라 마에스트라에 자리를 잡고 시작한 혁명투쟁의 여정은 2년이 조금 지난 뒤 최종적인 승리로 끝이 났다. 이제 녹색의 제복을 입은 33세의 카스트로와 그의 동지들, 바르부도스[47] 전사들은 바티스타를 몰아내고 쿠바에서 권력을 장악했다. 그러나 그들의 혁명 여정은 거기가 끝이 아

---

47) '털보'라는 뜻. 카스트로, 게바라, 시엔푸에고스, 라울 카스트로, 후안 알메이다, 보스케 등 쿠바 혁명가들은 하나같이 수염을 텁수룩하게 길렀는데 여기서 나온 말이다. 그들은 게릴라전을 펼치면서 수염을 손질하기 힘들어 그냥 길렀는데, 이게 나중에는 게릴라를 상징하는 신분증처럼 돼버렸다. 그래서 쿠바혁명은 바르부도스들의 혁명이 되었고, 나중에는 텁수룩한 수염이 곧 라틴아메리카 혁명가의 상징물이 되었다.

니라 시작이었다.

쿠바혁명 과정을 생각하면 쿠바에서 그란마호가 어떤 것인지 알 수 있을 것이다. 혁명의 출발이자 상징인 것이다. 그래서 쿠바 공산당 기관지 이름도 〈그란마〉다. 그란마는 카스트로의 쿠바혁명을 상징할 뿐만 아니라 저 멀리 쿠바혁명의 원류, 쿠바혁명의 정신적 스승인 호세 마르티와도 연결된다. 호세 마르티가 그러했듯이 외국에서 싸우는 것으로 끝나지 않고 직접 혁명을 실천하기 위한 과감한 도전과 용기를 의미한다. 그것은 불가능할 것 같은 혁명을 가능한 것으로 만드는 불굴의 정신이기도 하다.

그란마호 기념관은 별 모양의 지붕 아래 유리로 만들어졌는데, 그란마호는 그 유리관 안에 들어 있다. 그란마호가 실물인지 모형인지를 두고 이 대표와 나는 의견이 갈렸다. 내가 보기에 모형이 분명했는데, 이 대표는 "모형이라면 저렇게 유리관 안에 고이 보관할 리 없다"

영원히 꺼지지 않는 불꽃
(왼쪽)과 히론 전투의 희생
자들(오른쪽).

며 실물일 것이라는 의견을 피력했다. 이 글을 쓰면서 자료를 찾아보
니 '모형'이라고 생각하는 이들이 다수를 이루지만 쿠바 정부의 공식적
인 견해는 아니어서 정확히 알 수는 없다.

만일 모형이라면, 모형에 불과한 것을 왜 그처럼 유리관 속에 넣어
신주단지 모시듯 고이 간직해두었을까? 혁명의 초심을 잃지 않겠다는
의지를 보여주기 위해 그렇게 유리벽 안에 넣어둔 것은 아닐까? 내겐
아직도 풀리지 않은 의문이다.

그란마호는 계단을 한 층 올라가야 내부의 모습을 제대로 볼 수 있
다. 그란마호가 있는 기념관 옆 한쪽에는 영원히 꺼지지 않는 불꽃이
타오르고 있고, 다른 쪽에는 히론 전투의 희생자들^{Martires de Giron}의 사진
이 담긴 작은 입간판 세 개가 있다. 미국의 피그만 침공 주요 상륙 지
점은 쿠바 남중서부에 위치한 해변가 '플라야 히론^{Playa Girón}'이었다.

히론은 중남부의 주요 공업도시인 시엔푸에고스와 그다지 멀지 않
은 곳에 있다. 여기서 카스트로의 혁명 쿠바군과 미국의 지원을 받은
침공 반군 사이에 대대적인 전투가 벌어졌고, 침공군은 100여 명의

사상자를 내고 1,200여 명이 체포됨으로써 침공 기도가 무산되었다. 쿠바에서 '히론 전투'는 미국의 침략을 물리친 상징적인 의미를 지닌다. 침공 작전이 있었던 곳은 스페인어로 코치노스 만Bahía de Cochinos이지만, 미국에서 부르는 피그만Bay of Pigs이라는 명칭이 더 일반화되었다. **48**

이 사건으로 쿠바와 미국의 관계는 더 이상 돌아올 수 없는 다리를 건너게 된다. 쿠바혁명은 독재정권에 저항하는 민주주의, 외세의 간섭에 저항하는 민족적 성격을 갖고 있었으나, 처음부터 사회주의혁명은 아니었다. 피델은 후에 자신이 대학 1학년 때부터 마르크스와 레닌의 저작을 읽는 등 일찍부터 사회주의자였다고 말했지만, 이념적으로는 피델보다 동생 라울이 사회주의에 훨씬 가까이 다가가 있었다. 쿠바혁명 당시 혁명 주체들의 인식은 사회주의혁명보다는 제3세계에서 흔히 볼 수 있는 민족민주혁명에 가까웠다.

하지만 미국의 쿠바 침공과 카스트로 정권 전복활동 지원이 결정적으로 쿠바를 소련의 편으로 밀어 넣는 역할을 하고 만다. 카스트로 정

피그만 침공 사건의 전개과정(위). (출처: eleconomista. com.mx)

쿠바 여군 모습. 쿠바는 피그만 침공 사건 이후 무장력을 강화하는 한편 반미노선을 본격화하고 친소 정책을 폈다(아래).

48) 위키백과 사전 '코치노스 만' 참고.

그란마호 기념관 주변의 무기 전시물.

권은 피그만 침공 이후 급격히 친소 노선으로 기울었을 뿐만 아니라 미국의 침공에 대비하여 군사무력을 강화하고 반미 활동을 본격적으로 전개했다. 카스트로는 언제든 시에라 마에스트라 산으로 다시 들어가 게릴라전을 벌일 각오가 돼 있다고 천명했다.

그란마호가 쿠바 혁명운동의 성공을 의미한다면, 히론 전투는 미국의 침략과 반혁명 기도로부터 쿠바혁명을 수호한 것을 상징한다. 그란마호 기념관 주변 야외에는 비행기, 탱크, 미사일, 장갑차, 승용차 등이 전시되어 있다. 쿠바군에 의해 격추된 미군 정찰기 U-2의 잔해도 있었다. 그란마호 전시관과 무기 전시장은 혁명박물관의 야외 전시장이라고 할 수 있다. 혁명박물관의 일부이며 연장인 셈이다.

12

'체 게바라 노래'에 취하다

점심은 '슬로피 조스 바'에서

12시 30분경, 식당을 찾아 주변을 기웃거리는데, 길 건너편 보도에서 호객 행위를 하는 종업원이 눈에 들어왔다. 종업원 뒤편 건물에 'Sloppy Joe's Bar'라는 글자가 붙어 있다. 이름으로 보건대 술집이 분명하지만 식사도 가능할 것 같은 생각이 들었다. 웨이터에게 다가가 물어보니 그렇다고 한다. 실내로 들어선 우리는 그 화려함에 눈이 휘둥그레졌다. 세계 유명 양주들이 즐비하게 진열돼 있고, 외국인 관광객들이 식사와 함께 맥주 등을 마시고 있었다.

나중에 알고 보니, 이곳은 1917년에 문을 연 유서 깊은 술집이었다. 이 바를 처음 시작한 조^{Joe}란 인물은 1904년 아바나에 도착한 스페인 출신으로, 본명은 호세 아베알 이 오테로^{Jose Abeal y Otero}라고 한다. 그는 쿠바 섬에서 3년 동안 웨이터로 일하다가 미국으로 건너가 플로리다의 바에서 6년 가까이 일했다. 1916년 쿠바로 다시 돌아온 뒤 잠시 남의 카페에 있다가 1917년에 자신의 술집 '슬로피 바'의 문을 열었다. 1917년부터 1919년 사이에 미국인 사업가들이 몰려들면서 슬로피 바는 그들을 위한 술집으로 자리를 잡았다.

처음에는 낡은 창고를 개조한 것이라 매우 더럽고 지저분했는데, 이

때문에 조는 슬로피^{Sloppy}란 별명을 얻었다. 1933년 미국 플로리다의 키웨스트에서도 'Sloppy Joe'라는 술집이 문을 열었는데, 이곳은 헤밍웨이의 친구 조 러셀^{Joe Rusell}이 주인이었다.[49] 아바나의 술집을 모방한 것이라고 알려진다.

내부 벽면 기둥에는 유명 인사들의 사인이 들어간 사진이 다수 걸려 있어 분위기와 품격을 더해주었다. 어니스트 헤밍웨이를 비롯하여 여배우 에바 가드너^{Ava Gardner(1922~1990)}, 배우 겸 가수 프랭크 시나트라^{Frank Sinatra(1915~1998)}, 야구선수 테드 윌리엄스^{Ted Williams(1918~2002)}, 복서 조 루이스^{Joe Louis(1914~1981)} 등 쟁쟁한 인사들이다. 슬로피 바는 아바나 시의 역사 기관에 의해 오랫동안 힘든 복원 작업을 거쳐 2013년 4월에 재개장되었고, 지금은 아바나관광공사^{Habaguanex Tourist Company} 소속이라고 한다. 혁명박물관에서도 보지 못한 소개 팸플릿이 여기에 있어서 놀랐다.

---

49) 본래 'sloppy'는 '단정치 못한, 질척질척한, 흠뻑 젖은'의 의미를 지닌 단어로, 'sloppy joe's'는 '간이식당, 싸구려 레스토랑'을 의미한다.

혁명기념관, 국립대극장, 국제미술관, 까삐똘리오 등 센트로 아바나 지역의 기념비적인 주요 건물들은 대부분 보수공사 중이었다.

국립미술관에서 만난 쿠바 미술

점심 식사 후 바깥으로 나오니 강렬한 태양이 우리를 기다리고 있다. 우리는 예정대로 혁명박물관 바로 옆에 위치한 국립미술관으로 들어갔다. 쿠바에는 국립미술관이 두 곳 있는데, 하나는 국제미술관이고 다른 하나는 국내 작가들의 작품들을 전시하는 국내미술관이다. 우리가 지금 찾아간 미술관은 국내미술관이다. 3층 건물로 이루어진 이곳은 2층과 3층이 미술품 전시관이었다.

미술작품들은 시대별로 분류, 전시되어 있었다. 대략 1873~1937년, 1938~53년, 1954~69년, 1970~89년, 1990년 이후로 나뉘어 있다. 혁명이 일어난 1950년대가 쿠바의 미술사에서도 하나의 분기점을 이루지만, 이곳 미술관 분류에서는 특별히 그런 점이 부각돼 있지는 않았다. 하지만 1950년대부터 1990년대 이전까지의 작품들은 혁명의 분위기를 반영하고 있는 것들이 많았다.

전반적으로 1930년대까지의 작품들은 스페인, 이탈리아 등 유럽의 강한 영향력 아래 놓여 있다는 느낌이 들었다. 고전주의, 낭만주의, 신고전주의를 거쳐 인상주의의 영향을 받은 작품들에 이르기까지 다양한 작품들이 전시되어 있다. 1940년대 작품들은 후기인상파, 큐비즘, 초현실주의 경향의 작품들이 다수였다. 또한 1940년대 중반부 혁명 이전까지는 추상표현주의 경향의 작품들이 대거 자리를 차지하고 있고, 멕시코의 디에고 리베라의 문화적 민족주의의 영향을 받은 것으로 여겨지는 작품들도 간혹 눈에 띄었다.

1950년대 중반 이후 작품들 가운데는 쿠바혁명의 영향을 반영한 사회주의 리얼리즘 계통의 작품과 선전적 성격의 작품들이 많았다. 하지만 그런 작품들도 소련이나 중국, 북한처럼 국가가 미술을 선전도구로 이용한다는 느낌은 그다지 없었다. 쿠바의 혁명적 리얼리즘 미술을 대표한다는 라울 마르티네스^{Raúl Martínez(1927~1995)}의 작품도 그랬다. 멕시코의

쿠바 작가들의 작품이 전시된 국립미술관(왼쪽)과 내부 벽면의 대형 하늘소 모형(오른쪽).

다비드 알파이 시케이로스의 그림과 같은 강렬한 선전성과 선동성, 거기에서 오는 생경함은 느낄 수 없었다. 혁명의 정당성과 승리를 강하게 표현하고 있는 대형 선전화에서도 그런 느낌은 훨씬 덜했다.

혁명 후 시대의 그림에서는 미국 미술의 영향을 받은 작품들이 적지 않았다. 잭슨 폴록Jackson Pollock(1912~1956)으로 대표되는 추상표현주의와 앤디 워홀Andy Warhol(1928~1987), 리히텐슈타인Roy Lichtenstein(1923~1997) 등의 팝 아트 영향을 직접적으로 받은 작품들이다. 물론 소재나 내용은 혁명, 혁명가, 사회적인 것이지만, 그 표현에서는 추상표현주의나 팝 아트 등의 현대적인 방식을 받아들였다.

쿠바를 여행하는 동안 느꼈던 자유분방함이 그림에서도 그대로 드러났다. 내가 그동안 지녀왔던 생각에 비추어보면 의외이지 않을 수 없었다. 사회주의 국가에서 예술은 철저히 정치적 이데올로기적 제약을 받는다는 것이 일반적인 상식인 까닭이다. 물론 쿠바 미술에서도 그런 냄새가 아예 없는 것은 아니지만, 그 강도가 생각보다 훨씬 미약했다.

가장 눈에 들어온 것은 1960~70년대, 즉 혁명시대를 대표하는 마르티네스의 대형 작품이었다. 우리가 종종 봐온 그림이다. 그의 그림은 한국의 민중미술가들에 의해 화보집에 소개되곤 했다. 카메라를 들이대니 현장 직원이 촬영 불가란다. 아쉽게도 미술관 안에서는 사진을

19세기 말부터 여성이 교육의 혜택을 받으면서 라틴아메리카에 여성 화가들이 다수 등장한다. 아멜리아 펠리에즈는 파리에서 오랫동안 살면서 피카소의 큐비즘 영향을 받아 자신만의 독특한 '열대적 큐비즘(Tropical Cubism)'을 만들어냈다. 작품은 〈자매〉(왼쪽).
마리오 카레뇨의 〈사탕수수 커터〉. 사회주의 리얼리즘에 기초하면서도 환상적 분위기를 자아낸다. 스페인 정복자들은 원주민을 몰아내고 사탕수수 농장을 만든 다음, 아프리카와 카리브의 섬들에서 흑인 노예들을 데려와 일을 시켰다. 초현실주의와 피카소의 영향이 엿보인다(오른쪽).

한 장도 찍지 못했다.

관람이 끝나고 아래층에 내려와 도록을 한 권 살까 하고 돌아보았더니 가격이 상당히 비싸다. 우리나라 도록 가격과 비슷한 수준이었다. 잠깐 망설이다 못 샀는데 두고두고 후회가 됐다. 다른 지역을 돌고 다시 아바나에 왔을 때 도록을 사야겠다고 마음먹었으나 시간적인 이유 때문에 결국 미술관에 들르지 못했다. 아무래도 눈으로만 본 것으로는 제대로 된 느낌을 가질 수 없다. 이 글을 쓰면서 당시의 기억을 되살리려 애를 썼지만, 그 느낌은 도무지 살아나지 않았다.

미술관에서 젊은 한국인 관

위프레도 람의 〈정글〉. 형태가 파괴된 큐비즘과 초현실주의가 혼합된 서양 현대화를 닮았다. 파리에서 파블로 피카소, 앙드레 브르통 등과 교류를 가졌던 그는 아프리카, 중국계, 스페인계가 섞인 특이한 혈통으로 쿠바 현대 미술에서 가장 유명한 작가로 꼽힌다.

광객을 만났다. 그는 멕시코에서 쿠바로 왔는데, 산티아고 데 쿠바로 갈 예정이라고 한다. 마침 우리도 그곳에 갈 생각이었기에, 정보도 얻을 겸 그와 자세한 이야기를 나누려고 했다. 하지만 서로의 일정도 맞지 않고, 길게 대화할 시간도 없었다. 그는 그날 저녁 출발할 참이었던 것이다. 헤어지는 길에 그는 한국인 배낭여행객들이 주로 묵는다는 '호아낀네 아주머니' 집 위치를 알려주었다. 우리는 나중에 거기에 한번 들러보기로 했다.

'사령관이여 영원하라!'

7시경 숙소 바로 옆에 있는 '라 파밀리아^{La Familia}'에서 저녁 식사를 했다. 이곳 역시 마이클이 소개해준 곳이다. 발도 넓고 인간관계도 좋은 마이클은 마치 동네 반장이나 마을 이장 같은 존재였다. 그래서 이 대표는 "마이클은 쿠바의 개방이 진행되면 크게 성공할 수 있는 인물"이며 아마도 "자본을 모아 부자가 될 수 있을 것"이라고 전망했다. 과연 그는 10년 뒤 이 대표 말처럼 성공한 자본가가 되어 있을까? 기회가 된다면 꼭 그를 다시 만나보고 싶다.

우리가 앉은 자리는 옥상이었다. 더 위를 막기 위해 기둥 몇 개를 세우고 적당히 차단막을 씌워놓았는데, 전날의 음식점보다 규모가 작고 시설도 떨어졌다. 다만 마음에 드는 것은 한쪽 공간에서 기타를 치며 노래하는 두 청년이었다. 그들은 쉬지 않고 노래를

동네 식당 '라 파밀리아'. 우리가 식사를 한 옥상 아래층 홀에는 미국 국기가 걸려 있다.

231

식사하는 동안 열정적인 노래와 훌륭한 기타 연주로 우리를 감동시킨 두 명의 음악가. 아바나에는 이런 프로 수준의 음악가를 거리 곳곳에서 만날 수 있다.

불렀다. 모르는 노래는 감흥만 남고 잊었지만, '관타나메라', '체 게바라 노래'는 지금도 기억에 생생하다. 특히 '체 게바라 노래'는 정말이지 감동적이었다. 청년들은 우리들 가슴을 찡하게 울렸다. 애절하면서도 청아했고, 비장하면서도 낭만적이었다.

그날 우리는 앙코르를 청해 그 노래를 두 번이나 들었다. 나중에 아바나를 떠날 때는 공항에서 체 게바라 노래가 들어 있는 CD를 하나씩 구입했다. 그날 저녁의 감동을 기대하면서. 하지만 한국에 돌아와 들어보니 그때의 느낌이 안 났다. 생음악과 녹음CD의 차이일 수도 있겠지만, 그 청년들의 노래와 그날의 분위기가 그만큼 좋았기 때문일 것이다.

'체 게바라 노래'의 정식 제목은 '아스따 시엠쁘레 꼬만단떼Hasta Siemppre Comandante'다. 우리말로 번역하면 '사령관이여 영원하라!'가 될 것이다.[50] 영원한 혁명가 체 게바라는 쿠바혁명이 성공한 뒤 다시 새로

---

50) Hasta siempre Commandante(사령관이여 영원하라!)

Aprendimos a quererte/ desde la histirica altura donde el sol de tu bravura/ le puso un cerco a la muerte.(우리는 당신을 사랑하게 되었어요. 당신을 죽음으로 이끌었던 당신의 용맹한 태양이 서 있던 역사의 절정으로부터)

Aqui se queda la clara,/ la entranable transparencia, de tu querida presencia/ Comandante Che Guevara(여기 당신의 존재가 갖는 선명하고 깊은 투명성이 남아 있습니다. 우리의 사령관 체 게바라여!)

Tu mano gloriosa y fuerte/ sobre la historia dispara cuando toso Santa Clara/ se despierta para verte.(당신의 영광스럽고 강력한 손은 역사를 겨냥하지요. 전 산타클라라가 당신을 보기 위해 깨어날 때)

Aqui se queda la clara,/ la entranable transparencia, de tu querida presencia/ Comandante Che Guevara(여기 당신의 존재가 갖는 선명하고 심오한 투명성이 남아 있습니다. 우리의 사령관 체 게바라여!)

Vienes quemando la brisa/ con soles de primaver para plantar la bandera/ con la luz de tu sonrisa(밝은 미소를 지으며 당신은 깃발을 꽂으러 봄의 태양으로 산들바람을 태우며 오지요)

Aqui se queda la clara,/ la entranable transparencia/ de tu querida presencia/ Comandante

232

운 여정에 나선다. 1965년 4월, 그는 "쿠바에서는 모든 일이 끝났다"며 홀연히 사라졌다. 혁명가로서의 삶을 이어가기 위해 길을 떠난 것이다. 쿠바의 인기 가수 카를로스 푸에블라Carlos Puebla(1917~1989)는 이 불굴의 혁명가를 기리기 위해 노래를 만들어 헌정했고, 그것이 바로 '체 게바라의 노래'다.

영원한 혁명가 '체 게바라'는 쿠바 인민이 가장 사랑하는 사람이다. 혁명박물관 옆 선물가게 벽에 걸린 박물관과 체 게바라 사진.

체 게바라는 콩고를 거쳐 볼리비아로 떠났다. 그리고 1967년 10월 9일 볼리비아 정부군에 잡혀 총살당했다. 그의 주검은 전 세계에 공개됐다. 체 게바라의 웃옷은 벗겨져 있었고, 볼리비아 군인들은 그의 주검을 모욕했다. 체 게바라를 하잘것없는 평범한 인간으로 보이게 하려는 의도로 사진을 공개했지만 오히려 그를 세계적으로 추앙받는 영웅으로 만들고 말았다. 대중들은 그의 죽음에서 예수의 이미지를 보았다. 체 게바라는 '남미의 예수'라 불리게 되었다. 그리고 카를로스 푸에블라가 체 게바라에게 헌정했던 '아

Che Guevara(여기 당신의 존재가 갖는 선명하고 깊은 투명함이 남아 있습니다. 우리의 사령관 체 게바라여!)

Tu amor revolucionario/ te conduce a nueva emparesa donde esperan la firmeza/ de tu brazo libertario(당시의 혁명적 사랑은 당신의 강건한 팔을 기다리는 새로운 사업으로 당신을 이끌어가고)

Aqui se queda la clara,/ la entranable transparencia, de tu querida presencia/ Comandante Che Guevara(여기 당신의 존재가 갖는 선명하고 깊은 투명함이 남아 있습니다. 우리의 사령관 체 게바라여!)

Seguiremos adelante/ como junto a ti sequimos y con Fidel te decimos: hasta siempre Comandante.(우리는 계속할 거예요. 우리가 함께 당신을 따르는 것처럼 그리고 피델처럼 우리는 말해요. 우리의 영원한 지도자라고.)

Aqui se queda la clara,/ la entranable transparencia, de tu querida presencia/ Comandante Che Guevara(여기 당신의 존재가 갖는 선명하고 깊은 투명함이 남아 있습니다. 우리의 사령관 체 게바라여!)

(권종술, "유튜브 음악산책 2. 체게바라여 영원하라! 'Hasta siempre Commandante'", 〈민중의소리〉, 2015.3.4(http://www.vop.co.kr/A00000854712.html)-인터넷 검색일: 2015.8.13)

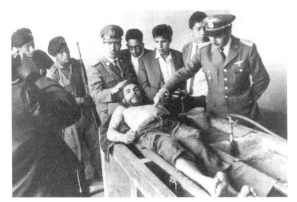

볼리비아 군에 살해된 뒤 공개된 체 게바라의 시신. 게바라가 모든 공직을 버리고 다시 혁명가로 살기 위해 쿠바를 떠난 그에게 바친 쿠바 음악가 카를로스 푸에블라의 '아스타 시엠프레 코만단테'는 체 게바라 추모곡이 돼 지금도 세계인의 심금을 울리고 있다.

스타 시엠프레 코만단테'는 체 게바라를 주모하는 추모곡이 됐다.

이 노래는 여러 사람들에 의해 여러 버전으로 불려졌다. 전 세계 가수들이 부르고 있고, 알려진 것만 해도 200개가 넘는다고 한다. 가장 대표적인 것은 쿠바 가수 카를로스 푸에블라가 부른 원곡이다. 베네수엘라의 저항가수 솔리다드 브라보Soledad Bravo(1943~)가 부른 버전도 있다. 원곡에 비해 훨씬 더 서정적인 느낌이 강하고, 더욱 가슴 아프게 전달되는 곡이다. 나는 이 곡을 특히 좋아한다.

그 외에도 부에나비스타 소셜클럽Buena Vista Social Club 버전이 있다. 어떤 의미에선 가장 쿠바적인 목소리로 불린 노래라고 할 수 있다. 칠레의 민중가수인 빅토르 하라Victor Jara(1932~1973)가 부른 버전, 우리나라 사람들도 잘 아는 가수 조앤 바에즈Joan Baez(1941~)가 부른 버전이 있다. 또 프랑스 배우 겸 가수인 나탈리 까르돈Nathalie Cardone(1967~)이 1999년에 발표한 버전도 있다. 그녀의 노래는 뮤직 비디오와 함께 인터넷에서 감상할 수 있는데, 앞선 노래들하고는 완전히 다른 느낌이 든다.[51]

다음 날 아침을 기약하며

청년 아티스트의 기타 반주와 노래 실력이 뛰어났기에 나는 한편으로 그들이 다른 노래도 잘하는지 궁금했다. 그래서 '알함브라의 궁전'

1) 노래와 관련된 내용은 권종술, 위의 글, 참고. 이곳에서 여러 버전의 노래들도 함께 들을 수 있다.

구시가 곳곳의 바에서는 춤
추고 노래 부르는 관광객과
아바나 시민들을 볼 수 있
다(왼쪽). 밤의 암보스 문도
스 호텔. 헤밍웨이의 사진
과 흔적이 남아 있는 곳이
다(오른쪽).

을 연주할 수 있느냐고 물었다. 그랬더니, 기타리스트가 쿠바 기타를
일반 클래식 기타로 바꾸어 연주를 시작한다.[52] 하지만 그는 한 소절
도 제대로 못 하고 끝낸다. 자기는 쿠바 기타에 익숙한데 클래식은 지
금 배우고 있는 중이라며 변명 아닌 변명을 한다.

식사를 하는 동안 식당 웨이터가 우리 테이블 옆에 붙어서 계속 말
을 걸고 애교를 떨었다. 원장님이 그에게 얼마간의 팁을 주었더니 그
렇게 좋아할 수가 없다. 아마도 이제 갓 스무 살을 넘었을 것으로 보이
는 앳된 얼굴이다.

교수님과 원장님은 숙소로 돌아가고, 이 대표와 나는 비에하 지역을
걸었다. 아바나 시가의 밤은 낭만으로 넘실댔다. 아레모광장, 산 프란
시스꼬광장, 헤밍웨이가 묵었다는 아로스 문도스 호텔 등을 구경하며
걸었다. 숙소로 오는 도중, 한 젊은 청년이 쫓아와 어디서 왔느냐고
묻는다. "꼬레아"라고 대답했더니 자기 할머니가 한국인이라며 사진
까지 보여준다. 결국 우리는 그 친구 손에 이끌려 광장 옆 골목길의 노
천 술집에서 맥주를 한잔 마셨다.

---

52) 쿠바기타는 일반기타보다 조금 작고 2개씩 쌍으로 된 줄이 3개가 있다.

밤의 산 프란시스꼬광장(왼
쪽)과 아르마스광장(오른쪽).

아바나의 밤공기를 느끼다가 11시가 넘어서야 숙소로 돌아왔다. 주
인아저씨는 아직도 안 자고 있다. 우리를 보더니 기다리고 있었다는
듯 반가이 맞이한다.

독립전쟁의 영웅 막시모 고메스 장군상

6월 19일 금요일 아침 6시, 우리는 일어나자 바로 거리로 나와 말레
꼰 해변, 혁명박물관 주변, 오비스뽀 거리를 걸었다. 2시간 이상 아바
나 거리를 걸어 다니면서 그동안 놓쳤던 건축물과 거리, 사람들의 생
활 모습을 자세히 살펴볼 수 있었다.

우리는 전날 둘러보았던 혁명박물관을 중심으로 센트로 아바나 지역
을 좀 더 자세히 살펴보기로 했다. 혁명박물관 정문에서 서쪽 바다 방
향으로 숲이 울창한 쁘라도^{Prado} 길이 나온다. 이곳은 1770년대부터 만
들어졌는데 하늘이 보이지 않을 만큼 울창한 나무들이 서 있는 보행자
도로다. 양 옆의 낡은 건물들 사이로 조성된 거리가 중앙공원에서부터

말레꼰 해변까지 뻗어 있다.

쁘라도 거리가 끝나는 지점에 어제 혁명박물관 앞에서 보았던 기마상이 바다를 향해 서 있다. 그 기마상은 외세의 침략으로부터 쿠바를 막아내는 수호신의 모습을 하고 있다. 말레꼰 해변에서부터 기마상과 혁명박물관-그란마호 기념관-국립미술관-까삐똘리오-중앙공원이 일직선으로 배치되어 있다.

아바나 숙소 골목길에서 바라본 막시모 고메스 장군상.

아바나의 정치적 · 문화적 중심지인 이 지역의 이러한 건축물 배치는 지나가는 관광객의 눈으로 보더라도 쿠바라는 국가의 정체성을 보여주는 데서 중요한 의미가 있다는 생각이 들었다. 그 어떤 나라보다도 유난히 외세의 침략과 지배를 많이 받은 수난의 역사를 간직한 쿠바다. 그 쿠바의 독립과 해방에 대한 절대적인 갈망을 이 거리는 보여주고 있는 것이다.

혁명박물관 앞에서부터 쁘라도 거리를 따라 기마상을 향해 걸었다. 기마상은 쁘라도 거리가 끝나는 지점의 건너편 작은 공원에 있다. 우리들은 신호등도 없는 도로를 건너 그곳으로 갔다. 시민들이 체조를

동상 주변 공원과 동상 아래에서 달리기를 하거나 운동을 하고 있는 사람들.

석양녘의 고메스 동상(왼쪽)과 가까이서 올려다본 모습(오른쪽).

하거나 공원 주위를 뛰고 있었다.

동상은 어제 예상했던 것과 달리 피델 카스트로가 아니었다. 군 지휘관으로 보였지만 이름이나 표지판은 언뜻 눈에 들어오지 않았다. 마침 동상 중간쯤에 앉아서 쉬고 있는 관리인으로 보이는 사람에게 물었더니 쿠바 독립전쟁을 지휘한 막시모 고메스 장군이라고 말해준다. 그의 말을 듣고 다시 살펴보니 동상 아래쪽에 그의 이름이 새겨져 있다.

막시모 고메스는 1895년부터 시작되는 제2차 쿠바 독립전쟁의 영웅이며, 20세기 초반 미국의 식민지 상태에서 쿠바가 실질적인 독립

막시모 고메스 장군의 캐리커처(왼쪽. 출처: wikimedia commons)와 10페소 쿠바 화폐(오른쪽).

을 이루는 데서 중요한 역할을 한 정치가였다. 그는 2차 독립전쟁 당시 독립군 총사령관으로서 스페인군과의 전투를 지휘했을 뿐만 아니라 미국이 스페인과의 전쟁에서 승리한 뒤 쿠바를 사실상의 식민지로 만들려고 했을 때 이를 저지하는 데 앞장섰다. 현재 그는 쿠바 화폐 10페소 지폐의 주인공이다. 독립전쟁 과정에서 호세 마르티가 쿠바 독립의 사상과 이론을 제시하고 이끌어간 혁명가라면 고메스는 독립군을 이끈 군사지도자였다.

쿠바의 수난의 역사

쿠바 섬은 카리브해의 여러 섬들 가운데 가장 큰 섬이지만 19세기 이전까지는 스페인의 식민지 경영에서 그다지 중요한 지역이 아니었다. 스페인의 남미 경영에서 핵심 지역이었던 멕시코, 페루 등지에서 확보한 은과 금 등을 유럽으로 실어갈 때 쉬어 가는 중간 항구 역할을 했을 뿐이다. 그 때문에 쿠바 섬은 해적들의 주요한 공격 목표가 되었고, 창궐하는 해적들을 막기 위한 요새들이 섬 곳곳에 만들어졌으며 그 흔적이 지금도 여기저기 남아 있다.

말레꼰 해변의 있는 요새.

19세기 중남미 지역 대부분의 식민지가 독립을 성취하면서 쿠바는 스페인의 마지막 남은 자존심이자 보물이 되었다. 18세기 말부터 쿠바에서 설탕 수출 경제가 시작되었고, 한 세기도 채 되지 않은 기간 동안 플랜테이션을 경영하기 위해 1백만 명의 노예들이 쿠바 섬으로 끌려왔다. 아프리카 노예들은 1866년까지

쿠바의 독립전쟁(위). 폭
발된 메인호(아래). (출처:
forum.vestnikataka.bg)

끝없이 쏟아져 들어왔고, 1886년에야 쿠바에서
노예제가 폐지되었다. 제1차 쿠바 독립전쟁의
성과였다. 오늘날 쿠바 인구의 상당 부분, 그러
니까 혼혈까지 포함하면 아마도 60% 이상이 아
프리카의 후손들로 추정되고 있다.

노예무역에 대한 중단 압력이 커지자 또 다른
사람들이 쿠바로 들어왔다. 19세기 중반에는
약 10만 명의 중국인들이 유입되었는데, 이들
도 노예와 별반 다르지 않은 조건에서 일했다.
1898년 독립을 전후한 시기에 상당수의 스페인
사람들이 쿠바로 들어왔다. 미국 자본이 진출하
면서 20세기 초반에는 플랜테이션 노동을 충당
하기 위해 미국이 점령한 아이티에서 대규모 노
동자들이 들어왔다. 자메이카에서도 많은 설탕
노동자들이 이주했다.

1921년에는 멕시코 에네켄(애니깽) 농장으로 노동이민을 왔던 조선
인 가운데 288명이 더 나은 삶을 희망하면서 쿠바로 건너왔다.[53] 유럽
에서 나치의 박해를 피해 건너온 유대인과 스페인 내전과 프랑코 독재
를 피해 온 공화주의자들도 있다. 이렇게 해서 쿠바는 다양한 인종이
혼합된 국가가 되었다.

쿠바라는 국가의 정체성이 마련되는 것은 제2차 독립전쟁을 통해서
다. 쿠바의 2차 독립전쟁은 1895년에 시작되어 1898년에 끝났다. 그
런데 독립전쟁 막바지 단계에서 스페인과의 전쟁을 시작한 미국이 쿠
바 섬을 무력으로 점령하면서 쿠바의 운명은 전혀 새로운 방향으로 나

---

53) 현재 쿠바에는 정확하지는 않지만 대체로 1,000여 명 내외의 한인 후예들이 살고 있다고 알려져
있다.

쿠바에 상륙하여 스페인군과 싸우는 미군(왼쪽)과 필리핀에 상륙하는 미군(오른쪽).

아가게 된다. 미국이 스페인과의 전쟁에 뛰어들기 전 쿠바 독립군은 이미 쿠바 섬 전체의 절반 이상을 해방한 상태였고, 1898년 2월 스페인은 쿠바의 자치정부 수립에 동의했다.

하지만 이때 아바나 항구에 정박 중이던 미 해군 순양함 메인호가 폭발하는 사고가 일어났고,[54] 미국은 이를 빌미로 4월 21일 스페인과의 전쟁에 나선다. 미국 군함은 쿠바의 주요 항구를 봉쇄했으며, 미 해병대가 동남해안을 통해 쿠바 섬에 대한 상륙작전을 감행했다. 미국은 스페인령 푸에르토리코와 필리핀 공격에도 나섰다.

여우를 피하려다 범을 만난 쿠바

미군이 쿠바에 들어왔을 때 동부지역은 이미 쿠바독립군이 장악한

---

54) 메인호의 폭발 원인은 아직도 미스터리로 남아 있다. 미국은 스페인이 폭발시켰다고 주장했지만 스페인은 이를 부인했다. 당시 상황으로 봐서 스페인이 미국 군함을 공격할 이유가 없었다. 스페인이 몰락해가는 제국, 황혼의 노인이라면 미국은 욱일승천의 기세로 떠오르는 신흥제국이었다. 그 때문에 많은 역사가들이 이 사건을 미국의 음모로 보는 경향이 강하다. 사건 발생 100년 뒤에 컴퓨터 시뮬레이션을 해본 결과 내부적인 원인에 의해 폭발했을 가능성도 높게 나왔다. 천안함 사건이 났을 때 많은 사람들이 메인호를 거론한 것도 이 같은 이유 때문이었다.

시오도어 루스벨트(왼쪽)와 '거친 기병대'(오른쪽). 미국의 해외 팽창을 열렬히 지지한 시오도어 루스벨트는 미국-스페인 전쟁에 '거친 기병대(Rough Riders)'를 이끌고 참전, 전쟁 영웅이 되었고, 그 인기를 바탕으로 대통령이 되었다. 또한 그는 1905년 일본과의 '가쓰라-태프트 밀약'(필리핀은 미국이, 조선은 일본이 지배하는 것을 상호 인정하기로 한 밀약)을 체결하며 제국주의 간의 아시아 질서 재편을 주도했고, 러일전쟁의 종전 협상을 주선한 공로로 1906년 노벨 평화상을 수상했다.

상태였다. 미국의 공격이 시작되자 쿠바독립군은 미국이 자신들의 해방을 지원하기 위해 참전한 것이라고 생각했다. 쿠바독립군은 스페인 함대를 침몰시키고 산티아고 데 쿠바 등 주요 도시의 공격에 나서 미군의 상륙작전을 도와주었다. 쿠바독립군과 미군의 협공을 받은 스페인군은 더 이상 쿠바 섬에서 버틸 수 없었다. 필리핀을 비롯한 다른 식민지를 지킬 힘도 없었다. 1898년 12월 10일, 스페인은 미국과 파리조약을 체결하고, 쿠바와 푸에르토리코, 필리핀, 괌을 미국에 넘겨주었다.

스페인과의 전쟁에서 승리한 미국은 쿠바를 아예 통째로 집어삼키려 했다. 이에 쿠바독립군 총사령관 고메스는 "쿠바는 아직 해방된 것도 아니고 독립을 쟁취하지도 못했다. 쿠바가 진정한 독립을 쟁취하기 전에는 절대 총을 내려놓지 않겠다"며 반발했다. 하지만 쿠바독립군이 미국을 상대로 또다시 전쟁을 벌일 힘은 없었다. 1899년 1월 1일 스페인은 미국에 쿠바를 정식으로 이양했고, 미국은 쿠바에서 3년 동안 군정을 실시했다.

쿠바를 점령한 미국은 호세 마르티의 쿠바혁명당을 해체하고, 독립군 내부의 갈등을 이용해 독립군의 무장도 해제시켰다. 군정 기간에 미국 자본은 토지, 사탕수수 농장, 담배 농장, 목장과 광산 등 주요 산업을 헐값에 사들였으며, 쿠바를 아예 병합하려는 계획을 세웠다. 하지만 경제구조가 비슷한 미국 남부에서 쿠바의 병합이 자기들에게 불이익이 될 것으로 보고 강력히 반대했다. 쿠바 독립운동세력 또한 강력한

저항 의지를 불태웠다. 그 때문에
쿠바의 합병 계획은 무산되었다.

미국은 쿠바를 합병하는 대신,
플랫 수정안^{Platt Amendment}**55**으로 쿠
바를 사실상 미국의 속국으로 만
들었다. 1902년 쿠바는 미군정에
서 풀려나 형식적인 독립국이 되
었다. 하지만 확고한 친미주의자
에스트라다 팔마^{Estrada Palma(1835~1908)}

쿠바 동쪽 끝에 미국이 점
령한 관타나모가 위치하고
있다.

가 초대 대통령이 되면서 쿠바의 주요 산업은 미국 자본에 잠식당했
다. 플랫 수정안을 근거로 관타나모 기지는 영구임대 형식으로 점령되
었다. 필요하면 미국은 언제라도 군사적 개입을 할 수 있었다.

1905년 팔마가 재선되었으나 부정선거 시비로 위기에 빠졌다. 이에
팔마는 미군 파병을 요청했고, 미국은 찰스^{Charles Magoon(1861~1920)} 장군을
쿠바 총독으로 임명하고 반정부시위를 진압했다. 1909년 독립전쟁을
지휘한 막시모 고메스가 대통령에 당선되면서 미국의 내정간섭은 끝
났다. 그러나 막시모 고메스가 물러난 뒤 1913년 친미 성향의 마리오
가르시아 메노칼^{Mario García Menocal(1866~1941)}이 대통령에 당선되면서 팔마의
전철이 되풀이되었다.

---

55) 1901년 3월의 미 육군 지출결의서에 첨부된 미 상원의회의 결의 안건. 미국-스페인 전쟁 이래
쿠바에 주둔해온 미군의 철수조건을 명기했는데, 1934년까지 미국과 쿠바 관계의 기본틀을 형
성했다. 이에 따르면, 쿠바 영토는 미국 이외의 어떤 국가에도 이양될 수 없고, 조약체결에 대한
쿠바의 권리도 제한된다. 미국의 동의 하에서만 외국과의 조약체결이 가능했다. 또 미국은 쿠바
국민의 생명과 재산이 위협받는 상황이 되면 언제라도 군사개입을 할 수 있고, 쿠바 관타나모
만에 있는 해군기지 사용권도 기간이 정해지지 않은 채 양도되었다. 쿠바는 미국의 군정 상태를
종식하고 형식적으로라도 독립국이 되기 위해, 이 안건의 여러 항목을 자국의 헌법에 포함시키
는 굴욕을 감내해야 했다. 하지만 이 플랫수정안과 그것을 반영한 쿠바 헌법은 쿠바 주권을 심
각하게 침해하는 것이며 사실상 쿠바를 미국의 예속국으로 만드는 굴욕적인 내용이었다. 1934
년 프랭클린 루스벨트 대통령이 미국의 관타나마 해군기지 사용권을 제외한 플랫수정안의 모
든 조항의 폐기에 동의해줌으로써 쿠바는 굴욕적인 굴레에서는 벗어날 수 있었다. 하지만 그 뒤
에도 쿠바혁명 전까지 미국은 친미정권을 통해 쿠바에 대한 통제권을 행사하였다.

1934년 풀헨시오 바티스타가 쿠데타로 권력을 장악해 쿠바혁명이 일어나는 1959년까지 독재정치를 폈다. 바티스타는 1934~43년과 1952~59년 대통령으로서 직접 통치했으며 나머지 기간 동안은 배후에서 권력을 행사했다. 바티스타 정권은 미국의 군사·경제원조를 바탕으로 강력한 독재정치를 폈으나 카스트로가 이끄는 무장투쟁에 의해 무너지고 말았다.

미국의 지원 아래 강력한 독재정치를 펴다가 카스트로에 의해 쫓겨난 풀헨시오 바티스타.

쿠바에서 만난 감은사지 석탑

고메스 동상을 지나 까삐똘리오^{Capitolio} 앞을 걸었다. 1929년부터 국회의사당 건물로 사용되다가 1959년 혁명 후 기술부·환경부 건물로 사용된 건축물이다. 미국 국회의사당을 닮은 것으로 유명한 이 건물은 외부에 많은 조각상들이 설치돼 있다. 내부에도 볼 만한 것들이 많다고 알려져 있는데, 지금은 들어갈 수가 없었다. 리모델링 중이었던 것이다.

아바나에는 한꺼번에 많은 사람을 실어 나를 수 있는 대형 메트로 버스가 자주 눈에 띄었다.

까삐똘리오 옆 공원에는 금요일 아침인데도 느긋하게 쉬고 있는 사람들이 목격되었다. 반면 출근하는 사람들도 보였는데, 그들의 움직임도 그렇게 조급해 보이지는 않았다.

건널목에서 신호등에 따라 길을 건너는 사람들보다 무단횡단하는 사람들이 더 많았다. 옆에 있는 경찰도 제지할 생각을 안했고, 사람들도 그걸 문제로 느끼지도 않는 것 같았다. 하긴 예전에 우리도 그랬고 지금도 시골에 가면 그런 모습을 왕왕 볼 수 있으니 크게 놀랄 일도 아니다.

까삐똘리오 앞에서 사진을 찍다가 맞은편을 보니 낯익은 그림이 눈에 들어온다. 분명 한국 것으로 보이는 석탑 사진이 대

아바나 비엔날레에 출품된 대형 걸개 '감은사지 석탑'.

형 걸개에 걸려 있었다. 처음에는 무슨 영문인지 알 수 없었다. 공사용 팬스나 가림막 같지는 않았다. 나중에 알고 보니 그건 예술작품이었다. '2015 아바나 비엔날레' 미술전에 출품된 작품이었던 것이다.

아바나 비엔날레는 2015년 5월 22일부터 6월 22일까지 한 달 간 열렸다. 그 축제에 한국의 한성필 작가가 높이 28미터, 넓이 34미터의 대형 걸개 '감은사지 석탑'을 출품했던 것이다. 이 가림막은 무게만 400킬로그램 이상 나가는 엄청난 대형 작품이다. 아바나 비엔날레는 주전시장 외에도 시내 곳곳이 전시장으로 이용되었는데, 작가는 까삐똘리오 맞은편 건물을 전시장으로 택했던 것이다.[56]

우리는 센트로 아바나 주변을 돌아본 뒤 오비스뽀 거리를 처음부터 끝까지 걸었다. 아바나 시민들이 다양한 아침 풍경을 연출하고 있었다. 국영상점에 물건을 사기 위해 줄을 선 사람들, 빵과 쌀, 물 등을

56) 공진구, "쿠바에 간 감은사지 석탑", 〈SBS 뉴스〉, 2015.6.23(인터넷검색: 2015.8.14)(httpnews. sbs.co.krnewsendPage.donews_id=N1003039632).

아침 국영상점의 내부 모습.

비치해 팔고 있는 식료품점들, 그리고 길거리 작은 가게에서 커피(에
스프레소)를 마시기 위해 줄을 선 사람들. 그들은 출근 전 커피 한 잔,
빵 한 조각을 먹기 위해 거기에 있었다. 노점에서 햄이나 치즈, 계란
프라이 따위가 들어간 샌드위치를 먹고 바삐 출근하는 우리네와 별반
다르지 않은 모습이다. 하지만 출근길 사람들의 표정은 느긋했다. 우
리처럼 종종걸음을 치는 사람은 어디에도 보이지 않는다.

13

쿠바 사회주의 경제 살짝 엿보기

아바나에서 비냘레스로

9시, 여느 때처럼 이 시간에 아침 식사를 했다. 전날과 동일한 메뉴였지만 조금은 특별한 의미가 있는 식사였다. 한동안 우리는 이 아침 식사를 맛보지 못할 것이다. 오늘 오전 비냘레스^{Viñales}로 떠날 것이기 때문이다.

비냘레스는 아바나에서 서북쪽으로 약 140킬로미터가량 떨어져 있는데, 비아술 버스로 이동할 경우 3시간 30분 정도가 걸린다. 도로가 잘 정비돼 있지 않은 데다 비아술 버스의 경우 고속도로에서도 시속 80킬로미터 이상을 달리지 않기 때문이다. 게다가 고속도로를 거친 후 지방도로를 따라 산길을 더 가야 하기 때문에 시간이 많이 걸린다.

비냘레스는 생태도시로도 유명하며, '쿠바 태고의 아름다움'을 간직하고 있는 곳으로 널리 알려져 있다. 석회암 지대가 솟아서 만들어진 카르스트 지형의 산들이 즐비하게 늘어선 모양이 장관을 이루며, '피날 델 리오$^{Pinal\ del\ Rio}$'주의 '오르가노스^{Organos}' 산맥 쪽에 위치해 있다. 강을 뜻하는 리오^{Rio}라는 지명과 위치에서도 알 수 있듯이 비냘레스는 산과 강으로 둘러싸인 지역이다.

1999년 비냘레스는 국립공원으로 지정되었다. 그즈음 유네스코 지

비냘레스는 쿠바 시가의 원료인 잎담배 생산지로도 유명하다.

정 세계문화유산에 선정되면서 전 세계인들에게 널리 알려진 관광지가 되었다. 이곳은 국가기념물로 지정돼 오늘날까지 국가의 보호를 받고 있다. 비냘레스 계곡은 '쿠바 자연의 아름다움'으로 관광객들에게 매력을 주는 장소가 되고 있는데, 산과 계곡 사이에 펼쳐져 있는 넓은 경작지와 자연 풍광이 특별한 감동을 선사한다.

비냘레스는 일찍부터 과일과 가축 사료용 건초, 쿠바 시가의 원료인 타바코의 경작지로 유명했다. 쿠바에서는 시가를 '아바노스habanos'라고 부르는데 특히 이곳은 '아바노스의 세계'라고 일컬어질 정도로 시가의 품질이나 경작지 규모 면에서 전 세계적인 명성을 떨치고 있다.[57]

비냘레스의 관광 명소 중 하나로 일명 '두 명의 자매Dos Hermanas'라고도 불리는 벽화가 있다. '모고테'라는 거대한 암석 절벽 위에 길이 180미터, 높이 120미터의 대형 채색화가 그려져 있다. 이 벽화는 1960년대 초 이곳을 방문한 피델 카스트로가 혁명을 기념하기 위해 그림을 그리도록 지시하면서 시작되었고, 화가 레오비힐도 곤잘레스 모릴요Leovigildo González Morillo의 지휘로 인근 농부들을 동원해 5년 만에 완성했다고 한다. 이 그림은 이 지역의 형성 과정과 인간의 혁명적인 진화 과정을 상징하는 달팽이, 해수면, 공룡과 사람의 모습 등을 그려놓았다.

또 천연동굴이 많은 비냘레스 계곡은 사탕수수 농장에서 도망쳐 온 흑인 노예들이 숨어 지내기 좋은 장소이기도 했다. 그중에서도 '산 미구엘 동굴Cueva de San Miguel'이나 '인디오 동굴Cueva de Indio'이 특히 유명하다.

---

57) 길벗투어, [쿠바 브리가다 기획④] 쿠바 제대로 알기(2) 마탄사스, 트리니다드, 비냘레스, 그란마, 〈민중의소리〉, 2013.11.20 (http://www.vop.co.kr/A00000700263.html) 참고.

마치 공룡이 산을 파먹은 듯한 절벽 아래에 커다란 '산 미구엘 동굴'이 있고, 당시 그곳에 살던 노예들의 거주지 모습을 그대로 재현해놓았다. 이 동굴 안에는 도망 노예들의 조그만 무덤이 있는데, 도망자들은 스페인의 박해를 피해 숨어 살면서도 자신들의 무덤에 십자가를 표시해놓았다.

비냘레스의 명물 중 하나인 대형 벽화 '선사시대의 벽(Mural de la Prehistoria)'.

'인디오 동굴' 안쪽에는 강이 흐르고 있어 작은 보트를 타고 동굴 내부를 구경할 수 있다. 동굴 안 곳곳에 자연이 빚어낸 조각들이 있고, 동굴 출구 쪽에는 관광객들의 점심 식사를 해결해주는 큰 레스토랑이 있다. 이 동굴에서 떨어지는 물을 코에 맞으면 영원히 행운이 함께한다는 속설이 있다고 알려져 있다. 당연히 우리는 이 비냘레스의 벽화와 동굴을 꼭 구경할 생각이었다.

비냘레스로 가는 길

비냘레스까지는 택시로 이동하기로 했다. 택시로는 2시간이 조금 더 걸리는데, 100꾹의 가격에 예약해두었다.[58] 택시를 소개해준 것은 역시 마이클이었다. 비냘레스의 숙소도 예약했는데, 그 또한 마이클

---

58) 보통 비냘레스까지 가는 비아술은 1인당 12꾹, 합승택시는 15꾹 정도의 가격이면 된다고 알려져 있다. 그렇게 보면 우리는 택시비를 약간 비싸게 지불한 셈이다. 하지만 다른 여행 일정과 숙소 예약, 택시 예약에 필요한 시간까지 감안하면 약간의 팁이 주어진 정도라고 볼 수 있다. 시내에서 비아술 버스터미널까지 가는 데도 택시비가 만만치 않아서 10꾹 정도는 들어야 할 것이고, 기다리는 시간 등을 감안하면 결코 비싼 가격이라고 보기는 힘들다.

인디오 동굴로는 강이 흐르
고 있다.

의 절친(그들은 쿠바 곳곳에 있었다)의 소개를 받기로 했다. 아무런 예약이나 준비도 없이 온 우리가 그나마 쿠바 여행을 순조롭게 할 수 있었던 것은 모두 마이클의 주선 덕분이었다.

며칠간 묵었던 숙소 주인 그리고 마이클의 가족들과 헤어지는 게 못내 아쉬웠지만 다시 볼 것을 기약하며 작별인사를 나눴다. 우리는 비냘레스와 트리니다드를 비롯하여 쿠바의 다른 도시들을 여행한 뒤 다시 이곳으로 돌아올 예정이었기에 무거운 짐은 맡겨놓기로 했다.

10시 30분, 택시가 출발했다. 아바나 외곽으로 고속도로가 이어져 있다. 왕복 4차선의 고속도로는 평지에 곧게 쭉 뻗어 있었으나 도로 상태는 좋은 편이 아니었다. 아스팔트는 중간중간 파여 있었고, 포장 공사를 하는 곳도 더러 있었다.

고속도로를 달리는 동안 속도 제한 표지판을 몇 번 보았지만 그건 의미가 없었다. 단속하는 교통경찰도 없고, 감시카메라는 더더구나 생각조차 할 수 없다. 택시는 시속 120킬로미터로 질주했다. 기사는 젊은 친구였다. 나이를 물으니 스물두 살이란다. 군대 가 있는 내 아들과 동갑이다. 하지만 그는 또래의 한국 청년과 비교하면 훨씬 어른스러웠다. 이야기도 재미있게 잘한다. 짧은 영어로 어느 정도 의사소통이 되었는데, 자신의 삶에 대해 다부진 책임감을 가진 모습이 인상적이었다.

고속도로 곳곳에서 히치하이킹을 위해 모여 있는 사람들이 자주 눈에 띄었다. 쿠바에서는 지나가는 차가 비었으면 사람을 태워주는 것이 의무라고 한다. 1990년대 초반 에너지 위기를 맞아 제도화되었다고 한다.

쿠바인들이 장거리 이동 시 버스를 이용하기에는 비용이 너무 비싸다. 관광객들을 위한 장거리 고속 버스 비아술을 10꾹, 20꾹씩 내고 탈 수 있는 쿠바인은 거의 없다. 그래서 빈 트럭이나 승용차를 함께 타게 함으로써 이동 수단을 확보했던 것이다.

카풀과 하치하이킹 제도는 장거리 이동뿐만 아니라 출퇴근 시간에도 통용되고 있다. 우리는 아바나 외의 여타 도시에서 출퇴근 시에 승용차를 함께 타고 가는 모습

비냘레스까지 타고 간 푸조 택시. 겉모양은 새 차처럼 깨끗하나 실제로는 오래된 연식으로 노후했다.

을 종종 목격했다. 그들은 카풀이 아니면 버스, 또는 트럭이나 트랙터를 개조한 대형 운반차량을 타고 출퇴근했다.

고속도로라고 하지만 차량 통행량은 많지 않았다. 비아술 버스가 가끔 보이고, 그 외에는 승용차가 대부분이다. 화물 트럭이나 탑차(냉동차인지는 알 수 없지만)도 보였지만 그 숫자는 아주 적었다. 뜨문뜨문 만나는 대형 트럭은 대부분 건축자재를 실었고, 식료품이나 농산물을 나르는 것으로 추정되는 덮개 차량들도 가끔씩 보였다. 물동량이 많지 않고, 운반수단이 열악하다는 걸 단번에 느낄 수 있었다. 경제가 원활하게 돌아가기 위해서는 생산능력뿐만 아니라 수송능력도 매우 중요하다. 쿠바는 1990년대 중반 심각한 식량 위기를 겪었는데, 열악한 수송능력이 위기를 가중시켰다. 과일이나 식품은 빠른 시간 안에 보급하지 않으면 금방 썩어버린다. 에너지 문제로 운송능력이 급격한 저하하고, 이 때문에 농촌에서 과일과 채소가 썩고 있는데도 도시로 보내지 못했던 것이다.

고속도로를 1시간가량 달린 뒤 휴게소에 도착했다. 휴게소라고 해

휴게소 모습이 정겹다(왼쪽). 휴게소 매점(오른쪽).

야 야자수 잎으로 지붕을 엮어 만든 작은 건물이 달랑 하나 있을 뿐이다. 그 안에는 테이블 두 개에 의자가 몇 개씩 놓여 있었다.

화장실에 갔더니 입구에서 돈을 받고 있었다. 쿠바는 대부분의 화장실이 유료다. 그런데 돈을 주고 들어간 휴게실 화장실에는 소변기도 따로 없고 뚜껑 없는 좌변기 하나만 놓여 있었다. 그마저도 물이 안 나왔다.

휴게소 매점에는 음료수, 술, 커피만 있고, 과자는 딱 한 종류밖에 없었다. 휴게소 바깥으로 비아술 버스, 승용차와 택시 몇 대가 서 있다. 비아술 버스는 외형상으로는 우리나라의 고속버스 못지않게 깨끗해 보인다. 그런데 신형 버스는 모두 중국산 제품이었다. 시내에서 본 중고 버스는 세계 각국의 제품이 다 섞여 있었지만, 신형 버스는 어김없이 중국산이었다. 중국의 대외 무역 팽창 속도를 짐작케 하는 대목이다.

전망대에서 바라본 비냘레스 절경

그런데 나는 휴게소에서부터 컨디션이 별로 좋지 않았다. 아침에 출발할 때는 말짱했는데, 휴게소에 들어설 때부터 속이 울렁거리기 시작했다. 멀미일 리 없는 게, 나는 태어나서 지금까지 멀미란 걸 해본 적이 없기 때문이다. 택시 에어컨도 잘 작동됐으니 더위를 먹은 것도 아니었다. 그때는 몰랐지만 사실은 몸에 문제가 생기기 시작한 징조였다. 컨디션이 잠시 안 좋을 뿐 금방 괜찮아질 것으로 생각했는데, 그게 아니었다.

택시는 다시 1시간가량 더 달렸다. 고속도로를 빠져나와 시골길로 접어들고, 구불구불한 산길을 넘었다. 산길이라고 해도 험한 길은 아니었고, 약간 높은 고지대의 오지로 가는 정도의 느낌이었다.

예약한 까사^{casa}에 가기 전 비냘레스 전망대에서 잠깐 쉬었다. 전망대는 비냘레스 계곡을 가장 멋지게 바라볼 수 있는 곳으로, 시내 남서쪽에 있는 호텔 하스미네스의 주차장 옆에 위치하고 있다. 여기에 원래 작은 술집이 있었는데 1959년 사령관이 이곳을 본 후 호텔과 전망

비냘레스 가는 길의 전망대에서(왼쪽). 전망대 휴게소에서 바라본 비냘레스의 아름다운 자연 경관(오른쪽).

전망대 휴게소의 기념품 판매점도 체 게바라가 압도적이고(왼쪽). 책 판매대 역시 체 게바라가 대부분인 가운데 피델의 책이 몇 권 눈에 띈다(오른쪽).

대를 짓도록 결정했다고 한다. 지금은 기념품 판매점과 작은 카페테리아가 자리 잡고 있다.

전망대에서 바라본 비냘레스의 풍경은 홍보책자나 TV에서 본 그대로였다. 눈앞에 펼쳐지는 장면은 그야말로 아름다운 이국의 풍광이었지만, 왠지 나에겐 친숙한 시골 마을처럼 다가왔다. 지리산 자락 아래의 내 고향에 와 있는 느낌이 드는 것이었다.

이곳 기념품점도 온통 체 게바라 판이었다. 책들도 몇 종류 있었는데 역시 체 게바라가 대세였고, 피델 카스트로에 관한 책도 꽂혀 있었다.

전망대를 나와 10여 분을 더 달리자 우리가 묵을 숙소가 나타났다. 비냘레스 중심 시가지에서 골목길로 한참을 들어간 시골 마을이다. 문화주택처럼 비슷비슷해 보이는 집들이 나란히 열을 지어 서 있다. 우리는 그중 두 집에 나누어 들었다. 한 집에 방을 두 개씩 내줄 수 있는 구조가 아니었다. 주민들은 자신들이 살고 있는 집을 손질해 방 한 개를 민박으로 내놓고 있었다.

우리가 숙박한 그 마을의 집 구조는 대부분 비슷했다. 대체로 방 두

세 개, 거실, 부엌으로 이루어진 집들이다. 우리가 든 집은 식구가 많아 거실을 사용하기 힘들었지만, 교수님과 원장님이 든 집은 식구가 단출해서 거실을 함께 쓸 수 있었다. 그곳 집주인 후안은 초등학생 아들 하나를 데리고 살고 있었다. 나머지 가족이 딴 곳에 살고 있는 것은 나중에 알았다. 우리가 떠나는 일요일 날 아침, 가족들이 온다며 들뜬 마음으로 기다리고 있었던 것이다.

야외 식당에서 먹은 자연식 성찬

마이클이 소개해준 그의 '베프(베트스 프렌드)'를 만났다. 마이클의 베프는 놀랍게도 수다쟁이 아줌마였다. 아마도 그 마을의 마이클쯤 되는 사람이 아닐까 싶다. 그녀는 영어도 유창해서, 그녀의 통역 덕분에 의사소통을 큰 문제없이 해결할 수 있었다. 그녀의 소개로 다음 날 오전의 '말타기 체험'과 비냘레스 택시투어도 예약했다.

전망 좋은 야외 식당.

그녀는 말하자면 관광객들을 연결시켜주는 에이전트였다. 이런 에이전트들이 아바나까지 연결되어 있다. 이런 식으로, 어쩌면 쿠바 전체가 인맥으로 연결, 가동되고 있는지도 모른다는 생각이 든다. 좀 더 시간이 흐르면 사무실을 갖춘 여행사들이 이들의 업무를 대신할 것으로 예상되지만 당분간은 이들의 역할이 계속 존재할 것이다. 이들 중 일부가 그런 전문 여행사로 도약할지도 모를 일이고.

점심 식사를 위해 운전기사에게 맛있는 식당을 소개해달라고 부탁했다. 숙소에서 차로 20여 분 달려 도착한 식당은 우리의 야외 가든식이었고, 약간 높은 곳에 위치해 있어 전망이 좋았다.

식사는 뷔페식이었다. 가격은 1인당 10꾹으로 비쌌지만, 풍성한 차림이 그 값을 했다. 과일과 열대채소, 쌀밥, 각종 고기 등 다양한 메뉴

식당 주변에 관광객을 싣고 온 다양한 올드카들이 주차돼 있다(왼쪽). 야외 식당에서 바라본 비냘레스의 경관.

가 식탁에 올랐지만, 맛은 생각보다 못했다. 전체적으로 심심하고 밍밍하다. 그러니 결론은 요릿집이 아니라 풍성한 유기농 자연식단집이라고 하는 게 옳을 듯하다.

다른 일행은 거의 식사를 못 했다. 나도 그랬지만 다른 사람들도 컨디션이 좋지 않았던 것이다. 음식 맛 때문이 아니라 우리의 입맛에 문제가 생긴 것인데, 그때까지 우리는 그걸 알지 못했다. 그래도 나는 열심히 먹었다. 속이 울렁거려도 억지로 참으며 먹은 것은 여행에서 가장 필요한 것이 체력이라는 것을 이미 터득했기 때문이었다.

쿠바 시가 맛을 보다

숙소로 가는 길에 담배 농장에 들렀다. 이미 이야기했듯이 비날레스는 시가 생산지로 유명한 곳이다. 세계적인 쿠바산 시가 중에서도 이곳 제품이 단연 유명하다. 그러니 담배 농장 견학은 이곳 관광의 필수 코스로 꼽힌다. 우리 역시 담배 농장 견학을 당연한 일이라 여겼지만, 다음 날 비날레스 투어 때 하게 될 거라고 예상했었다. 그런데 웬걸, 택시기사가 선수를 쳐서 오늘 자신이 아는 곳으로 우리를 데리고 간 것이다.

우리의 담배막이나 과수원 농막보다 약간 큰 담배 농장 건물에 들어서니 포스깨가 있어 보이는 아저씨가 탁자에 앉으라고 권한다. 그러더니 무게를 잡으며 "잉글리쉬 오아 스페니쉬?" 하고 묻는다. "잉글리쉬"라고 대답하자, "오케이"라고 말한 뒤 설명을 시작한다.

그는 시가를 마는 시범까지 직접 보여주면서, 쿠바 시가의 생산과 제조, 그 우수성에 대해 자랑을 한다. 그는 시가의 재료인 입담배 생산 과정을 간략히 설명했다. 대략 이런 내용이었다.

농막에서 아저씨가 쿠바 시가와 비냘레스의 잎담배에 대해 설명하고 직접 시가를 마는 시범을 보여주었다. 그는 포스가 대단한 사람이었다(왼쪽). 담배 끊은 지 10년 만에 피워보는 쿠바 시가 맛은 자극적이지 않고 순했다(오른쪽).

"비냘레스는 쿠바에서도 이름난 세계적인 타바코 생산지다. 담배 씨앗을 뿌려 싹이 나오면 잘 키운 다음, 일정한 크기로 자랐을 때 잎을 수확해 묶어서 그늘막에 두고 돌려가면서 말린다. 담뱃잎은 재배 과정, 수확, 말리기 과정을 통해 색과 향, 품질 등이 결정되고, 그 품질에 따라 1, 2, 3등급으로 나뉜다."

우리는 그의 카리스마 넘치는 태도와 설명에 홀딱 빠져들었다. 결국 미화 40달러를 지불하고 15개짜리 시가 묶음을 하나 사고 말았다. 이 대표는 거절하고 싶어 했지만 내가 "그냥 하나 삽시다" 하니까 마지못해 동의한다. 그런데 문득 걱정 하나가 떠오른 모양이다. "영수증이 없는 물건은 공항에서 빼앗긴다는데 그런 거 없어도 되는가?" 하고 물어본다. "괜찮다"는 가이드 겸 기사의 답변에, 뭐 그렇다면 우리만 사지는 않았을 테고, 빼앗기면 할 수 없는 일이지, 하는 생각으로 지갑을 열었다.

아저씨의 설명은 우리를 아주 자연스레 시가 흡연으로 유도했다. 나도 이 대표도 담배를 끊은 지 10년이 넘은 사람들이었지만, 그 아저씨의 카리스마에 말려들어 시가에 불을 붙이고 말았다. 꿀에 찍어서도 피우고, 그냥도 피웠다. 그런데 생각과 달리 시가 맛이 독하지 않았다.

아저씨는, 시가를 피울 때 담배 연기를 목으로 넘기지 말고 입안에서 돌리다가 뱉어내라고 한다. 그의 말대로 하니, 목을 넘어갈 때의 따가운 느낌도, 담배의 강한 니코틴 성분도 느낄 수 없었다. 쓴맛도 없다. 아무 향료나 첨가물이 들어가지 않았는데도 구수한 맛이 났다. 시가 향이 오랫동안 입안에 남아 있었지만 결코 나쁜 느낌은 아니었다. 이래서 쿠바 시가를 좋다고 하는구나, 우리는 그렇게 생각했다.

쿠바의 혼합경제체제

담배 농가들은 생산물의 90%를 국가가 전매하고 10%는 자유 판매를 할 수 있다고 한다. 사회주의 경제체제에 시장경제가 일정하게 도입되면서 그렇게 되었다고 한다. 그렇다면 지금 쿠바 경제는 어떻게 돌아가고 있는 것일까?

현재의 쿠바 경제는 사회주의 계획경제와 자본주의 시장경제가 혼합된 형태라고 볼 수 있다. 현실 사회주의체제 붕괴 이후 중국과 베트남, 캄보디아 등은 빠르게 시장경제를 도입하여 경제체제 면에서는 자본주의와 큰 차이가 없는 상황이 되었다. 반면, 쿠바와 북한은 마지막까지 자본주의 시장경제 도입에 부정적인 입장을 취했다. 하지만 이 두 나라도 자본주의 시장경제를 전면적으로 거부할 수 없는 상황이 되었고, 부분적이지만 시장경제를 받아들이고 있다. 지금은 북한에 비해 쿠바가 훨씬 더 개방적이다.

과거 사회주의 국제체제가 존재하던 시절 쿠바의 산업은 설탕과 담배를 중심으로 한 플랜테이션 집단농장에 집중돼 있었다. 소련과 코메콘COMECON**59**에서 국제시세보다 비싼 가격에 사탕수수를 사주고 그 대신

59) 경제상호원조회의(經濟相互援助會議)는 1949년 소비에트 연방의 주도 아래 동유럽 국가들을 중심으로 한 공산주의 국가의 경제 협력 기구로서 결성되었다. 서방 세계에서는 간략하게 코메콘(COMECON, Communist Economic community)이라고 부르기도 한다. 이 기구는 제2차 세계대전 이후 미국이 실시한 마셜계획에 대항하기 위해 설립되었다. 당초 가맹국은 소비에트

옥수수와 다른 여러 작물을 심기 위해 갈아놓은 밭 모습. 과거 담배와 사탕수수 플랜테이션에 의존했을 때에는 소규모로 짓는 다각 영농이 힘들었다(왼쪽). 소달구지나 마차는 비날레스에서 중요한 운반수단이었다. 석유를 이용하는 차 대신 축력을 이용한 환경친화적 방식은 쿠바의 오늘을 있게 만든 중요한 원천이다(오른쪽).

쿠바는 대부분의 석유 에너지와 산업기계, 나아가 생필품 등 모든 소비품에 이르기까지 사회주의 국가에서 수입했다. 그러다가 소련의 붕괴와 함께 에너지와 식량, 생필품 수입이 막히면서 위기가 찾아왔다.

쿠바는 관광의 전면 개방, 집단농장의 해체와 가족농·협동조합 등 소농으로의 전환, 단일 플랜테이션 농업의 해체와 농산물 생산의 다각화, 생태농업과 도시농업의 활성화, 비국영·비농업분야의 다양한 생산협동조합의 조직, 사탕수수 등을 이용한 에너지 위기 극복 노력 등을 통해 에너지와 식량, 외화 위기에서 일정하게 벗어날 수 있었다.

하지만 쿠바가 좀 더 본격적인 경제성장을 이루기 위해서는 미국과의 수교와 봉쇄의 해제, 외부 자본과 기술의 유입이 필수적이다. 쿠바는 이를 위해 미국과 수교하는 한편, 브라질, 베네수엘라, 중국, 캐나다, 러시아, 베트남, 스페인 등과의 경제 협력도 확대하고 있다.

쿠바가 관광 개방, 농업혁명과 함께 핵심적인 경제개혁 방안으로 추

연방(소련), 폴란드, 체코슬로바키아, 헝가리, 루마니아, 불가리아 6개국이었으나 한 달 뒤 알바니아가 가맹하였다. 그 후 1950년 독일민주공화국(동독), 1962년 몽골, 1972년 쿠바, 1978년 베트남이 가입하였다. 알바니아가 1962년에 탈퇴하면서 최종적으로 가맹국은 10개국이 되었다. 그밖에 유고슬라비아가 준가맹국, 핀란드, 이라크, 멕시코가 비사회주의 협력국, 앙골라, 남예멘, 에티오피아, 니카라과, 모잠비크, 아프가니스탄, 라오스가 참관국 지위에 있었다. 경제상호원조회의는 냉전체제가 와해된 1991년 6월에 해체되었다. (위키백과, '경제상호원조회의' 항목 참고)

피델로부터 권력을 승계받아 경제개혁을 추진하고 있는 라울 카스트로(왼쪽. 출처: wikimedia commons)와 혁명 당시 체 게바라와 함께한 모습(오른쪽. 출처: reddit.com).

진하고 있는 것이 바로 중소 규모의 비국영 협동조합 설립이다. 비국영 협동조합은 비국영이라는 점에서 과거 국가 소유의 사회주의 경제체제와는 다르지만 협동조합 체제라는 점에서 극단적인 이윤 추구를 목표로 한 자본주의 경제체제와도 일정하게 차이가 있다. 쿠바는 이를 통해 새로운 쿠바형 사회주의 경제모델을 창조, 재구축하고자 하지만 아직은 경험이 부족한 실험 단계다.

라울 카스트로 의장이 이를 경제개혁의 핵심 정책으로 추진하면서 다양한 중소협동조합이 구성, 운영되고 있다.[60] 2015년 6월 현재, 쿠바에서는 운송과 식품 서비스에서부터 어업과 목공 분야에 이르기까지

---

60) 라울 카스트로는 고등학교 시절 평범한 학생이었으나 아바나 대학에 입학한 뒤 사회과학 공부에 심취해 사회주의자가 되었고, 형 피델 카스트로에게도 영향을 주었다. 그 뒤 그는 형과 함께 몬카다 병영 습격 사건, 멕시코 망명, 그란마호로 쿠바 귀환, 게릴라 투쟁 등을 전개하며 쿠바혁명의 핵심 인물로 활약했다. 혁명 뒤 피델의 밑에서 핵심 참모로 실무를 주관하며 2인자로 활약했다. 1976년부터 국가평의회 부의장 겸 국방장관을 맡았으며, 2008년부터 피델 카스트로로부터 권력을 승계받았다. 그는 중국식 개혁개방에 적극적으로 나서는 한편, 미국과의 국교관계도 성사시켰다.

쿠바의 경우, 그가 장악한 군부가 경제개혁에서 주도적인 역할을 담당했다. 그 때문에 국방비를 줄이고 그 비용을 교육과 의료, 사회보장의 유지를 위해 투입할 수 있었고, 관광 개방과 의료인력 수출, 베네수엘라와의 경제 협력 관계 등을 통해 위기의 쿠바 경제를 지탱할 수 있었다. 쿠바는 집단농장을 해체하여 토지를 완전히 개인에게 분배하는 방식보다는 협동조합을 조직하여 협동경제체제를 근간으로 한 쿠바식 사회주의를 유지하고자 하고 있다.

쿠바는 미국과의 관계 개선뿐만 아니라 중국, 러시아와의 경제, 정치 협력 관계도 강화하여 미국에 의한 쿠바 경제의 일방적인 종속을 견제하기 위한 방안도 마련하고 있다. 쿠바는 베네수엘라, 브라질 등 라틴아메리카와의 경제, 의료, 정치 관계도 지속적으로 유지함으로써 다각적인 외교 통로를 확보하려 하고 있다.

모든 분야에서 347개의 협동조합이 운영되고 있다고 알려진다. 이들 협동조합 중 70% 이상은 수도인 아바나에서 운영되고 있다. 상업·기술과 요식업 분야의 협동조합이 70%로 가장 많은 비중을 차지하며 건설(19%), 산업(10%) 분야의 협동조합이 그 뒤를 이었다.[61]

쿠바 경제체제를 감안할 때, 아마도 우리가 방문한 담배 농장도 개인(가족)농장이나 협동조합일 가능성이 있었다. 농민들은 담배뿐만 아니라 다른 농업 분야에서도 이 같은 개인농이나 조합영농을 통해 생산성을 높이고 수입을 확대할 수 있다. 비냘레스에서는 농업 생산 외에 까사 운영을 통해서도 수입을 확보하고 있었다. 비냘레스에만 700개가 넘는 까사가 운영되고 있다고 알려진다. 외국 관광객으로부터 까사에서 얻는 하루 수입이 노동자들의 한 달 급여와 맞먹는 상황이니, 까사 경제는 비냘레스 경제의 생명줄이나 다름없는 셈이다.

행복은 어디서 오는가?

우리가 파악한 바에 따르면, 까사는 주민들에게 상당히 높은 수입원이었다. 아바나에서 만난 마이클의 경우 레스토랑에 근무하면서 받는 월급은 25꾹에 불과하지만, 그의 전체 수입은 일반 노동자보다는 훨씬 많다고 했다. 공식적으로는 비교가 안 되는 의사보다도 수입이 낫다고 말했다.[62] 아마도 손님으로부터 받는 팁과 까사 운영, 소개 수수료 등으로 얻는 수입 때문이 아닐까 싶다. 언뜻 보기에도 공식 수입만으로 마이클이 현재 누리고 있는 생활 수준을 유지하기는 힘들 것이라

61) "쿠바, 시장경제 부분 도입 등 경제개혁 시동…협동조합 성과 부각", 〈뉴시스〉 2015.6.2(인터넷검색:2015.8.11).
62) 우리가 확인한 바에 따르면 의사의 경우는 64쎄우쎄로, 25쎄우쎄를 받는 마이클의 공식 수입보다 훨씬 많았다.

는 생각이 들었다. 그는 일본제 대형 텔레비전, 컴퓨터, 가전제품 등을 갖고 있었고, 집안 내부 인테리어도 잘 돼 있었다.

까사 운영은 지역에 따라 차이가 있다. 현지 사람들에게 들은 바로는 아바나의 경우는 매월 150~160꾹, 산타클라라의 경우는 40~50꾹을 세금으로 납부한다고 했다.[63] 까사 요금이 20~30꾹인 것을 감안할 때 관광객을 제대로만 유치한다면 여기서 상당한 수입을 올릴 수 있는 것이다.

또한 식대 수입의 경우는 세금을 내지 않아도 된다고 한다. 그래서 관광객들이 하루 한 끼 정도는 까사에서 식사하는 것이 일반적인 관례처럼 되고 있었다. 개인택시의 경우도 상당한 수입을 올리는 편이다. 아바나에서 비냘레스까지 100꾹, 비냘레스에서 트리니다드까지 180꾹으로 예약했는데, 이는 쿠바인에게는 굉장히 큰 금액이다.

쿠바에서는 관광이 중요한 수입원이 되고 있음을 알 수 있다. 국가는 물론이고 개인들에게도 그랬다. 우리가 나중에 아바나에서 만난 대학생도 마이클과 같은 관광종사자를 높은 수입을 올리는 직업군으로 평가했다. 산타클라라에서 만난 까사 주인의 말에서도 그런 사실을 확인할 수 있었다.

관광산업이 활성화되면서 지하경제도 중요한 역할을 담당하게 됐다. 쿠바는 아직도 최소한의 국가 배급체제를 유지하고 있다. 마이클의 말에 따르면 식료품으로 쌀과 설탕, 커피, 기름(식용유) 등 네 가지가 배급된다고 한다.[64] 과일 등은 국영상점, 농민시장 등에서 사서 먹는데, 일반 주민의 수입으로는 비싸서 사 먹기가 힘들다고 했다. 최소한의 기본 생활은 유지되지만 보다 나은 삶을 추구하게 될 경우에는

---

63) 우리가 만난 사람들에게 들은 이야기여서 정확한 정보라고 보기는 어렵지만 대략적인 사정을 파악할 수 있을 것이다.
64) 마이클은 이 네 가지만 이야기했지만, 이 외에도 빵, 콩, 계란, 소금, 비누 등 다른 생필품도 배급하고 있다고 하는 자료도 있다. 지역에 따라 조금씩 사정이 다른 모양이다.

물가가 너무 비싸서 높은 장벽이 되고 있다는 이야기였다.

　나중에 산타클라라에서 묵었던 숙소 주인은 쿠바의 이중화폐제도에 대해 상당한 불만을 토로했다. 최소한의 생필품 외에 나머지는 암시장 ^{Black Market}에서 쿠바페소^{CUP}가 아니라 쎄우쎄^{CUC}로 사야 하는데, 자신들의 수입에 비할 때 너무 비싸다는 것이다. 특히 가전제품의 경우 그들의 수입으로는 구매하기가 거의 불가능할 정도로 값이 엄청 비쌌다.

　이런 사정을 감안할 때 쿠바인들의 경제생활은 여전히 어려운 상황에 놓여 있다. 자체적인 생산능력도 부족하고 물자를 수입하기 위한 외화가 부족하다 보니, 최소한의 생활은 꾸려갈 수 있지만 풍족한 생활과는 거리가 있었다. 누구나 현재보다 나은 삶과 풍요로운 생활을 꿈꾸게 마련이다. 쿠바인들도 그런 욕구가 있고, 그걸 위해 노력하고 있는 중이다.

　그러나 어려운 경제 사정에도 불구하고 쿠바인들의 삶에 대한 만족도는 높은 것 같았다. 마이클은 지금의 삶이 행복하며 만족하다고 이야기했다. 그리고 거리에서 만나는 사람들의 표정에서도 찌든 모습을 보기 힘들었다. 비냘레스에서도 그랬다.

　물질이 중요하긴 하지만 물질적으로 풍요롭다고 해서 사람이 반드시 행복한 것은 아니다. 한국인들은 과거 어느 때보다 물질적으로 풍요로운 시대에 살고 있으나, 개개인의 체감상, 또한 여러 국제 지표로 볼 때도 삶의 만족 지수는 매우 낮은 수준에 머물러 있다. 쿠바인들을 보면서 다시 한 번 인간의 삶이 무엇인지, 행복이 무엇인지 돌아보지 않을 수 없었다.

비냘레스에서 만난 쿠바 스콜

나는 어릴 때 집에서 담배 농사를 지은 경험이 있어 담배에 대해 조금은 알고 있다. 담배 농사는 가장 힘든 농사일이다. 내가 어렸을 때인 60년대 후반부터 70년대 초반에는 일일이 사람 노동에 의존해야 했던 만큼 정말 고달픈 일이었고, 농업기술이 발전한 오늘날에도 인간의 손이 많이 가는 것이 담배 농사다. 담배를 재배하는 과정도 그렇고, 잎을 따는 작업도, 그걸 엮어서 말리는 작업도 일일이 사람 손으로 해야 한다. 담뱃진이 묻은 손은 새까맣게 변하고, 진딧물 때문에 농약도 많이 쳐야 한다. 더욱이 담배 농사는 시기적으로 모내기 등 가장 바쁜 농번기와 겹쳐 있는지라, 안 그래도 지친 농민들을 더욱더 힘들게 만들었다.

재배 과정에서 이뤄지는 잎담배의 질과 말리는 기술이 품질을 좌우했다. 말린 담뱃잎은 색이 노랗고 구수한 냄새가 나는 것일수록 고급이다. 그런데 우리가 그 농장에서 산 담배는 약간 검은 색이 났다. 나중에 하나 더 샀던 시가가 색깔은 훨씬 좋았다.

담배 농장에서 재미있게 노닥거리고 있는 사이 비가 퍼붓기 시작했다. 음식점을 나올 때부터 뒤덮였던 검은 먹장구름이 기어이 비로 내리기 시작한 것이다. 기세가 대단했다. 변덕스런 비이기는 하지만, 이렇게라도 쏟아주는 것이 한편으로는 고마울 것 같다. 이런 비가 없으면 작렬하는 더위에 사람도, 동물도, 식물도 다 타 죽을 것 같기 때문이다. 하지만 비는 오래가지 않았다. 올 때 그랬듯이 갈 때도 순식간에 사라지고, 하늘은 말짱하게 갰다.

숙소로 돌아와 침대에 누우니, 온몸이 쑤시고 어슬어슬하다. 몸살의 전조 증상이다. 속도 니글거렸다. 무리한 일정이 기어코 몸에 문제를 일으킨 것이다.

14

여행에 '작은 시련'이 찾아오다

비냘레스의 밤거리

8시경, 식당 예약이 돼 있지 않은 관계로 저녁을 숙소에서 해결해야 했다. 교수님과 원장님이 묵고 있는 집주인이 불을 사용할 수 있게 해 줬는데, 다행히 작은 전기밥솥도 있었다. 우리가 옛날에 사용하던 구식 전기밥솥이다. 쌀밥에 깻잎 통조림, 김치 통조림, 고추장, 오이 그리고 밥을 끓인 숭늉을 차려냈다. 모두들 컨디션이 엉망이었지만, 그나마 한식이라 먹기가 수월했다.

식사 뒤 시내 구경에 나섰다. 후미진 동네를 나와 시내 중심가로 갔다. 술집(바)과 음식점에서 춤과 노래가 흘러나온다. 공원과 교회가 있고, 까사들이 거리 양편으로 줄 지어 서 있다. 빼어난 경관을 자랑하는 시골 마을 비냘레스는 쿠바가 생태농업으로 전환하면서 더욱 유명한 생태 관광지가 되었다.

간간이 거리에서 관광객들을 만났지만 전반적으로 거리는 한산했다. 잔술을 파는 길거리 바에서 몇몇 술꾼들이 취한 상태로 계속 술을 마시고 있었다. 보아 하니, 이제 그만 집으로 돌아가야 할 것 같은데 계속 술을 달라고 하는 모양새다. 나의 어린 시절이 겹쳐지는 장면이다. 그때 우리네 시골에서도 어른들은 술에 취했으면서도 술도가에 계

속 술을 청하곤 했었다.

숙소로 돌아와 술을 한잔했다. 내가 맥주 한 잔으로 끝내려 하자, 평소와 다른 모습에 다른 분들이 의아해하신다. 걱정 투로 물어오는 질문에 "배가 안 좋다"는 간단한 핑계를 댔다. 교수님이 먼저 취침하러 가시고, 세 사람은 느릿느릿 술잔을 기울였다. 그러나 이 대표는 하바나 클럽을 두어 잔 마시더니 더 이상 못 먹겠다고 밀어놓는다. 옛날에 마셨던 '캡틴 큐'하고 비슷한 맛이라는 것이다.[65] 20대 학생 시절

65) '하바나 클럽(Havana Club)'은 쿠바에서 생산되는 럼으로, 하바나 클럽 인터내셔널이 생산하고 있으며 쿠바에서 수출되는 유일한 럼이다. 하바나 클럽은 헤밍웨이가 즐겨 마셨던 칵테일 '다이키리'에 사용된 술로 유명하다. 지금도 쿠바의 헤밍웨이가 마셨던 바에서는 다이키리를 주문하면 이 하바나 클럽을 이용하여 다이키리를 만들어준다고 한다. 하바나 클럽은 숙성연도에 따라 구분되는데, 대표적으로 7년 동안 숙성한 상급의 '하바나 클럽 아녜호 세븐 아노스'와 3년간 숙성한 '하바나 클럽 아녜호 쓰리 아노스'가 있다. 또한 최고 등급의 '하바나 클럽 맥시모 엑스트라 아녜호', 가장 낮은 등급의 '하바나 클럽 비앙코' 등도 있다. 우리가 먹은 술은 아마도 낮은 등급의 술이었던 것 같다. 럼은 사탕수수를 증류하여 만든 술로 초기에는 사탕수수를 정제하고 남은 찌꺼기를 이용하여 만들었기 때문에 가격이 저렴한 저급주로 취급받았고 '해적의 술'로도 불렸다. 지금은 제조기술의 발전과 더불어 뛰어난 품질로 전 세계에서 사랑받는 술이 되었고, 피냐콜라다, 블루하와이, 쿠바리브레 등의 칵테일 재료로도 사랑받고 있다.

쿠바 럼주 '하바나 클럽'의 대표적인 3년산과 7년산(왼쪽). 비날레스에서부터 우리의 친근한 벗이 된 쿠바의 음료, '쿠 콜라(Ku Kola)'와 우리의 사이다에 해당하는 '가세오사(gaseosa, 음료수란 뜻)'. 둘 다 쿠바 제품이다. 그러나 미국의 코카콜라와 자매품들이 이미 대도시를 중심으로 점유율을 높여가고 있었다(오른쪽).

캡틴 큐나 하야비치 보드카를 먹고 그 독하고도 역한 맛에 토악질을 했던 생각이 나서 피식 웃었다. 하지만 이 글을 쓰는 지금, 그때의 술자리 기억은 그리움으로 번져 온다.

10시 30분이 조금 넘어서 자리를 파했다. 밖으로 나오니 마을은 이미 적막강산이다. 시골은 쿠바나 우리나 다를 바가 없는 모양이다. 돌아와보니, 숙소 문이 벌써 잠겨 있다. 열쇠를 갖고 있었지만 아무리 돌려도 소용없다. 안에서 걸어 잠근 것이다. 한참을 실랑이하다가 할 수 없이 주인집 아저씨를 깨워서 들어가야 했다.

닭울음소리와 함께 새벽을 맞다

밤 12시 30분쯤 잠자리에 누웠으나 모기 때문에 잠을 자기가 힘들다. 모기에 강한 나도 도저히 견디기 힘들 정도로 이곳 모기들은 극성이다. 문을 꼭꼭 닫고 에어컨을 켜면 좀 낫겠지만, 에어컨 바람이 싫어 그냥 꾹 참기로 했다. 모기와 씨름하며 뒤척이다가 불을 켜니 3시 30분이다. 몸은 어슬어슬하고, 머리는 아프고, 컨디션이 엉망이었다.

미지근한 물로 샤워를 하고 옷을 갈아입은 뒤, 그래도 잠을 좀 자둬야 한다는 생각으로 누웠으나 잠 손님은 좀체 찾아와주지 않았다. 책을 읽어보려 하지만, 무거운 머리가 글자를 받아들이지 않는다. 시계는 4시 45분을 가리키고 피곤은 무겁게 짓눌러오는데, 멍한 상태로 맞이할 내일이 걱정스럽기만 했다.

6월 20일, 토요일 아침은 그렇게 비몽사몽 상태에서 맞았다. 날이 밝아오고 있었다. 밖에 나가 시골의 새벽 공기를 맛보고 싶지만 몸이 말을 안 듣는다. 시체처럼 침대에 누워, 계속해서 들려오는 닭울음소리만 귀에 담고 있었다. 쿠바가 아니라 한국의 어느 시골 마을에 와 있는 느낌이다. 요란히 지저귀는 새소리도 아침을 알리고 있었다. 나는 누운 채로 창틀을 살짝 올려 바깥으로 시선을 던졌다.

간간이 사람들이 오고갔지만, 농사일을 하러 가는 것 같지는 않았다. 우리 농민들은 새벽이면 일하러 나가는데, 쿠바 사람들은 어떤지 궁금하다. 이 마을 사람들의 주업이 농사인지 까사인지도 궁금했고. 아바나에서처럼 아침 일찍 도시를 돌아보았다면 이들의 생활 모습을 웬만큼이라도 짐작할 수 있었을 텐데, 지금 생각해보면 여간 아쉽지 않다.

말을 타고 시골길을 가다

9시 조금 지나서 말타기riding horse 체험에 나섰다. 교수님은 어제 이미 포기 의사를 표명한지라, 세 사람만 가기로 했다. 고등학생쯤 돼 보이는 젊은 친구가 우리를 기다리고 있었다. 그를 따라 1시간 가까이 미

앞에서 자전거를 타고 가는 빨간 옷의 젊은 친구를 따라 우리는 열심히 들길을 걸었다(왼쪽). 가는 길에 본 비날레스의 한가로운 풍경 (오른쪽).

로 같은 골목길과 들길을 따라 이리저리 걸었다. 말 한마디 없이 자전거를 타다가 끌다가 하면서 앞서서 간다. 길은 돌아올 때 제대로 찾아오기 힘들 것같이 복잡했다. 실제로 우리는 돌아올 때 길을 헤매고 만다.

마침내 한 농가 앞에 도착했다. 이미 우리가 탈 말과 길을 안내해줄 농부가 대기하고 있었다. 어제는 말 한 마리에 한 사람씩 붙어서 끌어줄 것처럼 이야기하더니 실상은 그게 아니었다. 각기 말을 타고 한 줄로 가면 안내인이 뒤따라오면서 살펴보는 식이었다.

우리가 탄 말들은 하나의 줄을 이룬 채 꼬불꼬불하고 울퉁불퉁한 시골길로 나아갔다. 바닥은 진창이고, 이따금 나뭇가지에 모자가 걸린다. 나와 이 대표는 평생 처음 타보는 말인지라 자세가 엉거주춤했지만, 원장님은 폼이 그럴듯했다. 알고 보니 대학 시절 승마서클에서 잠시 활동한 경험이 있다고 한다.

몸무게가 제일 많이 나가는 내가 탄 말이 가장 튼실했으나 그래도

우리가 탈 말과 안내역 주인아저씨(왼쪽). 출발하기 전 주인아저씨가 승마 요령을 간단히 설명하고 있다 (오른쪽).

말이 힘들어한다. 특히 언덕을 오를 때는 빨리 올라가 쉬어야 하는데, 앞에 선 말 때문에 그러지 못하자 갑갑해했다. 내 말은 나를 닮아 성질이 좀 급한 듯했다. 계속 앞서가려고 안달이다.

처음에는 그걸 제지하려고 말고삐를 약간 세게 잡아당겼더니 말이 흥분해서 한동안 '힝힝' 거린다. 살짝 당겨야 하는데 그만 좀 셌던 모양이다. 당장에 주인으로부터 주의를 들었다. 부드럽게 '사알~짝' 당기라고. 그다음부터는 살짝살짝 당겼다. 좌우로 방향을 틀 때도 마찬가지다. 특히 말을 세울 때 조심해야 했다.

난생처음으로 하는 승마이긴 하지만 한번 신나게 달려보고 싶은 마음이 들었다. 그러나 곧 내 마음에 재갈을 물렸다. 결과는 사고로 이어질 게 뻔했으니까. 문득 나를 싣고 가는 말이 안쓰러워진다. 이 더위에 홀로 가기에도 힘들 텐데 이 무거운 짐을 태웠으니 말이다.

옛날 시골에서 살 때 소와 실랑이하던 생각이 났다. 쟁기질이 서툰 내가 논을 갈면 꼭 소가 말썽을 부렸다. 아버지가 쟁기질을 할 때는 순

271

한 양처럼 말을 고분고분 잘 듣던 놈이 내가 잡으면 꼭 이리저리 도망치려고 몸부림을 쳤다. 내가 힘을 균일하게 유지하지 못한 까닭이었다. 무거운 멍에를 진 소는 뒤쪽에서 쟁기를 균형 있게 눌러줘야 앞으로 쉽게 나아갈 수 있는데 초보 농사꾼인 나는 그러지 못했던 것이다. 하지만 그런 사정을 알면서도 화가 나 소를 향해 소리를 버럭버럭 질렀다. 얼마간 나와 실랑이를 벌이던 소는 더 이상 견디지 못하고 아예 다른 방향으로 새버렸다. 그러자 나도 성질이 날 대로 나서 마구잡이로 소를 닦달했다. 소가 움직이지 못하게 소고삐를 바짝 당겨 코뚜레와 함께 다잡고는 소의 콧잔등에 마구 주먹질을 해댔다. 한참을 그렇게 난리를 치고 나자 분이 조금 풀렸다.

그런데 잠시 후 소를 바라보니 그 커다란 눈망울에 눈물이 그렁그렁했다. 불쌍하고 안쓰러웠다. 자괴감과 비애감이 엄습했다. 말 못하는 소에게 분풀이했던 내가 너무나 싫고 끔찍했다.

평생 농사를 천직으로 여기며 사셨던 아버지는 소를 무척 사랑하셨다. 지금도 나는 소를 보면 생전의 아버지가 그립고, 그 시절의 내가 떠올라 마음이 시큰해진다.

말이 너무 느리게 가거나 제멋대로 움직이려 할 때마다 뒤에서 따라오는 주인이 뭐라고 외친다. "야요우"라고 하는 것 같기도 하고, "아오우"라고 하는 것 같기도 하다. 그런데 이 사람은 우리가 묻는 말에는 거의 대답을 안 했다. 못 알아들어서 그런 것인지, 아니면 그냥 묵살한 것인지는 알 수 없다. 아마 의사소통이 잘 안 돼서 그랬을 것이다. 입이 약간 튀어나온 모습이 고향 마을의 아는 형을 많이 닮았다. 무뚝뚝하고 약간은 시건방져 보이는 태도도 닮은꼴이다. 그럴듯해 보이는 선글라스를 낀 채, 손님은 뒷전이고 건들건들 따라오고 있다. 그가 하는 말 가운데 우리가 알아들을 수 있는 것은 "라이트, 레프트"라는 방향 지시뿐이었다.

반환점 역할을 하는 쉼터 (왼쪽). 반환점 농장에서 바라본 비냘레스 농촌 풍경 (오른쪽).

　30분 정도 시골길을 가니 농장이 나왔다. 거기서 잠깐 쉬기로 했다. 어제 처음 제안한 시간은 3시간이었으나 1시간만 타기로 했다. 농장에는 작은 쉼터가 마련돼 있었고, 음료수와 물도 팔고 있었다.

　한 사람이 다가와 "타바코?"라고 말하며, '스페니쉬' 할 수 있느냐고 묻는다. "노"라고 답하자, 그는 영어를 아주 "쬐끔" 할 수 있다고 말한다. 원장님도 스페니쉬를 "아주 쬐끔" 할 수 있다고 손짓까지 곁들여 응수한다. 모두들 유쾌하게 웃는다.

　우리는 그에게 어제 이미 담배 농장을 구경했고, 그곳에서 담배도 샀다고 말했다. 그러자 그는 과감히 담배 판매를 포기했다. 아름다운 비냘레스 경관이나 잘 감상하라고 인사한다. 우리는 "그라시아스"라고 화답하며 활짝 웃었다.

　비냘레스의 원경이 한 폭의 그림으로 펼쳐져 있다. 자연과 하나가 되었다 함은 바로 이런 순간을 말하는 게 아닐는지.

　그 멋진 장관을 눈에, 사진에 열심히 담았다. 돌아오는 길, 돼지 두 마리가 진흙탕 목욕을 하고 있다. 우리의 똥돼지처럼 작은 몸집이다. 어미돼지가 새끼돼지를 데리고 가는 모습도 보았다. 다시 30분쯤 말을 타고 원래의 농가 자리로 돌아온다. 1인당 5꾹식 15꾹을 지불했다. 비싼 건 아니다. 관광객으로서는 한 번쯤 체험해볼 만한 상품이다. 말을 가진 농부들에게도 제법 짭짤한 수입일 것이다.

누적된 피로로 몸이 지치다

말타기 체험을 마치고 숙소로 돌아오는 길이 문제였다. 불과 3~4킬로미터에 불과한 그 길이 마치 지옥 길처럼 힘겹게 느껴졌다. 처음 우리를 그곳으로 데려다준 청년은 벌써 사라졌고, 농가 주인과는 말이 안 통해 설명을 제대로 들을 수가 없다. 결국 우리가 알아서 그 미로 같은 길을 찾아 돌아와야 했다. 하지만 걱정한 대로 우리는 중간에 길을 잃어버리고 말았다.

아마 좋지 않은 몸 상태도 한몫했을 것이다. 정신도 몽롱하고 몸은 녹초 상태인지라 한번 골목길을 잘못 들어선 뒤로는 샛길을 찾고 싶은 의지가 완전히 꺾이고 말았다. 마침내 우리는 지름길과 샛길로 된 미로 찾기를 포기하고 큰 도로를 따라 멀리 돌아서 가기로 했다. 조금 더 걷는다고 대수이겠는가.

말타기 체험 후 돌아오는 길에 만난 시골집 풍경.

274

우리는 이 아저씨에게서 오이를 두 개 샀고(왼쪽). 이 아저씨로부터는 양배추를 한 포기 샀다(오른쪽).

물론 그 큰길도 확실한 것은 아니었다. 하지만 포장도로를 따라 가면 분명 우리가 어제 저녁 산책했던 그 거리가 나올 것이라는 확신이 들었다. 모두들 지친 표정이 역력했고, 나도 상태가 나빴지만 원장님은 그 정도가 훨씬 심각했다. 어제 저녁부터 설사를 하고 있었던 것이다. 중간에 화장실을 몇 번씩 찾아야 했다. 이 대표도 나중에 "그때가 가장 힘들었다"고 했다.

도중에 과일과 채소를 파는 농부를 만나 오이를 두 개 샀다. 현지 화폐^{CUP}를 사용했는데, 3CUP에는 체 게바라의 초상화가 찍혀 있어 관광객들이 기념으로 많이 찾는다. 농부에게 CUC와 바꿔줄 수 있냐고 물으니 없다고 한다.

메스꺼움을 참고 힘들게 한 걸음 한 걸음을 옮겼다. 얼마 후 드디어 반가운 건물이 보였다. 어제 저녁에 봤던 교회다. 비로소 살았다는 안도감이 들었다. 숙소 입구의 도로변에서 한 농부가 야채와 바나나를 팔고 있어, 양배추 한통을 샀다. 그다음 골목길에는 농민시장과 기념품 노점상이 좌판을 벌이고 있었다.

숙소에 도착했을 때는 12시 30분이 지나 있었다. 이 상태로는 아무것도 할 수 있을 것 같지가 않아 1시간만 쉬고 점심을 준비하기로 했

기념품 노점상의 모습(왼쪽). 이곳에서도 체 게바라는 역시 등장한다(오른쪽).

다. 나는 잠깐이라도 눈을 붙여보려 했으나 허사였다. 피곤이 천근의 무게로 짓누르는데도, 잠은 오지 않았다. 1시 반이 됐지만 기력이 없어 30분만 더 쉬기로 했다. 2시가 되었어도 마찬가지. 끙끙 앓는 소리가 절로 새어나왔다. 머리는 빙빙 돌고 속은 울렁거린다. 누워 있자니 머리가 더 아픈 듯해, 억지로 일어나 여행안내서의 비냘레스 편을 읽으려고 했지만 도무지 머리에 들어오지 않았다.

그런데 10분 전에 밥을 하러 간 이 대표가 점심 식사를 하라고 부른다. 이게 웬 일이람, 벌써 밥이 다 돼 있다. 주인아저씨가 밥을 해놓았다고 한다. 구세주가 따로 없었다. 반찬으로 먹을 요량으로 양배추를 밥통에 넣고 쪘지만 아무리 해도 안 익는다. 할 수 없이 설익은 것을 우걱우걱 씹어 먹었다.

그러나 원장님은 식사에 손도 대지 못했다. 차라리 속을 비우는 게 낫다며 외면하신다. 반면에 교수님은 아주 잘 드신다. 이 대표가 퍼준 밥을 다 드시고 더 청하신다. 한나절 쉬었던 것이 큰 효과가 있었던 모양이다. 얼굴에 생기가 도는 것이, 정신을 못 차리고 헤매는 다른 사람들과는 대조적이었다. 드디어 교수님의 전성시대가 펼쳐지려나 보다. 나머지 사람들의 시련과 함께.

비냘레스 투어를 포기하다

의논 끝에 오후 일정을 취소하기로 했다. 원래 계획은 오전에 말타기 체험을 하고, 오후에는 택시로 비냘레스 투어를 하기로 했었다. 비냘레스 투어는 인디오 동굴과 대형 벽화, 담배 농장 등 주요 관광코스를 돌아보는 것이었다. 그리고 저녁 식사는 특식으로 까사에서 랑고스타(랩스터, 바다가재) 요리를 먹을 예정이었다.

비냘레스 투어를 포기하는 것이 조금 아쉬웠지만 남은 일정을 위해 체력을 비축해야 했다. 택시투어를 포기하는 대신, 우리는 햇볕이 덜 따가우면 주변을 산책하기로 했다.

나는 그동안 밀린 빨래를 했다. 빤 옷들은 숙소 앞 처마 밑에 매어놓은 빨랫줄에 널었다. 지금의 바람 정도라면 금방 마를 것 같았다. 바깥 온도는 35도 이상일 듯하지만 그늘에 있으면 시원했다. 습도가 높지 않은 까닭이다.

어제는 스콜이 한바탕 쏟아졌는데 오늘은 그럴 기미가 전혀 안 보인다. 쨍쨍한 하늘을 바라보자니, 뜨거웠던 고향의 여름날이 생각났다. 시골 고향집에 계신 어머니도 떠올랐다. 비냘레스는 내게 관광보다는 그리움을 동반한 휴식의 공간이었다.

오후 4시 30분, 침대에 누워 잠을 청한다. 이 대표는 꿀잠을 자고 있다. 간간히 잠꼬대까지 한다. 그러나 나는 여전히 멀뚱멀뚱했다. 창밖을 내다보니 어미닭이 병아리를 데리고 모이를 찾고 있다. 정말 오랜만에 보는 낯익은 풍경이다. 내가 어릴 때 매일 봤던 한가로운 시골 풍경 그대로다.

이곳은 사회주의 국가 쿠바의 시골 마을이고, 내 고향은 자본주의 대한민국의 산골 마을이다. 두 시골에는 어떤 차이가 있을까? 겉으로 보기엔 아무 차이가 없다. 물론 삶의 방식에서는 내가 아직 모르는 많

병아리를 데리고 먹이를 찾아다니는 어미닭. 비냘레스에서는 이렇게 닭들이 돌아다니는 모습을 자연스럽게 볼 수 있다.

은 차이가 있을 테지.

쿠바 여행 동안 만나는 사람들은 대개가 순박하고 친절했다. 겉으론 무뚝뚝해도 조금만 접근해보면 한결같이 부드럽고 포근했다. 어릴 적 내 고향 사람들도 그랬다. 물질적으로는 풍요롭지 않았어도 이웃에 대한 측은지심과 따뜻한 마음씨를 갖고 있었다. 그러나 그 사람들도 지금은 많이 바뀌었다. 자본주의적 인간으로. 과연 쿠바인들은 어떻게 될까?

쿠바에서 느낀 점 가운데 하나는 생각했던 것보다 전력 사정이 훨씬 좋다는 사실이다. 에어컨, 선풍기도 잘 돌아갔고, 전깃불이 나가는 일도 없었다. 작년 베트남 북부지역을 관광하다가 점심을 먹던 중 단전되어 당황한 일이 있었다. 하지만 쿠바에서 지내는 동안 그런 일은 한 번도 없었다.

반면 물 사정은 그다지 좋지 않았다. 아바나의 샤워장 꼭지는 물이 '쫄쫄쫄' 떨어지는 수준이었다. 비냘레스는 물 사정이 더 나빴다. 굳이 표현하자면 '찔끔찔끔'이었다. 물 사정으로 본다면 우리는 쿠바에 비해 천국이라 해도 과언이 아니다.

전날부터 한국으로 문자를 계속 보냈으나 끝내 성공하지 못했다. '네트워크 사용량이 많습니다. 잠시 후에 다시 시도해주십시오'라는 메시지만 계속 뜬다. 통화가 안 된다는 이야기였다. 문자는 아바나 근역에서만 됐다. 쿠바는 아직 그런 나라였다.

오후 5시 30분경 갑자기 천둥이 치고 소나기(스콜)가 내린다. '역시 하루에 한 번씩은 비가 내려줘야 해. 그래야 만물이 살아갈 수 있지.'

여행에 '작은 시련'이 닥쳐오다

8시경 저녁 식사를 했다. 특식으로 어제 예약한 랍스타(랑게스타) 요리가 나왔다. 랍스타는 엄청 커서, 아바나 맥줏집에서 먹은 것과는 비교가 안 됐다. 하지만 이런 풍성한 만찬을 원장님은 아예 입에 대지도 못했다. 그는 간단히 죽 몇 숟갈 드는 걸로 식사를 끝냈다. 반면, 교수님은 가장 쌩쌩하시다. 밥을 다 드시고, 랑고스타도 반 마리 이상 드셨다. 컨디션이 안 좋기는 나도 이 대표도 마찬가지였다. 나는 랑고스타 요리를 열심히 먹기는 했지만 맛을 제대로 느끼지 못했다. 바닷가재 특유의 쫄깃한 식감과 고소한 맛이 안 났다. 이 대표 역시 젓가락질이 느렸고, 그날 저녁부터는 급속히 식욕을 잃었다.

성찬을 성찬으로 느끼지 못하는 저녁 식사가 끝이 났다. 문제는 앞으로의 일정이다. 특히 원장님의 상태가 가장 큰 걱정이었다. 나는 일부러라도 식사를 열심히 하고 있으니 곧 낫겠지만, 탈나기 시작한 다른 일행이 어떻게 될지는 장담할 수 없는 노릇이었다. 그래도 어떻게든 남은 일정을 제대로 소화할 수 있도록 서로들 몸 건사를 잘 하자는 결의를 다졌다.

식사 후 이 대표와 나는 시내로 나가 가게 몇 군데를 기웃거리며 작은 코카콜라 2병을 샀다. 쿠바에서는 대부분 술집에서 콜라를 판다. 식료품이나 음료, 과자, 생필품 등을 파는 우리의 마트나 편의점 같은 곳은 따로 없다. 쿠바에서는 물과 콜라, 맥주 가격이 거의 비슷했는데, 지역마다 가게마다 조금씩 달랐다.

10시 30분쯤 깜박 잠이 들었다가 깨어보니 겨우 11시 30분밖에 안됐다. 그 뒤로는 계속 선잠이었다. 온몸이 어슬어슬 춥고 쑤시는 게 영락없이 몸살이다. 다시 누웠으나 잠을 이루지 못하고, 새벽 3시 30분경 불을 켰다. 아무래도 산티아고 데 쿠바 행은 포기해야 할 것 같은 생각이 들었다.

새벽 5시, 이 대표도 잠에서 깼다. 우리 둘은 그동안의 여정과 몸 상태에 대해 이야기를 주고받았다. 무엇이 잘못됐는지 짚어보다가 내가 불쑥 "삼겹살 같은 고기를 제대로 못 먹어서 아픈 것 같다"는 말을 꺼냈다. 물론 그동안 고기를 못 먹은 것은 아니지만, 평소 한국에서처럼 푸짐한 식사를 해보지 못했다는 느낌을 계속 갖고 있던 차였다. 그때는 삼겹살과 된장찌개에 밥 한 그릇 뚝딱 비웠으면 하는 생각이 얼마나 간절하던지. 제대로 된 한국식 밥 한 끼만 먹어도 지금의 이런 저조한 상태가 금방 해결될 것 같았다. 나의 "고기를 못 먹어서……"라는 말은 얼마간 우리 일행의 화젯거리가 되었다.

15

쿠바인의 민낯을 보다

비냘레스를 떠나는 날 아침

8시, 어김없이 아침 식사가 시작됐지만 나는 도무지 먹을 수 없었다. 아무리 아파도 식사를 거르는 일이 없는 나로서는 참으로 이례적인 일이었다. 물과 주스만 조금 마시는 나를 보고 교수님이 놀라는 표정을 지으며 걱정하신다. 할 수 없이 원장님께 약을 부탁하고는, 아무래도 간이 문제인 것 같다고 했더니 원장님이 펄쩍 뛰신다. "간이면 큰일 나지. 아니야, 위장이 문제겠지. 속이 뒤집어져서 그래." 내가 말한다. "니글거리고, 토할 것 같아요. 속이 쓰리거나 하지는 않는데요." 원장님이 다시 말씀하신다. "속이 안 쓰려도 더부룩하고 메스꺼운 것은 위장이 탈났기 때문이야. 간이 문제면 소변이 완전히 노랗지." 나는 속으로 이렇게 대답했다. '여기 온 날, 그러니까 그저께 소변이 거의 빨간 색이었는데요……' 나는 계속 구토 증상을 보이는 건 간이 해독작용을 제대로 못 하기 때문이 아닐까 생각하면서도, 의사선생님의 말을 믿기로 했다.

9시가 조금 넘어 택시가 왔다. 아바나에서 비냘레스로 우리를 실어다준 그 젊은 푸조 차 기사였다. 반갑게 인사한 뒤 짐을 싣고, 집주인과 작별인사를 했다. 이틀밖에 안 됐지만 무척 섭섭했다. 주인아저씨

두 분이 묵었던 집 주인 후안의 초등학교 아들.

뒤로 머리를 박박 깎은 촌티 나는 그 집 아들이 해맑은 얼굴을 내민다. 그 아이는 1960년대 후반의 내 모습을 그대로 떠올리게 했다.

비냘레스를 출발하고 1시간쯤 뒤 휴게소에 들렀다. 아바나에서 비냘레스로 갈 때 쉬었던 바로 그 휴게소다. 오던 길과 반대라, 휴게소는 중앙선을 넘어 들어가야 했다. 고속도로라고 하지만 차량이 드문드문해서 중앙선을 넘어도 별 문제는 없었다.

중간에 차량을 바꿔 타다

휴게소를 출발한 택시가 아바나 근처에 이르자 핸드폰이 터졌다. 신호음과 함께 한국에서 보내온 문자 메시지가 들어왔다. 나는 그동안의 사정을 알리는 답변 문자를 간단히 발송했다. '트리니다드로 가는 중이며 그곳에 가면 역시 연락이 안 될 수 있으니 그렇게 알라'고 전했다.

비냘레스에서 트리니다드까지 160꾹에 예약했다. 트리니다드는 상당히 멀었다. 아바나에서 트리니다드까지가 314킬로미터 정도이므로 비냘레스에서 트리니다드까지는 450킬로미터가 넘는다. 택시로 꼬박 6~7시간을 달려야 하는 거리였다.

젊은 기사는 여전히 시속 120킬로미터를 넘나들며 고속 질주를 했다. 그런데 갑자기 도중에 차를 세우더니 뒤 트렁크에서 볼트 조임 공구를 꺼내 들고는 앞바퀴 볼트를 조이기 시작했다. 그것도 한 번에 끝나는 것이 아니라 몇 차례나 그 일을 반복했다. 그걸 보는 순간, 몹시 걱정이 됐다. 바퀴 볼트가 저런 손공구로 제대로 조여질지, 120킬로미터로 고속 질주를 하는 데 문제는 없을지 불안감이 교차했다. 그러나 마음을 편히 먹기로 했다. 나이는 젊어도 이 판에서 잔뼈가 굵은 베테랑처럼 보이는 그 기사가 알아서 할 거라 믿었기 때문이다. 그러다 어느 순간, 나는 정신없이 곯아떨어졌다. 아마도 코를 엄청나게 골았을 것이다. 이틀간의 유보된 잠이 나를 곱게 잠들게 할 리 없었을 테니까.

다시 시동을 건 택시는 아바나 시 외곽에서 고속도로를 빠져나가더니 시내로 가는 길로 들어섰다. 우리가 의아해하고 있는 사이, 기사는 'La Rapido'라는 간판이 붙은 곳에 차를 세웠다. 그곳에는 여러 대의 차량들이 주차돼 있었다. 나는 정비소에서 차량을 정비하거나 다른 차로 교체할 모양이라고 생각했다. 그런데 그 젊은 기사는 다른 차량 기사와 뭐라고 한참 동안 이야기를 나누더니 우리에게 차를 갈아타라고 말한다.

젊은 기사의 말로는, 이 기사가 산타클라라에 살고 있는 사람이니 이 차를 타고 가면 된다고 했다. 우리는 기사들의 활동 지역이 달라 교대하는 모양이라고 생각했다. 젊은 기사는 아바나 서쪽이 주 무대여서 아바나 동쪽에서 활동하는 다른 기사에게 인계하는 거라고 이해한 것이다. 그게 관행인 줄 알았다. 그러나 나중에 마이클을 통해 확인한 바에 따르면 그게 아니었다. 그 기사는 차가 고장이 나서 더 이상 갈 수가 없었다는 것이다.

지금 생각해봐도 이상한 것은, 우리가 왜 그 자리에서 차량 교체 이유를 정확히 묻지도 않고, 항의를 하거나 따지지도 않았는지 모르겠다는 것이다. 우리는 마치 말 잘 듣는 학생들처럼 그가 시키는 대로 다른 차에 짐을 옮겨 실었다. 하지만 젊은 기사가 원래의 계약 금액인 160꾹을 전부 달라는 요구는 거절했다. 비냘레스에서 아바나까지의 거리보다도 아바나에서 트리니다드까지의 거리가 훨씬 먼데, 그렇게 할 수는 없는 일이었다. 만일 새로운 기사가 자기가 돈을 안 받았으니 못 가겠다고 중간에 주저앉으면 어떻게 할 것인가 말이다. 그래서 우리는 80꾹을 젊은 기사에게 주고 나머지 80꾹은 트리니다드에 도착한 다음 새로운 기사에게 주기로 합의를 보았다.

공업도시 시엔푸에고스를 지나다

새로운 기사는 약간 나이가 들었다. 젊은 친구는 영어가 약간이라도 됐는데 이 양반은 전혀 안 된다. 의사소통이 안 돼 답답한데, 이 기사는 열심히 떠들어댄다. 즐겁게, 그리고 아주 재미있는 표정을 짓고서 말이다. 앞자리 조수석에 앉은 나는 도무지 무슨 말인지 알아듣지 못해 갑갑하기만 했다. 그래도 가끔씩 원장님이 몇 마디씩 알아듣고 대꾸를 해주는 덕분에 그럭저럭 유쾌한 분위기를 유지할 수 있었다.

'산타클라라 240km'라는 표지판이 나타났다. 아바나에서 산타클라라로 향하는 고속도로는 처음에 왕복 8차선이었다가 얼마 후 6차선으로 줄어들었다. 그 길을 1시간 30분가량 달리니 '산타클라라 90km'라고 적힌 표지판과 함께 인터체인지가 나타났다. 거기서부터는 국도였다. 아바나에서부터 150킬로미터를 달린 셈이니 앞으로 얼마나 더 가야 할까?

더 이상 궁금증을 참지 못하고

쿠바의 행정구역은 15개 주와 1개의 특별구역으로 나누어져 있다.

284

도로 양편으로 사탕수수 밭이 펼쳐져 있다(왼쪽). 공장에서 내뿜는 시꺼먼 매연이 공업도시 시엔푸에고스의 존재를 알려준다(오른쪽).

기사에게 얼마나 남았느냐고 물었다. 기사는 시엔푸에고스를 지나 트리니다드로 가게 될 것이라고 말한다. 그 길은 구불구불하고 아래위로 굴곡이 있는 험한 길이라는 설명을 몸짓으로 보태면서. 내가 그의 흉내를 따라 하자 웃는다.

택시는 편평한 시골길을 내달렸다. 좌우로 사탕수수 농장이 펼쳐져 있고, 소들을 방목하고 있는 목장도 보였다. 한참을 달리니 시엔푸에고스가 나온다. 아마도 시엔푸에고스는 혁명가 까밀로 시엔푸에고스를 기리는 의미에서 붙여진 이름일 것이다. 시엔푸에고스는 멀리서 보아도 산업도시라는 것을 금방 알 수 있었다. 저 멀리 공장에서 내뿜는 매연이 공중으로 퍼지고 있었다.[66]

택시는 시엔푸에고스의 한 주유소 앞에 멈춰 섰다. 기사가 화장실에 갔다 오란다. 이곳 화장실도 돈을 받고 있었다. 현지화폐 1쎄우페[CUP]를 받았다. 주유소는 휴게소 겸용이었다. 물과 음료수, 술, 몇 가지의

---

66) '시엔푸에고스'는 쿠바의 중앙 남쪽에 위치해 있다. 남쪽은 카리브해, 북쪽은 비야 클라라(Villa Clara) 주와 인접해 있다. 또 서쪽은 마탄사스, 동쪽은 산끄티 스피리투스(Sancti Spiritus)와 경계를 이룬다. 이 도시는 '쿠바의 남쪽 진주'라 불리며, '아바나'로부터는 245km, '산티아고 데 쿠바'(쿠바의 끝)로부터는 658km 떨어져 있다. 이 도시에는 쿠바에서 두 번째로 크고 중요한 역할을 하는 항구가 있다. 여러 가지 공업이 발전된 도시지만 한편으로는 자연이 잘 보존돼 있어 관광객들이 즐겨 찾는 여행지이기도 하다.

혁명기념관에 전시돼 있는 카밀로 시엔푸고스의 사진(왼쪽). 시엔푸에고스 시는 그의 이름을 딴 도시. 혁명박물관의 체 게바라와 시엔푸에고스의 밀랍인형(오른쪽).

과자 그리고 차량용품도 팔았다. 텔레비전에서는 야구 중계가 한창이었다. 잠시 야구 구경에 정신이 팔려 있는데, 차량 쪽에서 출발한다며 빨리 오라고 소리친다.

아름다운 고도 트리니다드

시엔푸에고스를 지나 다시 택시는 시골길을 달린다. 경치는 점점 더 아름다워지고 있었다. 지금까지 우리가 다닌 길은 대부분 평지여서 산은 구경하기 힘들었다. 그런데 시엔푸에고스를 지나면서 산이 나타나기 시작했다. 고개를 넘자 바다가 나왔다. 바다를 보며 환성을 지르자, 기사는 일부러 차를 천천히 몰며 우리가 감상할 수 있게 해주었다. 사진을 찍으라며 창문도 내려준다.

조금 더 나아가니 표지판에 '트리니다드 16km'라고 돼 있다. 잠시 후 마침내 트리니다드가 산 능선을 따라 모습을 드러냈다. 트리니다드는 해안에서 약간 들어간 고지대 중턱에 자리 잡고 있었다.

트리니다드는 쿠바의 오래된 도시 가운데 하나다. 스페인은 쿠바를 점령한 뒤 5개의 도시를 가장 먼저 건설했는데, 바라코아^{Baracoa}, 바야

모^{Bayamo}, 트리니나드^{Trinidad}, 아바나^{Habana}, 까마구에이^{Camaguey}가 그곳이다. 1514년에 건설된 트리니다드는 쿠바에서 3번째로 오래된 도시라고 한다. 이곳은 주위 환경과 조건이 담배 농장과 사탕수수 농장을 건설하기에 좋았다. 그래서 스페인은 이곳에 많은 투자를 했고, 스페인 식민지 시대 쿠바에서 가장 부유한 도시로 오랫동안 번성했다.

시엔푸에고스를 지나 트리니다드를 가는 도중에 만난 해변 풍경(위). 마침내 트리니다드에 들어서다(아래).

그러나 1868년 1차 독립전쟁이 일어나면서 트리니다드는 몰락의 길을 걷게 된다. 독립운동이 벌어지자 스페인은 군대를 파견했고, 스페인 출신의 농장주들은 많은 자금을 대어 독립운동 진압에 앞장섰다. 1차 독립전쟁 이후 트리니다드에 살던 스페인 농장주들은 모두 본국으로 도망갔고, 도시는 독립군에 의해 철저히 파괴되었다. 이후 트리니다드는 쿠바의 발전 대상 지역에서 밀려나게 됐다.[67] 역설적으로 이곳은 발전이 정체되면서 스페인 양식의 건물들이 옛 모습 그대로 남아 있게 됐다. 그 덕분에 도시 전체가 쿠바를 대표하는 옛 도시로 인정받게 됐다. 지금은 예전과 같은 번영은 없지만, 옛 도시의 모습을 간직한 채 새로운 관광도시로 각광받고 있다. 1988년 도시 근교의 로스 잉헤니오스 계곡과 함께 도시 전체가 유네스코 세계유산에 등재되었다.

트리니다드는 특히 한국인에게 널리 알려져 있다. 대부분의 여행안

67) 길벗투어, "[쿠바 브리가다 기획④] 쿠바 제대로 알기(2): 마탄사스, 트리니다드, 비냘레스, 그란마", 〈민중의소리〉, 2013.11.19(인터넷검색:2015.8.19) 참고.

내서에는 '고도의 면모를 지닌 아름다운 도시'라고 소개돼 있다. 사진 작가들도 이곳의 작품 사진을 많이 찍어 올려놓고 있다. 하지만 안타깝게도 우리는 하루밖에 머물지 않았고, 또 다른 사연도 있고 해서 그 아름다운 면모를 제대로 감상하지 못했다.

"역사가 나에게 무죄를 선고할 것이다"

트리니다드에 도착한 뒤 우리는 마이클이 적어준 까사 주소를 운전기사에게 보여주며 그곳으로 가자고 했다. 운전기사는 그 주소를 보고 뭐라고 이야기하더니 우리를 도시의 한 곳으로 데리고 갔다. 그런데 그 집은 지금 방이 없고 내일이면 빈방이 날 것이라고 한다. 시설이 괜찮아 보였지만 어쩔 수 없었다.

그 집주인이 주변의 다른 집을 소개해주었다. 하지만 그 집은 방 하나가 트윈베드, 다른 방은 투 베드로 우리가 묵기에는 불편한 곳이었다. 그 집을 나와 또 다른 집으로 갔는데, 밖에서 보던 것과 달리 내부는 상당히 깊숙하고 넓었다. '아라비안나이트'에 나오는 아랍 궁전처

트리니다드 시외버스 터미널(왼쪽)과 시내버스(오른쪽).

288

트리니다드 터미널 주변의 거리 모습(왼쪽)과 트리니다드 마요르 광장 주변의 한 술집(오른쪽). 'Yesterday'란 이름이 정겹게 다가온다.

럼 생긴 통로를 따라 안으로 들어갔다. 시설은 깨끗했지만 우리가 묵을 숙소는 아니었다. 빈방이 하나밖에 없었던 것이다.

다시 기사에게 마이클이 소개한 곳으로 안내해달라고 했지만 의사소통이 잘 안 됐다. 한참 이야기를 나눈 끝에 택시가 찾아간 마이클의 주소지는 비아술 터미널 근처였다. 터미널 앞에 도착하자마자 나와 이 대표는 산티아고 데 쿠바 행 비아술 버스 시간표를 알아보기 위해 터미널로 들어갔다. 산티아고 데 쿠바 행 버스는 아침 8시에 있었다. 1일 1회 운행인데 12시간이 걸린다고 한다. 아침 8시에 출발해도 저녁 8시가 되어야 도착한다는 이야기다. 가자마자 숙박하고 다음 날 관광을 하고 바로 돌아온다고 해도 시간이 만만치 않았다. 고민이 되지 않을 수 없었다.

우리가 산티아고 데 쿠바에 가려고 하는 데는 이유가 있었다. 피델 카스트로가 혁명을 시작할 때 습격한 몬타나 병영이 있는 곳으로, 쿠바혁명의 첫 걸음이 시작된 지역이기 때문이었다. 물론 그곳에 간다고 해서 피델의 옛 흔적을 제대로 볼 수 있을는지는 모르겠지만, 그래도 피델의 혁명 시발지인 산티아고를 보지 못한다면 쿠바에 온 의미가 반감될 것이란 생각을 했다.

몬카다 병영 습격 사건 후
체포된 피델과 그의 동료들.

1952년 피델 카스트로 변호사는 쿠바정통당 후보로 국회의원 선거에 출마했다. 그러나 그해 3월 10일 바티스타가 재차 쿠데타를 일으키는 바람에 국회의원 선거가 취소되고 말았다. 훌헨시오 바티스타는 1933년 쿠데타를 일으켜 1944년까지 권력을 장악했으나 선거에서 패배하면서 권좌에서 물러나야 했다. 하지만 1952년 바티스타는 미국의 지원 아래 또다시 쿠데타를 일으켜 불법적으로 권력을 장악하고 헌정 질서와 민주주의를 파괴하는 행위를 저질렀다. 카스트로는 바티스타가 존재하는 한 쿠바의 민주주의와 번영, 독립은 불가능하다고 판단하게 된다.

카스트로는 아예 정권을 무력으로 뒤집어엎을 방법을 구상하게 됐다. 1953년 카스트로와 그의 동료 160여 명은 1년 간의 준비 끝에 몬카다 병영 습격작전에 돌입했다. 하지만 그건 계란으로 바위를 치는 일처럼 무모했다. 습격작전은 실패로 끝났고 대부분의 가담자들이 학살되었다. 피델 카스트로와 동생 라울 카스트로도 체포돼 재판정에 서게 됐다.

피델은 재판정에서 스스로를 변호했다. 그는 "역사가 나의 무죄를 선고할 것이다"라는 변론을 통해 바티스타 정권과 미국의 죄상을 조목조목 비판했다. 그는 변론에서 미국독립선언서를 인용하고, 루소와 단테, 밀턴 그리고 로마의 브루투스, 나아가 고대 인도의 사상가까지 거론하며 자신의 소신을 거침없이 피력했다.

"나는 나 자신의 석방을 요구할 수는 없습니다. 대통령이 범죄자이고 도둑인 나라에서 정직한 사람은 죽거나 감옥에 있어야 하는 것이 지

극히 자연스러운 일일 것입니다. 나에게
유죄를 선고하시오. 이는 중요하지 않습
니다. 역사가 나에게 무죄판결을 내릴
것이기 때문입니다."

이 연설로 카스트로의 명성은 높아
졌다. 바티스타는 그를 감옥에 계속 가
두어둘 수 없었다. 피델은 재판에서 15
년형을 선고받았으나 1955년 5월 15
일 사면으로 석방되었다. 그 뒤 피델은
멕시코로 망명했다. 같이 석방된 동생 라울도 동행했다. 카스트로 형
제는 멕시코에서 체 게바라를 만났고, 쿠바혁명을 위해 1956년 11월
25일 그란마호를 타고 쿠바로 돌아와 시에라 마에스트라 산맥에 근거
지를 마련하고 게릴라전을 시작했다.

산티아고에는 '콘트라 마에스트레'와 바코나오 강이 흐르고 있고,
저 유명한 시에라 마에스트라 산맥이 위용을 자랑하며 버티고 있다.
산맥의 최고봉은 1,974m의 '피코레알데투르퀴노'로 쿠바에서 가장 높
은 산이다. 그곳이 카스트로 형제와 체 게바라가 게릴라전을 시작한
곳이다. 우리는 그곳에 가보고 싶었다.

산티아고 데 쿠바 행을 포기하다

산티아고 데 쿠바는 혁명의 도시일 뿐 아니라 철광석과 니켈의 최
고 산지로도 유명하다. 쿠바의 가장 중요한 자연자원의 하나는 니켈인
데, 러시아 다음으로 세계에서 매장량이 많다. 니켈의 채굴로 나오는
부산물인 코발트 생산량도 세계 5위를 자랑한다. 하지만 쿠바 광물의

몬카다 병영(Moncada Barracks)에는 사건 당시 총탄 자국이 아직도 선명하게 남아 있다고 한다. 지금은 학교로 바뀌었다.(출처: wikimedia commons. © photo by Egghead06)

보고인 이 지역의 경제 기반은 오히려 바나나, 코코넛, 커피 등 농업이라고 한다.[68]

산티아고 데 쿠바는 수도인 아바나 다음으로 큰 도시이며, 경제적으로 아바나에 견줄 만큼 발달했다. 산티아고 데 쿠바에는 피델과 그의 동지들이 거사를 벌였던 '몬카다 병영'이 총탄 자국을 선명하게 간직한 채 그대로 남아 있다. 그 옛날의 몬카다 병영은 지금은 쿠바의 미래를 책임질 학생들을 교육하는 학교로 바뀌어 있다. 또한 이곳에서 멀지 않은 곳에 미국이 오랫동안 점령하고 있는 관타나모 기지가 자리 잡고 있다.

쿠바에 대해 자세히 알려면 산티아고를 방문하는 것은 필수다. 그래서 우리 일행은 젊은 두 사람만 밤에 버스를 타고 가서 낮에 돌아보고 오는 일정으로 계획을 잡았다. 하지만 우리의 짧은 일정으로는 무리였다. 하루 1회, 아침 8시 출발, 편도 12시간(왕복 24시간), 최소 3일 소요 등으로 쉽게 결정을 내리지 못하고 고민을 하게 되었다.

그날 저녁 우리가 숙박한 집 여주인에게 물어보니 산티아고에서 트리니다드로 돌아오는 비아술은 오후 4시 30분 그곳에서 출발한다고 했다. 그러면 바쁘게 움직이면 이틀의 여정이면 가능할 수도 있다는 이야기였다. 하지만 그렇게 움직이려면 시간이 너무 촉박하고 체력소

---

68) '산티아고 데 쿠바'는 스페인 식민지 시대 초기 총독령의 수도였고, 현재 쿠바 제2의 도시다. 이곳은 해가 뜨는 동쪽 지역에 있으며, 중심도시(provincia)와 지역도시(municipio)의 이름이 모두 '산티아고 데 쿠바'다. 북쪽으로는 '올긴'이라는 지역과 근접해 있으며, 동쪽은 '관타나모', 서쪽은 '그란마', 남쪽은 '카리브해'가 이 도시를 둘러싸고 있다. 길벗투어, "[쿠바 브리가다 기획③] 쿠바 제대로 알기(1): 산티아고데쿠바, 시엔푸에고스, 바라코아", 〈민중의소리〉, 2013.11.13(인터넷검색:2015.8.19) 참고.

'산티아고 데 쿠바'의 위치.

모도 심할 것 같았다. 우리는 고민하다가 여러 사정을 감안해 포기하기로 했다. 우리들의 체력 상태, 남은 사람들, 산티아고에서의 숙박과 관광일정 문제 등 복잡한 사정을 생각할 때 산티아고 데 쿠바 행은 무리라고 판단한 것이다.

쿠바 섬의 면적은 한국과 비슷하지만 좌우로 길게 늘어서 있어서 동남부 끝에 위치한 산티아고는 수도 아바나에서도 870km나 떨어져 있다.[69] 서울에서 제주도까지의 직선거리가 470km밖에 안 된다는 걸 감안하면 교통이 잘 정비되지 못한 쿠바에서 이는 여간 먼 거리가 아니다. 아바나에서 관광을 시작하는 경우, 산티아고까지 갖다오기가 쉽지 않다는 이야기다. 그 때문에 산티아고를 가기 위해서 비아술이나 택시보다는 비행기를 이용하는 경우가 적지 않다.

---

69) 쿠바 섬은 동에서 서까지의 총 길이가 1,233킬로미터나 되는 긴 섬이다. 쿠바의 면적은 약 10만 평방킬로미터로 남한과 거의 비슷한 크기이고, 인구는 1,100만 명으로 한국의 4.5분의 1 정도이다.

여행 중 만난 최악의 숙소

우리가 비아술 시간표를 알아보는 동안 원장님과 교수님은 터미널 앞에서 손님을 기다리며 호객 행위를 하던 한 여인을 만났다. 트리니다드의 운명의 여인 릴리를 만난 것이다. 흑인(혼혈)인데 영어를 상당히 잘 구사했다. 기독교와 아프리카 전통종교의 혼합으로 생겨난 산테리아Santería**70** 신도들이 입는 흰옷을 입었는데 깔끔하고 상당히 세련돼 보였다. 이 아줌마에게 마이클이 소개해준 주소를 건네며 위치를 물었더니, 그 집은 수리 중이어서 지금 문을 닫은 상태라고 말했다고 한다. 원장님이 잘못 들었을 수도 있겠지만, 그 후 그녀의 행적을 보아서는 충분히 그럴 수 있다고 우리는 생각했다.

마이클이 소개해준 그 집이 문을 닫은 상태라는 이야기를 듣고 두 분이 어쩔 줄 모르고 난감해하자, 릴리가 자기도 까사를 하는데 거기로 가는 게 어떻겠냐고 권유했다. 나와 이 대표가 버스 시간표를 확인하고 나온 것은 이때쯤이었다. 우리는 간단히 그동안의 사정을 들었다. 잠시 다른 방안이 없을까 고민하다가 우리는 그녀를 따라가기로 결정했다. 그녀를 따라가지 않는다면 다른 곳을 알아보아야 했다. 무거운 짐을 끌고 전혀 알지도 못하는 이곳에서 이 집 저 집 기웃거리며 돌아다니는 것이 아무래도 무리라고 판단한 것이다.

---

70) 산테리아(Santería)는 아프리카 토속 신앙과 기독교가 결합된 쿠바의 종교다. 주신은 옥살라 (Oxalá)이며 흑인과 물라토 신자가 많다. 아프리카에서 끌려온 흑인 노예들에게 가톨릭 개종이 강요되자 이들은 자신의 고향 아프리카의 종교와 생활문화 등을 가톨릭에 혼재시켜 새로운 형태의 종교문화를 탄생시켰다. 그렇게 해서 만들어진 것이 산테리아다. 스페인 식민의 영향으로 혁명 이전까지 쿠바에서는 가톨릭이 전체 인구의 70% 이상을 차지했으나 카스트로 정권 아래서 신자 수가 점차 줄어들었다. 1998년 교황 요한 바오로 2세가 방문했을 당시 가톨릭 인구는 대략 36% 정도 되는 것으로 알려졌지만 이들 중 상당수는 산테리아 신도로서 실질적인 가톨릭 신자는 그 보다 적다고 한다. 반면 쿠바에서는 장로교 등의 개신교, 여호와의증인, 유대교 그리고 산테리아 등이 증가하고 있다고 한다. 동부 지역에서는 아이티에서 온 이민자의 영향으로 부두교 신자도 있고 일본에서 발상된 창가학회도 존재한다. 이처럼 쿠바는 인종과 문화, 종교에서도 가히 백화점이라 할 정도로 다양하다.

그런데 이 릴리 아줌마는 까사가 '바로 저기'라고 말해놓고는 우리를 30분 이상 뒷골목 변두리로 끌고 갔다. 그것도 중심가와는 거리가 먼 변두리로만 계속 갔다. 뭔가 이상하다는 생각이 들었지만 이제 와서 안 간다고 말할 수도 없었다. 어디냐고 물었더니 "조금만 가면 금방"이라고 말한다. 하지만 릴리는 그러고도 한참을 변두리 방향으로 더 갔다.

릴리가 입었던 복장과 비슷한 흰옷을 입은 두 여성이 대성당 광장 앞에서 물건을 팔고 있다.

처음 우리가 있던 곳에 비해 갈수록 집들이 허술했다. 길 곳곳에 말똥이 보이고 낡은 집들만 늘어선 골목길이 이어졌다. 한참을 외곽으로 나가더니 마침내 어느 허름한 시골집 대문 앞에서 멈춰 섰다. 집으로 들어가니 2층에 투 베드짜리 방 두 개가 있다. 거실도 쓸 수 있고 베란다도 있었다.

숙소 옥상에 올라가 살펴본 주변 모습(왼쪽). 숙소 내부 모습(오른쪽). 사진에는 잘 안 나타나 있지만 시설이 열악한 최악의 숙소였다.

밥을 해 먹을 수 있는 주방기구는 전혀 없었다. 방을 들여다보았더니 약간 냄새도 나고 시설도 변변치 않았다. 우리는 잠시 망설였지만 그냥 지내기로 결정했다. 하루 저녁 지내보고 영 아니다 싶으면 다음 날 옮기자고 했다. 장시간 차를 타고 온 데다가 트리니다드에 와서 숙소 찾느라고 헤매다 보니 지쳐서 더 이상 찾아다닐 힘도 없었다.

그런데 막상 정하고 보니까 정말 방이 엉망이었다. 우리가 쿠바에서 묵은 숙소 가운데 최악이었다. 그래서인지 다른 곳 방 값은 30꾹인데 이곳은 20꾹에 계약할 수 있었다. 우리는 일단 오늘 하루를 이곳에서 보내고 다음 날 앙꼰으로 가자고 합의를 보았다. 앙꼰 해변에 대해 물어보았더니 릴리 여사가 이렇게 말한다.

"거기는 휴양지가 되어서 호텔밖에 없고 너무 비싸다. 그러니 가까운 곳 해변(우리는 이 말을 앙꼰 주변이라고 이해했다)에 자기 친구가 사는데 까사를 한다. 거기 소개해줄 테니 그곳으로 가라."

우리는 사정도 모르고 "좋다, 오케이"라고 답했다.

쿠바 사람들의 민낯을 보다

짐을 풀고 간단히 씻은 다음 거실에서 쉬고 있는데 갑자기 하늘에서 폭우가 쏟아졌다. 베란다로 나가 밖을 쳐다보았다. 골목길이 순식간에 물바다로 변해버린다. 그걸 바라보며 모두들 감탄한다. 내가 다시 거실로 들어온 순간, 밖을 내다보던 우리 일행으로부터 경악에 찬 목소리가 들려온다. 사람들이 나와서 물바다가 된 골목길에 쓰레기를 버리기 시작한 것이다. 흘러가는 골목길 물길에 쓰레기들이 휩쓸려 떠내려갔다. 이 모습에 놀라움을 금치 못해 소리를 지른 것이다.

그 광경을 직접 보지는 못했지만, 나는 옛날 시골 생각이 나서 그런 상황을 전혀 이해 못 할 바는 아니었다. 옛날에는 우리도 이랬었다. 시골길이나 도시 변두리 비포장 골목길에 오물을 버리거나 개똥·소똥·사람똥이 곳곳에 널려 있던 때가 있었다. 여름 폭우가 오면 골목길이 강물처럼 넘쳐흘렀는데, 그때 사람들은 저들처럼 쓰레기를 내다 버리기도 했다.

지금도 시골에 가면, 노인들은 지정된 쓰레기봉투를 잘 사용하지 않는다. 어지간한 물건들은 다 태워버린다. 태워서는 안 될 비닐이나 공기를 오염시키는 물건들까지도 그렇게 한다. 그 외 썩는 것들은 모두 거름으로 만들어 재활용한다.

하지만 '선진 대한민국'에 살고 있는 사람들로서는 그런 쿠바인들의 행위가 이해되지 않았을 것이다. 녹색당원이기도 한 원장님이 그 광경을 고스란히 사진에 담았다. 하필 우리가 묵은 건너편 집 2층 아저씨가 그 주범 중 한 명이었다. 원장님은 이쪽 베란다에서 건너편 집 아저씨를 향해 그 사진을 보여주며 뭐라고 제스처를 취한다. 나는 원장님의 행동이 이해되면서도 한편으로는 걱정이 됐다.

우리가 이해할 수 없다고 해서 모두 잘못이라고 말하는 것은 문제가 될 수도 있지 않을까 싶었다. 다른 문화(물론 그 행위가 옳다는 것은 아니지만, 그들에게는 일종의 관행일 수도 있다)에 대해서는 때로는 침묵이 필요할 수도 있다는 생각이 들었다. 물론 그들의 행위가 일반 규범에 비춰볼 때 정당화될 수 없는 것은 분명하다.

이 대표도 흥분했다. 그는 "쿠바의 다른 모습을 보았다. 이건 아니다. 갑자기 혼란스럽다"며 언짢아한다. 쿠바인의 인정과 친절, 순박함에 반한 그로서는 상당한 실망감이 들었던 모양이다.

나도 여러 생각이 겹쳐진다. 관광, 생태농업 등에서 쿠바는 경쟁력을 가질 수 있는 상황이다. 하지만 기반시설과 기술, 자본, 운영 기법, 경영 노하우 등 여러 면에서 부족한 점이 많고, 그것들은 외부로부터

지방의 작은 도시 트리니다드는 오래된 도시로 운치가 있지만(왼쪽) 도시환경이 깨끗하거나 정비가 잘 돼 있지는 않다(오른쪽).

배워야 할 필요가 있다. 그런 점에서 쿠바는 이제 막 세계를 향해 첫발을 내디딘 상태일 뿐이다.

쿠바는 농업기술이나 시장경제의 경영 노하우뿐만 아니라 삶의 규범과 문화적인 측면에서도 외부로부터 배워야 할 부분이 많다. 시골 소도시에 살고 있는 사람들은 자연친화적이지만 그렇다고 그들의 삶이 반드시 친환경적이지는 않다. 농업은 자연친화적인 산업이지만 환경을 파괴하는 방식으로 이뤄지는 경우도 많은 것처럼 말이다. 쿠바인의 문화 수준이나 환경 의식이 낮다고 볼 수는 없지만 부족한 부분, 제고되어야 할 부분이 존재하며, 사회의 변화와 발전에 따라 공동체 규범 또한 새롭게 정립되어야 할 부분이 있는 것은 분명하다.

소나기가 한차례 지나간 다음 날씨는 금방 다시 개었다. 나는 숙소 옥상에 올라가 동네를 사진에 담았다. 우리의 시골 동네에 가면 어지간한 집에 감나무가 한 그루씩 있는 것처럼 이곳에는 집집마다 망고나무가 한 그루씩 있었다. 쿠바를 여행하면서 가장 많이 본 과일나무는 망고나무였다. 망고나무는 과수원뿐만 아니라 마을 곳곳에 널려 있었다.

.

우리 시골의 감나무처럼 이 곳에서는 집집마다 망고나무가 한 그루씩 있었다(왼쪽). 비온 뒤 저녁 으스름 무렵의 트리니다드 풍광이 환상적이다(오른쪽).

트리니다드에서 미로를 헤매다

저녁은 해 먹기로 결정했다. 다른 사람들이 식사 문제에 소극적일 때, 교수님이 주도적으로 나섰다. 원장님도 거들고 나섰는데, 까사 주방 싱크대 아래서 전기밥솥을 찾아내서는 그걸로 밥을 하자고 말씀하신다. 멕시코에서 사 온 쌀이 아직 거의 그대로 남아 있었다. 밥을 하기 전 먼저 양배추를 삶기로 했다. 하지만 양배추를 삶기는커녕 물도 끓지 않았다. 결국 양배추 삶기를 포기하고 쌀을 씻어 밥을 안쳤다. 그러나 밥 역시 끓을 기미가 전혀 안 보인다. 우리는 일단 전기코드에 꽂아놓고 기다려보기로 했다.

그사이 침대에 잠깐 누웠다. 이 집이 숙소로 너무 형편없다는 것은 이미 파악됐다. 쫄쫄거리며 나오는 샤워기 물은 뜨거운 물이었고, 조절기는 아무리 찾아도 보이지 않았다. 화장실에는 휴지도 없다. 에어컨은 잘 돌아가지만 방에서는 시멘트 냄새와 더불어 퀴퀴한 냄새가 사라지지 않는다. 열대과일 썩은 냄새까지 뒤섞여 숨이 막힐 지경이다. 천장을 보니 금방이라도 시멘트 덩어리가 뚝 떨어질 것만 같다.

중고로 보이는 에어컨은 LG 제품이었다. 제작연도는 모르겠지만 성능은 좋다. 쿠바에서는 버리는 물건이 없다. 에어컨, 선풍기, 자동차, 자전거, 버스 등등 아무리 오래됐어도 고치고 또 고쳐서 쓴다. 완전히 망가져 도저히 못 쓸 때까지 쓴 다음에는 부품을 뜯어서 다른 곳에 사용한다.

그에 비하면 우리는 너무 쉽게 버린다. 너무 자주 바꾼다. 자동차만 해도 그렇다. 내 승용차는 1995년 식으로 20년이 됐는데, 나는 그렇게 오래된 차를 한국에선 잘 찾아보지 못했다. 쿠바에서는 그 정도면 신차 축에 든다.

속으로 불평을 해대다가 마침내 깨달았다. 우리가 낡았다는 것을. 릴리의 그 하얀 옷과 유창한 영어 실력에 깜박한 것이다. 처음엔 그저 릴리네 집이 관광업소의 기본이 부족해서 그런 줄로만 생각했다. 그러나 가만히 생각하니 그건 아닌 듯했다. 그녀는 유창한 영어 실력으로 다가와 헤매다 지친 우리를 낚아챈 것이다. 그러나 이제 와서 물릴 수도 없다. 시멘트 냄새가 빠지지 않는 방, 불도 안 들어오는 화장실, 빗물이 떨어지는 거실에서 하룻밤을 지낼 수밖에 없게 되었다.

결국 밥은 안 됐다. 아무리 해도 물조차 끓일 수 없었다. 할 수 없이 밥은 포기하고 바나나와 과일로 간단히 요기한 다음 바깥 구경을 나가기로 했다.

밤에 이 대표와 쁠라야 아르요(아르요 광장) 주변을 한 바퀴 돌고 왔다. 광장 옆 계단식 노천 바에서 음악 공연이 신나게 펼쳐지고 있었다. 저녁 풍경에 어우러진 건축물들은 고색창연한 느낌을 풍겼지만, 거리가 그다지 아름답다는 생각은 들지 않았다.

우리는 계단식 바에 앉아 시원한 밤공기를 들이마셨다. 숙소로 돌아오니 원장님이 깨어 있다. 그도 거리 구경을 하고 싶다고 해서 아르요 광장 주변을 한 바퀴 더 돌았다.

모두들 방으로 들어가고, 나만 혼자 옥상으로 올라갔다. 밤하늘 별

고도의 운치를 간직한 트리니다의 건축물(왼쪽)과 밤의 골목길(오른쪽).

빛은 고왔다. 그리고 여행 후 처음으로 달을 보았다. 초승달이다. 반가웠다. 갑자기 허기가 느껴졌다. 김치와 집 밥 생각이 간절했다. 오늘은 계속 콜라만 마셨고, 점심은 모두들 걸렀다. 저녁도 과일로 대충 때웠다. 이래서야 여행을 제대로 해낼 수 있을지 걱정스럽다.

잠자기 전 나는 기어코 밥솥의 비밀을 알아냈다. 멕시코에서 산 찐쌀을 넣고 전기코드에 꽂았더니 밥이 잘됐다. 이 전기밥솥은 이곳 사람들이 해 먹는 안남미 전용이었던 것이다. 다들 잠든 밤, 나 혼자서 전기밥솥으로 해낸 밥을 몇 순갈 떠먹었다. 주린 배가 그럴 수밖에 없게 했다. 하지만 다음 날 이 밥은 아무도 먹지 않았고, 나만 열심히 먹었다. 그러나 결국 다 처리하지는 못하고 버려야 했다.

16

쿠바의 무상교육은 어떻게 가능한가?

'우리를 거지 취급하는 건 아니겠지?'

6월 22일 월요일 새벽, 눈을 뜨고 보니 아직 4시밖에 안 됐다. 닭울음소리와 새소리가 여명의 적막을 깨운다. 이 소리는 쿠바의 시골이나 소도시에서 새벽을 알리는 징표와도 같다. 나는 쿠바에 있는 동안 거의 매일같이 닭울음소리를 들었다. 실제로 아바나와 산타클라라에서는 닭울음소리를 못 들었으니 절반밖에 안 되지만 매일 들은 것 같은 느낌이다.

나는 후에 LA 친구 집에 가서도 닭울음소리를 들었다. 쿠바에서 들은 소리가 환청으로 나오나 싶었는데, 친구는 라티노들이 종종 집에 닭을 키운다며 그럴 수 있다고 했다. 이 때문에 경찰에 신고가 들어가 말썽이 벌어지기도 한다는 것이다. 멕시코 칸쿤의 중국 식당 중국성에는 뽀요(닭고기) 요리가 많았는데, 아마도 라틴아메리카 사람들이 닭고기를 좋아해서 그런 모양이라고 짐작했다.

깜박 잠이 들었다가 다시 깨어보니 6시다. 여전히 무거운 몸을 이끌고 나는 조용히 밖으로 나왔다. 옥상에 올라 바라본 소도시 트리니다드의 아침 광경이 그지없이 평온했다. 거리에는 인기척이 거의 없다. 잠시 후 트랙터 한 대가 짐칸을 달고 지나가고, 뒤이어 또 다른 트랙터가 골목길을 빠져나갔다. 아마도 농장에 일하러 가는 중일 것이다.

숙소 건너 오른편 집 1층 현관에서 출근 차림의 아저씨가 담배를 한 대 꺼내 피운다. 그 모습을 보니 이 소도시의 아침 광경을 돌아보아야 할 것 같다는 생각이 들었다. 이 대표는 곤히 잠들어 있었다. 깨울까 말까 망설이다가 그를 흔들었다. 더 자겠다면 혼자 나갈 생각이었다. 하지만 이 대표는 힘들게 일어났다. 트리니다드의 아침을 봐야겠다는 것이다.

밖으로 나왔으나 골목길엔 아무도 보이지 않는다. 어제 비가 올 때 빗물이 쓸려 내려간 아래쪽 방향으로 걸어 내려갔다. 빗물은 어디로 빠져나갔을까? 함께 쓸려간 쓰레기들은? 골목길이 끝나는 곳에 시멘트 수로가 있었다. 지금은 물이 없지만 비가 오면 수로 역할을 할 것이다. 아마도 저 물길이 작은 냇물이나 강, 또는 늪지 같은 곳으로 연결되는 모양이다.

우리는 골목길이 끝나는 지점에서 왼편으로 돌아 계속 내려갔다. 조금 걸으니 공동묘지가 나타난다. 아바나의 것처럼 큰 규모는 아니었지만 트리니다드의 도시 크기를 감안하면 상당한 규모였다.

개들 몇 마리가 골목길을 어슬렁거렸다. 이곳 거리에는 개들이 상당히 많다. 딱히 주인이 없는 듯, 골목길을 다니는 개들은 비쩍 말라 있었다. 지난번 아바나에서 보았던 개들은 사람을 보고 짖거나 경계심을 전혀 보이지 않았다. 그래서 "개들도 사회주의 체제에 살아서 그런지 무지 순한 것 같다"는 농담을 했었다. 그런데 이곳 트리니다드에서 만난 개 몇 마리가 심하게

트리니다드의 공동묘지.

짖어댔다. 덩치도 큰 놈들이 우리를 보고 짖어대면서 슬금슬금 뒤꽁무니를 빼는 모습을 보니 살짝 기분이 나쁘다. '설마 우리를 거지 취급하는 것은 아니겠지?'

앙헬리스 계곡으로 가는 기차

골목길을 따라 조금 더 걸었더니 외곽 농촌지역으로 빠지는 도로가 나왔다. 사람들이 출근길 차량을 기다리며 서 있었다. 그들은 일반버스가 아니라 개조한 트럭버스나 트랙터버스를 많이 이용했다. 물론 간간히 보이는 일반 시내버스를 타고 가는 사람들도 있었다. 승용차 카풀을 이용하는 사람들도 자주 눈에 띄었다. 220만 명의 대도시 아바나에서는 시민들이 출근길 교통수단을 어떻게 이용하고 있는지 쉽게 파악하기 힘들었다. 하지만 인구 7만 명이 약간 넘은 소도시 트리니다드에서는 쿠바인들이 어떤 교통수단을 어떤 방식으로 이용하고 있는지 금방 눈에 들어왔다.

출근 수단은 버스 외에도 트럭이나 트랙터를 개조한 차량 등 다양하다.

그날 아침 우리가 본 트리니다드[71]의 출근길 풍경은 다양했다. 월요일 출근길에 나선 사람들의 표정은 대체로 무표정하고 담담했는데, 우리네처럼 종종걸음을 치거나 힘들어 보이는 사람은 좀체 눈에 띄지 않았다. 그렇다고 명랑하고 쾌활한 표정도 아니었지만 여유는 있어 보였다. 하지만 겉만 보고 어찌 알

시엔푸에고스, 앙꼰을 가리키는 표지판.

까. 어쩌면 그들도 우리처럼 월요병을 앓고 있는지도 모른다. 사람이란 어디서 살든 대체로 비슷한 고민을 갖고 있으니 말이다.

출근차를 기다리는 사람들을 지나 우리는 계속 걸어갔다. 시엔푸에고스, 라보카 해안, 양꼰 해변을 가리키는 푯말이 나온다. 라보카는 4km, 앙꼰은 12km라고 적혀 있다. 오늘 우리는 앙꼰 해변으로 갈 예정이다. 이미 택시도 예약돼 있다.

아침 일찍부터 돌아다니다 보니 배가 고파졌다. 게다가 어제 먹은 것도 별로 없다. 마침 길거리에 간이음식점이 보였다. 망고주스 두 잔과 쿠키를 하나 시켰다. 망고주스는 원액을 물로 약간 희석하고 설탕을 가미한 것이었는데, 달달한 맛이 100% 천연주스보다 차라리 나았다. 한국에서 먹던 주스 맛에 더 가깝다고나 할까.

시내 변두리의 공장과 사업장들은 대부분 아직도 문을 열지 않았다. 몇몇 작업장에서 작업 준비를 하는 사람들이 간혹 보일 따름이었다. 어린 학생들을 데리고 가는 엄마의 모습이 많이 보였다. 한 엄마는 어

71) 위키백과에 따르면, 쿠바 중부 상크티스피리투스 주에 위치한 트리니다드(Trinidad)의 면적은 1,155km^2, 인구는 73,466명(2004년 기준), 인구 밀도는 63.6명/km^2이다.

깨에 가방을 맨 채, 왼손에는 자기 짐을, 오른손에는 아이의 짐을 들
고 있었다. 아이의 짐이 점심 도시락인지, 신발주머니인지, 아니면 또
다른 무엇인지는 알 수 없으나, 아이는 연신 조잘대고 있었다. 엄마와
함께 걷는 게 즐거운 모양이다.

조금 더 가자 열차 역이 나왔다. 앙헬리스 계곡으로 가는 열차가 서
는 곳이다. 앙헬리스 계곡에는 과거 트리니다드가 사탕수수로 이름을
날릴 때 대지주가 경영하던 농장과 건축물이 남아 있는데 그 경관이

트리니다드의 역사(위 왼쪽)와 플랫폼(위 오른쪽). 역사 안의 요금표(아래 왼쪽)와 체 게바라 사진(아래 오른쪽).

빼어나다고 한다. 기차역은 버스정류장처럼 단순했다. 시멘트로 만든 플랫폼에 지붕을 씌워놓았다. 바로 맞은편에 대합실이 있었는데 그곳에도 역시 체 게바라의 사진이 걸려 있다.

처음 우리의 여행 계획에는 앙헬리스 계곡으로의 여행이 포함돼 있었지만 일정상 포기하기로 했다. 마침 쿠바 여행을 끝내고 돌아오니 EBS에서 쿠바여행기를 방송하고 있었다. 그중 트리니다드 편에서 앙헬리스 계곡으로 열차를 타고 가는 장면이 나왔다. 열차는 시속 30~40킬로미터의 느린 속도로 달려갔다. 비록 그곳에 가보지 못했지만 그 화면을 보는 순간 내 자신이 열차를 타고 앙헬리스 계곡으로 가고 있는 듯한 착각에 빠졌다.

쿠바의 무상교육은 어떻게 가능할까?

역을 지나 좌측으로 꺾어진 길을 따라서 계속 나아갔다. 트리니다드는 작은 도시여서 그렇게 계속 가다 보면 출발 지점으로 되돌아올 것이 분명했다. 우리들 앞에서 아이들이 무리를 지어 가고 있다. 월요일 아침 등교하는 모양이다. 이곳 학생들의 교복 색깔은 아바나와는 다르다. 바지와 치마는 짙은 붉은 색이고, 웃옷은 흰색이다. 반면, 아바나 학생들의 바지(치마)는 노란색이었다.

많은 학생들이 울타리도 제대로 쳐 있지 않은 학교 운동장으로 들어갔다. 학교 건물이 줄지어 서 있는데 상당히 규모가 커 보였다. 하지만 운동장 시설은 빈약해서, 농구대가 양쪽에 하나씩 서 있을 뿐 다른 것들은 보이지 않았다. 축구 골대도 없다. 담장은 여기저기 찢긴 철망으로 대충 경계를 지어놓았을 뿐이다. 교사^{校舍}는 낡고 허름해 보였다.

우리가 잘 알다시피 쿠바는 돈이 많은 나라가 아니다. 깨끗한 새 학교 건물을 지을 만한 자금이 없다. 쿠바는 혁명 후 주로 경찰서, 병영

등굣길의 아이들(왼쪽).
트리니다드의 학교 모습(오른쪽).

등의 건물들을 개조하여 학교 건물로 사용했다.[72] 아이들은 교과서를 물려가면서 쓰고 있는 형편이다. 그러나 이런 외형과 달리 쿠바는 세계 최고의 교육 선진국으로 이름나 있다. 쿠바 하면 가장 먼저 떠오르는 것이 무상교육이다. 무상교육은 쿠바혁명의 가장 중요한 이유이자 목적이기도 하다.

트리니다드 아침 산책길에 만난, 학교로 보이지만 정확히 알 수 없었던 한 건물. 쿠바는 혁명 후 경찰서, 군부대 등을 개조하여 학교로 활용한 경우가 많다.

요시다 다로가 쓴 『교육천국, 쿠바를 가다』에 의하면, 쿠바는 유치원에서 박사과정에 이르기까지 모든 교육이 무료로 이루어진다고 한다. 어떤 오지에도 학교가 있으며, 기숙사도 무료로 들어갈 수 있다. 따라서 쿠바에서는 능력과 적성, 열의만 맞으면 누구든 배울 수 있는 기회가 있다. 또한 성인교육과 평생교육 시스템도 충실하게 갖추고 있어서 전 국민들이 언제든지 교육을 받을 수 있다. 1990년대 사회주의체제의 붕괴로 쿠바가 심각한 경제 위기 상황을 맞았을 때에도 쿠바 정부는 교육을 절대 포기하지 않았다.[73]

쿠바는 충실한 교육제도뿐만 아니라 사회적인 가치를 반영하는 교육 내용도 확보하고 있다. 초등학교 때부터 노동의 중요성을 강조하는 농업교육과 지구환경의 중요성에 대해서 배우고, 고등학교에서는 생태주의·유기농업·환경보호 등에 대해서 배운다. 나아가 학습한 내용은 직접 체험하게 하여 학습과 노동을 연계하는 살아 있는 교육을 실시하고 있다. 그런 과정을 통해 인간이 환경을 보존하고 살리는 법을

72) 피델 카스트로가 혁명 후, 쿠바의 병영을 개조해 학교로 만들겠다고 연설한 뒤, 옆에 있던 시엔푸에고스를 돌아보면서 "나 지금 잘 하고 있는 거지?"라고 물었더니, 시엔푸에고스가 "잘 하고 있어, 피델"하고 대답했다는 일화가 있다. 아바나 혁명 광장 앞 건물 벽의 철근으로 만든 시엔푸에고스의 초상 밑에 있는 그 대답이다.
73) 요시다 다로 지음 / 위정훈 옮김, 『교육천국, 쿠바를 가다』(파피에, 2012) 참고.

트리니다드 아침 산책길에 광장에서 만난 학생들(왼쪽). 아빠가 아이를 자전거 차에 싣고 가고 있다. 부녀의 표정이 행복해 보인다 (오른쪽).

배운다.

호세 마르티는 "인간은 교양을 갖춰야만 비로소 자유로워진다"고 했다. 이 말은 쿠바혁명, 쿠바 교육의 출발점이 되었다. 쿠바의 교육은 인간의 삶을 행복하고 풍성하게 만들기 위한 것이다. 자기 삶을 충실하게 하기 위한 것을 교육의 목표로 삼는다. 인간이 해방되기 위한 것, 그것이 쿠바 교육의 목표인 셈이다.

이런 교육 목표는, 경쟁 위주의 교육체계에 익숙한 한국에서는 꿈도 꿀 수 없는 이야기다. 중·고등학생의 학력평가에서 늘 세계 1~3위권을 맴도는 한국이지만, 인간 해방, 참다운 인생 목표의 추구와는 전혀 거리가 먼 교육을 하고 있다. 환경과 자연을 살리고 인간 사이의 소통과 공동체의 가치를 높이는 교육과도 거리가 멀다. 오히려 소통 부재, 개인주의, 환경 파괴를 부추기는 개발주의가 판을 친다. 오로지 남을 밟고 올라서기 위한 경쟁에만 익숙한 교육 풍토 아래에서 우리가 쿠바의 교육을 이해하기란 힘든 일이 아닐 수 없다.

우리가 쿠바 교육에서 배울 것은?

쿠바는 혁명 이후 연간 국가예산의 23%, GDP의 10~11%를 교육에 투자해왔다. 세계 어떤 나라보다도 압도적으로 높은 수치다. 이와 가장 가까운 나라가 핀란드인데 GDP의 6%에 불과하다고 한다. 그렇게 교육에 높은 투자를 한 결과 쿠바의 문맹률은 제로에 가깝다. 학생들의 학업성취도도 최상위권이다. 1997년 라틴아메리카 13개국을 대상으로 실시한 통일학력평가에서 최고를 기록했다. 또한 일반적으로 대부분의 나라에서 도시와 농촌, 공립학교와 사립학교의 학력 격차가 크지만, 쿠바에서는 전혀 그런 현상이 나타나지 않는다.[74]

오바마 대통령이 미국 공교육의 문제점을 거론하면서 모범적인 교육국으로 한국을 여러 번 거론한 바 있다. 2005년 유네스코에서도 교육 모델국으로 핀란드, 한국, 캐나다 그리고 쿠바를 선정한 바 있다. 이런 점을 감안할 때 한국의 교육이 높은 성취도를 보이고 있음은 분명하다. 한국 학생들의 학력 또한 세계 최상위권에 들어 있다.

하지만 지금 우리나라의 교육제도가 잘 돼 있다고 생각하는 한국인은 그다지 많지 않다. 철저히 서열화된 대학과 비싼 학비, 대학을 가기 위한 살인적인 입시 경쟁, 점차 붕괴되어가는 공교육체계, 부자들이 힘을 발휘할 수 있는 사교육과 과외의 만연 등 한국 교육의 심각한 문제들이 지적되고 있다.

그러나 쿠바의 교육은 돈으로 모든 것을 해결해야 하는 한국의 교육과는 너무나 큰 차이가 있다. 쿠바는 잘사는 나라가 아니지만 교육 강국, 교육 선진국이 되었다. 그런 힘은 어디서 나온 것일까? 한국에서 성적만을 강조하는 일부 교육자들은 수월성秀越性, Excellence[75] 교육이니,

---

74) 요시다 다로, 위의 책, 24~32쪽
75) '수월성(秀越性)'은 영어로는 'excellence'로 번역되며, 교육계에서는 교육의 질적 향상과 비슷

경쟁력 강화니 하면서 중학교 무시험제도를 없애지 못해 안달을 한다. 그러나 훌륭한 교육은 그런 곳에서 나오지 않는다는 것을 쿠바에서 확인할 수 있다.

경제적 풍요가 교육 평등도 해결하지 못한다면 무슨 소용이란 말인가? 세계 10위권의 경제대국이면 뭐 하겠는가? 무상교육도 아닌 무료 급식 가지고 그렇게도 호들갑을 떠는 이 나라가 정말이지 부끄럽다. 가진 자들의 탐욕이 끝이 없는 이 나라가 개탄스럽다. 그들은 오직 대를 이어 부와 기득권을 유지하기 위해 난리를 치고, 교육을 망가뜨리고 있다. 그들은 부끄러운 것을 부끄러워할 줄 모르는 후안무치를 자신들의 주특기로 자랑한다. 경제적으로는 가난하지만 교육에서는 최고의 선진국인 쿠바에서 한국이 배워야 할 것은 무엇일까? 우리가 한국 교육에서 진정으로 고민해봐야 할 것은 무엇일까?

아침 트리니다드 거리

학교를 지나 도시 중심가로 들어갔다. 관청으로 보이는 건물이 나타났다. 잘 단장된 새 건물도 보인다. 산타안나광장 공원에 학생들이 모여 떠들고 있다. 수백 명은 족히 될 것 같다. 무슨 행사 때문인지 아니면 우리의 체험학습 같은 것을 위해 모인 것인지 알 수 없지만, 어린 학생들은 생기발랄했다. 무슨 할 얘기가 그렇게도 많은지 서로 모여 앉아 조잘대고 있다. 한편에서는 장난을 치며 노는 아이들, 일기인지 그림인지를 그리고 있는 아이도 보였다.

한 의미로 써 왔다. 하지만 우리나라에서 말하는 수월성 교육은 엘리트 교육과 일맥상통한다. 한국 교육부에서 발표한 '창의적 인재 양성을 위한 수월성 교육 종합대책'은 우수한 인재를 발굴·육성해 국가 경쟁력을 향상시키는 것을 목적으로 하고 개별화 맞춤식 교육을 지향하고 있다.(〈한겨레〉, 2005.1.2)

우리나라 아이들이라고 저들과 다르지 않을 것이다. 하지만 한국의 아이들은 웃음을 잃어버린 지 오래됐다. 서열화된 대학과 좋은 대학에 가기 위한 지옥 입시에 찌들다 보니 그렇게 됐다. 쿠바의 아이들을 보자니, 고 1인 막내아들이 생각나서 마음이 울적해진다.

한쪽 벤치에서 노트를 꺼내놓고 공부를 하는 아이도 보였다. 쿠바는 본인이 원하면 대학은 물론이고 박사까지 모두 무상으로 교육받을 수 있다. 하지만 이들도 원하는 곳에 진학하기 위해서는 공부를 열심히 해야 한다. '열심히, 성실히, 최선을 다해'는 어느 곳에서나 존중받는 슬로건이며 인간에게 요구되는

산타안나 공원에 모여 있는 아이들. 생기발랄하고 천진한 모습이 보는 사람을 절로 즐겁게 한다(위). 공원 한쪽에서 노트를 들여다보고 있는 아이. 사뭇 진지해 보이는 표정이 사랑스럽다(아래).

가장 중요한 덕목의 하나다. 그렇게 하고 싶지 않으면 하지 않아도 된다. 그에 상응하는 대우를 받으며 살면 그만이니까. 세상살이란 결코 호락호락하지가 않다. 특히 경쟁을 신의 주문처럼 떠받드는 자본주의 사회에서는.

쿠바의 학생 선발 절차는 엄격한 기준에 따라 공정하게 이뤄진다고 알려져 있다. 입시 부정은 생각도 할 수 없다고 한다. 피델 카스트로 의장의 아들도 아바나 대학 입학시험에서 떨어진 적이 있고, 유력한

트리니다드 시의회 건물(왼쪽)과 거기에서 나온 일군의 사람들.

차세대 지도자이며 라울 카스트로에 이어 권력 서열 2위인 국가평의회 부의장 카를로스 라헤^{Carlos Lage}의 딸도 아바나의 명문고 레닌고교 입시에 떨어졌다고 한다.

광장공원 왼편에 'Official Zona'라고 쓰여 있는 건물에서 막 회의를 끝내고 나오는 듯한 일군의 사람들이 보였다. 모두들 수첩을 하나씩 끼고 있다. 저건 무슨 건물일까? 시 청사일까? 아니면 공산당사? 공공청사인 것은 분명하지만 언뜻 보아서는 알 길이 없다. 그런데 우리가 찍은 사진을 살펴보니 건물 정면에 'ASAMBLEA MUNICIPAL'이라고 돼 있다. '시의회(시인민위원회)'라는 이야기다. 트리니다드 시인민위원회 위원(의원)들이 회의를 마치고 나온 것일까?

우리는 그 건물 입구로 다가가 안을 쳐다보고 사진을 찍었다. 젊은 수위가 우리를 쳐다보면서도 전혀 제지를 하지 않는다. 우리가 짧은 영어로 "City Hall?"이냐고 물었더니 "노"라고 답한다. 의사소통이 제대로 안 된 모양이다. 안을 보니 라울 카스트로의 초상이 걸려 있고, 그 맞은편 벽에는 피델 카스트로의 초상화도 걸려 있다.

우리가 주변을 기웃거리며 사진을 찍고 있자, 젊은 수위가 어디서

왔냐고 묻는다. "꼬레아"라고 대답
하니 "아, 꼬레아!"라고 응수할 뿐,
그 이상의 대화는 진행되지 않았다.

다시 거리를 걸었다. 병원이 나타
났다. 병원은 모두 24시간 근무라고
표기돼 있다. 이곳 의사들은 힘들겠
다. 보수도 적은데 일주일에 한 번
은 밤샘 근무를 해야 한다. 그런 이
야기는 후에 현직 의사인 산타클라
라의 까사 여주인에게서 들었다. 지

병원 건물. '24시간'이란 표
시가 선명하다.

금까지는 의사들이 이런 체제에 순응하고 있지만 자본주의가 확대되
면 계속 그렇게 갈 수 있을까? 개방 후 쿠바의 고민 가운데 하나일 것
이다.

빵가게, 식료품점, 커피점 등이 보였다. 물건을 사기 위해 줄서서
기다리는 사람들이 곳곳에 있었다. 역시 아침 산책을 하길 잘했다 싶
다. 사람들이 사는 생생한 모습을 볼 수 있기 때문이다. 도중에 빵을

자전거에 빵을 싣고 다니면
서 팔고 있는 아저씨.

315

자전거에 싣고 다니면서 파는 사람도 만났다. 그를 보자, 초등학교 시절 자전거로 팥빵을 배달하던 아저씨가 생각났다. 아이들은 힘겹게 언덕길을 올라가는 자전거를 뒤에서 밀어주면서 때로는 빵을 한두 개씩 훔쳐 먹기도 했었다. 마치 타임머신을 타고 온 것처럼, 나는 쿠바에서 나의 어린 시절을 수차례 만날 수 있었다.

세월호 리본을 만나다

우리는 쿠바의 유명한 아이스크림 가게 앞에서 발길을 멈추었다. '코펠리아'다. 그렇게 교수님이 먹어보고 싶어 했던 그 아이스크림이다. 아무래도 먼저 맛을 보는 것은 우리일 모양이다. 우리는 가게 안으로 들어가 아이스크림을 각각 하나씩 시켰다. 상당히 큰 유리컵에 아이스크림을 담고 그 위에 과자 종류를 데코레이션으로 올려놓았다. 달달한 아이스크림은 환상적인 맛은 아니었지만 입맛을 잃어버린 우리에게는 좋은 에너지원이 되어주었다.

아이스크림 가게 '코펠리아'.

가게에는 젊은 아가씨 한 명과 남성 한 명이 있었다. 메뉴판에 크리스탈 맥주가 적혀 있어 맥주가 되냐고 물었더니 안 된단다. 아직 시간이 안 됐다는 뜻인 것 같은데 정확히는 모르겠다. 멕시코도 쿠바도 모두 9시가 지나야 술을 파는 듯했다.

어제 처음 왔을 때 찾아갔던 비아술 터미널까지 갔다. 결국 우리는 이 작은 도시의 중요 지점을 거의 다 돌았던 것이다. 최소한 절반 이상은 구경을 한 셈이다.

한 곳을 지나는데 건물 안 책장에 책이 가득 꽂혀 있다. 간판을 보니 도서관이다. 나이 든 여성 두 분이 카운터에 앉아 인자한 표정을 짓고 있었다. 우리나라와는 좀 다른 광경이다. 쿠바에서는 나이 든 여성들이 공공기관에서 일하고 있는 모습을 자주 볼 수 있었다. 저분들은 직원일까, 아니면 자원봉사자들일까? 궁금증이 일었지만 의사소통이 제대로 안 되니 물어보기도 그렇다. 이 대표가 인사를 건네고 사진을 찍어도 되겠느냐고 물었더니 좋다고 한다.

숙소로 돌아오니 두 분이 기다리고 계신다. 그사이 두 분도 도시를 한 바퀴 돌았던 모양이다. 우리를 찾았으나 그러지 못하고, 대신 비아술 터미널에서 산티아고 데 쿠바로 3박4일 일정을 떠나는 한국인 여행객을 만났다고 한다. 그 말을 들으니, 우리가 포기하길 잘했다는 생각이 들었다. 산티아고는 최소 3박4일은 잡아야 갔다 올 수 있다는 이야기다.

그런데 원장님이 비아술 버스 차창에 노란 리본이 달린 광경을 발견

트리니다드의 도서관. 사서인 듯한 두 여성의 표정이 인자해 보인다(왼쪽). 쿠바 트리니다드 터미널의 비아술 버스에 붙어 있던 노란 리본의 정체는?

317

하고 사진을 찍었다. 우리나라에서 세월호 사건이 터졌을 때 등장한 그 리본이다. 그 리본은 무엇이었을까? 혹시 세월호를 상징하는 리본일까? 아니면 또 다른 희생자를 추모하거나 누군가를 기다리는 의미를 지닌 것일까?[76] 누가 붙여놓았을까? 한국인 여행객일까, 아니면 세월호 투쟁에 대해 연대의식을 가진 쿠바인이나 어느 외국인 여행객이 한 것일까? 새삼 세상이 좁고 세계가 하나로 연결돼 있음을 느낀다.

올드카를 타고 라보카 해변으로

아침을 간단히 먹고 떠날 준비를 마쳤는데, 택시가 안 온다. 베란다에서 밖을 내다보니 집 앞에 승용차가 한 대 서 있다. 설마, 저 차는 아니겠지? 엄청나게 낡은 차였다. 다른 사람들도 모두 "설마" 한다. 그때 릴리 여사가 위층으로 올라왔다. "택시는 어떻게 되었느냐?"고 묻자, "지금 집 앞에 대기 중"이라고 답한다. 저 차냐고 물었더니 그렇다고 한다. 그녀는 아무렇지도 않게 답했지만, 우리는 모두 놀라움과 경이감으로 그녀를 쳐다보았다.

차가 굴러갈까 싶었다. 우리는 의혹에 찬 눈길로 저 차가 제대로 굴

---

76) 노란 리본은 일반적으로 '다시 돌아오기만을 기다린다'는 의미를 지닌 것으로 알려져 있다. 그 것은 2차 세계대전 당시 미국에서 전쟁터에 나간 병사나 인질, 포로로 잡혀간 사람들의 조속한 무사귀환을 바라며 노란 리본을 나무에 매달았던 것에서 유래됐다고 한다. 한편, 가수 토니 올랜도가 부른 히트곡 'Tie a yellow ribbon round the old oak tree(늙은 떡갈나무에 노란 리본을 달아 주세요)'를 모티브로 만들어진 것으로 알려지기도 한다. 또 오랫동안 감옥살이를 하고 고향에 돌아가게 된 한 남자가 출소하기 전 자신의 부인에게 아직도 자신을 사랑하고 있다면 마을 언덕 위에 있는 참나무에 노란 리본을 달아달라는 편지를 썼는데, 과연 마을 언덕 위에 있는 수백 그루의 참나무에 노란 리본(노란 손수건)이 달려 있었다는 내용의 소설(실화라는 이야기도 있음)도 있다. 이라크 전쟁 때 무사 귀환하는 병사들의 집 앞 나무에 노란 리본을 달아놓았다는 뉴스도 보도되었다. 이런 이야기는 영화로도 만들어지기도 했다. 노란 리본은 결국 '사랑하는 사람의 무사귀환'을 의미한다. 이런 의미를 지니는 노란 리본이 한국의 세월호 사건 외에도 다른 곳에서 최근 상징 표지도 등장했는지 알지 못하는 나로서는 쿠바의 그 리본의 정체가 몹시 궁금했다.

러가며 짐은 실을 수 있느냐 물었다. "노
프라블럼" "전혀 문제없음"이라는 대답이
연속해서 돌아온다. 우리는 주저하다가 차
를 타겠다는 의사를 표시했다. 그러자 기
사가 짐을 싣기 위해 뒤 트렁크의 자물쇠
를 열었다. 하지만 트렁크가 좁아서 캐리
어를 세 개밖에 싣지 못했다. 그중 작은 캐
리어 하나는 앞좌석의 운전석과 조수석 사

우리를 라보카 해변으로 실
어다 준 올드카의 겉모습.

이에 놓았다. 나는 결국 그 짐을 무릎 위에 놓은 채 목적지까지 가야
했다. 메고 다니는 가방은 각자의 무릎 위에, 내 가방은 두 발 사이에
놓았다.

나는 출발하면서 택시기사에게 "슬로우리!"라고 말했다. 그러자 기
사가 유쾌하게 "슬로우리!"라고 대꾸한다. 차는 크링크렁 소리를 내며
천천히 굴러갔다. 속도는 고작해야 시속 30~40킬로미터. 차가 달리
는 동안 기사가 우리의 궁금증을 해소시켜주기라도 하려는 듯 먼저 설
명을 시작했다.

"이 차는 1939년 산 폭스바겐으로 쿠바에서 가장 오래된 차로서 단
한 대뿐이다. 최고 시속 100킬로미터까지도 가능하다. 나는 할아버
지, 아버지에 이어 3대째 물려받았으며, 1995년[77]부터 이 차의 주인
으로 운전을 하고 있다."

우리가 개인 차냐고 물었더니, 이 차는 '국가와 상관없는 완전 개인
소유'라고 말한다. 1939년산이라는 말에 우리는 놀라면서도 함께 배
를 잡고 웃었다. 세상에 그렇게 나이를 많이 먹은 차라니. 교수님보다
도 더 나이가 많다. 다행히 차는 목적지까지 가는 동안 한 번도 멈추거

---

77) 연도가 정확하지 않다. 그때 들은 내용을 적은 메모장에는 1975년으로 돼 있지만, 기사의 나이
를 고려할 때 맞지 않는다. 대충 1995년 정도면 어느 정도 나이와 어울린다.

올드카의 트렁크(왼쪽)와
내부(오른쪽).

나 말썽을 부리지 않았다.

1939년에 생산된 차라고 했지만 사실 우리는 긴가민가했다. 76년
이나 됐다는 이야긴데 그렇게 오랫동안 차가 견딜 수 있는지 의문스러
웠던 것이다. 실제로 39년산인지 확인할 방법은 없었지만 대단히 오
래된 차인 것만은 분명했다. 차문, 유리창, 차체, 좌석 등 멀쩡한 게
하나도 없었다. 엔진에서도 계속 크렁크렁하는 소리가 났고, 트렁크
도 자물쇠로 채워야 닫혔다.

우리는 전날 10꾹에 택시를 예약했다. 앙꼰까지 가는 걸 염두에 두
고 그렇게 계산한 것인데, 실제 도착지는 달랐다. 앙꼰은 14킬로미터
거리지만 라보카는 5킬로미터에 불과하다. 그러니까 택시비를 배나
더 준 셈이었다. 하지만 우리는 그냥 올드카 주행 체험이라 생각하기
로 했다. 쿠바에 외국 자본이 본격적으로 들어오고 경제발전이 이뤄지
면 이런 차는 구경하기도 힘들 것이다.

올드카는 해변을 향해 느릿느릿 굴러갔다. 아침에 봤던 그 이정표
를 지나서 남쪽 방향을 향해 나아갔다. 길 좌우로 망고 과수농장이 나
오고 육우목장도 보인다. 그림이 그럴듯했다. 쿠바가 본격적으로 개

방을 하게 되면 아마 여행지로뿐만 아니라 영화나 광고 촬영지로도 많이 이용될 것 같다는 느낌을 받았다. 절경이라고 할 만한 곳이 얼마나 있는지는 모르겠지만 가는 곳마다 경치가 볼 만했다.

라보카 숙소 앞 올드카와 기사.

30분쯤 지나 해변에 도착했다. 그런데 도착한 곳은 우리가 생각한 그런 곳이 아니었다. 휴양지라기보다는 작은 어촌 마을 같았다. 앙꼰 해변인 줄 알았는데, 라보카 해변이라는 간판이 보였다. 갑자기 속았다는 생각이 들었다. 우리는 기사에게 어필을 했지만 기사는 릴리에게 라보카 해변으로 가라는 이야기를 들었을 뿐이라고 말한다.

그런데 릴리 여사가 한 이야기를 다시 상기해보니, 그녀가 거짓말을 한 것은 아니었다. 그녀는 자기 친구가 해변에서 까사를 운영하고 있는데 소개해주겠다고 했던 것이다. 또 그녀는 앙꼰에는 호텔이 세 개 있는데 엄청 비싸고 휴양지여서 복잡하다면서, 친구가 있는 해변이 조용하고 지낼 만하다고 했었다. 어쨌거나 기분이 찝찝했지만 우리가 꼼꼼히 확인하지 못해 일어난 일이니 달리 방법이 없었다.

라보카 해변의 물놀이

결국 우리는 여기서 지내기로 결정했다. 차는 마을의 한 까사 앞에 도착했다. 우리가 묵을 집이었다. 방을 보았더니, 지금까지 우리가 지낸 곳 중 가장 깨끗했다. 침대는 낡았지만 최근에 손질을 한 듯 집은

우리가 묵은 숙소의 겉모습
과 내부.

깨끗했고 잘 정리돼 있었다.

짐을 들여놓고 막 정리를 하고 있는데 릴리 아줌마가 찾아왔다. 일이 제대로 진행되고 있는지 확인차 온 듯했다. 이 대표는 릴리에 대해 "개방이 가속화되면 마이클처럼 아마도 자본가로 성장할 수 있는 인물이 될 것"이라고 평가했다. 그 두 사람은 인맥, 사업수완 등에서 발군의 실력을 보이고 있었다.

하지만 조만간 릴리 아줌마에 대한 인상을 결정적으로 망쳐놓은 일이 발생하게 된다. 일단 우리는 릴리에게 왜 여기를 소개했냐고 물었다. 그랬더니 그녀는 "앙꼰에는 호텔밖에 없고 비용이 너무 비싸다. 이곳도 바다가 볼 만하다"고 말했다. 우리는 대답했다. "OK, 알겠다. 여기서 지내도록 하겠다."

초로의 주인 내외는 매우 순박하고 착한 인상이었다. 아저씨는 백인으로 유머 감각이 있고 쾌활했다. 아주머니는 뮬레토였는데 인상이 무척 선해 보였다. 전형적인 쿠바인으로 보이는 그녀는 얼굴에 약간 그늘이 져서 건강이 안 좋은가 했는데, 이야기를 할 때는 얼굴이 한결 밝아졌다. 아마도 낯선 이방인을 보고 조금 긴장한 탓에 그랬는지도 모르겠다.

우리는 돗자리를 들고 해변으로 갔다. 드디어 내가 한국에서부터 가져온 돗자리가 빛을 발할 시간이 되었다. 열대나무 그늘 아래 자리를 깔고 짐을 내려놓은 뒤 물로 직행했다. 교수님은 옷과 짐을 지키고, 셋은 바다에 뛰어들었다.

외국인은 별로 보이지 않았다. 아마도 이 해변은 쿠바인들이 주로 오

라보카 해수욕장 모습.

는 곳인 듯했다. 관광버스가 한 대 해변에 서 있었는데, 쿠바인 관광객들을 싣고 온 차인 것 같았다. 그들은 날이 저물기 전에 그 차를 타고 떠났다. 동네 아저씨들이 간이음식점에서 맥주와 모히또를 마시고 있었다.

해변 그늘 아래 자리를 잡기 전 간이음식점에서 일인용 피자를 시켜먹었다. 세 개를 시켜 한 개 반은 내가 먹고 세 분이 나머지를 나누어

먹었다. 원장님은 여전히 식사를 못 했고 이 대표도 잘 먹지 못했지만, 나는 점차 회복되는 중이었다. 교수님은 컨디션이 좋은 편이었는데, 계속 원장님 걱정을 하셨다.

피자는 양념이 너무 짰다. 아마도 열대지방이어서 음식을 짜게 먹는 모양이었다. 땀을 많이 흘리니 소금 섭취는 필수고, 또한 더운 날씨에 음식이 상하지 않게 하기 위해서도 짤 필요가 있을 것

라보카 해변에서 맛본 피자.

고요한 밤바다에 낚싯배들이 뿜어내는 불빛만 너울대고 있다.

이다. 피자는 쟁반도 없이 누런 비료종이에 받쳐서 주었다. 주위의 다른 손님들은 반으로 접어 베어 먹었지만, 우리는 포크를 달라고 해서 잘라 먹었다.

컨디션이 좋지 않은 이 대표는 계속 그늘에서 잠을 잤고, 그래서 원장님과 나만 물놀이를 했다. 바닷물은 그리 깨끗하지 않아도 그럭저럭 놀 만했고, 모래사장은 규모는 작았지만 사람이 많지 않아 불편하지 않았다.

오후 3시경, 예정보다 이른 시간에 숙소로 돌아왔다. 내가 우리 짐 가운데 음식물을 냉장고에 넣어놓지 않은 걸 떠올리고 집에 갔다 오겠다니까, 모두들 그냥 집에 가서 쉬자고 한 것이다.

우리는 낮잠을 자고 저녁에 일어나 식사를 마친 후, 다시 돗자리를 들고 해변으로 갔다. 가까운 앞바다에서 고기잡이하는 배들의 불빛이 보였다. 전등을 켜놓고 밤새도록 낚시질을 하는 배들이다. 『노인과 바다』의 광경이 눈앞에서 펼쳐지고 있는 중이었다.

낮에 바다에서 놀고 있을 때 한 사람이 내게 다가와 생선을 사라고 했던 기억이 떠올랐다. 5꾹(한화 6,250원)을 달라고 했으나 저녁이 이미 예약돼 있어 오늘은 안 된다고 했더니 4꾹(5,000원)을 불렀다. 내일 오라고 거절했는데, 그 정도면 우리나라에서는 상당한 가격, 아마 최소한 10만 원 이상은 주어야 할 듯한 큰 다랑어 종류였다. 우리는 내일 아침 저 사람들이 낚시질해 온 생선을 사서 튀겨 먹자고 했다.

하늘을 올려다보았다. 북두칠성이 희미한데, 북극성은 아주 크고 밝게 빛나고 있었다. 마치 한국에서 새벽녘에 보는 금성처럼, 아니 그보다 훨씬 밝고 아주 가까이 보였다. 과연 저 자리가 북극성이 맞나 생각했는데, 다른 분들과 함께 확인해보니 북극성이 확실했다. 바닷가 모기는 극성을 부리고 바람도 불지 않아 후텁지근했다. 더 있다가는 모기 때문에 살이 퉁퉁 부을 듯했다. 더 이상 견디지 못하고, 우리는 숙소로 돌아왔다.

17

카리브해 앙꼰 해변의 물놀이와 석양 구경

라보카에서 본 일출

6월 23일 화요일 새벽 6시 눈을 떴다. 닭울음소리와 새소리가 새벽을 연다. 화장실 거울을 보니 얼굴이 새까맣게 탔다. 그동안 이리저리 잘 건사해왔는데, 어제 바다에서 노는 통에 그렇게 타버린 모양이다.

이 대표를 깨운다. 그는 피곤해 보였지만, 일어나 어촌의 아침 구경에 동참했다. 6시 20분경 밖으로 나오니, 아직 일출 전이다. 주인아저씨도 벌써 일어나 밖으로 나왔다. 서로 반갑게 "올라!"라고 인사한다.

해 뜨는 걸 구경하고 싶다고 손짓과 몸짓으로 이야기하자, 주인아저씨는 금방 알아듣고 해 뜨는 방향을 가르쳐주었다. 동네 뒤쪽으로 가면 낮은 언덕이 있다. 우리가 어제 왔던 트리니다드 방향이다. 우리는 아저씨가 가리킨 방향으로 10여 분가량 천천히 걸었다. 사람들이 출근 차량을 기다리고 있다. 이곳도 쿠바의 여느 곳과 다를 바 없이 일반버스, 트럭버스, 승용차, 트랙터버스, 마차 등등 다양한 교통수단이 이용되고 있었다.

일출을 앞두고 붉은 기운이 서서히 드러나기 시작했지만, 나무와 집들에 가려 해가 솟아오르는 지점이 제대로 보이지 않았다. 다시 5분쯤 더 걸었다. 도로에서 옆 샛길로 빠져나오자 일출 지점이 제대로 보인

아침 출근길의 사람들.

다. 잠시 후 산 너머에서 해가 떠오르기 시작했다. 해는 순식간에 솟아올랐다.

6시 45분경 해가 산 위로 얼굴을 내밀었다. 해가 무척 크다. 쿠바는 적도에 가까운 북회귀선 근방에 위치해 있다. 그래서인지 이곳 태양은 한국의 그것보다 훨씬 크고 더 가까워 보인다. 거의 우리 머리 위에 있는 것 같은 느낌이다. 하지 무렵이면 북회귀선 상에서 태양이 바로 머리 위에 놓인다고 하는데, 생각해보니 지금이 바로 그때다.

이 대표와 나는 서로 조금 떨어진 곳에서 각기 해가 떠오르는 모습

리보카에서 본 일출 광경 (왼쪽)과 일출 직후의 주변 풍경(오른쪽).

을 카메라에 담았다. 한국에서도 새해 첫날 또는 지리산, 설악산 정상 등정 때 일출을 본 적이 있지만, 적도 가까운 쿠바에서 일출을 보는 감회는 또 다르다. 앞에서는 태양이 솟아오르고, 오른편으로 육우와 젖소목장이 넓게 펼쳐져 있다. 정류장에는 출근 차를 기다리는 시민들이 서 있다. 밝은 태양처럼 쿠바의 앞날도, 우리의 앞날도 활짝 펴져서 밝게 빛나기를 기대해본다.

일출을 구경한 다음 동네를 한 바퀴 돌았다. 작은 어촌 마을을 돌아보는 데는 별로 시간이 걸리지 않았다. 우리는 다시 라보카 해안을 따라 앙꼰 해변이 있는 동쪽 방향으로 한참 동안 걸었다. 아름다운 해안선이 눈앞에 펼쳐진다. 숲에 가려서 전체가 보이지는 않지만 저 멀리 해안이 그림처럼 눈에 들어온다.

아마도 걸어서 2시간이면 앙꼰 해변에 도달할 수 있을 것 같았다. 앙꼰은 10킬로미터가 채 안 되는 거리에 있다. "우리 둘이라도 걸어서 가보면 어떨까요?" 내가 그렇게 말했더니, 이 대표는 "어떻게 우리만 갈 수 있겠어?"라고 대답한다. 나도 말은 그렇게 했지만 어찌 둘만 갈 수 있으랴. 어쨌거나 앙꼰은 꼭 가보고 싶었다.

아침의 마을 풍경.

앙꼰 해변에서의 일몰 구경은 내가 쿠바에 오면서 품었던 희망 중 하나였다. 어느 여행 소개서에서 앙꼰의 일몰 광경이 일품이라고 하도 자랑을 했기 때문에 마치 로망처럼 내 마음에 자리를 잡았다. 걸어서라도 가고 싶은 마음이 굴뚝같았는데, 소망이 깊으면 이루어진다고 했던가. 그 바람은 실제로 이루어졌다.

라보카에서 만난 빵장수.

'노인'의 후예들이 잡은 생선

숙소 앞에 막 도착했을 때 산책길에 나선 교수님과 원장님의 뒷모습이 보였다. 두 분을 부르며 어디 가느냐고 물었더니, "어제 봤던 생선을 사러 가려고 한다"고 말씀하신다. 우리는 함께 선착장으로 향했다. 선착장은 해수욕장에서 오른편으로 돌아 약간 더 들어간 곳에 있었다.

선착장으로 가는 도중 바다에서 어로 작업을 끝내고 돌아오는 어선 두 척이 보였다. 고기는 많이 낚았을까? 선착장에 도착하니 먼저 와서 기다리는 사람들이 보였다. 열 명은 더 될 것 같은데, 다들 생선을 사러 온 사람들이었다. 낚싯배가 도착했다. 그런데 어부들은 느긋했다. 잡은 생선은 꺼내지도 않고 느릿느릿 짐만 챙긴다. 우리나라 같으면

아침 바다의 낚싯배.

라보카의 선착장(왼쪽)과 잡은 고기를 배에서 갖고 내리는 어부(오른쪽).

재빨리 고기부터 꺼내 처리한 다음 짐을 챙기든지 할 텐데 이곳 사람들은 좀 다르다.

원장님이 고기를 잡은 건지 못 잡은 건지 궁금해하자, 나는 잡았을 거라고 장담한다. 밤새도록 낚시질을 한 사람들인데, 설마 일당벌이도 못 했을까? 『노인과 바다』의 주인공은 여러 날 허탕만 치지만, 그건 소설의 극적 효과를 위해 설정한 배경일 따름이다.

아니나 다를까, 잠시 후 어부가 배에서 잡은 고기를 꺼내기 시작했다. "와!" 사람들 사이에서 가벼운 탄성이 터진다. 커도 보통 큰 것이 아니다. 1미터도 넘어 보이는, 꽁치처럼 입이 날카롭고 몸이 가늘고 길쭉한 생선이다. 저게 바로 『노인과 바다』에 나오는 바로 그 청새치 종류일지도 모르겠다는 생각이 들었다. 그런데 나중에 자료를 찾아보니 '꼬치삼치'라는 생선이었다.[78] 무게도 상당해서, 적어도 20킬로그램 이상은 나가지 않을까 싶었다. 다른 물고기도 많이 잡았다.

어부들은 사람들이 모여 있는 곳에 생선을 가져왔다. 큰 생선 가격

---

78) 현장에서 우리는 그 물고기가 다랑어 종류일 것이라고 생각했다. 하지만 글을 쓰면서 자료를 찾아본 결과 나는 '꼬치삼치'일 가능성이 높다고 판단했다. 입이 송곳처럼 아주 뾰족하고 긴 청새치와는 확실히 차이가 있다.

이 얼마나 되는지 궁금하다. 아무리 싸도 우리로서는 그걸 사서 다 먹을 재간이 없지만, 그래도 값이 얼마나 나갈지 궁금했다. 흥정이 시작되었다. 옆 사람에게 얼마를 요구하느냐고 물으니 25꾹을 불렀다고 한다. 우리 돈으로 32,000원 정도에 불과한 액수다. 잘은 모르겠으나 아마 한국에서라면 최소한 그 10배 이상은 나갈 것이다. 호기심 많은 원장님이 직접 나서서 흥정을 해보았다. 그랬더

라보카 해변에서 아침에 어부가 잡은 생선을 사다.

니 35꾹을 요구한다. '이거, 사람보고 가격을 부르는군.' 아마도 그 지역 사람과 달리 관광객에게는 더 높은 가격을 부르겠지 싶었다.

우리는 그놈 말고 다른 생선을 한 마리 샀다. 6꾹을 불렀는데 5꾹으로 깎았다. 어제 내게 흥정을 붙였을 때의 그 생선보다는 좀 작았지만, 그래도 어지간히 큰 놈이다. 어제 것은 다랑어 종류였는데, 이건 돔 비슷하게 생겼다. 그런데 비늘이 없다. 이곳 생선들은 다 비늘이 없는 것일까?

우리가 산 생선의 이름이 무엇인지는 지금도 정확히 확인할 수가 없다. 이 글을 쓰면서 인터넷을 뒤져봤지만 똑같이 생긴 놈은 아무리 찾아도 보이지 않는다. '무명갈전갱이'와 많이 닮았으나 입 모양이 좀 다르고, '만새기(암컷)'와도 비슷한 점이 있는데 등지느러미가 다르다.[79]

그놈을 들어보니 묵직하다. 몇 킬로그램은 족히 되지 않을까 싶다. 모두들 생선을 튀겨(또는 구워) 먹을 꿈에 부푼다. 숙소로 돌아오니 주인 내외가 "오우!" 하며 탄성을 지른다. 잘 안 통하는 말로 생선을 손

---

79) 농어목 전갱이과에 속하는 무명갈전갱이는 인도양과 태평양에 널리 살고 있는 열대어다. 만새기는 헤밍웨이의 『노인과 바다』에도 등장하며, 쿠바 주변 카리브해에서 잡히는 물고기다. '주둥치'라는 물고기와도 약간 닮았는데 머리 모양이 아니다.

질해 점심 때 튀겨 먹고 싶다고 했다. 우리는 뜻이 제대로 통한 것으로 알고 그냥 맡겨놓았다.

라보카에서 앙꼰 해변으로

아침 식사는 대충 했다. 생선을 사 가지고 오는 도중에 산 두 통의 아이스크림 중 한 통과 콜라 반 캔씩, 주인집에서 내온 에스프레소 한 잔씩, 바나나 하나씩 먹은 걸로 아침을 대신했다. 모두들 입맛이 없어서 식사 생각이 별로 안 났던 것이다.

우리가 산 아이스크림은 스위스에 본사를 두고 있는 글로벌 식품기업 네슬레 제품인데, 쿠바 토종의 코펠리아가 이와 경쟁하고 있다. 이미 코카콜라도 쿠바에 들어와 영업을 하고 있다. 여기에 맞선 쿠바의 콜라는 투 콜라$^{Tu\ Kola}$다. 우린 주로 투 콜라를 먹었지만 앞으로 코카콜라와 경쟁하기는 쉽지 않을 것이다.

주인아저씨가 우리에게 앙꼰 해변에 가겠느냐고 묻는다. 우리는 당연히 "좋다"고 했다. "무차스 그라시아스(정말 감사합니다)!" 택시 가격은 물어보지도 않았다. 잠시 뒤 젊은 아저씨가 차를 갖고 나타났다. 그런데 지금까지 본 차들과는 달리 상당히 새 차였다. 어디 제품인가 보았더니 'Geely 1.8'이라고 돼 있다. 듣도 보도 못 한 제품이다.

글을 쓰면서 인터넷을 찾아보니 '지리^{Geely}'라고 하는 중국제다. 롤스로이스를 베낀 것으로 유명세를 타고 있다고 한다. 중국 승용차가 이곳 소도시까지 진출한 것을 보니 중국 경제의 확장 속도를 실감할 수 있다. 하긴 아바나에서 본 신형 버스들도 거의 중국제였다. 중고 제품은 한국산을 비롯해 다양한 나라의 제품들이 중남미 시장을 통해 들어가지만 신형의 경우는 달랐다.

지금까지 쿠바의 제1교역국은 베네수엘라였다. 하지만 미국과의 관계 개선으로 해외 자본의 진출이 본격화하면 상황이 달라질 것이다. 이미 브라질, 캐나다, 에콰도르, 파나마 등이 쿠바와 깊은 경제 관계를 맺고 있고, 중국의 진출 속도가 눈부시기는 하지만, 여기에 미국이 가세하면 또 다른 판이 짜일 것이다. 아마 장기적으로는 중국과 미국이 쿠바 시장의 주도권을 두고 경쟁하는 구도가 되지 않을까 싶다.

우리를 태우고 간 중국산 지리 승용차와 기사.

한국도 삼성, LG, 현대중공업 등이 전자와 발전기, 원동기, 선박용 엔진, 자동차 등에서 높은 시장점유율을 기록하고 있고, 쿠바의 9대 교역국으로 자리 잡고 있다. 하지만 정식 국교 관계가 없는 탓에 간접 교역이 대부분이다.[80] 우리는 여행 동안 LG 에어컨을 자주 접할 수 있었고, 기아 승용차도 간간이 볼 수 있었다.

쿠바 사람들도 '꼬레아'에 대해서는 대체로 알고 있는 듯했다. 우리가 지나가면 멕시코에서처럼 먼저 "치노?"라며 아는 척했다. 가끔은 "곤니찌와"라고 말하는 사람도 있었다. 우리가 "꼬레아!"라고 말하면, "오 꼬레아!"라고 반응했다. 그리고 뒤이어 "노르떼norte? 수르sur?"라고 묻는다.[81] 우리가 "수르"라고 하면 "오, 수르" 하고 반응하는 것이 일반적이었다.

귀국해서 안 사실이었는데, 우리가 쿠바에 있는 동안 북한의 강석

---

80) 산업통산자원부, "미국의 대쿠바 경제제재 완화가 우리기업에게 미치는 영향"(2015.2.15)-(인터넷검색일:2015.8.22) 참고.
81) '노르떼(norte)는 북쪽, 즉 북한을 의미하고, 수르(sur)는 남쪽, 즉 남한을 의미한다. 이걸로 봐서 쿠바인들은 대체로 남과 북이 나누어져 있다는 걸 알고 있는 것으로 보인다. 아마도 쿠바와 북한과의 관계 때문이 아닐까 싶다. 또 최근에는 텔레비전, 냉장고, 에어컨 등 한국 전자제품에 대한 높은 인지도도 한몫을 하고 있지 않을까 싶다.

앙꼰 해변의 아름다운 모습.

주 노동당 국제비서가 이끄는 사절단이 쿠바를 방문했다고 한다. 미국은 쿠바와 수교하면서 북한과의 무기 거래 등을 중단할 것을 요구했다. 쿠바가 어떻게 대답했는지 알 수 없지만 쿠바와 북한은 아직은 돈독한 관계를 유지하고 있는 것으로 보인다. 하지만 국제관계에서 '영원'이란 없다. 그렇게 '혈맹관계'를 강조했던 북·중 관계도 크게 달라졌지 않은가.

승용차는 우리가 아침에 걸었던 그 방향을 따라 앙꼰을 향해 달렸다. 라보카에서 앙꼰까지는 대략 7~8킬로미터 정도 되는 거리다. 도로는 해변을 따라 쭉 이어졌다. 차 안에서 내다보는 바다는 절경이었다. 동해안 해안도로를 따라가는 기분이었는데, 동해안과는 달리 험한 산길이나 절벽이 없이 평지 도로가 계속 이어졌다.

10여 분쯤 달렸을까? 앙꼰 해변의 모래사장이 보이기 시작했다. 해변가 호텔도 모습을 드러냈다. 호텔 지대를 조금 지나 한 귀퉁이 주차장에 차가 섰다. 그곳에서 바닷가로 가는 샛길이 있다. 샛길로 들어서니 바로 모래사장이 나온다. 모래사장을 보는 순간 탄성이 절로 나왔다. 드디어 앙꼰 해변이다. 일몰이 그렇게 아름답다는 곳에 드디어 도착한 것이다.

야자나무 잎으로 지붕을 만들고 나무기둥을 세워 우산처럼 만들어놓은 그늘막이 해변을 따라 쭉 늘어서 있다. 그늘막 아래에는 비치의자가 놓여 있다. 우리는 호텔존과는 약간 떨어진 왼편에 자리를 잡았다. 이른 시간이어서 그런지, 아니면 비수기여서 그런지는 모르겠지

334

앙꼰 휴양지 호텔(왼쪽)과
위락 시설(오른쪽).

만 생각보다는 사람들이 많지 않았다.

우리는 짐을 내려놓고 바다로 뛰어들었다. 모래사장도 그렇고, 깨끗한 바닷물도 그렇고, 어제 우리가 놀던 라보카 해변과는 비교가 되지 않았다. 역시 앙꼰이다 싶었다. 교수님은 그늘막에 누워 휴식을 즐겼고, 우리는 수영도 하고 해변도 거닐었다. 그 순간만큼은 자유로웠고 평화로웠다.

카리브해에서 스노클링을 즐기다

우리가 자리를 잡은 바로 앞에 배가 한 척 떠 있었다. 스쿠버다이빙을 위해 바다로 나가는 사람들을 실어 갈 배다. 한참 동안 수영을 하고 있는데 그 배가 바다를 향해 출발한다. 스쿠버다이빙 자격증도 있는, 그리고 물놀이를 아주 좋아하는 원장님이 그걸 보더니 흥분한다. 그리고 잠시 어딘가로 사라졌다가 나타났다.

원장님이 들떠서, 요트를 타고 바다로 나가 스노클링을 즐기는 데 1

스쿠버다이버를 싣고 갈 배가 바다에 떠 있다.

인당 10꾹(12,500원)이라고 말한다. 부지런하게도 그사이 그걸 알아보고 오셨다. 그리고 보니 해변 모래사장에 요트들이 즐비하다. 모두 스노클링을 위한 것들이다. 한국에서는 요트 한 번 띄우는 데 최소 50만 원 이상은 들어야 한다는데……. 우리는 가기로 결정했다.

교수님은 자신은 빼고 우리만 갔다 오라고 말씀하신다. 우리는 각각 물갈퀴, 물안경, 구명조끼를 수령했다. 그러고는 바람만으로 가는 요트를 타고 바다로 나갔다. 동력도 없는 요트를 타고 카리브해로 나가다니, 난생처음의 경험에 온몸이 흥분과 긴장으로 짜릿했다. 요트에는 캐나다 퀘벡에서 온 20대의 젊은 여성과 네덜란드에서 온 역시 비슷한 또래의 청년, 요트를 조정하며 우리들을 돌보아줄 승무원, 그리고 우리 셋 해서 모두 여섯 명이 탔다.

산골에서 자라 바다와는 거리가 멀었던 나는 부산과 남해안, 동해안, 서해안의 해수욕장 바닷물에 몇 번 몸을 담가본 적은 있지만, 이렇게 바다 한가운데로 나가보기는 처음이었다. 그러니 어찌 흥분하지 않을 수 있으랴. 바다 멀리 나가 그곳에서 해변을 바라볼 수 있다는 것도 신나는 일이었다.

요트는 바다를 향해 거침없이 나아갔다. 순전히 바람에 의존하기

스노클링을 위해 사람들을 싣고 바다로 나가는 요트(왼쪽)와 해안에 대기 중인 요트(오른쪽).

때문에 아주 빠를 수는 없지만, 그래도 생각보다는 훨씬 빠른 속도였다. 시원하고 상쾌한 바람이 내 볼을, 그리고 온몸을 어루만지며 지나간다. 한 2, 30분쯤 나아갔을까? 요트를 묶어둘 부표가 보였다. 그곳에 끈으로 연결시켜 요트를 정박한 다음, 우리는 바다로 풍덩 뛰어들었다.

나는 생전 처음 해보는 일이라 구명조끼를 입은 채 바다로 들어갔다. 파도 때문에 쉽지는 않았지만, 원장님을 따라 다니며 바닷속 구경을 했다. 스노클링은 입으로 숨을 쉬어야 하고, 수경에 물이 들어가면 벗어서 물을 빼내야 한다.

일렁이는 파도에 바닷물이 계속 입안으로 들어왔다. 구명조끼를 입은 상태라 깊이 들어가지는 못해도, 물 위에 떠서라도 바닷속을 볼 수 있다는 게 그저 신기할 따름이었다. 물고기들이 몰려오고, 나는 잡을 수 있을 것 같아 계속 손짓을 해보지만 그놈들은 유유히 내 손을 빠져나갔다.

안내요원은 요트에서 좀 더 멀리 떨어진 곳까지 헤엄쳐 가면 산호초도 보이고 경치가 더 좋다고 했지만, 나로서는 무리였다. 금방 물이 입속으로 들어왔기 때문이다. 대략 한 시간쯤 유영을 즐겼을까? 슬슬 체력이 딸려 요트 위로 올라갔다. 그리고 비슷한 시간에 모두들 요트로 돌아왔다.

원장님은 영락없이 물 만난 물개였다. 구명조끼도 없이 바닷속을 마음대로 들락날락했다. 우리는 그가 수영을 하도 잘하기에 전문 교습을 받았나 했더니 그건 아니란다. 어릴 적부터 한강에서 놀기를 좋아했는데, 타고나기를 물을 좋아해 '물개'라는 별명까지 얻었다고 한다.

이 대표는 바다에 잠깐 들어갔다가 나와서 요트 위에서 망중한을 즐긴다. 몸 상태가 안 좋아서일 것이다. 네덜란드에서 온 젊은 친구는 작은 수상용 카메라까지 챙겨 와서는 열심히 바닷속을 찍는다. 캐나다에서 온 젊은 여성은 덩치가 상당해서 수영을 잘할 수 있을까 싶었는데, 웬걸 바다가 자신의 무대라는 듯 마구 휘젓고 다녔다. 두 사람은 스노클링에 상당히 익숙해 보였다.

돌아오는 길, 파도를 따라 요트가 올라갔다 내려갔다 했다. 그 울렁거림이 나는 오히려 좋았다. 스릴감에 온몸이 짜릿했다. 상쾌한 카리브해의 바닷바람이 내 가슴을 뻥 뚫어주는 기분이다. 멀리서 해안을 바라보는 즐거움도 쏠쏠했다. 아, 쿠바에서 가장 즐거운 시간은 이렇게 흘러갔다.

교수님은 그동안 편안한 휴식을 즐기고 계셨나 보다. "천국처럼 세상에서 가장 편안한 곳"이라며 무척 좋아하신다. 오후도 "이곳에서 보냈으면 좋겠다"고 하신다. 원장님은 한술 더 떠 "내일 오전에도 이곳에 들렀다 가자"고 하신다. 우리는 다들 동의했지만 그렇게 되지는 않았다. 다른 사정 때문에 일정이 변경되었던 것이다.

우리의 왼편 약간 떨어진 외딴 곳에 원주민 가족으로 보이는 일행이 있었고, 그 주변에서 두 사람이 낚시질을 하고 있었다. 그 옆에는 또 다른 일행도 있다. 장년과 청년으로 보이는 두 사람이 소라껍질을 모

앙꼰 해변에서 만난 티코 승용차.

래 속에 넣어 연마하고 있었다. 내가 그 옆을 지나가는데 젊은 흑인 청년이 내게 뭐라고 말을 건다. 나는 "올라"라고 인사했지만, 그는 맞인사 없이 다시 뭐라고 말한다. 가만히 새겨듣자니 내 손에 들린 신발(간편 슈즈)과 자기 소라껍질을 바꾸자는 이야기 같다. 하지만 그럴 수는 없었다. 이 신발을 주면 나는 맨

338

발이 될 테니까. 그리고 그 소라껍질은 너무 커서 도저히 한국까지 가져갈 재간이 없었다. 나는 "노"라고 말하고는, 중얼거리는 그 친구를 뒤로하고 내처 걸었다.

양꼰의 일몰

호텔에서 카드를 사용할 수 있는지 확인해보았다. 카드가 된다면 그곳에서 점심도 하고 좀 쉬어 갈 생각이었다. 하지만 답변은 "안 된다"였다. 현금만 받으며, 식사는 호텔 투숙객만 할 수 있다고 한다. 어쩔 수 없이 숙소로 돌아가 점심을 해결한 뒤 다시 이곳으로 와야 할 것 같았다.

해변에서 물놀이를 하고 있자니, 운전기사가 우리를 데리러 오기로 한 오후 1시가 되었다. 우리는 물에 젖은 상태로 택시에 올라탔다. 미안해하는 우리를 보고 기사는 "노 프라블럼"이라고 말한다.

점심으로 생선 요리를 기대했는데, 돼 있지 않았다. 집주인은 우리가 저녁에 생선을 먹겠다고 한 줄 알았던 모양이다. 결국 영어를 좀 하는 이웃집 할머니까지 동원한 끝에 가까스로 우리의 뜻을 전했다.

생선은 이미 손질해놓았고, 튀기기만 하면 되는 상황이었다. 주인 부부와 젊은 여성(가까이 사는 딸인지 아니면 이웃인지 정확히 모르겠지만)이 생선을 튀기고 오이를 썰고 야채와 밥을 준비했다. 곧 밥상이 차려졌다. 그러나 원장님도 그렇고, 원래 생선을 좋아하는 이 대표도 영 먹지를 못했다.

다행히 교수님은 씩씩하게 식사를 하신다. 자신의 몫을 다 드셨고, 나도 가까스로이긴 하지만 내 정량을 다 처리했다. 나는 생선이 그런대로 먹을 만했는데, 입맛을 잃어버린 이 대표는 "너무 팍팍하다"고

앙꼰 휴양지 주변의 담수호.

했다. 내가 먹은 그 생선은 참치와 고등어의 중간쯤 되는 맛이었고, 약간 퍽퍽한 감은 있었지만 조기와 도미의 중간 정도의 육질이었다.

오후 3시쯤 우리는 다시 앙꼰 해변에 자리를 잡았다. 오전의 그늘막이 오후에도 우리 차지였다. 이 그늘막을 두고는 오전에 약간의 해프닝이 있었다. 그늘막을 하나 차지하고 누웠는데 돈을 받을 기미가 보이지 않았다. 그래서 "역시 사회주의 나라라서 해변 편의시설도 공짜로 제공하는 모양이네. 야, 쿠바, 좋다"라며 찬사를 늘어놓는데, 웬걸, 그 말을 알아듣기라도 했는지 금방 젊은 관리인이 자릿세를 받으러 왔다. 1인당 2꾹이란다. 원장님이 협상을 해서 다 합해 4꾹만 내기로 하고, 비치의자도 3개나 확보했다. 오전에 이 광경을 지켜보았던 약간 나이 든 중년 관리인이 오후에 우리가 도착하자 바로 그 자리로 안내했던 것이다.

오후의 햇볕은 몹시 강렬했다. 내 다리는 다 익었고, 교수님은 그늘에만 계셨는데도 저녁에 심한 화상으로 고생하셨다. 오후의 시간은 더디게 흘러갔다. 수영도 하고 모래사장을 걷기도 했지만 여전히 시간은 남아 있었다.

바닷가라 더위는 덜했지만 워낙 햇볕이 강해 물에 들어가 있어도 금방 지쳤다. 게다가 수질도 오전에 비해 훨씬 나빴다. 바람이 불고 파도가 강해지면서 바다 해초들이 밀려와 물이 탁해졌다. 귀국한 뒤 교육방송의 쿠바기행 다큐 영상물을 보았는데, 남쪽의 앙꼰 해변과 달리 북쪽의 바라데로 해변의 물은 정말 깨끗했다.

더딘 시간의 흐름에 지루하기도 했지만, 나는 이곳 앙꼰의 석양을 반드시 보고 싶었다. 일몰 시간은 대략 8시쯤으로 예상되었는데, 5시쯤부터 모기떼가 달려들기 시작했다. 교수님은 많이 지루했던지, 6시도 안 돼 떠나자고 재촉하신다. 다른 사람들도 약간 불편해했다. 하지만 어렵사리 여기까지 왔는데, 일몰과 석양을 놓칠 수야 없지 않은가.

찬란한 쿠바의 태양은 6시가 지나고 7시가 되어도 그 빛을 줄일 낌새를 보이지 않았다. 일몰을 기다리는 사이 나와 이 대표는 유원지 전체를 한 바퀴 돌아보기로 했다. 우리는 해변뿐만 아니라 호텔존 뒤에 있는 바다와 연결된 담수호까지 돌아보았다. 그런데 담수호 쪽 모기떼는 정말로 극성이어서, 우리는 제대로 된 구경을 포기하고 재빨리 해안으로 돌아오고 말았다.

7시 30분, 드디어 해가 수평선을 향해 내려가기 시작한다. 그러나 앙꼰의 태양은 쉽사리 수평선 너머로 얼굴을 감추지 않았다. 마지막 빛을 더욱 강렬하게 쏘아댄다. 이글이글 타오르는 태양은 일몰 직전까지 그대로였다. 어느 소설인지 제목은 기억나지 않지만, 20대 청춘 시절에 읽었던 한 대목이 생각났다. 소설 속 주인공이 한 말이다. "적도의 태양이 그렇게 이글거리며 타오른다." 그의 말대로, 쿠바의 태양은

앙꼰의 지칠 줄 모르고 강렬했던 태양이 마침내 바다 밑으로 가라앉고 있다.

수평선 아래로 잠들 때까지 강렬하게 타올랐다.

마침내 해가 지기 시작했다. 지는 해도 떠오르는 해처럼 크고 강렬했다. 카리브해의 태양은 질 때도 빛을 잃지 않는구나 싶었다. 우리는 정신없이 일몰 광경을 카메라에 담아냈다. 언제 다시 저 모습을 볼 수 있으랴. 마침내 해는 졌고, 우리의 귀가 시간은 돌아왔다.

일정을 변경하다

앙꼰에서 라보카의 숙소로 돌아오는 길, 우리는 내일 오전 앙꼰 해변에 가기로 한 것을 취소하고 아침 10시에 산타클라라로 떠나기로 결정했다. 앙꼰 해변은 이 정도면 됐다고 생각한 것이다.

그런데 우리는 트리니다드에서 라보카로 오면서, 우리를 실어다 준 올드카 주인과 이미 약속을 해놓은 상태였다. 그 기사가 12시에 우리를 싣고 산타클라라로 가기로 한 것이다. 약속 시간을 앞당겨야 했다. 그래서 앙꼰의 기사에게, 원래 약속한 시간보다 2시간 앞당겨 10시까지 와달라는 말을 올드카 기사에게 전해달라고 부탁했다. 두 사람은 친구로 연락이 된다고 했다. 앙꼰의 기사는 영어도 조금 했기에 우리의 의사가 충분히 전달된 줄로 알았다. 그러나 그게 아니었다. 다음날 문제가 생긴 것이다.

저녁은 닭고기(뽀요) 만찬이었다. 랍스타와 닭고기 가운데 하나를 고르라기에, 랍스타는 비냘레스에서 이미 먹었으므로 닭고기로 정했던 것이다. 뽀요^{pollo}라고 불리는 닭고기는 멕시코에서부터 인연이 있었지만, 이상하게도 우리 일행은 닭고기를 그다지 좋아하지 않았다. 하지만 더 이상 피하지는 못하고 닭고기를 먹었는데, 기름기가 거의 없었다. 밥도 우리의 볶음밥 비슷했다. 음식은 모두 담백했고, 이상한 향료나 양념도 들어가지 않았다.

그래도 원장님과 이 대표는 여전히 식사를 거르다시피 했다. 이 대표와 나는 거리로 나가 간이매점에서 콜라 2캔과 사이다 1캔을 샀다. 사이다는 가세오사 gaseosa('음료수'라는 의미)라고 하는데 칠성사이다의 맛과 별 차이가 없고, 투 콜라도 코카콜라의 맛과 별반 다르지 않다. 하지만 우리의 토종 콜라와 사이다는 미국

숙소로 돌아오면서 본 저녁 구름.

등의 글로벌 상품에 밀려, 몇 가지를 빼고는 거의 사라졌다. 쿠바는 과연 글로벌 상품과 싸워 자기 상품을 지켜낼 수 있을까?

이런 생각이 개방 후 쿠바의 앞날에 대한 생각으로 이어졌다. 쿠바의 미래는 어떤 모습을 하고 있을까? 10년 후에도 지금의 체제를 유지하고 있을까? 앙꼰 해변은 어떻게 변해 있을까? 그 변화한 쿠바를 내가 다시 볼 수 있을까?

복잡한 생각들이 머릿속을 떠 다녔다. 그리고 밤 10시 30분, 피곤한 몸을 뉘었다. 일출과 일몰을 하루에 보았으니, 오늘은 퍽이나 운이 좋은 날이다. 내일은 또 어떤 일들이 우리를 기다리고 있을까?

18

체 게바라의 도시 산타클라라를 가다

라보카 해변을 떠나기 전에 생긴 해프닝

6월 24일 수요일, 다른 날보다 약간 늦게 일어났다. 아침 일찍 일어나 둘러보아야 할 구경거리도 별로 없었고, 무엇보다 몸이 따라주지를 않았다. 아침 식사는 삶은 계란 2개, 커피 1잔, 콜라, 바나나 등으로 간단히 때웠다.

우리는 10시에 떠날 수 있게 짐을 챙겼다. 어제 앙꼰에 갔다 오면서 기사에게 부탁한 대로 변경된 우리의 계획이 전달됐으리라 믿었다. 원래 올드카 주인과 50꾹에 산타클라라까지 가기로 계약을 했고, 출발 시간은 12시였다. 그런데 앙꼰 해변이 마음에 들어 오늘 오전까지 놀다 갈 심산으로 1시간 늦춰 오후 1시로 약속을 변경한 상태였다. 그리고 어제 저녁 다시 생각이 바뀌어 오전 10시에 산타클라라로 떠나기로 계획을 변경했다. 이 사실을 올드카 주인에게 전달해달라고 앙꼰의 기사에게 부탁했는데, 그는 "OK, 잘 전해주겠다"고 답변했던 것이다.

그러나 10시가 넘고, 10시 30분이 지나도 기사는 나타나지 않았다. 우리는 불안해지기 시작했지만, 앙꼰 기사와 연락할 방법도 없고 올드카 기사의 전화번호도 몰랐다.

10시 40분쯤 올드카 주인이 나타났다. 우리는 반가워서 "어떻게 된 거냐?"고 물었다. 그는 시간이 바뀌었다는 이야기를 전달받지 못했다고 했다. 자신은 약속 시간을 12시로 알고 있으며, 근처에 볼일이 있어 왔을 뿐이라는 것이다. 우리가 사정을 설명하고 좀 빨리 갈 수는 없겠냐고 했더니, 그는 잠깐 기다리라면서 어딘가로 전화를 걸었다.

우리는 그가 다른 차를 알아보는 것이라고 생각했다. 라보카로 오던 날 그에게 "이 낡은 차로 산타클라라까지 갈 거냐?"고 물었더니, 단호히 "노"라고 대답했던 것이다. 그는 에어컨도 되는 성능 좋은 차로 갈 것이라고 자신 있게 말했었다. 그랬으니 당연히 그가 당겨진 시간에 맞게 새로운 차를 알아보는 것이라고 생각할 수밖에 없었다.

한참 동안 전화를 하던 올드카 기사가 우리에게 말했다. 지금 릴리가 차를 갖고 오고 있으니 잠깐만 기다리면 될 것이라고. 그러더니 어느 순간 올드카 주인은 어디로 갔는지 사라지고 없었다. 그리고 조금 있다가 트리니다드의 릴리 여사가 나타났다. 우리는 반색을 하며 그녀를 맞았다. 하지만 차는 아직 오지 않은 상태였다. 그녀가 좀 기다려야 한다고 해서 우리는 그녀만 믿고 기다렸다.

그사이 원장님과 릴리 여사는 즐겁게 대화를 나누었다. 그때 릴리는 한국에 돌아가면 자신의 까사를 잘 선전해달라고 부탁했다. 그러나 원장님은 솔직하게 말했다. "우리가 묵은 집이 너무 엉망이어서 좋게 평가해줄 수가 없다." 그러자 릴리는 "나는 다른 까사도 갖고 있다. 모두 5개인데 시설이 좋은 곳을 소개시켜줄 수도 있다"고 말했다. 그래서 "정말 5개나 가지고 있느냐? 어떻게 그렇게 많이 소유할 수 있느냐?"고 물었다. 돌아온 릴리의 답변은 "자기, 남편, 아들, 시어머니 등 다른 사람 명의로 하면 얼마든지 가능하다. 까사는 자유로이 사고팔 수 있고, 세금도 거의 없다"는 것이었다.

우리는 그녀를 통해 의외의 사실을 알았지만 그 내용을 전부 믿어야 할지 어떨지 긴가민가했다. 특히 까사를 다섯 개씩이나 소유하고 있다는 말은 아무래도 믿기지가 않았다. 나중에 산타클라라의 까사 주인을 통해 확인해본 결과, 까사의 거래는 얼마든지 사고파는 게 가능하지만 현실적으로 5개씩 까사를 소유하는 것은 불가능하고, 세금 또한 만만치 않았다. 결국 그녀의 이야기 속에는 상당 부분 흔히 하는 말로 '뻥'이 들어 있었던 것이다.

쿠바인의 새 모습을 보다

릴리와 한참 이야기를 나누는 동안에도 올드카 주인은 나타나지 않는다. 아무래도 12시까지 기다려야 할 모양이라고 생각했다. 마침내 12시가 다 되어서야 택시가 한 대 왔다. 그런데 택시기사는 우리가 전혀 모르는 새로운 사람이다. 우리는 릴리에게 '어떻게 된 거냐'고 물었다. 릴리가 대답한다.

"올드카 주인은 지금 다른 드라이브 업무 중이어서 갈 수가 없다. 그래서 산타클라라에 살고 있는 다른 기사를 불렀다."

그러면 "택시비는 얼마냐?"고 물었더니, 택시기사가 80꾹이라고 말한다. 갑자기 우리는 '띵'해졌다. 우리를 완전히 '호갱'으로 보았다는 생각이 들었다. 원장님이 릴리에게 강하게 항의했다.

"우리는 그 가격에 갈 수가 없다. 올드카 주인에게 전화를 해라. 우리는 그와 50꾹에 약속이 돼 있다."

하지만 릴리는 여전히 시침을 뚝 떼며 이렇게 말했다.

"올드카 주인과는 연락이 안 되는 상태다. 그는 지금 드라이브 중이다. 딴 곳으로 손님을 데려가고 있다. 그는 내 사촌이다. 하지만 지금은 연락이 안 된다. 전화를 안 받는다. 봐라, 내 핸드폰으로 이렇게 전화를 해도 전화가 안 된다."

새 기사는 난감한 표정으로 집 앞에 앉아 있고, 집주인 내외는 영문을 모르는 채 어리둥절한 표정을 짓고 있다. 알고 보니 우리가 묵은 까사 주인 내외도 릴리와 전혀 모르는 사이였다. 그렇다면 릴리의 절친한 친구는 누구란 말인가. 이제 서서히 전모가 드러나고 있었다. 이 모든 것이 릴리 여사의 작품이었던 것이다!

처음 비아술 터미널 앞에서 그녀에게 낚여 짐을 끌고 변두리 동네로 갈 때부터 지금까지의 일들이 파노라마처럼 머릿속을 지나갔다. 좀 심하게 말하면 릴리의 행적은 '사기꾼'의 그것과 닮아 있었다. 엉망진창인 까사로 데려가더니, 앙꼰 해변 대신에 라보카 해안으로 보내고, 이제는 50꾹에 예약한 올드카 기사를 빼돌리고 산타클라라에서 왔다는 (실제는 '시엔푸에고스') 기사를 데려다놓고 80꾹이나 요구하고 있는 것이다.

화가 났다. 강하게 어필할 필요를 느꼈다. 하지만 그런다고 뭐가 달라질까? 그렇다고 이대로 호구처럼 당하고 말아? 그런데 다른 방법이 없지 않은가. 트리니다드 같으면 다른 택시라도 부를 텐데, 이 시골 어촌에서는 택시를 부를 방법도 없다. 마차를 타고 트리니다드까지 가서 택시를 알아봐? 마차는 쉽게 구할 수 있나? 가끔 지나가긴 하던데 그걸 기다려야 하나?

라보카 해변 마을에서 아침에 만난 마차.

이런 생각이 연속으로 뇌리를 스쳐 지나갔다. 하지만 아무리 생각해도 다른 선택의 여지가 없었다. 릴리 여사, 정말 대단하다. 우리를 외통수에 몰아넣다니. 달리 어떻게 해볼 수 없는 상황이었다. 받아들이느냐, 거부할 것이냐? 받아들이면 잠깐 동안의 수모와 약간의 금전적 손해를 감수하는 것으로 끝난다. 사실 다른 길을 찾아도 금전적으로 나을 것이라는 보장이 없다. 마차든 택시든 타고서 트리니다드까지 가서 다시 산타클라라 가는 택시를 잡아타야 하는데, 비용이 이중으로 들 가능성이 높다. 그렇게 되면 비용은 들더라도 당장의 심리적인 보상은 얻을 수 있을 것이다.

하지만 이걸 거부했다가는 그다음 날들의 원활함을 장담할 수 없다. 아마도 험난한 '고난의 행군'이 기다리고 있을 것이다. 표현이 좀 그렇기는 한데, 33, 34도가 넘는 땡볕에 길거리에서 하염없이 택시나 마차를 기다리거나, 오기로 4킬로미터가 넘는 거리를 걸어서 트리니다드까지 간다(아마도 그런 일은 없겠지만)고 생각하면(이것이나 저것이나 어쨌든 우리가 길거리에서 한정 없이 헤맬 것은 분명한 사실이다) 그건 거의 '초주검'이다.

우리 중 어느 누구도 그런 고난을 감수할 마음의 자세나 몸 상태가 아니었다. 나 혼자라면 오기를 부릴 수도 있겠지만, 나만 여행하는 것은 아니지 않은가. 결론이 내려졌다. 그 택시를 타는 것 외에 다른 수가 없었다. 결국, 사회주의 쿠바의 어두운 단면을 트리니다드에서 두 번씩(릴리의 농간과 비 오는 날 쓰레기 투척)이나 보게 된 셈이었다.

산타클라라에 입성하다

그래도 원장님의 항의는 계속 이어졌다. "우리는 50꾹에 그 기사와 계약을 했다. 그 기사 어디로 갔냐? 당장 데리고 와라." 하지만 릴리는 계속 횡설수설로 일관했다. "나도 연락이 안 된다. 내 사촌인데 다른 운전 일이 생겨서 그 일을 뛰고 있다"는 말만 되풀이한다.

우리는 기분이 엉망이었지만 달리 방법이 없기에 결국 그 차를 탔다. 그 대신 비용은 70꾹에 낙찰을 보았다. 10꾹이라도 깎았으니 조금이나마 자존심을 회복한 것인가? 차가 출발하고 나서도 처음 한동안은 아무도 입을 열지 않았다. 멕시코도 아니고 쿠바에서 사람에게 속았다는 생각 때문에, 또 전직 교수, 현직 내과 원장, 언론사 대표, 글쟁이 등 멀쩡한 네 사람이 바보가 됐다는 생각 때문에 그랬다. 꿀꿀한

라보카에서 산타클라라까지 우리를 싣고 간 승용차.

기분도 달랠 겸 차창 밖으로 시선을 고정시켰다. 아름다운 풍광이 눈에 차면서, 우리의 마음도 조금씩 누그려져갔다.

산타클라라로 가기 위해서는 트리니다드로 갈 때 지났던 그 길을 되돌아 나와야 했다. 같은 길인데 지금 보는 느낌은 또 달랐다. 바다와 목장, 사탕수수 농장이 한 폭의 그림을 수놓고 있었다. 얼마 후 나온 갈림길에서, 차는 산타클라라로 방향으로 접어들었다. 여전히 시골길이었지만, 산이 사라지고 다시 평야지대가 나타났다.

작은 휴게소 앞에 차가 섰다. 야자수 잎으로 간단히 지붕을 만들어 씌운, 작은 매점 하나가 전부인 휴게소였다. 이곳에서 기사가 비스킷을 하나 사서 우리에게 주었다. 가격은 10모네다(CUP)로 우리 돈으로 500원이 채 안 됐지만, 양은 제법 많았다. 15모네다를 주고 콜라(우리 돈 800원 정도)를 사서 함께 먹었더니 맛이 그럴듯했다.

그때 기사가 다른 택시기사 하나를 소개해주었다. 산타클라라에 도착한 후 그곳에서 아바나로 갈 때 이 기사 차를 타고 70꾹에 갈 생각이 있느냐고 물었다. 우리야 거부할 이유가 없었다. 정상적으로 협상하면 100꾹은 주어야 한다. 아마도 릴리와 실랑이하는 모습을 본 기사가 미안한 마음을 가졌던 모양이다. 이래서 새옹지마라는 말이 나왔나 보다. 릴리 때문에 손해 본 20꾹을 제하고도 남는 장사를 한 셈이

차 안에서 본 산타클라라의
체 게바라 기념동상.

되었으니 말이다.

다시 산타클라라를 향해 출발했다. 내가 기사에게 집이 어디냐고 물었다. 그는 "시엔푸에고스"라고 대답한다. 릴리는 산타클라라에서 왔다고 했었는데, 그의 말과 다르다는 게 확인되는 순간이었다.

드디어 산타클라라에 입성했다. 산타클라라라는 표지판을 보고 얼마간 달리니 저 멀리 체 게바라의 기념동상이 보인다. 체 게바라 기념관도 이곳에 있었다. 우리는 일단 시내로 들어갔다. 숙소를 찾는 일이 시급했던 것이다. 처음 찾아간 곳은 방이 깨끗하고 시설도 좋았지만 빈방이 하나밖에 없었다. 호텔처럼 느낌이 좋았지만 어쩔 수 없이 돌아서야 했다.

다시 찾아간 곳은 주인 아가씨(아줌마인지도 모르겠다)가 정말 예뻤다. 그런데 아름다운 주인과는 달리 집이 너무 낡았다. 게다가 2층을 거실과 함께 쓸 수 있도록 돼 있었는데 너무 더울 것 같았다. 가격은 15꾹으로 쌌지만, 다른 곳을 찾아보기로 했다. 또 다른 한 곳도 맘에 안 들기는 마찬가지였다. 그래서 산타클라라에 있는 유일한 호텔을 찾

산타클라라에서 만난 마차
(왼쪽)와 삼륜차(오른쪽).

산타클라라 변두리 주택가 모습(왼쪽). 길거리 과일상 (가운데)과 신발, 가방 등의 수선 가게(오른쪽). 쿠바에서는 모든 것을 고쳐 쓰는 게 습관화되어 있다.

아갔는데, 28꾹으로 비교적 저렴한 편이었지만 빈방이 없었다.

막막한 심정으로 길거리로 나왔을 때, 기사가 어딘가로 전화를 했다. 그리고 누군가를 만나 한참 동안 이야기를 나누었다. 기사와 이야기를 나눈 그 사람이 까사를 안내하기로 했다. 안내자는 앞서서 걷고 우리는 택시를 탄 채 그 뒤를 따랐다. 얼마 뒤 한 집 앞에 도착했다. 동네는 그다지 깨끗해 보이지 않았지만, 그 집만은 새로 단장을 해서 깨끗했다. 방이 깨끗했고 내부 시설과 구조도 잘 돼 있다. 계약을 하고 짐을 넣어둔 채 부랴부랴 밖으로 나왔다.

체 게바라여, 영원하라!

체 게바라 기념관을 찾아가기 위해서였다. 벌써 4시가 다 돼 가니 서두르지 않으면 문을 닫아서 볼 수가 없다. 우리를 싣고 온 택시가 그곳까지 데려다주었다. 숙소를 정할 때까지 이곳저곳을 다니면서 끝까지 책임져준 그 기사에게 우리는 진심으로 감사해했다. 트리니다드에서의 안 좋은 기억은 그 기사의 친절과 호의로 상쇄되었다.

체 게바라 기념탑에서 바라
본 광장(왼쪽)과 광장 건너
편의 간판. 그곳에는 "우리
는 당신들도 체 게바라처럼
되기를 바란다(Queremos
que sean como el Che.)"
는 피델 카스트로의 말이
인용되어 있다.

체 게바라 기념관에는 아무것도 가지고 들어갈 수가 없었다. 작은
가방도, 카메라도 모두 카운터에 맡겨야 했다. 기념관 앞에는 군인 두
명이 지키고 있었는데, 분위기가 엄중했다. 그란마호 기념관 앞에도
군인들이 지키고 있었지만 이렇게 긴장감이 감도는 느낌은 아니었다.
혁명박물관은 일반 박물관 같은 분위기였을 뿐이고 그란마호 앞의 군
인들도 느긋해 보였다. 그러나 이곳에서는 엄숙함과 긴장감이 동시에
느껴지고, 경비 군인들의 태도도 조금은 딱딱해 보였다.

기념관은 두 개의 공간으로 나뉘어 있었다. 체 게바라 관련 기념물
을 전시한 박물관, 그리고 그의 유해가 모셔져 있는 추모관.

박물관에는 체 게바라의 사진 자료들이 주로 전시되어 있었고, 쿠바
혁명과 관련된 일반 자료들도 있었다. 그의 어린 시절과 청년기의 사
진, 혁명투쟁 시기의 자료들, 혁명 후 건설 과정의 모습 등이 소박하
지만 작은 공간에 비교적 잘 정리되어 있었다. 호세 마르티 기념관처
럼 화려하고 크지도 않았다. 체 게바라가 입었던 옷을 비롯하여 몇 가

지 유품도 전시돼 있었다. 이 기념관은 자료와 유품이 일목요연하게 전시되어 있다는 것 외에 특별한 것은 없었다.

그러나 옆의 추모관은 분위기부터 달랐다. 내가 모자를 쓰고 실내로 들어가자 안내원이 모자를 벗으라고 주의를 준다. 나는 황급히 모자를 벗었다. 정면에 영원히 꺼지지 않는 불꽃이 타오르고 있었고, 왼쪽 벽면에 돌에 새겨진 인물 초상들이 박혀 있다. 그곳 중앙, 기둥처럼 약간 튀어나온 부분에 체 게바라의 초상이 가장 크게 새겨져 있었다. 물론 그중에서 크다는 것이지, 그 돌 조각의 크기는 가로 세로 50센티미터쯤이나 될까 싶게 소박한 것이었다. 우리는 불꽃 앞에서 고개를 숙였다.

체 게바라의 유해가 이곳에 안장되었다는 이야기를 들었기에 눈을 두리번거리며 찾았다. 그러나 아무리 찾아보아도 유해를 안장할 만한 곳이 보이지 않았다. 밖으로 나와서 둘러보고, 다시 안으로 들어가 혹시 지하로 내려가는 길이 있나 살펴보았다. 아니면 영원의 불꽃이 타고 있는 앞쪽 어딘가에 무덤 같은 게 있는지도 살펴보았다. 그러나 없었다. 결국 우리는 안내원에게 물어보았다. "체의 유해는 어디에 안장되어 있느냐?"라고 물었더니 그가 벽을 가리킨다. 바로 그 벽면 돌 초상 뒤에 안장되어 있었던 것이다. 갑자기 가슴이 찡해졌다.

혁명의 아이콘, 청춘의 우상, 체 게바라. 그가 한줌의 재(뼈)가 되어 이곳에 잠들어 있는 것이다.

체 게바라는 1967년 볼리비아 밀림에서 볼리비아 정부군과 CIA에 의해 체포, 살해됐다. 신원 확인을 위해 그의 손목만 잘려 아르헨티나로 보내졌고, 신원 확인 후 경고의 의미로 다시 쿠바로 보내졌다. 처음에는 그의 두 손만을 안장했다. 그의 시체는 손목이 없는 채 다른 혁명 전사들과 함께 볼리비아의 한 공동묘지에 매장됐다. 냉전시대가 끝난 뒤, 쿠바와 아르헨티나 공동조사팀의 끈질긴 노력 끝에 그의 유해

체 게바라 기념탑과 동상 전경(위 왼쪽)과 체 게바라 기념탑 부조(위 오른쪽). 정면에서 올려다본 체 게바라 동상(아래 왼쪽)과 측면에서 올려다본 모습(아래 오른쪽).

가 발굴됐다. 그가 사망한 지 30년 만인 1997년에 그의 유해가 쿠바로 돌아와 손목과 함께 안장되었다. 바로 이곳 산타클라라 기념관에.

우리는 혁명에 대한 가장 순수한 열정을 간직한 채 39세의 젊은 나이로 생을 마감한 그의 묘지에 와 있다. 그는 볼리비아에서 죽은 6명의 동료 전사를 비롯하여 수십 명의 볼리비아 전사들과 함께 이곳에 영면해 있다. 그는 저 앞의 불꽃처럼 영원히 꺼지지 않은 채 세계인의 가슴속에 살아 있을 것이다. 체 게바라여, 역사와 함께 영원하라!

산타클라라에서 만난 체 게
바라. 그는 쿠바 어디에서
도 만날 수 있는 가장 인기
있는 스타였다. 특히 그의
유해가 묻힌 산타클라라는
말할 필요도 없다.

체 게바라, 전태일 그리고 신영복

그곳에서 전태일을 만난 것은 꿈에도 생각 못 한 일이었다. 전태일 사진이 기념관과 박물관 사이 중앙 복도에 놓여 있었던 것이다. 그곳에는 이 사진 외에도 여러 나라에서 보낸 기념품들이 낮은 탁자 위에 함께 놓여 있었다. 우리는 누가 전태일의 사진을 이곳에 가져다놓았을지 궁금했다. 하지만 나는 그 사진과 주변에 있던 내용물들을 자세히 살펴보지 못했고, 그 때문에 사진을 누가 가져다놓았는지 전혀 감을 잡지 못했다.

그런데 이계환 대표가 사진과 주변 물건들을 꼼꼼히 살펴보고 메모를 해두었다. 그리고 그때 그가 지나가는 말로 누군가를 언급했었던 것 같다. 아마도 "누가 이 사진을 가져다 놓았는지 알 것 같다"고 했던 것 같은데, 이후 나는 이 대표의 말을 까맣게 잊어버리고 있었다. 그 바람에 〈통일뉴스〉에 여행기를 쓸 때도 "나는 이 글을 쓰면서 누가 그 사진을 그곳에 가져다 놓았는지 알아보기 위해 다각도로 노력했지만 확인하지 못했다"고 써서 보내고 말았다.

원고를 보내기 직전, 신 교수님이 전태일기념사업회 사람들과 저녁 모임이 있다면서 그 초상 사진을 누가 가져다 놓았는지 확인했느냐고 물어보셨다. 나는 알아보는 중이며, 혹시 교수님도 알게 되면 알려달라고 했으나 연락이 없었다. 그래서 나는 전태일기념사업회나 쿠바에 자주 가는 노동단체 관련 사람들 중 누군가가 그 사진을 가져다 놓았을 것이라고만 추측하고 있었다.

그런데 출간을 위해 글을 손질하면서 이 대표와 이야기를 나눌 기회가 있었고, 그때 사진을 누가 가져다 놓았는지 확인할 수 있는 단서를 찾았다. 이 대표는 그곳에서 '장소익'이라는 이름이 있었던 것을 기억해냈고, 메모해두었던 내용을 찾아서 보내주었다. 당시 이계환 대표의 메모에는 이렇게 적혀 있었다.

"산타클라라에 있는 체 게바라 기념관 입구를 들어가면 중앙 홀과 함께 우측은 MUSEO, 좌측은 MEMORIAL로 되어 있음. 중앙 홀엔 각 나라에서 보낸 기념품들이 있음. 한국의 경우 연극 전태일이라 쓰여 있고, 사진 있고 쇠귀의 글이 쓰인 천 있음. 이 천은 2006년 장소익이 보냈음. 직사각형 천에 왼쪽 전태일 사진, 그 우측 옆에 글자 연극 전태일, 그리고 우측에…… 쇠귀"

메모를 보고서, 이 사진은 장소익이라는 사람이 가져다 놓았다는 것을 알게 되었다. 또한 그는 연극인으로 지금은 청송에서 '나무닭움직임연구소'[82] 소장으로 일하고 있다는 것도 알았다. 그가 이곳 게바라 기념관에 전태일 사진을 가져다 놓은 것은 2007년이었다. '쿠바 문화의집 연합회'의 초청으로 아바나 국립극장에서 연극 〈체 게바라〉를 공연한 뒤, 이곳 체 게바라 기념관을 방문했고, 그때 전태일 사진과 가져간 기념품(그림과 글씨가 있는 천과 마크)을 두고 왔다고 한다. 기념품은 2000년에 극단 한강에서 공연한 〈연극 전태일〉의 기념품으로 제

---

82) '나무닭움직임연구소'는 극단 '한강'의 연극 활동(움직임)을 위한 연구소로, '나무닭'은 『장자』에 나오는 장인의 표상이라고 설명했다.(https://namoodak.wordpress.com/about/)

작한 것이라고 한다.[83]

그 기념품 중에 '연극 전태일'이라는 제목과 그림, 연극 관련 글들이 적혀 있는 천이 있었는데, 그 천의 글씨는 신영복 선생이 쓴 것이었다. '민체'라고 하는 독특한 그의 글씨체는 누구나 알 수 있을 만큼 유명해져 있다. 또 '쇠귀^{牛耳}'라는 그의 호 또한 어지간한 사람은 다 알고 있다. 그런데 이 글을 마무리하고 있을 즈음 신영복 선생께서 타계하셨다는 소식이 들려와[84] 많은 사람들의 마음을 아프게 했다. 요즘으로서는 너무 이른 70대 중반의 나이로 생을 마감한 그는 드라마처럼 굴곡진 삶을 사셨다.

"그는 잡혀간 지 꼭 20년 20일 만(그러나 어머님 말씀에 따르면 음력으로 꼭 20년 만이다. 생일날 잡혀가서 생일날 풀려났다고 한다)에 출옥했다. 그는 20년의 징역살이가 헛된 것이 아니라고 생각했다. 그가 자위를 넘어 일종의 성취감을 느낀 부분은 자신이 완전히 다른 사람이 되어 나왔다는 것이다. 레닌을 포함해 수많은 실천가들이 성공하지 못한 자기 개조를 이뤄냈다는 것! 그런데 오랜만에 만난 친구들은 '야, 너 하나도 안 변했구나'라며 칭찬하더란다. 신영복은 그렇게 세상과 다시 만났다."[85]

신영복은 통일혁명당(통혁당) 사건으로 무기징역을 선고받고 20년간 장기복역 후 석방되었다. 통혁당 사건의 핵심 인물인 김종태, 이문규, 김질락 등이 모두 사형선고를 받고 처형되었으니 무기징역을 선고받은 신영복은 살아 있는 사건 관련자 중 가장 핵심 인물이다. 하지만

---

83) 장소익 소장은 2006년에도 쿠바를 방문, 1인극 〈체 게바라〉를 공연했고, 이때도 체 게바라 박물관을 방문했다고 한다. 사진과 기념품은 박물관장과 면담을 통해서 전달했다고 한다. 또한 이들 연극팀은 체 게바라 관련 자료 수집과 연극 공연 등을 위해 쿠바뿐만 아니라 남미 6개국을 방문하였고, 체 게바라가 사망한 볼리비아를 방문, 그의 사후를 찍은 사진에 나오는 그 욕조도 보았다고 한다.(2016년 1월 22일 오전 전화인터뷰)
84) 신영복은 2016년 1월 15일 서거했다.
85) 한홍구, "신영복의 60년을 사색한다", 〈프레시안〉, 2016.1.16

357

한홍구의 글에 따르면 그는 최고 책임자로 발표된 김종태나 조국해방전선 책임자로 발표된 이문규 등 핵심 간부들을 사건이 날 때까지 만나본 적도 없다고 한다. 또한 그는 통혁당에 대해서도 전혀 알지 못했고, 중앙정보부에 가서야 들었다고 한다. 실질적으로는 김질락, 이진영 등과 함께 통혁당 산하로 발표된 민족해방전선 활동을 한 것이 전부였다는 것이다.[86]

신영복은 형이 확정되고 난 뒤 1970년 전향서에 도장을 찍었으나 꼬박 20년을 감옥에서 지내야 했다. 그는 감옥 생활을 독방에 앉아서 공부를 한 게 아니라 공장에 출역하여 일반재소자들과 몸으로 부대끼며 지냈다. 신영복은 감옥에서 밑바닥 인생들과 맨몸으로 부대끼면서 "지식청년으로서의 관념성을 깨고 인간과 사회에 대한 새로운 이해를 갖게 되었다." 또 그곳에서 한국전쟁 전의 구빨치산 출신부터 전쟁 중에 입산한 신빨치, 북에서 내려온 공작원, 안내원 등 다양한 사상범들과도 만났다. 그는 해방 전후의 분단 현실을 온몸으로 담아내고 있던 사람들과 일상을 같이했고, 그 과정에서 그들로부터 '생환된 역사'의 이야기를 들을 수 있었다.[87]

20년간의 격리된 감옥 생활 뒤 사회로 복귀한 신영복은 먼저 감옥에서 익힌 독특한 민체(또는 어깨동무체)의 글씨로 곳곳에 흔적을 남겨놓았다. 우리가 많이 마시는 소주 '처음처럼'의 제호 글씨를 비롯하여 수많은 사회운동단체의 현판과 사무실 내부의 숱한 명문 글귀들, 시위 대열의 플래카드, 홍보물, 그리고 일상생활에서 만나는 달력들에 이르기까지 그의 흔적이 없는 곳이 없을 정도다.

삶 자체가 드라마인 그가 세상 사람들에게 알려지기 시작한 것은 인간의 깊은 성찰을 담은 감옥 편지 모음집 『감옥으로부터의 사색』이 발

---

86) 한홍구, 앞의 글, 〈프레시안〉, 2016.1.16.
87) 한홍구, 앞의 글, 〈프레시안〉, 2016.1.16.

간되면서였다. 1998년부터 2006년까지 성공회대 사회과학부 교수로 재직하였고, 그 뒤에는 성공회대 석좌교수로 있으면서『더불어 숲』, 『강의: 나의 동양고전 독법』,『담론』등 주옥같은 여러 저서들을 펴냈다. 그는 강연과 저술 활동을 통해 세상에 깊은 울림과 영감을 주었고, '우리시대의 스승'이라는 찬사를 받기도 했다.

이 시대의 지성 신영복 선생의 죽음 소식에 만감이 교차한다. 그가 언급했듯이 과연 그는 많은 혁명가들이 성공하지 못한 '자기 개조'에 성공했을까? 그랬다면 그것은 감옥에서의 사색과 성찰 덕분일 것이다. '혁명과 사색(성찰)은 어떻게 통할 수 있을까?' 그의 죽음을 보면서 드는 생각이다.

이제 다시 여행 이야기로 돌아간다. 체 게바라 기념관에서 전태일 사진을 보면서 우리는 반갑기도 하고 놀랍기도 했다. 먼 이국땅에서 한국 민주노동운동의 정신적 스승이며 뿌리인 전태일을 만난 것이 반가웠고, 그를 이곳 체 게바라 기념관에 남겼다는 발상이 놀라웠다. 이 사진을 가져온 이는 무슨 생각으로 이곳에 전태일을 남겨두었을까?

체 게바라와 전태일은 20년의 나이 차이가 존재하고 전혀 다른 조건에서 다른 모습으로 자신의 삶을 살았지만 닮은 점이 있다. 체 게바라도 전태일도 젊은 나이에 생을 마감했지만[88] 그들은 아직도 한 점 불꽃으로 살아남아 세상을 빛나게 밝히는 존재가 되고 있다. 두 사람은 전혀 다른 조건에서 다른 모습으로 투쟁하는 삶을 살았으되, 그 삶은 온전히 노동자와 민중(인민)의 해방을 위한 것이었다. 그들은 세상을 바꾸기 위한 순수한 열정으로 삶을 불태웠던 진정한 혁명가였다.

아마도 이런 마음에서 전태일 사진을 두었던 게 아니었을까 생각해 본다.

---

88) 체 게바라는 1928년생이고 전태일은 1948년생이다. 전태일은 만 22세(1970년), 체 게바라는 만 39세(1967년)에 생을 마쳤다.

19

의료선진국 쿠바를 다시 보다

쿠바 의료의 기초 패밀리 닥터

게바라 기념관에서 숙소로 돌아오는 길에 마차를 탔다. 시내를 도는 관광용 마차였다. 1인당 1꾹이다. 차량이 절대적으로 부족한 쿠바에서 마차는 관광용뿐 아니라 중요한 교통수단으로도 쓰인다. 산타클라라보다 더한 시골은 마차와 더불어 우마차, 말까지 교통수단이 되고 있다.

저녁에 원장님은 숙소 안주인과 오랫동안 대화를 나누었다. 안주인이 의사였던 탓에 두 사람은 이야기가 잘 통했다. 그들은 쿠바의 의료 체계와 의사들의 생활, 쿠바 경제와 국민들의 생활, 쿠바와 미국의 관계 개선 등을 두고 많은 대화를 나눌 수 있었다. 쿠바는 경제 수준은 낮지만 세계가 부러워하는 의료 선진국이다.

전통적인 의료 선진국으로 '요람에서 무덤까지'라는 슬로건을 내건 노동당의 복지정책 덕분에 1970년대 세계가 모델로 삼은 최고의 복지국가는 영국이었다. 하지만 영국은 대처 집권 이후 도입된 신자유주의 경쟁체제로 모범적인 의료제도가 붕괴되기 시작했다. 일본과 한국의 의료체계도 훌륭한 축에 속한다고 평가되고 있지만 의료 개혁이라는 이름으로 영리병원이 허용되고 개인의료 보험체계가 중요하게 부각되기 시작하면서 근본이 위협받는 상황이 벌어지고 있다.

개인 보험제도가 가장 발달한 미국의 의료체계가 가난한 사람을 죽이고 부자만을 살리는 제도라는 것은 익히 알려진 사실이다. 그런 문제점을 해결하기 위해 오바마가 전국민의료보험체계(이른바 '오바마 케어')를 갖추기 위해 여러 가지 노력을 기울였으나 공화당을 비롯한 보수 세력들의 심각한 저항에 부딪혀야 했다.

교육도 그렇지만 일반적으로 의료체계는 돈이 많이 필요하기에 부자 나라, 소위 말하는 선진국일수록 잘 돼 있을 것이라고 생각하기 쉽다. 하지만 이미 의료의 선진국 모델이었던 유럽 선진국들도 신자유주의의 거센 바람 앞에서 위기를 맞고 있고, 모범국 가운데 하나라고 평가되는 한국이나 일본도 심각한 위협에 직면해 있다. 세계 최강국 미국은 유아사망률이 쿠바보다도 못한 등 의료 후진국의 모습을 보이는 수치를 드러내고 있다.

세계적인 의료복지제도의 축소 바람에도 끄떡 없이 무상의료제도를 고수하고 있는 나라가 쿠바다. 1990년대 후반 경제 위기와 함께 심각한 위기 상황을 맞이한 쿠바는 그 어려운 조건에서도 전 국민 무상의료체계를 지켜내 오늘날 의료선진국으로서의 면모를 자랑하고 있다. 쿠바 의료체계의 가장 중요한 특징 가운데 하나는 무엇보다 전 국민을 돌볼 수 있는 기초가 탄탄하다는 점이다. 쿠바는 '패밀리 닥터'[89]라고 불리는 제도를 통해 지역예방의료를 실현하고 있다. 이를 통해 96% 이상의 국민에 대한 지속적인 접촉과 위험 평가를 시행하고 있다. 패밀리 닥터는 쿠바 1차진료 의료의 기둥인 셈이다.[90]

---

89) 패밀리 닥터들은 '콘술토리오'라고 불리는 자택 겸 지구의원에서 간호사와 팀을 이루어 약 120가구 정도를 돌본다. 인구밀도가 낮은 농촌에서는 담당하는 환자가 75가구까지 줄어들기도 하지만 시스템은 동일하다. 이들은 건강 상담과 간단한 진단과 의료처방 등을 하면서 사람들의 건강을 일차적으로 돌보며 24시간 활동할 수 있는 시스템을 갖추고 있다.

90) 요시다 자로 지음/ 위정훈 옮김, 『의료천국, 쿠바를 가다』(파피에, 20011), 33-58쪽 참고.

사탕수수가 많이 나는 나라답게 쿠바인들은 에스프레소에도 설탕을 듬뿍 넣어 먹을 정도로 단것을 좋아한다. 그런 식생활 습관은 비만을 불러올 수 있는 조건이지만 나는 의외로 쿠바에서 비만인 사람을 그다지 많이 보지 못했다. 멕시코에서 비만인 사람을 많이 본 것과는 대조적이다. 경제 위기 이후 쿠바 농업생산이 다각화되면서 채소와 과일 생산이 늘어나고 자연식이 증가하면서 국민건강이 좋아진 측면도 있다. 또한 부족한 의료약품 때문에 침과 뜸 같은 대체요법이 발전하고 요가, 기공 등 운동요법도 활성화되면서 예방의료가 발달한 측면도 있다.

쿠바에 패밀리 닥터 제도 같은 기초의료와 예방의학, 대체의학만 발전한 것은 아니다. 1차 의료기관으로 패밀리 닥터와 시군구 지구진료소가 있고, 2차 의료기관으로 시군구 병원과 각 주의 위생센터, 혈액은행, 사회복지 서비스를 하는 주 병원이 있으며, 3차 의료기관으로 대학, 연구센터, 바이오의료산업을 포함한 전국 병원이 있다. 이처럼 단계적인 의료체계뿐만 아니라 쿠바는 첨단 의료기술과 외화 획득의 수단이 되고 있는 전문의료, 백신 산업도 발전했다.

의료선진국 쿠바는 그냥 이뤄지지 않았다

쿠바가 의료선진국이 된 것은 우연이 아니다. 그것은 쿠바혁명의 가장 큰 성과라고 할 수 있다. 혁명 이후 카스트로의 쿠바 정부가 무상교육과 함께 무상의료, 사회보험을 가장 중요한 정책 목표로 설정하고 굳건히 지켜온 결과다. 쿠바가 무상의료와 무상교육을 지키기 위해서는 그만큼의 고통과 아픔이 있었다. 아무리 훌륭한 제도도 결코 그냥 얻어지지는 않는다.

쿠바는 1959년 혁명 직후 의사의 3분의 2가 해외로 빠져나가면서 심각한 의료 공백 사태가 벌어졌다. 그런 조건하에서 쿠바는 의사를 양성하고 무상의료를 실현하기 위한 제도를 새로 구축해야 했다. 카스트로의 혁명정부가 가장 심혈을 기울이고 공을 들인 결과 무상의료와 무상교육체계가 정착할 수 있었다.

하지만 쿠바는 50년 이상 지속된 미국의 가혹한 경제 제재로 많은 어려움을 겪었다. 특히 1990년대 사회주의 붕괴에 따른 심각한 경제난과 허리케인 피해 등으로 쿠바는 혁명 이후 최대의 위기 상황을 맞이했다. 그런 와중에 미국의 경제 봉쇄가 강화되면서 의약품의 수입까지 제약당해야 했다. 그런 악조건 속에서도 쿠바는 무상의료·무상교육이라는 쿠바혁명의 최대 성과물을 끝까지 지켜내기 위해 온갖 노력을 기울였다.

전 국민 무상의료가 실현되는 쿠바의 1인당 국내총생산^{GDP}은 2013

년 기준으로 한국 2만 4,000달러의 30% 수준인 7천 달러에 불과하다. 경제적으로 그만큼 어려운데도 쿠바는 의료 부문에서만큼은 어느 선진국보다 앞서 있다. 인구 1천 명당 의사 수는 5.91명으로 세계 최고 수준이고, 의사 1명당 환자 수는 165명으로 세계 최저 수준이다. 인구 비율로 보면 의사 수가 세계 최고다.(아래 표 참조)

〈표〉 각국의 인구당 의사 비율

	의사	간호사	치과의사	인구 1천 명당 의사 비율
캐나다	66,583	309,576	18,265	2.14
칠레	17,250	10,000	6,750	1.09
쿠바	66,567	83,880	9,841	5.91
멕시코	195,897	88,678	78,281	1.98
한국	75,045	83,333	16,033	1.57
미국	730,801	2,669,603	463,663	2.56
우루과이	12,384	2,880	3,936	3.61

자료: 홍조, "가난한 이들의 의료선진국 쿠바를 가다(2)", 〈프레시안〉 2007.3.21.

세계보건기구[WHO] 통계에 따르더라도 쿠바의 의료·보건 수준은 한국이나 미국에 절대 뒤지지 않는다. 기대수명과 영아사망률, 백신 접종률 등 각종 보건 지표에서 선진국과 어깨를 나란히 한다. 의료와 의약 기술도 세계 최고 수준이다. 쿠바가 보유 중인 생명공학 분야 특허는 500개가 넘는다. 쿠바는 라틴아메리카 최대의 의약품 수출국이기도 하다.

2003년에는 합성형뇌수막염[Hib] 백신을 세계 최초로 개발하는 등 백신 개발 기술도 최고 수준이다. 또한 쿠바는 B형간염 대항백신을 개발하여 예방접종을 통해 B형간염 근절을 향해 나아가고 있다. 쿠바는 뎅기열 치료제인 인터페론의 주요 생산국이며 항에이즈 백신을 개발하여 치료를 시행하고 있는 나라이기도 하다.

쿠바의 의료관광도 유명하다. 영국의〈가디언〉에 따르면 2006년 의료치료를 위해 쿠바에 입국하는 사람이 이미 2만 명을 넘어섰으며, 2000년대 이후 매년 20% 넘게 증가하고 있다. 하지만 의료수가가 싸서 의료관광 수익은 2006년 기준으로 연 4천만 달러(약 420억 원) 수준에 불과하다. 쿠바는 미국과 비교해 60~80%의 비용으로 암·백내장 수술 등 수준 높은 진료를 받을 수 있어서 많은 외국인이 선호하고 있다.[91]

쿠바에는 라틴아메리카뿐만 아니라 매년 유럽과 미국 등지에서도 많은 환자들이 의료치료를 위해 찾고 있다. 세계적인 축구신동 마라도나는 코카인 등 약물 중독으로 위독한 상태까지 빠졌으나 쿠바에서 심장질환 치료와 중독 재활치료를 받고 재활에 성공했으며, 스무 살 난 쿠바 여성과 결혼까지 해 세계의 화제가 됐다. 그는 이후 피델 카스트로의 문신을 할 정도로 열렬한 지지자가 됐다.

또한 쿠바는 세계적인 의사 수출국이다. 정부는 저소득층 청소년을 포함해 전국에서 학생을 선발해 국립 의과대학에서 무상으로 교육시킨다. 이렇게 기른 의사들은 세계 곳곳의 재해 현장에서 적극적인 의료 활동을 벌이고 있다. 〈로이터통신〉에 따르면 현재 아프리카 대륙에만 2,000명 이상의 쿠바 의사들이 활동하고 있다. 그들은 내전 중인 전쟁터나 난민촌, 또는 의료 혜택이 부족한 오지에서 활약 중이다.

라틴아메리카 지역에서 활동하고 있는 숫자는 더욱 많다. 2012년 베네수엘라에 파견돼 활동하고 있는 쿠바 의료인력만 3만 명에 달하

---

91) 조현찬, "쿠바의 라틴아메리카의과대학(Escuela Latinoamericana de Medicina, ELAM)", http://www.koreahealthlog.com/?p=11054(인터넷검색:2015.8.25).

며 그 대가로 쿠바는 하루에 9만2천 배럴의 석유를 공급받았다. 그 외에도 2012년 세계 68개국에 파견된 쿠바 의료인력은 의사 1만5천 명을 비롯하여 3만9천여 명에 달했다. 2013년 8월 브라질은 농촌지역과 도시빈민지역에서 일할 쿠바 의사 4,000명을 파견 받았다. 이렇게 해외 의료인력 파견을 통해 쿠바가 벌어들이는 외화 수입이 2012년 기준으로 60억 달러에 달했다. 쿠바의 주요 현금 수입원인 관광 수입이 2011년 25억 달러에 불과했던 것을 감안하면 이게 얼마나 큰돈인지 금방 알 수 있다.[92]

라틴아메리카 의과대학과 인도주의·연대성

그러나 쿠바 의료정책의 기본은 돈이 아니라 인간이다. 쿠바 의료진의 해외 파견도 혁명 이후 인도적인 차원에서 해외 지원의 일환으로 시작되었고 지금도 그런 원칙에 변함이 없다. 1999년 11월 아바나에서 개최된 제9회 중남미 정상회담에서 제안되어 설립된 라틴아메리카 의과대학Escuela Latinoamericana de Medicina, ELAM은 그 대표적인 본보기가 되고 있다.

이 대학은 쿠바의 수도 아바나의 외곽에 위치한 그란마 해군기지 건물을 개조하여 사용하고 있는데, 500명의 교수와 1,000여 명의 직원이 근무하고 있다. 〈맨발의 의사〉라는 TV 다큐멘터리 프로그램을 통해 널리 알려진 쿠바의 라틴아메리카 의과대학은 연대성, 통합성, 인도주의를 표방하고 있는데, 중남미를 비롯해 의료진이 부족한 여러 나라에서 학생들을 불러들여 의사로 양성한 후 돌려보내 고국의 의사로

92) "브라질, 빈민층 치료 위해 쿠바 의사 4,000명 고용", 〈뉴시스〉, 2013.8.23(인터넷검색:2015.6.23).

활동할 수 있게 하기 위해 만든 곳이다.

1998년 10월 거대한 허리케인 두 개가 잇따라 중미와 카리브 지역을 덮쳐 심각한 피해가 발생했다. 특히 온두라스, 니카라과, 과테말라, 엘살바도르 등 중미 4개국에서 사망, 행방불명자가

라틴아메리카 의과대학에 들어온 여러 나라의 학생들. 이 대학은 쿠바의 무상 의료와 더불어 인도주의와 국제주의, 연대성을 말해 주는 상징이라 할 수 있다. (출처: granma.cu)

18,500명이나 되었다. 쿠바는 이곳 피해 지역에 1천 명이나 되는 의료진을 보냈는데, 현지에는 기초적인 의료 서비스가 결정적으로 부족했다. 이 경험을 통해 쿠바는 원조 지역의 의료제도를 강화하기 위해 지원을 더욱 확충했으며 동시에 현지에서 의사를 양성하는 교육기관을 세우기로 결정했다.[93]

그렇게 해서 쿠바에 라틴아메리카 의학대학이 세워졌다. 첫해의 입학생은 1,595명이었으나 해마다 학생들이 늘어나 2005~2006년 학기에는 1만661명의 유학생들이 의학을 배우게 되었다. 이 학교에는 중남미 17개국과 아프리카 4개국, 미국 등 28개국에서 학생들이 유학을 왔다. 연대성의 원칙에 기초하여 6년 동안 수업료, 책값, 의복비 등 모든 것을 쿠바가 부담하고 있다. 또한 학생들에게 매달 100페소의 장학금까지 지급되며 4,000여 명의 학생들이 기숙사에서 무료로 숙식을 제공받고 있다.

이 학교의 입학 기준은 본국에서 고등학교를 졸업한 25세 미만의 학생으로 각국의 교육부에서 발행하는 학적증명서(또는 성적증명서)를

---

93) 요시다 다로, 위의 책, 178-180쪽.

쿠바대사관의 공증을 거쳐 제출해야 한다. 그 외 출생증명서, 건강증명서, 에이즈증명서, 임신증명서, 범죄사실증명서 등도 제출해야 한다. 1년에 1,500명을 모집하는데 쿠바와 연대하고 있는 각국 정부, NGO, 진보정당 등과 소통하여 입학 절차 등에 대해 소개하고, 추천을 받고 있다. 별도의 입학시험은 없으며 입학을 원하는 사람은 쿠바로 입국해서 준비학기(1학기) 과정을 밟는다.[94]

외국인의 경우 6개월간의 스페인어 코스가 있다. 전체적으로 준비기간을 포함하여 6년 반의 교육과정을 거치게 되는데, 처음 2년 동안은 학교 수업으로 기숙사 생활을 하면서 기초의학을 공부한다. 그리고 4년간의 임상교육으로 쿠바의 다른 의과대학에서 수업을 듣고 병원에 나가 실습 교육을 받는다. 6학년이 되면 쿠바의 보건부에서 실시하는 국가시험을 볼 수 있으며 떨어질 경우 3~4개월 후 재시험을 치를 수 있다. 합격하면 일반의 자격을 받으며, 쿠바나 남미, 또는 본국으로 돌아가 일을 할 수 있고, 원한다면 3년의 전문의 과정을 밟을 수 있다.

그런데 라틴아메리카 의과대학 교육에서 주목할 것은 '전반적 통합의학'을 지향한다는 점이다. '전반적 통합의학'은 보건의료를 생물학적 차원으로만 접근하는 것이 아니라 거기에 심리학적, 문화적 차원, 나아가 영적인 차원까지 통합적인 접근을 하는 것을 의미한다. 세계보건기구에서는 건강을 "단순히 질병에 걸리지 않은 상태에 그치지 않고 신체적·정신적·사회적 행복이 온전한 상태에 있는 것"이라 정의하고 있다.

지금의 현대 의학은 인간유전체[Genome] 연구에 기초한 유전자 결정론에 경도되어 있는데, 이를 넘어설 수 있는 노력이 필요한 상황이다. 그러기 위해서는 유전자의 생물학적인 차원뿐만 아니라 사회 환경의

---

94) 조현찬, 위의 글(http://www.koreahealthlog.com/?p=11054) 참고.

영향, 면역계와 질병에 대한 사회적 영향까지 함께 보는 것이 필요하다. 쿠바의 라틴아메리카 의과대학의 교육은 이런 차원으로 접근하기 위해 노력하고 있다.[95]

라틴아메리카 의과대학에 입학하는 데는 앞에서 본 구비 서류 외에 또 하나의 조건이 추가된다. 졸업 후 기존의 의사가 있는 지역이 아니라 가난한 농촌이나 원주민 거주지에서 일하겠다고 맹세하는 것이다. 쿠바의 의사 교육은 최저계층, 빈민지역 의료 활동의 사명을 부여하고 있지만, 유학생이 귀국한 이후 반드시 빈민 지역에서 의료 활동을 해야 하는 것은 아니다.

그러나 쿠바 의학 교육은 인간교육, 인격교육도 함께 시행한다. 쿠바 학생들과 함께 공부하고 실습하면서 의사로서의 양심과 도덕을 배운 그들은 대부분 그러한 맹세를 실천하고 있다. 그들은 의사이자 혁명가인 체 게바라의 후예라고 말할 수 있다.

쿠바에서는 라틴아메리카 의과대학뿐만 아니라 모든 교육이 무상이고, 의사가 되는 과정에서도 돈이 한 푼도 안 들어간다. 모든 국민이 무상치료를 받을 수 있어서 심장병 수술처럼 한국이나 미국이라면 엄청난 비용이 필요한 병의 치료도 전액 무료다. 놀라운 일이다.

사실 사회주의 국가 중에서도 무상교육과 무상의료를 전면적으로 구현하는 나라는 많지 않았다. 구소련과 동구 사회주의 국가들, 중국, 베트남도 실현하지 못했다. 아마도 쿠바와 북한 정도가 가장 가까이 다가갔을 뿐이다. 작고 가난한 나라 쿠바가 세계 최강국 미국의 코앞에서 압력에 굴복하지 않고 살아남을 수 있었던 저력은 바로 이런 곳에서 나왔다.

---

95) 최형록, "쿠바의 '라틴 아메리카 의대(ELAM)'", 〈세상속에서〉, (http://blog.daum.net/_blog/ BlogTypeView. do?blogid=0IhYd&articleno=6337730(인터넷검색:2015.8.25) 참고.

풍요로운 쿠바를 기원하며

인간 사회에서 먹고 입고 자는 문제, 즉 식의주는 생활의 가장 기본 문제이다. 그러나 그것만으로 인간의 삶이 보장된다고 말할 수는 없다. 제대로 교육받고 아플 때 치료받을 수 있어야 하며, 나아가 문화적인 생활도 영위할 수 있어야 한다.

쿠바는 물질적으로 풍요로운 나라는 아니지만 최소한의 식의주와 더불어 교육과 의료 문제를 해결하고 있다. 문화생활도 비교적 잘 충족되고 있다. 하지만 여기서 만족할 수는 없을 것이다. 그들은 분명 지금보다 더 풍요로운 물질적 삶을 누려야 하고, 지금보다 나은 정치적 자유가 보장되어야 하며, 또 현재보다 더욱 풍부한 문화적 혜택을 누릴 수 있어야 할 것이다.

쿠바는 지금보다 나은 물질적 풍요를 누리기 위해, 궁핍한 삶에서 벗어나기 위해, 미국과의 관계 개선을 도모하고 시장경제를 도입하며 경제개혁과 협동조합 실험 등의 새로운 길을 찾아가고 있다. 앞날이 어떻게 전개될지 장담할 수는 없지만, 쿠바가 혁명을 통해 이룬 가장 핵심적인 가치들을 보존하면서도 경제적으로 풍족하고 정치적으로 자유롭고 문화적으로 풍부한 삶을 살 수 있게 되기를 바라는 마음 간절하다.

우리 숙소의 안주인은 의사로 직장 근무를 하고 있었기 때문에 까사는 남편이 책임지고 운영하고 있었다. 본래 남편은 엔지니어 출신이었으나 월급이 적어 제빵 기술을 배웠고, 부모가 물려준 이곳에다 2년 전부터 까사를 짓기 시작했다고 한다. 까사를 짓는 데 상당한 돈이 들었는데, 그 돈은 대부분 은행에서 대출을 받았다고 한다. 부인이 의사여서 신용도가 높은 관계로 은행 대출에는 큰 문제가 없었고, 이자도 거의 없는 편이라고 한다. 다만 까사를 짓는 자재 값이 너무 비싸고,

냉장고, 에어컨, 선풍기, 주방기구 등 모든 물품들은 암시장에서 구매해야 하는데, 그 비용이 그들로서는 감당하기 힘들 정도로 엄청나서 부담이 크다고 했다.

커피, 설탕, 쌀, 기름 등은 배급이 되지만 부족하고, 부족분과 과일, 야채 등 나머지 생필품을 구입하기 위해서는 비싼 가격을 지불해야 하기 때문에 생활이 힘들다고 털어놓았다. 이중화폐제도에 대해서도 불만이 많았다. 부족 물품을 구입하는 데 쿠바페소^{CUP}로 모두 살 수 있는 게 아니어서 부작용이 심각하다는 것이다. 국영상점 등에서 정상적인 가격에 구입할 수 있는 물품이 매우 제한되어 있고, 그래서 나머지는 대부분 암시장에서 외국인 전용 화폐인 쎄우쎄^{CUC}로 구입해야 하는데, 현재 쿠바인의 월급이나 수입으로는 도저히 감당하기 힘든 가격이라는 것이다.

쿠바 정부는 관광산업을 본격적으로 개방하면서 1994년부터 이중화폐제도를 도입했다. 내국인과 외국인에게 다른 가격정책을 폄으로써 내국인에게는 부족한 수입 안에서 최소한의 생계를 보장하고, 외국 관광객에서는 최대한 많은 외화 수입을 올리겠다는 목적이었다. 하지만 이중화폐제도는 애초의 취지와는 달리 대내적으로 물가상승, 암

산타클라라의 한 서점 모습.

시장의 횡행, 쿠바 화폐가치의 하락, 정부 정책에 대한 불신 증가 등 여러 문제들을 노출시켰다. 대외적으로 이중화폐제도는 쿠바 경제에 대한 신용도 문제를 계속 제기하게 만드는 주범이다.

이런 문제점을 알고 있기에 쿠바 정부도 2013년 10월부터 이중화폐제도를 폐지할 것이라고 발표했으나 아직까지도 통용되고 있다. 당장 이중화폐제도를 폐지할 경우, 쿠바페소화의 폭락과 함께 물가상승에 따른 쿠바인의 생활고가 예상되고, 미국 달러화에 예속될 위험성이 다분히 있다. 이런 딜레마를 해결하기 위해서는 쿠바 경제의 기초 체력이 튼튼해져야 하는데 상당한 시간이 필요할 것으로 보인다.

의사들 봉급이 라울 카스트로 집권 이후에 그래도 많이 올랐다고 한다. 의사 봉급이 현재는 1,600쿠바페소 정도인데, 이를 쎄우쎄로 환산하면 64꾹 정도가 된다. 마이클이 말한 일반 노동자의 25꾹(600쿠바페소)의 거의 세 배 가까운 금액이다. 하지만 의사들도 봉급만으로는 중산층 생활이 어림없다고 한다. 그래서 보수가 높은 해외 근무를 자원하는 경향이 많은데, 그렇게 해외에 나가면 몇 년씩 가족들과 헤어져 지내야 하고 그러다 보니 이혼 등 여러 문제들이 발생하고 있다고 한다.

지식인이면서 생활 수준이 상대적으로 나은 편인 이들 부부는 대체로 미국과의 관계 개선에 대해서 환영했고 일말의 기대감도 내비쳤다. 하지만 미국이 가장 먼저 할 일은 아마도 호텔 짓고, 신용카드 쓰게 만

산타클라라 공원에도 체 게바라의 축소된 동상이 세워져 있고(왼쪽), 쿠바 독립전쟁의 영웅 막시모 고메스는 산타클라라 시장으로 재임하기도 했다(오른쪽).

드는 등의 일일 것이라면서 경계심도 늦추지 않았다. 그들은 미국 자본이 들어오면서 쿠바의 무상의료와 무상교육체계에도 영향을 미치지 않을까 걱정하는 마음도 갖고 있었다.

당장에 무상의료와 무상교육제도가 폐지되거나 흔들리지는 않겠지만, 시장경제가 가속화되고 10년, 20년의 시간이 흐르면 어떻게 바뀔지 모르는 일이다. 러시아와 동구권은 물론이고, 정치적으로는 아직도 사회주의체제를 유지하고 있는 중국과 베트남만 해도 교육과 의료에서 상당한 후퇴가 나타나고 있는 것을 생각해보면 결코 우려로만 끝날 일은 아니다.

나는 쿠바의 의료·교육체계와 함께 사회주의, 인간, 경제발전, 풍요 등에 대해서 생각해보았다. 바람도 없는 가운데 산타클라라의 밤이 깊어가고 있었다. 혁명의 전설 체 게바라가 잠든 이곳에서 오늘밤을 보내는 느낌과 감회가 남달랐다.

체 게바라의 격전지를 찾다

다음 날 6월 25일 목요일 오전 8시, 우리는 산타클라라 시내 구경에 나섰다. 비달^{Vidal}광장으로 갔다. 1896년 독립전쟁 중에 전사한 비달^{Leoncio Vidal(1864~1896)} 장군의 이름을 따서 지었다고 한다. 쿠바에서 가장 활기찬 광장 가운데 하나로 알려져 있다. 아니나 다를까, 우리가 갔을 때에도 많은 사람들이 모여서 쉬고 있었다. 주변에는 아직도 총탄 자욱이 남아 있는 리브레^{Libre} 호텔과 고풍스런 까리다드 극장, 학교, 도

산타클라라의 비달광장 주변 모습(위 왼쪽). 봉황목이 광장 주변의 풍취를 더해준다(위 오른쪽). 산타클라라 리브레 호텔. 아직도 혁명전쟁 당시 총탄 자국이 건물 벽면에 그대로 남아 있다(아래).

서관, 시청, 박물관 등 산타클라라의 주
요 건물들이 자리를 잡고 있다.

우리의 진짜 목적지는 장갑열차 기념
비 공원이다. 체 게바라가 지휘하는 혁
명군이 아바나로 진격하던 중 이곳에서
바티스타의 정부군을 크게 물리쳐 승리
를 거둔 곳이다. 게바라의 혁명군은 불
도저를 이용하여 철로를 뜯어냄으로써

산타클라라에서 만난 피델
카스트로와 라울 카스트로.

지원정부군이 중간에 열차를 세우게 만들었다. 이때 혁명군은 기습공
격을 감행하여 90분 만에 열차를 탈취하는 데 성공했고 이로써 산타
클라라의 격전을 승리로 이끌 수 있었다. 1958년 12월 27일부터 사
흘간에 걸친 산타클라라 전투의 승리로 혁명군의 승리는 결정적으로
굳어지게 된다.

기념비는 인디펜덴시아 거리 북동쪽 끝 다리를 건넌 곳에 있었
다. 인디펜덴시아 거리는 산타클라라에서 가장 번화한 곳으로 활
기가 넘쳤다. 길 가운데 화분과 가로등이 놓여 있고 머리 위에는
'BOULEVARD'라는 간판도 가로놓여 있는 게 보인다. 옛날 건물과 현
대적 건물이 조화를 이루고 있다. '비야 클라라VILLA CLALA'라고 쓴 간판
좌우에 카스트로 형제의 초상도 그려져 있었다.

체 게바라의 산타클라라 격전지는 작은 공원으로 조성돼 있었다. 그
곳에는 기념탑이 세워져 있고, 당시 사용되었을 것으로 짐작되는 불
도저가 있었다. 또한 1꾹의 입장료를 받고 들여보내주는, 무기와 사진
자료들이 전시돼 있는 열차가 있다. 공원 바로 옆으로 열차가 지나가
는 철로가 있다. 우리가 공원을 구경하고 있는 동안 열차가 천천히 지
나갔다. 그걸 보고 있자니 체 게바라가 이끄는 혁명군 부대가 펼친 역
사적 순간의 감흥이 조금은 되살아나는 듯했다.

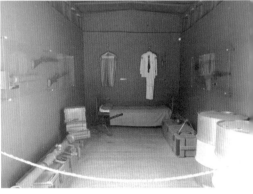

장갑열차 기념공원(위 왼쪽)
과 장갑차(위 오른쪽). 장갑
열차 기념관(아래 왼쪽)과
내부 모습(아래 오른쪽).

　돌아오는 길, 다시 인디펜덴시아 거리를 따라 걸었다. 식당, 배급상
점, 개인상점이 곳곳에 자리를 잡고 있다. 확실히 산타클라라는 상점
도 많고, 물건도 많은 현대 도시의 느낌이 난다. 인구 25만여 명의 지
방도시로서는 상당히 활기찬 느낌이다. 무엇보다 인디펜덴시아 거리
중심부에는 전자상점, 미용, 화장, 세면 등의 생활용품을 비롯하여 수
입상품점도 여러 곳 있었다. 이는 아바나에서도 잘 보지 못했던 광경
이었다.

　혁명의 아이콘인 체 게바라의 도시에서 만난 화려한 자본주의 상품
을 보고 있자니 만감이 교차했다. 하기는 자본주의의 종주국이자 오랫
동안 쿠바의 적대국이었던 미국에서도 체 게바라는 가장 인기 있는 인
물의 하나라는 아이러니를 생각하면 이건 별일도 아니다. 체 게바라를

인디펜덴시아 거리 풍경. 산타클라라에서 가장 번화한 곳으로 활기가 넘친다.

이용한 상술에서 볼 수 있듯이 혁명조차도 상업화하는 것이 자본주의의 힘이 아니겠는가.

숙소로 오기 전 은행에서 환전하려고 했으나 사람이 너무 많아 포기했다. 아침을 해결하기 위해 식당에서 파스타드, 피자, 사이다, 오렌지 등을 시켜 먹었다. 길거리에서 전날 산타클라라로 오면서 휴게소에서 맛본 것과 비슷한 모양의 비스켓이 있어서 샀더니 그 맛이 안 난다. 너무 짰다. 조금 먹다가 그 과자를 가방에 넣어두었는데, 멕시코 공항 입국과정에서 마약 탐지견에게 걸리는 바람에 우리는 약간의 불편을 감수해야 했다.

아침 식사를 하고 나오는데 할머니 한 분이 계속 우리에게 말을 걸고 싶어 한다. 알고 보니 게바라 초상이 들어 있는 3쿠바페소와 1쎄우쎄를 바꾸자고 한다. 이 대표가 기념으로 한 장 교환했다.[96] 이래저래 게바라는 쿠바를 살리는 인물이 되고 있다는 생각이 들었다. 체 게바라는 관광의 아이콘이면서 쿠바혁명의 아이콘이기도 하다. 또한 그는 쿠바의 나쁜 이미지를 희석시키고 사람들에게 쿠바혁명의 순결성과 순수성을 보증해주는 역할을 하고 있다. 그러니 쿠바인들이 체 게바라를 어떻게 좋아하지 않을 수 있겠는가.

---

96) 1CUC=24CUP니까 3CUP와 1CUC를 맞교환하면 8배의 차이가 나는 셈이다.

20

"청년이여 그대가 쿠바의 미래다"

산타클라라에서 다시 아바나로

비달공원 옆을 지나는데 코펠리아 아이스크림 가게가 나타났다. 우리는 처음에 길게 늘어서 있는 줄 뒤에서 한참 동안 서 있다가, 아무래도 이상한 느낌을 받았다. 알고 보니 그 줄은 내국인들이 서는 줄이었다. 외국인들은 바로 들어가서 시켜 먹으면 됐다. 물론 가격 차이가 날 것이다. 우리는 아이스크림 세 접시를 시켰다. 가격은 한 접시에 3꾹. 우리가 한국에서 먹는 보통 아이스크림보다 훨씬 당도가 높았다. 설탕 덩어리라는 느낌이 들 정도였는데, 흰 크림에서 설탕 알갱이의 사각사각하는 느낌이 그대로 전달된다.

주변을 둘러보니 우리처럼 조금 먹는 사람이 없었다. 보통 세 명이 대여섯 접시를 먹고 있다. 어떤 이는 혼자서 세 접시를 먹는다. 밖에서는 현지인들이 여전히 줄을 서서 자기 차례를 기다리고

코펠리아 아이스크림 가게. 가게 앞에 쿠바인들이 늘어선 줄이 엄청나다.

있었다. 가격을 생각하면 당연히 그럴 만했다. 쎄우쎄와 쎄우뻬의 비율이 1:24이니 그만한 차별을 감수하는 것도 무리는 아닌 것이다.

숙소로 돌아와 떠날 채비를 했다. 우리를 반갑게 맞아주는 주인아저씨와 헤어질 생각을 하니 아쉽다. 그와 더 많은 이야기를 나누고 싶었지만 하루 숙박이라 그러지 못했다. 지적인 풍모가 느껴지는 주인장만큼이나 까사도 깔끔하고 쓸모 있게 잘 단장해놓았다. 집 구조도 바람이 잘 통하도록 최대한 배려하여 건축했고, 정리 정돈도 잘 돼 있다. 베란다의 고정화분도 그렇고, 하늘로 바로 통하게 만들어놓은 중앙 부분도 그랬다. 이곳의 1달 까사 세금은 40꾹이라고 한다. 부디 손님을 많이 받아서 많은 수입을 올리고 쿠바에 대한 좋은 인상도 계속 심어주기를. 우리는 숙비와 음료수 값을 계산하고, 인터넷 주소까지 받아서 그곳을 떠났다.

우리를 아바나로 데려갈 기사가 밖에 대기하고 있다가 반갑게 맞이한다. 어제 산타클라라로 오는 도중 계약한 그 기사가 정확한 시간에 찾아와 대기하고 있었다. 기사의 나이는 22세라고 한다. 군 복무 중인 내 아들과 동갑내기다. 덩치도 당당하고, 쾌활하고 활달하다. 열심히 대화를 나누려 하지만 말이 제대로 안 통하니 서로 답답하다. 청년 기사는 고속도로를 달리는 도중에 한 지점을 손가락으로 가리키며 자기 고향이라고 말한다. 어머니와 할머니가 살고 계시단다.

아버지는 어디 있느냐고 물었더니, 미국 플로리다 올랜도에 산다고 말한다. 무슨 말일

우리가 묵은 까사는 주변 건물과 달리 깨끗이 단장돼 있다. 내부 시설도 사람이 살기 편하도록 돼 있어 주인의 배려가 돋보였다.

379

까? 아버지가 쿠바를 떠나 미국으로 망명했다는 이야기인가? 더 이상 묻기도 그렇고 해서 말문을 닫았다.

중간 휴게소에서 잠깐 쉬었다. 환타를 한 캔 사서 마셨다. 코카콜라에서 출시한 과일 맛 나는 환타는 쿠바나 한국이나 거의 맛이 같은 게 규격화가 잘 돼 있다. 택시기사에게는 에스프레소를 한 잔 사 주었다.

고속도로 중간중간 사람들이 모여 있다가 지나가는 차를 세우고 있었다. 우리가 익히 보아온 모습이다. 쿠바에서는 빈 차로 갈 경우 반드시 사람을 태워주어야 한다.

중앙분리대나 도로 옆에 있다가 차선으로 나오면서 물건을 사라고 손짓하는 사람들도 곳곳에서 보인다. 그들의 손에는 치즈, 버터 같은 유제품이 주로 들려 있다. 바나나, 망고, 옥수수 같은 과일을 들고 있는 사람도 가끔씩 보인다. 자신의 손으로 직접 만든 물건들일 것이다. 젊은 기사는 자기 친구도 저런 물건을 만들어 팔고 있다고 이야기한다. 돌아갈 거리가 가깝다면 하나 살 수도 있을 텐데 하는 생각이 들었다.

마이클과 릴리의 닮은 점과 차이점

오후 3시경, 우리가 묵을 아바나의 숙소 앞에 도착했다. 마이클의 집이다. 우리는 마이클의 집에서 묵고, 교수님과 원장님은 저번에 묵었던 그 집에서 지내기로 했다. 마이클의 집은 깔끔했다. 창이 없다는 점을 제외하고는 거의 호텔 같은 느낌이 들 정도다. 이곳에 오니 마치 고향에 온 같은 편안한 기분이 들었다.

그런데 분위기가 좀 이상했다. 마이클이 의외의 말을 했던 것이다. 자기가 소개해준 트리니다드의 까사 주인이 하루 종일, 심지어는 밤에도 잠을 못 자고 우리를 기다렸다는 것이다. 이게 무슨 이야기인가?

우리가 겪은 자초지종을 이야기했다. 릴리라는 여자를 만났고, 그녀에게 물었더니 그 집은 수리 중이며 영업을 하지 않는다고 해서 다른 곳을 찾았다고.

지나온 과정을 되짚어보니 중간에 기사가 바뀌면서 문제가 생긴 모양이다. 우리를 비날레스로 태워다준 그 젊은 기사가 교대를 하면서 새로운 기사에게 우리 사정(트리니다에 숙소를 예약했고, 그곳으로 데려다주면 된다)을 정확히 전달하지 않았을 가능성이 컸다. 그랬기 때문에 우리가 새 기사에게 마이클이 소개해준 까사 주소를 보여주었는데도 그는 여기저기 다른 숙소를 찾아 돌아다녔던 것이다. 그러다가 릴리를 만났고, 릴리의 말에 현혹된 우리가 그녀를 따라갔던 것이고.

그 바람에 마이클이 소개해준 까사 주인은 눈이 빠지게 우리를 기다렸고, 결국 손해를 보았다. 하지만 우리도 원래 예약했던 그 집에 못 들어가는 바람에 예기치 못한 상황을 맞았고, 고생이라면 고생이랄 수 있는 곡절을 겪어야 했다. 그렇게 보면 우리도 피해자인 셈이었다. 하지만 마이클이 출근도 하지 않고 우릴 기다렸다고 하니, 단단히 벼르고 있었던 모양이다. 사정 설명을 들은 마이클은 당장 릴리의 주소를 알려달라고 했다.

그런데 릴리의 주소가 보이지 않았다. 우리는 대부분 묵었던 집 주소를 사진으로 찍어 자료로 남겨두었다. 하지만 이상하게도 릴리의 집은 정면에서 주소가 나오도록 찍은 사진이 없었다. 또 릴리네 집에서 정확히 누구 것인지는 모르지만 분명히 명함을 하나 가져왔는데, 그것마저도 어디로 갔는지 보이지 않았다. 나중에 한국에 돌아와 짐을 정리하다 보니까 그 명함이 튀어 나왔다. 하지만 이미 쓸모없게 된 뒤였다.

우리는 마이클에게 "당신 친구인 택시기사(우리를 비냘레스로 실어다 준)에게 왜 중간에 차를 바꾸어야 했는지" 한번 물어보라고 했다. 마이클은, 차가 고장 나서 그랬다는 말을 그에게 들었다고 한다. 그런 의사가 우리에게 정확히 전달이 안 됐다는 말을 마이클에게 곁들였다. 우리가 떠난 뒤로 일이 어떻게 진행되었을지 지금도 궁금하다. 과연 아바나의 마이클이 트리니다드의 릴리에게 어떤 조치를 행사할 수 있었을까?

쿠바에서 만난 사람들 가운데 마이클과 릴리는 특히 인맥이 넓은 사람들이었다. 이들은 그런 인맥을 활용해 관광객을 연결시켜주는 역할을 했다. 그 과정에서 어떤 프리미엄을 얻는지는 알 수 없지만, 아무 대가 없이 그런 일을 하지는 않을 것이다. 이들은 쿠바의 시장 개방 과정에서 어느 정도 성공의 기반을 갖고 있는 사람에 속한다고 봐야 할 것이다.

그런데 우리가 경험한 바로, 마이클은 일을 상당히 세련되게 처리하는 반면, 릴리는 거칠고 무리수를 두는 경향이 있었다. 그건 아바나와 트리니다드의 실력 차일 수도 있고, 두 사람의 바탕 차이일 수도 있겠다. 짧은 기간에 본 우리가 쉽게 예단하기는 어렵겠지만, 아마도 두 가지가 함께 작용했을 가능성이 높을 것이다. 과연 10년쯤 뒤 두 사람이 어떤 모습으로 살고 있을지 사뭇 궁금하다.

오비스뽀 거리에서 만난 청년

아바나 시내 구경에 나선 우리는 오비스뽀 거리를 따라 걸었다. 그때 10대 후반으로 보이는 어린 친구 하나가 집요하게 따라붙으며 호객 행위를 한다. CD를 사라는 것이다. 원장님이 재미 삼아 대꾸해주었더니 이 친구 옳다구나 하고 끝까지 따라붙는다. 결국 그 친구 손에 이끌려 한 가게 앞에 섰다. 한눈에도 조잡한 복제품으로 보이는 CD들이 나열되어 있다. CD는 복사한 종이케이스에 조잡하게 포장돼 있었다.

하나를 집어 들고 얼마냐고 물었더니 10꾹이란다. 해적판을 이렇게 비싼 값으로 팔다니 우리를 호갱으로 아는 게 분명했다. 이야기 끝에 2장에 10꾹을 지불하고 그 자리를 떠났다. 알면서도 속아준 것은 이 더운 날씨에 손님을 낚느라 수고한 데 대한 값이었다. 우리는 나중에 공항에서 정품을 10꾹, 15꾹씩 주고 몇 장을 샀다.

오비스뽀 거리 끝부분에 헤밍웨이가 숙박하며 집필을 했다는 암보스 문도스 호텔이 있다. 그 앞에서 사진을 한 장 찍었다. 그런데 내가 주변의 다른 곳에 주의를 팔고 있는 사이 우리 일행은 문도스 호텔 안으로 들어갔다. 나도 급히 뒤따라 들어갔으나 호텔 종업원이 가로막는다. 그는 나더러 밖으로 나가라고 했다. "나도 저 사람들과 같은 일행이야"라고 말했지만 말이 통하지 않았다. 그는 들어갈 수 없다면서 단호히 "Go out"만을 외친다. 나

활기가 넘치는 오비스뽀 거리.

는 할 수 없이 밖으로 쫓겨 나왔다.

까치발을 하고 안을 들여다보니 벽에 걸린 헤밍웨이의 사진들이 비
쳤다. 카스트로와 찍은 사진도 있다. 여러 장의 사진과 몇 가지 전시
물이 1층 로비에 있었다. 이 호텔 2층에는 헤밍웨이가 묵었던 201호
실을 그대로 보존해두고 있다. 그런데 그 2층 집필 장소를 구경하는
데 2꾹의 입장료를 받는다고 한다. 일행이 호텔 로비를 구경하고 있는
동안 나는 밖에서 여기저기를 돌아보았다. 잠시 뒤 일행이 밖으로 나
왔다. 2층에 올라갔느냐고 물었더니 아니라고 답한다. "뭐 볼 것도 없
어." 이 대표가 심드렁하게 말한다. '그렇겠지? 안 그러면 내가 너무
억울하지.'

밖에서 기다리는 동안 나는 호텔 앞에서 분장을 한 채 행위예술을
하고 있는 한 사람을 발견했다. 그는 청동상처럼 미동도 않고 가만히
앉아 있었다. 그때 호텔에서 나온 이 대표가 조각 작품인 줄 알고 그
옆에 다가갔다가 그의 움직임에 깜짝 놀랐다. 더운 날씨에 고생하는
그에게 1꾹을 주었다. 기분이 좋아진 행위예술가는 사진을 찍으라고

암보스 문도스 호텔의 외부
(왼쪽)와 내부 모습(오른쪽).

멋진 포즈를 취해준다. 그래서 셔터를 몇 차례나 눌렀는데, 이 글을 쓰면서 찾아보았더니 사진이 딱 한 장밖에 없다. 어떻게 된 것일까?

우리는 오비스뽀 거리의 마지막까지 갔다가 다시 센트로 아바나 쪽으로 되돌아왔다. 마이클이 소개해준 클럽을 찾아가기 위해서다. 아직 시간 여유가 있었다. 그 클럽은 저녁 7시부터 생음악을 연주한다고 한다. 아무래도 저녁을 먹고 가야 할 것 같았다.

저녁 식사는 'Sloppy Joe's Bar'에서 하기로 했다. 첫 인상이 좋았을 뿐더러, 음식의 맛과 질도 좋았기 때문이다. 맥주, 레몬에이드, 햄버거, 샌드위치 등을 시켰는데, 역시 우리를 실망시키지 않았다. 인테리어도 깔끔했고, 냉방은 추울 정도였다.

여행은 내 돈 내고 사서 하는 고생

식사 후 클럽 'Kilomiter Zero(KMO)'를 찾았다. 술 한잔 마시면서 음악 연주를 감상할 수 있는 데라고 마이클이 추천해준 곳이었다. 좀 해맨 끝에 그곳을 찾아냈지만 아직은 너무 이른 시간이었다. 영업시간까지는 아직 1시간이 남아 있었다. 그래서 우리는 까삐똘리오 주변을 돌아보고 한국인 젊은 배낭여행객이 많이 묵는다는 '호아낀 아줌마' 집을 한번 찾아가보기로 했다. 혹시 스페인어를 잘하고 쿠바 사정에 밝은 사람이라도 만나면 내일 하루 통역이나 가이드를 요청해볼까 싶었다.

한참을 헤맨 끝에, 까삐똘리오 바로 옆에 위치한 허름하고 낡은 건물 2층에 있는 호아낀 아줌마네 집을 찾을 수 있었다. 안으로 들어가니 예닐곱 명가량의 한국 젊은이 배낭객들이 거실에 모여 이야기를 나누고 있었다. 대부분 대학생이거나 20대일 것으로 여겨졌다.

처음 1층에 들어설 때는 건물이 너무 낡아 적잖은 충격을 받았다. 곳곳이 낡고 부서져 있었다. 게다가 어둡기까지 해서 마치 영화에 나오는 범죄 현장 같은 느낌이 들었다. 사람들이 떠나고 재개발 직전의 폐허 건물 같다고나 할까? 언뜻 보기에 도저히 사람이 살 수 없을 것 같았다. 하지만 계단을 올라가는 동안 그런 느낌은 사라졌다. 2층에 올라가니 사람 사는 티가 나고 내부 시설도 그런대로 깔끔했다.

그렇지만 우리 일행이 머물기에 이곳은 도저히 어울리는 곳이 아니었다. 한 방에 4명, 6명이 함께 지낸다고 했다. 에어컨이 있느냐고 물었더니 한 청년이 선풍기는 있다고 대답한다. 이렇게 더운데 어떻게 지내냐고 하니까, 내 큰딸 또래의 스물네다섯 정도로 보이는 젊은 여성이 "괜찮아요. 별로 안 더워요"라고 말한다. 아무리 '여행은 내 돈 내고 사서 하는 고생'이라지만, 그래도 이건 좀 심하다는 생각이 들다. 한편으로는 젊음이 부럽기도 했다. 젊음이 아니면 어떻게 이런 힘든 여행을 감당할 수 있겠는가.

거실에 모여 있는 사람들 중 나이가 약간 들어 보이는 한 청년과 잠깐 이야기를 나누었다. 그는 멕시코와 중남미를 한 달 동안 돌고 이곳에 왔다고 한다. 기름기가 쭉 빠져 있는 데다가 새까맣게 탄 그의 몸이 그동안의 행적을 간접적으로 말해주고 있었다. 청춘들은 그사이에도 핸드폰과 노트북으로 무언가를 함께 보면서 즐겁게 이야기를 나누고 있다. 여행은 역시 젊은 시절에 해야 한다는 생각이 들었다.

주인아주머니가 왔다. 인상이 후덕하고 온화한 게 마음씨가 좋아 보인다. 60대 후반쯤 되었을 것 같은 아주머니는 마치 아이들의 보호자 같았다. 우리는 작별 인사를 나누고, 그 집을 나왔다.

까삐똘리오 길 건너편 거리에 있는 술집 앞에서 멈췄다. '킬로미터 제로'가 아닌, 그 근방의 다른 클럽이었다. 바에서 신나는 음악이 연주되고, 사람들은 춤을 추고 있었다. 그러나 너무 비좁아서 움직이기조차 힘들었고, 빈자리도 없었다. 우리는 그 술집 앞 공터 가장자리에 걸터앉아 음악을 들으며 시원한 바람을 즐겼다. 음악은 곧 끝이 났지만, 그 뒤로도 한동안 그렇게 앉아 있었다.

뒤쪽 공터에서 아이들이 축구를 하고 있었다. 쿠바는 야구로 유명한 나라이지만 축구를 좋아하는 사람들도 많은 것 같다. 쿠바는 스포츠 강국이지만 축구 실력은 별로다. 코파아메리카 축구대회에서도 최하위권 수준이다. 그렇지만 쿠바 사람들의 축구에 대한 열기는 높은 편이라고 한다. 실제로 나는 쿠바에 있는 동안 좁은 골목길에서 공을 차며 노는 아이들을 자주 목격했다.

축구는 공 하나만 있으면 어디서라도 할 수 있는 운동이다. 글러브도 필요하고 배트도 필요하며 일정한 크기의 운동장도

젊은 한국인 배낭여행객들이 많이 묵는다고 알려진 '호아낀 아줌마네' 까사가 있는 건물. 그 이층 창문가에서 포즈를 취해보았다.

공터에서 축구를 하는 아이들.

확보되어야 하는 야구에 비하면 돈이 없어도 즐길 수 있는 장점 많은 운동이다. 그야 어쨌거나, 쿠바의 야구 실력은 세계 최상위권이다. 카스트로나 체 게바라도 야구를 무척 좋아했다고 알려진다. 사실, 쿠바가 야구 강국이 된 것은 스포츠에 대한 국가의 체계적인 지원 때문이다.

쿠바는 야구뿐만 아니라 육상, 권투, 배구, 사격, 역도, 펜싱 등에서도 강세를 보이는 스포츠 강국이다. 팬아메리카(팬암) 대회에서 미국 다음으로 메달을 많이 딴 나라가 쿠바다. 그 뒤를 캐나다, 브라질, 아르헨티나, 멕시코, 베네수엘라가 따른다. 이 같은 성적은 쿠바의 인구와 경제 규모를 생각할 때 경이적인 일이다. 역대 하계올림픽 성적 또한 놀랍다. 쿠바는 1992년부터 2000년까지 메달 순위 10위 안에 진입했다. [97]

쿠바는 혁명 이후 가장 먼저 인민의 무상교육과 의료, 사회보장제도를 정비했으며, 인민의 스포츠 향상에도 우선적인 정책 순위를 두었다. 피델의 혁명정부는 모든 인민이 스포츠를 부담 없이 즐기고 참여할 수 있는 사회가 되도록 노력했다. 그 결과 쿠바에서는 재능과 열정만 있으면 누구나 세계적인 운동선수로 성장할 수 있는 기회가 열려 있다. 돈으로 모든 것을 해결하는 나라 사람들에게는 부러운 일이 아닐 수 없다. 자본주의 국가에서는 재능이 있어도 돈이 없으면 스포츠

---

97) 정승구, 『쿠바, 혁명보다 뜨겁고 천국보다 낯선』(아카넷, 2015), 331쪽.

센트로 아바나의 아파트 건물. 까삐똘리오, 대극장, 혁명박물관 등 아바나를 대표하는 주요 건물들이 밀집한 센트로 아바나 지역에도 낡은 아파트가 즐비하다.

선수로 성공할 가능성이 적다. 우리나라도 점차 그런 사회로 굳어지고 있다. 우리나라도 과거에는 재능만 있으면 운동선수로 성장할 수 있었는데, 지금은 사정이 많이 달라졌다.

가만히 앉아 있다 보니 클럽에 가고 싶은 열정이 식어버렸다. 굳이 좁고 복잡한 곳으로 가서 사람들과 부딪히며 음악을 들어야 할지 고민되었다. 결국 의논 끝에 일단 집에 돌아가기로 했다. "잠깐 쉬었다가 저녁에 나옵시다. 집 주변 대성당 광장 근처에 음악이 나오는 좋은 술집이 많으니 그곳에서 한잔합시다." 이 대표의 제안에 모두 수긍했다.

숙소로 돌아온 뒤 나는 침대에 누웠다가 그냥 곯아떨어졌다. 잠시 후 비몽사몽 상태로 깨어났는데, 이 대표가 "술 먹으러 못 가겠으니 포기하자"며 드러눕는다. 나도 그게 좋을 것 같아 다시 누웠고, 그길로 꿈속으로 빠져들었다. 여행 후 처음 있는 일이다. 역시 여행이란 힘든 노역이며, 사서 하는 고생이다.

아바나 대학을 방문하다

6월 26일 금요일, 잤다 깼다를 반복하다가 8시 30분에야 기상했다. 늘 나오는 아침 식사에 추가로 라보카 해변 까사에서 먹었던 수프를 특별히 부탁했다. 식사를 못 하는 원장님을 배려해서였다. 간이 심심하고 후룩후룩 마실 수 있는 수프는 우리의 국물 대용인 셈이었다.

LA의 친구에게 문자를 보냈지만 문자가 송신되지 않았다. 시간 확인을 위해서는 연락이 되어야 하는데, 이곳에서는 무리인 모양이다. 내일 멕시코시티 공항에서 다시 연락을 취하기로 하고 포기했다.

9시 30분, 환전소를 찾았다. 환전소는 숙소 바로 옆에 있었는데, 그 사실을 미처 몰랐다. 이곳 환전소는 지난번 센트로 아바나 지역의 은행과 달리 금방 일을 처리했다. 그러고 보니 숙소 주변에도 100년이 넘은 유서 깊은 건물들이 많았다. 전에는 왜 그걸 보지 못했을까? 역시 아는 만큼 보인다는 말이 거짓말이 아니라는 생각이 든다.

오늘은 아바나 대학에 가보기로 했다. 특별한 계획을 갖고 있었던 것은 아니고, 다만 한 나라의 현재와 미래를 보려면 대학을 보는 게 필

아바나 대학 정문.

요하다는 생각에서였다. 혹시 아바나 대학생들과 이야기를 나눠볼 수 있다면 그것도 나름대로 의미가 있을 것이었다. 5꾹에 흥정하고, 택시를 탔다.

아바나 대학 정문에서 내렸다. 왼편과 오른편에 수위실이 있었는데, 우리는 왼편 사무실로 들어갔다. 제복 차림이 아닌 수위들은 우리에게 별 관심을 두지 않았다. 그저 평범한 관광객으로 보는 듯했다. 말을 걸어보지만 의사가 제대로 통하지 않는다. 수위실에는 개들만 잔뜩 있었다. 개를 좋아하는 원장님이 그냥 못 지나친다. 쓰다듬고 안아주고 한참 동안 어르더니 사진을 찍었다. 원장님은 개뿐만 아니라 고양이도 아주 좋아한다. 길고양이 밥 주는 게 일이라고 할 정도니, 그야말로 '냥이맘'이다.

대학교 안으로 들어가기 위해 계단을 올라간다. 그때 남녀 대학생 2명이 지나갔다. 우리는 서로 "올라~"하며 인사하고는, 원장님이 그들에게 말을 걸었다. "꼬레아에서 온 여행객인데, 아바나 대학 안내 좀 해줄 수 있겠느냐?". 그러자 흔쾌히 "그렇게 하겠다"는 대답이 돌아온다.

아바나 대학 정문 왼편 수위실에 걸려 있는 본 피델 카스트로와 라울 카스트로의 초상(왼쪽). 아바나 대학생이 갖고 있던 책 표지에 마르크스, 엥겔스, 레닌 등 국제공산주의 지도자들과 호세 마르티, 피델 카스트로, 체 게바라 등 쿠바 혁명가들의 모습이 보인다(오른쪽).

아바나 대학 길 건너편 작은 공터에 있는 기념탑과 흉상. 1957년 3월 학생운동 지도자이며 공산주의자였던 호세 에체바리악이 이끄는 무장대원들이 방송국과 대통령궁을 습격한 뒤 아바나 대학으로 후퇴하다가 35명이 목숨을 잃는 사건이 있었는데 이들을 기리기 위한 것이다.

남학생의 영어가 유창하다. 아바나 대학교 역사(철)학과^{Historia Philosopia} 5년 중 3년차라고 자신을 소개한다. 1989년생이고 1년간 군복무하고 복학해서 다닌다고 한다. '안드레스'라고 자기를 소개한 그 학생은 상당히 스마트했다. 그 학생의 안내로 우리는 학교의 연혁을 금방 알게 됐다.

아바나 대학은 스페인의 식민지 시절 신학부로 시작되었다. 창설자는 신부였는데, 그의 흉상이 학교 안에 있었다. 그곳에는 호세 마르티의 정신적 스승이자 철학부와 역사학부를 만든 인물의 흉상도 있었다. 그들은 모두 이 학교의 연혁에서 빼놓을 수 없는 주요 인물들이다. 특히 호세 마르티에게 큰 영감을 준 펠릭스 모랄레스^{Félix Morales(1788~1853)}는 신부이자 역사와 철학을 가르친 교수였다고 소개한다. 이 대표가 나를 가리키며 "역사학자"라고 소개한다. 나는 약간 머쓱했지만 그냥 웃고 넘어가기로 했다. 이 대표가 자신은 철학과 출신이라고 소개하고, 원장님과 교수님도 간단히 자기소개를 했다.

FELIPE
POEY Y ALOY
1799 - 1891

① 동물학자로 쿠바 자연과학의 기초를 놓은 펠리페 포에이 이 알로이(Felipe Poey y Aloy)의 흉상. ② 아바나 대학은 최초 신학을 가르치기 위해 문을 열었다고 한다. 아바나 대학의 창설자로 알려지는 인물의 흉상. ③ 라몬 잠브라나 발데스(Ramon Zambrana Valdes)의 흉상. 그는 의사이자 언론인, 시인, 법률가였으며 법의학의 개척자였다. 그는 아바나 대학에서 물리학, 화학, 철학, 세계 역사, 문학과 문법, 철학, 식물학, 의료 병리학 등 광범위한 분야를 가르치며 지울 수 없는 족적을 남겼다고 평가된다. ④ 펠릭스 바레야 이 모랄레스(Felix Varela y Morales)의 흉상. 그는 성직자, 교사, 작가, 철학자, 정치가로 쿠바의 독립을 위해 헌신했다. 그는 아바나 대학에서 철학 강좌를 열었고 노예제도의 폐지를 주장했으며, 스페인 왕정체제를 비판했다. 그는 쿠바의 독립운동을 촉진하는 활동을 펴다가 탄압을 피해 미국으로 망명해야 했고, 그곳에서 후세를 양성하기 위해 노력했다. 그의 사상은 호세 마르티에 지대한 영향을 미쳤다.

아바나 대학촌을 돌아보며

학생의 안내로 아바나 대학의 역사와 더불어 혁명운동의 요람이 된 학생운동에 대해서도 이야기를 들었다. 카스트로가 연설했다는 학교 건물과 수백 년이나 된 나무, 학교 안에 놓여 있는 장갑차 등에 대해 학생은 친절히 설명해주었다. 혁명 후 체 게바라가 학교를 방문한 이야기, 카스트로가 피그만 침공사건이 났을 때 했던 연설 등에 대해서도 이야기했다.

아바나 대학 교정에 놓여 있는 장갑차.

2010년 9월 3일, 피델 카스트로는 아바나 대학을 방문하여 대규모 청중 앞에 섰다.[98] 피델은 85세의 노인이지만 정정했고, 45분 동안 쉬지 않고 연설했다. 과거 젊은 시절의 그 폭발적이고 선동적인 연설은 아니었지만 열정은 여전히 살아 있었다. 특유의 손짓과 제스처도 그대로였다. 정문 앞 계단과 거리를 가득 메운 청중들은 피델의 유머에 웃었고, 심각한 내용이 나올 때는 경청했으며, 중요한 대목이 끝나면 박수로 환호하며 답례를 보냈다.

피델은 자신의 대학 시절 이야기, 청년의 열정과 순수함에 대한 자각과 긍지, 스페인의 쿠바 지배와 그에 대항한 독립운동, 미국의 개입과 식민지화, 바티스타 독재정권과 그에 저항한 혁명운동에 대해 이야기했다. 그리고 현재 세계의 주요 과제인 환경 문제, 이란에 대한 미국과 서방 제재 등에 대해서도 언급하면서 청년 학생들의 투쟁은 궁극적으로 승리할 것이라는 이야기로 연설을 마무리했다.

피델은 자신이 대학에 다닐 때는 아바나 대학 하나밖에 없었다고 말한다. 20대의 청년은 정의와 진리에 대해 가장 순수하고 열정적이며, 그러한 자각과 긍지가 세상을 바로 세우는 데 중요한 힘이 된다는 점을 강조했다. 오늘 쿠바 대학생들은 어떤 긍지와 자긍심을 갖고 살아가고 있을지 궁금했는데, 우리는 그 한 사례를 이곳 아바나 대학에서 만났다.

우리는 남녀 학생의 안내로 카스트로가 공부했다는 법학대학 건물

---

98) 인터넷 tv팟에서 연설 장면 전체를 볼 수 있다.(http://tvpot.daum.net/v/0t-sDhijtHI$-2015.8.25 검색)

아바나 대학 교정.

도 보았고, 약학대학, 자연과학대학 건물도 보았다. 아바나 대학에는 의학부가 없고, 아바나 의과대학이 독립돼 있는 것이 특징적이다.[99] 인문학, 사회과학, 자연과학 등 기초학문 중심의 아바나 대학의 학생 수는 1만 명 정도라고 하는데, 쿠바 인구를 감안하면 상당히 규모가 큰 편이다. 아바나 대학에는 동양인도 100여 명이 유학하고 있으며, 대부분 중국 학생이고 북한 학생이 10명 정도 있다고 한다.

우리 일행은 학교를 간략히 돌아본 다음, 다른 문으로 나와 학교 주변 대학촌을 돌아보았다. 기숙사, 학교 주변의 학생들이 생활하는 거주지, 쿠바의 전통술 레헨다리오Legendario를 만드는 술공장 등을 돌아보았다. 열정적이고 세련된 남학생의 설명에 우리는 감동했다. 하지만

---

99) 아바나 의대는 쿠바 최대의 의학교로 2만8천 명의 학생이 재적하고 있으며 6,500명의 교수진과 4,000명의 직원이 일하고 있다고 한다. 전국에 있는 21개 의학교의 중심으로 해마다 약 4천 명의 의사가 이곳에서 양성되며, 현재까지 약 3만 명이 졸업했다고 한다. 15개의 학부가 있고, 20개의 부속 연구기관을 거느리고 있다. 또 50개의 병원, 120개의 지구진료소, 3천 곳 이상의 패밀리 닥터 지구의원도 소속되어 있다고 한다.(요시다 다로, 『의료천국 쿠바를 가다』, 파피에, 2011, 261쪽 참고) 참고로 한국의 경우, 2015학년도 서울대 의예과 정원은 135명이고, 전국 의예과 정원은 2,255명이었다.(김대식, "전국 36개 의대 올해 얼마나 뽑나?", 〈VERITAS〉, 2014.1.6) 인구와 경제 규모, 생활 수준 등을 고려하면 한국의 의대는 쿠바와 비교가 되지 않는 수준이다. 어떤 정책이 바른 정책일지 생각해볼 일이다.

아바나 대학 주변 거리 모습.

너무 더워서 어디 식당 같은 곳이라도 들어가 이야기를 나눌 필요를
느꼈다.

학교 근처의 한 바에 자리를 잡았다. 공간이 좁았고, 손님들이 많아
서 우리 모두가 앉을 자리가 없었다. 조금 기다리니 자리가 났다. 시
원한 음료수를 한 잔씩 마셨다. 맛이 약간 달달한 게 꿀이 들어간 약
한 도수의 칵테일 음료 같았다. 쿠바 사람들은 설탕이나 꿀을 넣은 달
콤하면서 알코올이 약간 첨가된, 그래서 술이라고 하는 게 옳을지 음
료라고 해야 할지 잘 모를 칵테일을 많이 마신다. 우리가 마신 것도
그런 종류에 속했다. 이름이 무엇이었는지는 못 물어봤지만 맛이 괜

우리가 들어간 바와 마신 차.

대학가 바에 걸려 있던 혁명 이전과 이후의 흑백 인종정책의 차이를 보여주는 그림. 쿠바는 혁명 후 흑백 간 차별이 사라졌다.

찮았다. 음료 가격은 한 잔에 4꾹으로 생각보다는 비쌌다. 우리 일행 여섯 명이 총 10잔을 마셨으니, 교수님을 제외하고 각각 두 잔씩 마신 셈이다.

바의 벽에는 그림이 한 점 걸려 있었다. 그림에는 네 개의 술잔이 놓여 있다. 왼편에는 백색 술잔만 두 개 놓여 있고, 오른편에는 백색 술잔과 검은색(진홍색) 술잔이 놓여 있다. 이 그림은 혁명 전과 혁명 후의 쿠바 상황을 설명해준다고 그 학생이 말한다. 혁명 전 쿠바는 백인들이 지배하는 사회였으나 혁명 후 쿠바는 흑백, 황색 등 인종 차별이 없어지고 하나로 융합한 사회가 되었다는 것이다. 학생은 흑인(혼혈)으로 얼굴이 오바마를 닮았다. 쿠바는 혁명 후 인종차별 정책을 완전히 없앴다. 심지어 쿠바는 인구조사에서조차 인종에 따른 분류통계를 내지 않고 있다고 한다.[100] 쿠바에는 피부색, 인종과 상관없이 쿠바인이 있을 뿐이라는 이유다.

---

100) 비공식 통계 자료에 따르면, 쿠바는 전체 주민의 약 51%가 물라토(흑인과 백인의 혼혈)이며, 약 37%가 스페인계 백인, 약 11%가 흑인, 1%가 중국인이며 그밖에 소수의 메스티소(백인과 인디언의 혼혈)가 있다.("쿠바는 어떤 인종이 구성되어 있나요?", 「다음Tip Q&A」참고: 인터넷검색 2015.9.3)

"그대가 쿠바의 미래다"

우리는 그 청년과 쿠바 미래에 대해서도 이야기를 나누었다. 그 학생은 미국과의 관계 개선에 대해 호의적인 입장이었다. 경제 개방과 경제개혁의 필연성도 인정하고 있었다. 그러면서 미국 자본이 들어올 경우 쿠바 경제가 미국 자본에 종속될 위험성이 있다는 점에 대해서도 인정했다. 관타나모 기지에 대해서도 물어보았다. 그 문제는 말할 필요조차 없는 문제라고 단호히 말했다. "즉각 쿠바에 되돌려주어야 한다"고 말했다. 그는 피델과 체 게바라를 존경한다고 말했다. 특히 체 게바라가 최고라고 엄지손가락을 치켜세운다. 라울 카스트로에 대해서도 물었더니 "노코멘트"다.

그 학생은 영어 구사와 설명 능력이 뛰어났고, 세상을 보는 눈도 잘 정립돼 있었다. 뿐만 아니라 자신의 삶에 대한 생각도 반듯했다. 졸업 후 무슨 일을 하고 싶으냐고 물었더니 "역사 교사"라고 답한다. 교사의 보수가 어떤가 물었더니 지위나 돈보다는 정신, 역사의식이 중요하다고 말한다. 보수는 관료, 군인, 관광종사자, 의사 등이 좋다고 대답한다. 이 학생이 군인의 수입이 좋다고 말하는 데는 이유가 있다.

쿠바의 경제개혁과 개방 정책을 이끌고 있는 것은 군부기 때문이다. 피델의 뒤를 이어 권력을 장악한 라울 카스트로는 오랫동안 2인자이자 국방장관으로 재직했다. 그는 중국의 개혁개방 모델에 상당히 관심이 높다. 쿠바의 경제가 심각한 위기 상황에 처했을 때 쿠바 군부는 국방비를 줄여 그 돈으로 노약자와 어린아이, 부녀자에게 최우선적인 배려를 할 수 있도록 했으며, 의료와 교육, 사회보장제도를 지키기 위해 노력했다.

라울은 자신의 임기가 끝나는 2018년에 물러나겠다고 공약한 바 있다. 그의 뒤를 이어 쿠바의 장래를 짊어지고 나갈 후계자의 윤곽도 어느 정도 잡혀 있다. 라울의 퇴진 이후 쿠바의 정책이 현재의 점진적인 개혁과 함께 쿠바식 사회주의체제를 지켜갈 수 있을는지 궁금하다.

우리를 안내해준 학생들과 함께. 우리에게 열정적으로 설명해주는 오바마를 닮은 그 청년에게 우리는 "네가 쿠바의 미래다"라며 칭찬해주었다.

그 학생은 체 게바라가 묻힌 산타클라라에서 역사 교사를 하면서 학생들을 키우고 싶다고 했다. 그는 산타클라라가 고향인데 6년간이나 못 갔다고 한다. 우리는 똑똑하고 반듯한 그 학생에게 "네가 쿠바의 미래다"라고 칭찬을 해주었다. 교수님은 그에게 감동받아 "한국에 유학 올 생각이 없느냐? 생각이 있으면 좋은 길을 찾아볼 수 있다"는 제안까지 했다. 하지만 그는 외국에 나가는 것이 매우 어렵다고 답한다.

그런데 이 학생 말로는, 쿠바의 유명한 술 '아(하)바나 클럽Havana Club'이 3년 전부터 미국으로 주조권이 넘어갔다고 한다. 사실일까? 궁금해서 인터넷을 아무리 뒤져도 그런 내용은 확인할 수가 없다. 아마도 주조권이 아니라 해외판매권을 미국계 회사가 확보했다든가, 아니면 술의 주조 과정에 기술적인 제휴가 있다든가 그런 내용이 아닐까 싶었다. 쿠바 정부가 쿠바를 대표하는 상품의 주조권을 미국에 넘겨주지는 않았을 것이기 때문이다.

젊은 친구들에게 우리가 산 레헨다리오 술(왼쪽)과 몬테크리스토 시가(오른쪽).

어쨌든 학생은 그러면서 쿠바의 전통술은 '레헨다리오'밖에 없다고 말한다. '몬테크리스토Montecristo' 시가

399

와 함께 체 게바라가 즐겨 마신 술이라고 한다. 그런데 우리가 이런 이야기를 나누고 있는 사이 함께 동행한 여학생이 어딘가로 사라졌다. 어디로 갔나 궁금했는데, 한참 있다가 그 여학생이 몬테크리스토 시가와 레헨다리오 술병을 가지고 나타났다.

우리는 약간 어리둥절했다. 아마도 술 이야기가 나오니, 그걸 직접 보여주기 위해 가져온 것이겠거니 했다. 이게 얼마냐고 물으니 담배는 80꾹(10만 원), 술은 10꾹(12,500원)이란다. 우리는 그 학생이 가져온 담배와 술을 하나씩 샀다. 술은 LA에서 먹었는데 굉장히 달았다. 37도나 됐지만 단맛 때문에 독한 맛이 거의 느껴지지 않았다. 담배는 국내까지 가져왔다. 영수증까지 만들어주어 그걸 가지고 들어올 수 있었다.

학생들과 헤어지기 전 그들이 밤에 학교 주변의 한 클럽에서 페스티

대학 근처에 있던 전국대학생연맹 사무실(위 왼쪽)과 그 내부 모습(위 오른쪽). 대학 근처에 위치한 아바나 라디오 방송국(아래).

벌이 있는데 가지 않겠느냐고 제안한다. 우리는 흔쾌히 "좋다"고 답했다. 우리는 밤 8시 30분에 아바나 대학 정문 앞에서 만나기로 약속을 했다. 옆에서 교수님이 내일 새벽 3시에 떠나야 되는데 저녁에 올 수 있겠느냐고 걱정하신다. 하지만 우리는 그런 말에는 그다지 신경을 안 쓴다. 비행기에서 자면 되니까.

21

마지막 여정, 쿠바에서 미국으로

사회주의적 인간형과 자본주의적 인간형

아바나 대학에서 돌아오는 길에 택시를 타려고 했으나 도무지 탈 수가 없다. 번화가여서 그런지 택시들이 모두 만석이다. 네 명이나 되니 합석도 불가능한 상태다. 아무리 해도 택시는 탈 재간이 없다. 걸어갈수 있는지 물어보니, 센트로 아바나 지역의 중앙공원까지는 적어도 5킬로미터가 넘는다고 말한다. 이 거리를 걸을 수는 없다고 생각했다. 뙤약볕에 걷다가는 무슨 일이 벌어질지 몰랐다. 택시가 안 되면 버스라도 타야 한다. 우리는 일단 걸어서 버스 정류장까지 가기로 했다. 얼마간 걸으니 버스 정류장이 나타났다.

몇 대의 버스가 지나갔다. 우리는 버스 번호와 행선지를 열심히 보았지만 어떤 버스를 타야 할지 알 수가 없었다. 그때 원장님이 한 아주머니(할머니)에게 이곳에 센트로 아바나 가는 버스가 있느냐고 묻는다. 그녀가 어떤 버스인지 가르쳐준다. 내친김에 버스비가 얼만지 묻자 그 아주머니는 자신이 갖고 있던 동전을 주었다. 네 명의 버스 값이다. 우리는 그분의 친절에 감동했다. '사회주의적 인간형'이란 이런 사람일까?

물론 자본주의 사회에도 이런 사람은 있다. 지금은 쉽게 찾아보기가 힘들지만 옛날에는 우리도 많았다. 생각해보면 나도 막 서울에 올라왔을 때는 그 아주머니처럼 순박했다. 지금은 냉소적이고 차가운 도시 남자, 이기적인 인간이 되었지만 말이다. 지금은 많이 바뀌었어도 우리네 세대와 윗세대의 한국인은 대부분 인정 많고 순했다.

그 할머니 덕분에 수월하게 중앙공원 근처까지 버스를 타고 올 수 있었다. 그 바람에 우리는 쿠바 시내버스도 한 번 타보는 좋은 경험을 했다. 버스는 덥지만 탈 만했다. 서울 시내버스처럼 시원한 냉방시설은 없지만, 생활상 얼마든지 감수하며 탈 만하다는 생각이 들었다. 건강한 사람들이라면 짧은 거리는 걸어서 이동하고 약간 먼 거리는 버스를 타고, 그래도 안 되면 다른 차량 수단을 이용하면 될 것이다.

중앙공원 근처에 내려 다시 '슬로피 바'에서 점심 식사를 했다. 좀 더 오래 아바나에 머물렀더라면 이곳 단골이 되었을 뻔했다. 우리가 만난 식당 중에 그만큼 시설도 괜찮고 맛도 양도 좋은 곳은 별로 없었다. 다만 음식을 시키면 좀 늦게 나오는 단점이 있었지만. 카드가 되느냐고 물었더니 되긴 되는데 수수료가 30%란다. 이건 배보다 배꼽이 더 크다. 굳이 카드를 쓸 이유가 없었다. 왜 그러냐고 물었더니 자기들도 잘 모르겠는데, 은행에서 그렇게 수수료를 붙인다고 했다. 아마 미국 자본이 들어오면 이런 문제부터 해결하려고 할 것이다.

그런데 오늘따라 손님도 많고 음식이 늦게 나온다. 배는 고픈데, 한참을 기다

다시 만난 슬로피 조스 바.

려서야 햄버거와 샌드위치가 나왔다. 그런 통에 마이클하고 약속한 2시까지 숙소에 가지 못했다. 마이클 부인이 한국 팬인데, 한류 팬들이 모이는 한국박물관[101]에 가기로 약속했던 것이다. 마이클이 아는 기사의 택시를 불러주겠다고 해서 약속이 돼 있었다.

아니나 다를까, 배불리 먹고 숙소로 돌아오니 마이클이 화가 나 있다. 시각은 이미 3시 가까이 돼 있었다. 당연히 기다리던 택시도 돌려보낸 상태였다. 마음이 불편해진 원장님이 마이클을 달랬다. "미안하다. 식사가 너무 늦게 나오는 바람에 어쩔 수 없이 그렇게 됐다. 대신 택시비는 지불하도록 하겠다. 그러니 화 풀어라." 그러자 마이클이 "택시비는 괜찮다. 정 그렇다면 담배를 하나 사라"고 했다. 그렇게 해서 원장님도 마이클에게 시가를 한 통 사게 됐다. 가격은 80꾹. 역시 쿠바에서는 담배가 제일 중요한 상품이라는 생각이 들었다. 일반인들이 손쉽게 구입할 수 있는 제품 중에서 시가가 비싼 축에 속하니까 아마 마진도 가장 높을 것이다. 이런 이야기를 하면서 우리들은 웃었다. 이제 짐을 정리해야 한다. 내일 새벽 3시에 택시가 올 것이니, 저녁에 짐을 다 싸 두어야 했다.

그 학생들은 왜 안 나왔을까?

저녁 6시, 집에서 나왔다. 식사를 하고, 말레꼰 해변을 구경한 뒤 그 대학생들을 만나서 페스티벌 구경을 가야 한다. 비에하광장 근처에 있는 정통 스페인 레스토랑에서 저녁을 시켰다. 새우, 돼지고기, 바닷가

---

101) 마이클의 부인은 그렇게 불렀지만 아마 한국 문화와 관련된 몇 가지 자료를 모아놓은 작은 공간으로 한국 대중문화에 관심이 있는 사람들이 모이는 모양이다. 민간단체로 '한-쿠바교류협회'가 있는데 그 단체 사무실을 말하는지도 모르겠다.

재(랑고스타)가 들어간 볶음밥을 2인분만 시켰다. 2인분만 해도 충분한 양이었다. 가격은 2인분에 30꾹이다. 그럴듯해 보이는 식당이어서 그런지 약간 비쌌다. 쿠바에 도착한 첫날밤에 먹은 그 식당과 비슷한 가격이었다. 맥주하고 콜라를 곁들였다.

식사 손님이 우리밖에 없는데, 민망하게도 4인조 보컬그룹이 열심히 연주를 하며 노래를 부른다. '이거 참, 다른 팀이라도 있어야 팁이라도 제대로 받을 텐데' 하는 생각이 들었다. 우리는 나오면서 약간의 팁을 주었다. 손님 많은 데를 찾아가서 열심히 연주하길 바라면서.

식사 후 교수님은 휴식을 위해 숙소로 돌아가시고, 세 사람만 말레꼰 해변으로 갔다. 석양을 보기 위해서였다. 해변 인도를 따라 걸었다. 구름이 약간 낀 가운데 일몰을 앞두고 있는 바다는 시상詩想이 절로 떠오를 만큼 낭만적이었다. 사람들이 해안 곳곳에서 낚시를 즐기고 있다. 해변 인도의 간이술집에서 맥주를 마시는 사람들도 간간이 보인다.

사람들이 여유가 있어 보였다. 문득 오늘이 금요일이라는 사실이 생각났다. 그리고 보니 낚시질을 즐기는 사람들이 다른 때보다 많은 것 같았다. 석양이 바다로 가라앉고 있었다. 하지만 수평선 바로 위에 구

저녁을 먹은 스페인 레스토랑 내부 모습(왼쪽)과 음악을 연주하는 사람들.

해질녘 말레꼰 해변의 미녀
들(왼쪽)과 일몰 직후 말레
꼰 해변의 요새(오른쪽).

름이 약간 끼어 있어 해가 떨어지는 그 순간은 보지 못했다. 7시 30분
이 넘어가고 있었다. 이제는 정말 가야 한다.

그런데 나는 왠지 가고 싶지 않았다. 어떤 예감이 있었던 것일까?
막연하지만, 안 가는 게 좋겠다는 생각이 들었다. 내가 그런 의사를
표했더니, 두 사람은 그래도 가야 한다고 말한다. 택시를 불렀다. 5꾹
을 부르는 택시를 보내고, 두 번째 택시를 3꾹에 합의 보았다.

택시가 약속 장소에 도착한 것은 8시 33분쯤이다. 3분이 늦었다.
설마 간 것은 아닐 테지, 하며 사방을 잽싸게 돌려보았지만 그들의 모

밤 아바나 대학 정문 계단
앞에서.

습은 보이지 않았다. 지나가는 사람들을
유심히 살폈으나 어디에도 낮에 봤던 학생
과 닮은 사람은 없었다. 그때 하늘에서 우
두둑 비가 내린다. 나는 우비를 꺼내 입고,
이 대표는 우산을 꺼내 썼다. 원장님은 비
를 맞으며 이리저리 뛰어다니며 살펴본다.
그래도 없다. 학교 정문 계단에는 교정에
들어갈 수 없음을 알리는 쇠줄이 쳐져 있
었다.

원장님이 먼저 학교 수위실로 가고, 우리도 뒤따라갔다. 왼쪽 수위실은 문이 닫혀 있고, 오른쪽 수위실만 열려 있다. 안으로 들어갔지만, 경계하는 사람은 아무도 없다. 내부에 붙어 있는 피델, 라울, 체 게바라 등의 초상은 우리네 시골집에 내걸린 오래된 사진틀처럼 평범한 액자 사진이었다. 쿠바 최고의 국립대학교 정문 수위실에 내걸린 국가 지도자 사진이 이 정도라니 놀랍다. 그날, 학생들은 끝내 나타나지 않았다.

밤 아바나 대학 수위실의 내부 모습.

여러 가지 상상이 발동을 하고, 각자 자기 생각을 내놓는다. "진짜 학생은 맞겠지? 외국인 관광객을 대상으로 전문적인 가이드를 하는 학생들인가?" "학생으로서 술과 담배를 판 게 찔려서 안 나타난 것 아닐까?" "먼저 왔다가 없으니까 바로 가버렸나?" 허탈했다. "어떻게 설명하지?" 원장님은 이런 사실을 교수님께 어떻게 설명할지 걱정했다. 설왕설래하다가, 사실대로 말씀드리기로 했다. "약간 늦었는데 없었다"고. 그 후 우리가 원장님께 어떻게 말씀드렸는지는 잘 모르겠다. 다만 다음 날 교수님이 한마디 하셨다. "그 학생들 왜 안 나왔을까요?" 우리가 이구동성으로 대답한 말은 "글쎄요?"였다. 지금도 그 점은 미스터리로 남아 있다. 왜 안 나왔을까? 그들이 말한 클럽에 한번 가서 분위기를 좀 보고 싶었는데, 아쉽다. 쿠바에서의 마지막 밤 돌아오는 길. 낮에도 그랬지만 택시 타기가 쉽지 않다. 그렇다면 걷자! "오늘이 쿠바에서의 마지막 밤인데" 하며 원장님이 걸어서 가자고 제안했다.

베다도 지역의 낮 풍경(왼
쪽)과 야경.

"그래요, 걸읍시다." 아바나 대학에서부터 말레꼰 해변까지 쭉 걸었
다. 기온이 내려간 밤에, 그것도 발걸음이 가벼운 세 사람인데, 몇 킬
로미터 정도 거리야 문제될 게 없었다. 우리는 해변까지 30여 분 만에
도달했다. 숙소 방향에서 봤던 신도시 쪽 해변이다. 거기서 다시 우리
가 머무는 곳 근처까지 해변을 따라 걸었다. 아마도 한 시간쯤은 걸렸
을 것이다.

해변을 걷는 도중 우리는 여러 광경들을 목격할 수 있었다. '불금'을
태우는 연인들. 어두운 바닷가에서 등에 산소통을 매고 물갈퀴를 신고
서 바다로 들어가는 사람들. 그들은 왜 바다로 가는 것일까? 물고기를
잡기 위해서? 어림없을 것 같았다. 조명도 없이 어떻게 하겠다는 것인
지? 그리고 한창 리모델링 중인 해변가 집들. 클럽 술집에서 음악과
함께 춤을 즐기는 사람들.

그중 가장 인상적인 것은 금방 리모델링해서 깨끗하게 단장한 새 집
과 폭격이라도 맞은 듯 허물어지고 있는 옆집의 대조적인 장면이었
다.[102] 아마도 쿠바의 현재를 보여주는 하나의 상징적인 모습이 아닐

---

102) 나는 핸드폰으로 그 대조적인 그림을 사진으로 찍었는데, 폰 용량이 모자라 계속 지우라고 요
구해서 사진들을 이것저것 지우다가 그 아까운 사진마저 지우고 말았다. 대조적인 두 건물 모
습을 밤에 짝은 사진은 없지만 낮에 찍은 사진은 있다.

까 싶었다.

‘아바나는 공사 중’이었지만 옛날의 낡은 모습 그대로인 곳도 있다. 바깥을 향해 문을 활짝 열고 있는 관광 쿠바. 미국과 외국 자본을 향해서 오라고 손짓하는 쿠바의 모습이 있다. 하지만 다른 한편에는 여전히 견고히 혁명 전통을 고수하고자 하는 사회주의 쿠바의 모습이 자리 잡고 있다. 두 건물은 그것과 대비되는 것일까? 그렇지는 않을 것이다. 혁명이 반드시 낡은 것이라고 말할 수는 없으니까. 지켜야 할 것도 분명이 있기 때문이다.

“쿠바는 10년 후 과연 어떤 모습으로 바뀔까? 10년 후 다시 말레꼰 해변을 찾았을 때 그 모습은 어떨까?”

“다시 이곳에 올 기회가 있을까? 아마도 쉽지 않겠지?”

우리는 이런 이야기들을 주고받으며 말레꼰 해변을 걸어 숙소 근처의 비에하광장까지 왔다. 구시가에 도착했을 때는 벌써 11시가 다 돼간다. 저번에 먹었던 광장 옆 노천카페에서 맥주를 한 잔씩 마셨다. 지난번 할머니가 한국인이라고 말하던 그 청년이 또다시 아는 체한다. 그 친구는 다시 원장님한테 자기 할머니 사진을 보여주고 있다. 핏줄이란 무엇일까? 민족이란 무엇일까? 무엇이 민족을 규정짓는 가장 중요한 요소일까? 언어, 혈통, 역사, 문화?

우리는 그곳에서 간단히 마시고 일어섰다. 내일 새벽에 떠나야 하니 더 이상 지체하는 것은 부담스럽다. 그런데 맥주 값이 저번하고 다르게 나온 것 같다. 세 병인데 8꾹이다. ‘술값이 날짜에 따라 달라지나? 사람보고 가격을 매기나?’ 이런 생각을 하며 그곳을 떠났다. 11시 30분쯤 우리는 숙소로 돌아왔다. 쿠바에서의 마지막 밤은 이렇게 흘러갔다.

호세마르티 국제공항의 출국 수속

6월 27일 토요일. 새벽 3시, 아바나 숙소를 출발했다. 6시 비행기를 타기 위해서는 지금 출발해야 한다. 호세 마르티 국제공항 가는 길이 새삼 낯설게 느껴지는 것은 컴컴한 밤길을 달리기 때문일 것이다. 옆에 앉은 운전사는 덩치가 보통이 아니었다. 키는 나보다 작지만 덩치는 내 두 배는 될 듯싶다. 영화에서 보는, 150킬로그램쯤 나갈 것 같은 전형적인 라티노 갱스터의 체형이다. 택시는 어둠속을 맹렬히 질주하지만, 한참을 달렸는데도 공항이 나오지 않았다. 대체 우리를 어디로 데려가는 거야? 나는 옆의 기사를 보며 으스스한 상상에 빠졌다. 급기야 "왜 공항이 안 나오지?" 하고 중얼거렸는데, 이 말은 나중에 원장님이 나를 놀려 먹는 구실이 됐다. "앞자리에 앉아서 쫀 거 같던데?" 나는 그냥 웃어 넘겼지만, 사실 그때 약간 걱정이 되긴 했었다.

나의 엉뚱한 상상은 내 자신이 생각해도 우스운 것이었다. 멕시코라면 충분이 그런 걱정을 해야 할지도 모르지만 이곳은 '혁명 쿠바'가 아닌가. 쿠바와 멕시코는 피부로 체감할 만큼 치안 상황이 달랐다. 그 이유가 궁금하다. 쿠바나 멕시코나 비슷한 사람들이 사는 곳인데 왜 그런 차이가 생겼을까? 곰곰이 생각해보고는, 아마도 교육과 복지의 차이가 그런 결과를 냈을 거라고 스스로 결론을 내린다.

호세 마르티 국제공항. (출처: shutterstock.com)

410

이제 내가 가게 될 미국은 또 어떤 느낌으로 다가올까?

공항에 도착하고 보니 시간적인 여유가 있었다. 출국 수속을 밟는 동안 CD를 몇 개 샀다. '체 게바라 노래'나 '관타나메라' 같은 쿠바 음악이다. 면세점이 아닌 바깥 대합실에서 샀으므로 가격이 비쌌다. 안에 면세점이 있느냐고 물으니 가게 주인이 없다는 식으로 대답한다. 하지만 안에 들어가 보니 그 가게보다 더 큰 면세점들이 있었다. 어쨌든 환전한 쿠바 돈(CUC)은 공항에서 다 쓰고 가야 했다. 남겨봐야 쓸 곳이 없으니까.

수속은 느리게 진행됐다. 직원들은 일을 하는지 안 하는지 알 수가 없을 정도로 꾸물꾸물댄다. 그들이 모두 남자라서 그런가 보다 하는 생각이 들었다. 우리나라의 경우는 출국 수속 직원들이 대부분 여성인데 남성들보다 훨씬 손이 빠르고 일처리가 깔끔하다. 수하물을 부치고, 들어올 때 제출하고 남은 비자 한쪽을 제시했다.

그때 우리 수하물 처리를 맡은 남자 직원이 슬며시 이런 이야기를 했다. "좋은 자리가 있는데 75불이면 된다." 우리는 "괜찮다"며 거절했다. 그런데 우리 바로 옆에서 업무를 처리하는 직원 아저씨가 계속 화를 내고 있다. 가만 보니 수하물표 인쇄를 하는데 계속 종이가 걸리면서 제대로 나오지 않고 있었다. 몇 번씩 기계를 빼 들고 옆으로 가져갔다 다시 가져오기를 반복한다.

국제공항의 내부 모습. (출처: shutterstock.com)

쿠바 아바나에서 보았던 비
엔날레 출품작.

돌아다보니 우리 뒤에 줄이 엄청 길게 늘어서 있다. 과연 6시 전까지 이 승객들의 짐 수속을 다 끝낼 수 있을까? 하지만 그건 우리가 걱정할 일이 아니다. 우리는 이미 수속을 마쳤으니, 탑승하기 전까지 느긋하게 쉬면 그만이다.

안녕, 쿠바여! 언제 너를 다시 만날 수 있을까?

멕시코에서 환승을 기다리며

비행기는 6시 정각에 이륙했고, 7시 45분에 멕시코시티 공항에 도착했다. 멕시코 입국 수속은 생각보다 힘들었다. 내 얼굴이 시꺼멓게 타서 도둑놈 같은 인상이었을까? 아니면 가방 안에 들어 있는 짐 가운데 의심스러운 것이 있었던 것일까? 이유는 아직도 잘 모르겠지만, 어쨌든 멕시코 공항에서 약간의 해프닝이 있었다.

비행기에 내려서 짐을 찾아 들고 입국 수속을 기다리고 있는데 마약 탐지견이 내 옆에 와서 킁킁거렸다. 개를 끌고 다니던 직원이 내가 들고 있던 노란 비닐 가방에 파란색 테이프를 붙이며 절대 손을 대지 말라고 한다. 원인은 쿠바 산타클라라에서 산 짠맛 나는 비스킷 때문이었다. 먹을 것을 쉬 버리지 못하는 나의 습관이 작은 말썽을 불러일으킨 것이다. 어쨌든 확인이 되자 무사히 넘어갔다.

다음에는 모든 짐을 검색대에 올려놓고 통과시켰다. 검색대를 지나다 끝났다고 생각하고 일행의 짐을 전부 카트에 싣고 나가려는데, 검색 직원이 그중 내 캐리어를 지목하며 열어보라고 한다. 나는 잠가둔 캐리어 열쇠를 열고 짐을 좍 펼쳤다. 술 때문에 그러나? 하지만 술병은 쳐다보지도 않는다. 담배 때문인가? 그것도 아니다. 여직원이 짐 가운데서 책을 꺼내 들춰본다. 나는 책을 많이 갖고 있었다. LA에 사는 친구에게 주려고 10권짜리 『스토리 세계사』한 질, 단행

멕시코시티 베니토 후아레스 국제공항. (출처: shutterstock.com)

본 한 권, 그리고 쿠바–멕시코 여행서 2권, 멕시코에서 산 유물 관련 도록 2권 등 책장사라고 해도 될 정도로 캐리어 속에 책이 한가득이다. 그들은 책 사이를 유심히 살펴보았다. 그리고 가방 밑바닥에 있던 물티슈까지 살펴보고는 닫으라고 한다.

가방 검색을 당하고 나니 기분이 찜찜했다. 그래도 더 이상 귀찮은 문제가 생기지 않고 통과했으니 그나마 다행으로 여겨야 했다.

밖으로 나온 우리는 다시 멕시코 항공(에어로 멕시코)으로 이동했다. 거기까지는 모노레일 열차가 연결돼 있었다. LA 공항에도 이런 시설이 있었을 텐데, 그걸 모르고 걸어서 이동했으니 교수님께 미안할 따름이다.

티케팅과 수하물 부치는 절차가 확실히 쿠바보다는 빠르고 친절하다. 출국 수속을 밟았다. 미국으로 향하는 것이어서 그런지, 검색 과정이 무척 까다롭다. 마침내 "OK" 사인이 떨어지고 나서야 안도감 비슷한 한숨을 내쉴 수 있었다.

미국 로스앤젤레스 공항에서

우리 비행기는 12시 35분 LA행이다. 12시부터 탑승을 시작한다 하더라도 최소 1시간 이상은 여유가 있었다. 우리는 탑승장 근처 2층에 자리한 음식점에서 간단히 점심을 먹었다. 쿠바에서 지내다 며칠 만에 먹어보는 멕시코 음식이 반가웠다. 그때 LA행 멕시코 항공이 20분 연착이라는 방송이 들려온다. LA 친구한테 전화를 했지만 통화가 되지 않았다. 할 수 없이 문자와 페이스북으로 연착 사실을 알리는 메시지를 띄웠다.

그런데 20분이나 늦게 출발한 비행기가 원래의 도착예정 시간보다 20분이나 빨리 도착했다. 그렇다면 40분을 빨리 날아간 셈이다. 그리고 까다로울 것이라 예상했던 미국 입국 수속은 의외로 간단했다. 짐을 찾고 입국 수속을 밟는 데 한 시간쯤은 걸릴 것으로 보았는데, 겨우 20분 만에 모든 절차가 싱겁게 끝났다. 공항대합실로 나가니 3시가 채 안 됐다.

우리를 마중 나오기로 한 친구는 아직 보이지 않는다. 10분쯤 기다리다가 전화를 했지만 역시 내 핸드폰으로는 통화가 되지 않았다. 통신사에 전화하여 이유를 물었더니 로밍에 문제가 있어서 그러니 설명에 따라 진행하라고 안내해준다. 그러나 마음이 급한 나는 안내 내용을 제대로 따라가지 못하고 포기하고 말았다.

하는 수 없이 이 대표 전화기로 번호를 눌렀더니 친구가 전화를 받는다. 지금 막 공항 주차장에 차를 대는 중이라고 한다. 그렇게 해서 우리는 3시 20분쯤에 만날 수 있었다. 친구인 정신화 목사를 만난 게 몇 년 만인가? 6년 만이다. 2009년 부친상을 당해 그가 서울에 왔을 때 본 게 마지막이다. 정 목사는 초등학교와 중학교를 함께 다닌 나의 고향 친구이자, 보다 나은 세상을 위해 생각과 고민을 함께 나누었던

LA 국제공항 출입국 수속장
(왼쪽)과 짐 찾는 곳(오른쪽).

뜻이 통하는 벗이다. "반갑다, 친구야." 우리는 즐겁게 손을 맞잡았다.

네 명이 함께한 여행은 여기서 끝난다. 교수님과 원장님 두 분과 인사를 하고 우리는 헤어졌다. "서울에서 다시 봬요. 건강 조심하십시오." 이 대표와 나는 친구 집에서 며칠 지내며 LA 구경을 좀 한 뒤에 한국에 들어갈 예정이다. 교수님은 오늘 공항 근처 호텔에서 자고 내일 한국으로 들어가고, 원장님은 미국 여행을 얼마간 더 한 뒤에 돌아갈 것이다.

고국산천이 그립다

황량한 캘리포니아의 자연 경관

친구 정신화 목사의 집은 LA 한인 타운에서 약 30분 거리에 위치해 있었다. 주변에는 라티노와 흑인들이 많이 살고 있는, 주택 가격이 비교적 싼 편에 속하는 지역이라고 했다.

우리는 집에 도착한 뒤 짐을 내려놓고 바로 다시 차에 올랐다. 부인과 함께 네 사람을 실은 차는 LA 근교로 향했다. 가는 길에 보이는 산들이 황량하다. 풀도 나무도 모두 메말랐다. 산은 산인데 우리가 생각하는 그런 산이 아니다. 이 대표가 계속해서 "저게 무슨 산이야. 푸른 나무가 있고 싱싱한 풀이 있어야지. 저건 산이 아니야. 우리나라 산이 정말 산이지"라고 말한다. 나도 이 대표 생각에 동감했지만, 한편으로 "저 산

황량한 캘리포니아 풍경. 캘리포니아 지역은 여름에는 비가 거의 오지 않아서 풀과 나무들이 시들어 황량해 보인다. 겨울과 봄에 약간의 비가 내려 그나마 초목이 초록색을 띠게 된다. (출처: shutterstock.com)

너머가 풀 한포기 자랄 수 없는 사막"이라는 이야기를 들으니 납득이 되기도 했다. 애리조나 사막과 네바다 사막이, 그리고 사막 한 가운데 세워진 라스베이거스가 모두 저 산 너머에 있다고 한다.

나중에 LA 주변을 돌아보니 강도 모두 메마른 건천이었다. 원래 건조한 지역인 데다가 비가 오지 않아서 물 부족이 심각한 상태라고 한다. 캘리포니아 지역에서 산불이 많이 나는 것도, 한번 산불이 나면 끄기가 힘든 것도 다 이유가 있었다. 특히 LA의 경우는 물을 주변 주에서 사서 쓰는 형편이라, 물을 아끼도록 시에서 강력히 계도하고 있다고 한다. 전에는 주택에 잔디 심고 물 주기를 권장했는데, 지금은 잔디를 캐내면 보조금을 주고 일주일에 3회 이상 물을 주지 말 것을 권장하고 있다고 한다.

우리는 캘리포니아 남북을 관통하는 5번 프리웨이 도로를 타고 2시간가량 북쪽으로 달렸다. 숲과 집들이 조화롭게 조경된, 주로 백인 중산층이 사는 작은 도시를 지나 베이커스필드 고갯길을 넘었다. 고갯길 옆으로 고면 패스, 작은 통나무 캐빈, 렌트용 트레일러 등이 갖춰져 있는 RV리조트도 보았다. 차는 얼마간 더 달린 뒤, 옆길로 빠져 가파르고 구불구불한 산길을 올라갔다. 그곳에는 한인들이 2세들의 교육공동체를 위해 마련한 농장이 자리 잡고 있었다.

가는 날이 장날이라고 했던가. 마침 그날 저녁 농장을 돌보던 분의 귀국 송별회가 열리기로 돼 있었다. 우리가 도착했을 때 이미 파티는 시작된 상태였다. 우

여름인데도 농장 주변의 초목이 생기를 잃고 시들어 있다.

리는 간단히 인사를 한 뒤 파티에 합류했다. 멕시코만까지 원정을 가서 잡은 푸짐한 생선회가 우리를 기다리고 있었다. 방어(참치) 종류로 보이는 놈을 낚시로 잡았다는데, 이 분야의 프로가 아니고는 도저히 낚을 수 없는 엄청난 대어였다. 돼지 바비큐도 있고, 농장에서 기른 싱싱한 유기농 야채도 듬뿍 마련돼 있었다. 그렇게 먹고 싶었던 한국 김치도 잔뜩 놓여 있었다.

　나와 이 대표는 그동안 주려왔던 한국 음식을 실컷 먹고, 생선회, 생선구이, 돼지바비큐를 안주 삼아 소주와 맥주도 한잔 걸쳤다. 사람들과 이런저런 이야기를 나누다가 새벽 1시가 다 되어서야 잠자리에 들었다.

LA 게티 센터를 둘러보다

　6월 28일 일요일. 아침 6시에 일어나 농장 주위를 둘러보았다. 농장은 21에이커(25,700평. 1에이커는 1,224평) 규모로 상당히 넓었는데, 그 일부에 아이들을 위한 생태농원이 조성돼 있었다. 나무 위에 간단

농장 비닐하우스에서는 싱싱한 유기농 채소가 자라고 있고(왼쪽), 닭, 오리, 칠면조 등의 가금류와 토끼도 기르고 있었다(오른쪽).

한 집이 지어져 있고, 비닐하우스에는 치커리, 상추, 마늘 등의 유기농 채소가 자라고 있었다. 오리, 닭, 토끼 등의 작은 가축들도 키우고 있었다. 우리는 아침 식사 후 비닐하우스에서 채소들을 채집했는데, 공동체 구성원들에게 고루 나누어 주게 될 것이라고 했다.

게티 센터의 건립자 장 폴 게티.

아침 식사로 콩나물 김칫국이 준비돼 있었다. 식사 후 우리는 족구를 2게임이나 했다. 일찍 떠날 계획이 아니었다면 오전 내내 족구를 했을지도 모르겠다.

10시 30분, 농장을 출발했다. LA 외곽에 위치한 게티 센터^{Getty Center}를 구경하기 위해서였다. 장 폴 게티^{Jean Paul Getty(1892~1976)}는 20세기 초반 미국의 부호로 미술품 수집에 많은 돈을 투자한 인물이다.[103] 그는 지금의 자리에 미술관을 지어 사람들에게 무료로 관람할 수 있도록 했다. 입장료는 무료이고 주차비만 18달러를 받았다. 게티가 시민들의 문화생활을 위해 많은 기여를 했지만 그의 가문에는 비극이 뒤따랐다고 한다.[104]

우리는 게티 센터 지하주차장에 차를 세운 뒤 모노레일 전차를 타고 센터에 입장했다. 게티 센터는 산 위에 자리를 잡고 있었다. 태평양 바다와 LA 다운타운이 내려다보이는 전망 좋은 곳이다. 미술 작품을

---

103) 게티 센터는(Getty Center) 로스앤젤레스 웨스트우드 북쪽, 산타모니카 산 정상에 자리 잡고 있는데, 장 폴 게티 미술관을 중심으로 예술과 문화유산을 중점 관리하는 게티리서치와 보존·교육연구소가 있는 대규모 예술 종합 센터. 석유 사업으로 재벌이 된 장 폴 게티는 열렬한 예술품 수집가로 르네상스에서 후기인상파 작품까지 유럽 소장품을 특히 많이 수집했는데, 자신의 소장품이 일반인에게 무료로 전시되기를 바랐다. 그래서 현재 주차비를 제외한 입장료는 무료이며 자원봉사자들의 도움으로 운영되고 있다.
104) 유이나, "폴 게티 가문의 비극", 〈LA중앙일보미주판〉, 2010.6.18(인터넷 검색일: 2015.9.3).

게티 센터(위 왼쪽)와 주위 경관(위 오른쪽). 게티 센터에서 바라본 태평양 원경(아래 왼쪽)과 LA 전경(오른쪽).

비롯한 많은 볼거리가 있을뿐더러 풍광도 아름다워서, 휴식처로는 더할 나위 없이 좋은 곳이었다. 나는 그곳에서 20달러를 주고 미술관 도록을 한 권 구입했다.

이곳에는 5400만 달러의 낙찰가를 기록한 바 있는 빈센트 반 고흐의 〈아이리스〉와 세잔의 〈사과가 있는 정물〉, 모네의 〈건초더미〉와 〈봄날〉 등 인상파 화가들의 걸작이 다수 전시되어 있다. 또한 루벤스가 한복을 입은 조선 남자를 모델로 그린 드로잉 작품이 전시되어 있어서 한국인들에게 친숙한 곳이기도 하다.[105] 그 외에도 미술품과 수

---

105) 유이나, 앞의 글.

게티 센터에서 본 미술품들. ① 고흐의 〈아이리스〉. ② 세잔의 〈사과가 있는 정물〉. ③ 르누아르의 〈산책〉. ④ 밀레의 〈루이 앙투아네트 파르당의 초상〉. ⑤ 에이브러햄 솔로몬의 〈평결을 기다리며〉.

집품이 상당히 많아서 꼼꼼히 볼 요량이면 며칠의 시간을 들여야 할 것이다.

그렇지만 우리는 시간도, 미술품을 감상할 능력도 부족한 사람들이어서 대충 둘러보는 데 만족하기로 했다. 게티 센터를 휙 둘러보고 2시 30분경에 떠났다. 친구가 교회 성가대원이어서 그 준비를 하러 가야 했기 때문이다.

그런데 시내로 가는 길이 상당히 막히는 데다가 도중에 길을 잘못 들어 해변 길을 헤매는 바람에 교회에 늦어졌다. 친구 부인과 이 대표, 나는 한인 타운의 한 음식점에 내리고, 친구만 먼저 교회로 갔다.

우리는 한인 타운에서 늦은 점심을 먹었다. 나는 육개장을 시켰는데, 한국의 육개장 전문점에 버금가는 수준 높은 맛이었다. 양도 많고 맛도 좋았으며 가격도 비교적 저렴했다. 물론 한국보다야 비싸지만 미국의 물가를 감안하면 적절한 수준이라고 여겨졌다.[106]

식사를 마친 뒤 교회로 갔을 때는 이미 주일 예배가 진행되고 있었다. 작은 교회였지만 성가대의 합창 실력은 상당했다. 오랜만에 들어보는 교회 성가가 가슴에 깊이 와 닿았다. 무엇보다 인상 깊었던 것은 성경 공부였는데, 예수 재림을 주제로 한 목사님의 성경 공부 내용은 상당히 신선했다. 이 대표는 목사님 말씀을 들으니 신학 공부를 하고 싶은 생각이 든다며 감동적이었다고 했다.

예배 후 공동식사 시간이 있었다. 교인들이 돌아가면서 음식을 준비해 와서 예배 후 공동식사를 한다고 했다. 떡, 파스타, 커피, 과일 등이 푸짐하게 준비돼 있었지만, 이미 점심을 먹은 뒤라 많이 먹으려도 먹을 수가 없었다.

---

106) 미국은 우리나라와는 달리 모든 물건 값이 '원가격+세금(10%)+팁(15%)'으로 구성돼 있어서 계산이 약간 복잡했다. 육개장의 경우, 세전 가격이 9달러(10,400원)쯤 됐으니까 세금(0.9달러)과 팁(1.35달러)을 포함하면 11.25달러(한화로 약 13,000원) 정도 되는 셈이었다.

한인 타운의 카페로 자리를 옮겨 커피와 아이스크림을 먹고, 맥줏집으로 이동해 생맥주를 한잔하다 보니 12시가 다 돼서야 숙소인 친구 집으로 갈 수 있었다.

미국 대중문화의 상징 할리우드 돌아보기

6월 29일 월요일. 나는 아침에 느긋하게 일어났다. 친구 부인은 출근을 했고, 친구는 일찍 일어나 아침을 준비하고 있다. 아침은 북어 해장국에 김치가 있는 한식이었다.

우리의 처음 계획은 태평양 바닷가에 가서 한나절 노는 것이었다. LA에는 8대 비치[107]가 있을 정도로 해변이 아름답다고 알려져 있다. 하지만 어영부영 보내다 보니 갈 시간이 부족해졌다. 그래도 몸이 덜 피곤했으면 갔을지도 모르겠다. 아니, 피곤하더라도 멕시코–쿠바 여행 때처럼 움직였다면 충분히 가고도 남았을 것이다. 하지만 우리는 그동안의 여정에 지쳤을 뿐 아니라, 꼭 비치에 가서 물놀이를 해야겠다는 생각도 들지 않았다. 친구 말처럼 "자연관광이 아니라 인문관광을 한다"는 생각도 그런 결정에 한몫했을 것이다.

점심을 한인 타운 중국집에서 짜장면과 짬뽕으로 때운 뒤, 원장님을 찾아 나섰다. 원장님과는 함께 만나서 동행하기로 한 저녁 약속이 있었다. 원장님이 묵고 있는 집은 LA 북쪽 산허리에 위치했다. 한인 타운에서 30분 거리였지만, 우리가 묵고 있는 친구 집과는 1시간 이상 떨어져 있었다.

---

107) 사람 구경이 즐거운 베니스 비치, TV 드라마 배경으로 잘 알려진 맨해턴 비치, 서핑의 중심지 말리부 서프라이더 비치, 선텐하기 좋은 산타모니카 스테이트 비치, '이 보다 더 로맨틱할 순 없다!' 엘 마타도어 비치, 멋쟁이 천국 허모사 비치, 가족 나들이에 적합한 카브릴로 비치, 아늑한 피난처 레오 카릴로 스테이트 파크가 그것이다.

내비게이션의 안내에 따라 산 중턱을 오르자 원장님 숙소 근방이 나왔다. 전망도 좋고 공기도 좋은 곳이다. 주변에는 한인들이 많이 살고 있는 듯했다. 한국인이 운영하는 가게와 빵집, 한국어로 된 학원 간판도 보였다.

원장님과 헤어진 지 이틀밖에 안 됐는데, 마치 오랜 만에 만난 지기처럼 반가웠다. 저녁의 약속 장소는 한식당이었는데 꽤 비용이 나올 법한 곳이었다. 그곳에서 우리는 LA에 거주하면서 통일문제에 뜨거운 관심을 갖고 계시는 〈통일뉴스〉 상임고문 이활웅 선생님을 비롯해 여러분들로부터 분에 넘치는 환대를 받았다.

6월 30일 화요일. 아침 식사 후, 우리는 생존해 계신 것으로 알려진 마지막 광복군 윤영무 선생님을 찾아 나섰다. 이 대표가 한국을 떠날 때 미국에 가게 되면 그분을 꼭 한번 찾아서 인사를 전해달라는 지인의 부탁을 받은 바 있었기 때문이다. 우리는 어렵사리 집을 찾았으나 끝내 선생님은 못 만났다. 이웃에 살고 계시는 한국인 여성분을 만났는데, 그의 전언에 따르면 돌아가신 것으로 추정된다고 했다. 하지만 우리로서는 더 이상 확인할 방법이 없었다. 나중에 한국에 돌아온 뒤 우리는 선생님이 별세하신 것을 확인할 수 있었다. 향년 95세였다. 나라의 독립을 위해 고생하신 선생님의 영전에 늦게나마 애도의 마음을 전한다.

우리는 원장님을 픽업해서 친구 부인이 근무하는 병원 근처에서 점심을 들었다. 오후 친구 부부가 저녁 파티를 위한 장을 보는 동안 우리 세 사람은 할리우드 거리 구경에 나섰다. 이 대표는 뭐 이런 데를 구경하느냐며 시큰둥해했다. 하지만 미국 영화와 대중문화에 관심이 많은 나는 할리우드 거리를 돌아보지 않을 수 없었다.

미국 대중문화를 상징하는 마릴린 먼로 모형은 생각보다는 초라했

할리우드 거리 풍경. ① 사람들로 복잡한 할리우드 거리. ② 할리우드 박물관. ③ 초상화 박물관. ④ 아카데미상 모형. ⑤ 스타들의 거리.

할리우드 거리에서 만난 미국 대중문화의 아이콘 마릴린 먼로 상. 단독으로 찍으려고 기다리다가 빼어난 미모의 여성을 그냥 지나치기 아쉬워 한 장 찰칵했다(왼쪽). 〈캐리비언의 해적〉 주인공 조니 뎁 분장을 하고서 거리 공연을 펼치는 무명배우(오른쪽).

다. 그래도 먼로의 인기는 여전히 대단해서, 그녀의 모형 사진을 단독으로 찍기 위해서는 한참을 기다려야 했다. 여성들이 너나없이 먼로 옆에서 사진을 찍으려고 줄을 섰다. 특히 멕시코계 메스티소로 보이는 한 여성이 그 옆에서 시간을 길게 소비하는 바람에, 내 차례를 기다리던 나는 그 여성과 마릴린 먼로가 함께한 장면도 찍게 되었다.

저녁에는 우리를 위한 송별 모임이 있었다. 친구와 가까이 지내는 주변 분들이 참석해주었고, 지난 토요일 농장에서 보았던 여러 분들도 다시 만났다. 친구 부부가 준비한 음식과 술, 그리고 다른 분들이 가져온 술을 들며, 대화가 밤늦게까지 이어졌다. 우리가 쿠바에서 샀던 술 '레헨다리오'도 이때 맛보았다.

늦은 밤 집으로 돌아가는 그들이 혹 음주 단속에라도 걸리면 어떡하나 걱정이 됐지만 그 뒤 소식은 알지 못한다. 아마도 별일이 없으리라 믿는다. 그때는 제대로 인사도 못 했는데 지금 이 글을 통해서라도 고맙다는 말을 전해야 할 것 같다.

"부디 이국땅에서 건강하고 즐거운 삶을 살기를 진심으로 기원합니다."

친구와 부인에게도 감사의 말을 하고 싶다. 한국에 오면 반드시 그 신세를 갚아야 할 텐데 그럴 기회가 올지 모르겠다.

정말 고국산천이 아름답구나!

7월 1일 수요일. 8시에 기상했다. 부인은 출근한 상태여서 작별인사도 못 했다. 전날 미리 인사를 하긴 했지만 그래도 서운했다. 9시 30분경 친구 차를 타고 출발해 10시경 공항에 도착했다. 우리는 다시 만날 것을 기약하면서 작별했다. 이제 헤어지면 언제 만날 수 있을까? 우리의 기약은 기약이 아니었다. 친구는 '심정적 망명'을 선택한 상태여서 한국에 올 가능성이 거의 없다. 내가 가야 만날 수 있는데, 내가 언제 또 미국에 가게 될지 알 수가 없다.

LA 공항의 출국 수속은 상당히 까다로웠다. 허리띠를 풀고, 핸드폰과 사진기를 꺼내놓고, 신발도 벗어서 검색대에 올려놓았다. 그리고 검색대를 지난 나에게 다시 엉거주춤한 '만세!' 자세를 취하라고 한다. 차렷 자세도 아니고, 발을 약간 엉거주춤 벌리고, 팔을 조금 구부린 상태로 둥글게 한 모습으로 서 있으라는 것이다. 어찌 보면 항복하는 자세, 복종의 자세 같기도 한 모습으로 잠시 전자검색 장치 앞에 서 있어야 했다. 그런 절차와 과정을 다 거친 다음에야 출국 수속은 끝이 났다.

12시 40분, 비행기가 LA를 출발했다. 안녕, 아메리카여! 이제 여행도 안녕이다.

13시간 동안의 비행은 정말이지 지루했다. 피곤은 물먹은 솜처럼

나를 짓눌렀지만, 잠이 오지 않았다. 비행기를 탄 직후에는 바로 잠이 쏟아질 것 같더니, 시간이 좀 지나고 나니까 눈이 말똥말똥하다. 그러는 동안 날짜 변경선도 지나고, 베링해도 건너고, 오호츠크해도 지나고, 만주를 지나 서해안으로 들어섰다.

7월 2일 목요일 오후 5시 30분, 비행기는 인천공항에 무사히 도착했다. 공항을 나와 버스를 타니 우리 산천이 한눈에 들어온다. 푸름과 싱싱함을 그대로 간직한 진짜 산의 모습이다. '저래야 산이지!' 하는 탄성이 절로 터져 나온다.

집으로 향하는 도중에 아내에게 도착 보고를 한다. 그런데 귀국 후에도 전화기가 계속 말썽이었다. 문자가 전혀 안 되는 것이다. 교수님께는 결국 집 근처에 와서 전화를 했다. 원장님께는 카톡을 보냈다. LA 친구에게는 귀국하고 이틀이 지난 뒤인 7월 4일 아침 7시 30분에야 전화 통화를 했다.

이래야 산이지! 고국산천의
푸름이 싱그럽다.

"고맙다 친구야! 잘 지내라! 또 보자!"

ps.

여독도 풀리지 않고 집안일도 있고 해서 며칠은 그냥 손을 놓고 있었다. 그러다가 7월 6일부터 여행기록을 정리하기 시작했다. 7월 14일까지 메모한 내용을 컴퓨터에 옮기고 간단한 문장을 만드는 작업으로 초고를 일단 마무리했다. 다시 약간의 손질과 확인 작업을 거쳐 7월 21일부터 〈통일뉴스〉에 '임영태의 멕시코−쿠바 여행기'를 연재하기 시작했다. 11월 말경 넉 달에 걸친 여행기 연재를 끝냈다. 12월 말부터 연재 원고를 손보기 시작해 2016년 1월 24일에 탈고했다.

각자의 취향과 목적이 있겠지만, 우리가 여행에 대해 가졌던 공통적인 기대는 두 가지가 아니었나 싶다. 하나는 멕시코 문명에 대한 호기심, 다른 하나는 미국과 국교 정상화하기 이전 사회주의 쿠바의 민낯을 보는 것. 굳이 따진다면 사회문제에 관심이 많은 우리 네 사람은 특히 쿠바와 연관 지을 수 있다. 신인령 명예 교수님은 교육자이자 노동 전문가이기에 쿠바 교육과 노동에, 김지영 원장님은 의사이기에 쿠바의 의료제도에, 이 책의 저자인 임영태 작가는 역사학자이기에 쿠바의 혁명 역사에 그리고 나는 남북관계 관련 기자이기에 쿠바와 북한의 관계와 사회주의 제도에 각각 관심을 가질 만했다.

이 정도의 멤버라면 최적은 아닐지라도 그럴듯한 조합일 수도 있겠다. 따라서 우리 네 명이 욕심을 내 각자 자신의 전공과 관심에 맞게 여행 계획을 짜고 생산품을 내기로 했다면 쿠바를 어느 정도 입체적으로 살펴볼 수 있는 작품을 만들 수도 있었을 것이다. 실제로 우리는 쿠바에서 아바나 대학을 방문했고, 길가에서 흔히 마주치는 병원은 낮밤 없이 24시간 문을 열었고, 우리가 찾아다닌 거리와 장소는 혁명의 역사이자 혁명 유적지였다. 그리고 우리가 묵은 까사, 거리의 상점과 식당, 시장 등은 모두 사회주의 (배급)제도 아래에서 움직이고 있었다.

그러나 애초부터 우리는 이번 여행에서 어떤 의미를 부여하고자 하

430

지는 않았다. 새로운 것을 보는 것으로 족했다. 나아가 자본주의와 분단된 나라에 살아가면서 지친 심신을 이국땅에 가서 힐링하고자 했다. 그럼에도 여행은 간단치 않았다. 사실상 배낭여행이었기에 상당한 체력과 전투력을 필요로 했다. 우리는 때로 군장처럼 배낭을 메고 멕시코의 고지대와 문명 유적지를 탐방했으며, 쿠바의 혁명 유적지와 기념관을 답사했다. 일정에 맞춰 강행군을 할 때면 전투를 치르는 것 같았고 그럴 때면 묘한 전우애가 싹트는 느낌도 받았다.

그때 임 작가는 종군기자가 되어 있었다. 철학자 비트겐슈타인이 전쟁터에서도 틈틈이 쓴 메모를 배낭에 꾸겨 넣었듯이 그는 이동하는 곳마다 사진을 찍고 메모를 남겼다. 그리고 여행을 마치고 그 메모와 사진들을 모아 〈통일뉴스〉에 연재를 시작했다. 연재 후 진작 발간됐어야 했는데, 1년이 넘어 이제 이 여행기가 책으로 나온다니 뒤늦은 감이 있지만 어쨌든 반갑기 그지없다. 이 여행기에는 동행한 다른 세 사람의 분위기와 생각도 반영돼 있다. 나도 이 책에 조금이라도 기여하기 위해 '뒤늦은 동행 후기'를 덧붙인다. 물론 다른 분들도 멕시코-쿠바 여행에서의 느낌을 다른 어느 자리나 글에서고 녹여낼 것이라고 생각한다.

흔히 여행기는 잡다한 신변잡기를 늘어놓은 일상사이거나 또는 과도한 의미를 부여해 현학적 수사로 되는 경우가 적지 않다. 그런데 이 여행기는 현장감을 기본으로 하면서 그에 맞춤한 인문학적 지식을 더하고 있어, 독자에게 멕시코-쿠바에서 각 유적지의 생생함과 함께 그 유적지와 연관된 역사적 사실을 제공해준다. 흥미와 의미가 적절히 배합된 작품이라 말하고 싶다. 게다가 그리 특징 없는 네 사람의 여행 이야기를 이만큼 맛깔스럽게 쓴 것은 전적으로 저자의 넘치는 취재 열의와 필력 덕택이다. 여행 중에 보여준 임 작가의 샘솟는 호기심과 지칠 줄 모르는 체력 그리고 밤잠을 줄이며 메모를 정리한 노고에 경의를 표한다.

여행을 마친 뒤 우리 네 명은 가끔 자리했을 때 미국과 수교를 한 쿠바의 미래에 대해 궁금해했다. 거기엔 사회주의 쿠바의 자본주의화에 대한 우려가 담겨 있었다. 사람들은 자본주의의 위력을 알기에 미국과 수교한 쿠바가 곧 자본주의의 길로 들어설 것이라고 예측한다. 미국 유람선이 이미 쿠바 아바나를 향해 출발했으며, 우리는 쿠바 여행 중에 사회주의 나라에서 자본주의적 인간이 배태되고 있음을 몇 번이고 확인할 수 있었다. 그럼에도 우리는 멕시코와 쿠바에서 만난 대다수 민초들이 만면에 웃음을 머금고 손을 들어 '올라!'(Hola!) 하며 인사하는 걸 잊지 못한다. 그 순박한 '올라'가 야박한 자본주의의 침투를 어느 정도 막아줄 것이라는 기대와 함께…….

이계환 (통일뉴스 대표)